Nofretete

Philipp Vandenberg

Nofretete

Eine archäologische Biographie

Gondrom

Sonderausgabe für den Gondrom Verlag, Bindlach 1987. Lizenzausgabe mit Genehmigung des Scherz Verlages, Bern und München.
ISBN 3-8112-0531-5

Inhalt

DER COMPUTER 9

Das kühne Projekt des Ray Winfield Smith – Ein Tempel in alle Winde verstreut – Der Computer beschreibt Nofretete – Das größte Bauwerk der Welt – 564mal Nofretete – Die Bilderstürmer

DIE SCHÖNE 25

Der »Fall Nofretete« – Wer ist diese Frau? – Ein historischer Steckbrief – Die Prinzessin aus Mitanni

DER FUND 39

»Bunte Büste in Haus P 47!« – Der Oberbildhauer Thutmosis – Eine Sternstunde der Archäologie – Das Rätsel um Nofretetes linkes Auge – Künstler von des Pharaos Gnaden – Rekonstruktion eines Sturzes – Der Coup

DIE QUELLEN 57

34 Tafeln weisen nach Ägypten – Der sensationelle Fund – Eine Fellachin entdeckt das Amarna-Archiv – Ein archäologischer Skandal – Empfänger unbekannt, wie heißt der Absender? – Die Väter der Ägyptologie – Die große Entdeckung des Charles Edwin Wilbour

DER PHARAO 79

Blau, die Farbe der Götter – Teje, die graue Eminenz – Der weise Wesir Amenophis – Der mächtige Ahne – Amenophis »der Prächtige« – Ein König zieht Bilanz – Frauen werden mit

Gold aufgewogen – Die Hyksos – Der babylonische Briefwechsel – Taduchepas Vater Tuschratta – Der Handel um Nofretete

DIE WELTSTADT 111

Ankunft im hunderttorigen Theben – Das Gold blinkt von den Wänden – Die Geschenke des Pharaos – Das Opetfest – Jubelschreie schallen über den Nil – Der rituelle Beischlaf – Ein thebanisches Dinner – Das Wirtschaftswunder der 18. Dynastie – Nofretete erwacht im Myrrhenduft – Nofretete und Eje

DIE WITWE 139

Kannte der vierte Amenophis Nofretete? – Für und wider die Doppelregentschaft – Die Sezierung des Pharaos – Das Grab im Tal der Könige – In Diensten des Todes – Das Ritual der Einbalsamierer – Die grausamen Opfer – Die Wiederentdeckung Amenophis' III. – Das Geheimkommando der Totenpriester – Der junge Pharao – Blutschande zwischen Mutter und Sohn – Hatte Ödipus ein historisches Vorbild? – Nofretete heiratet Amenophis IV.

DER NACHFOLGER 175

Der Schwiegervater zürnt – Das kurze Glück der Königin – Nofretete gewinnt an Macht – Die Idee der Sonnenreligion – »Die Schöne, sie lebe ewig« – Amenophis gibt seine Pläne bekannt – Das Königspaar in Memphis – War es Liebe? – Echnaton im Licht der Psychoanalyse – Die Diagnose der Neurologen

DIE TRAUMSTADT 201

Technische Probleme – Die ersten Ausgräber – Am Westufer von Amarna – Baustellenbesichtigung – Auf der Pracht-Avenue zu Nofretetes Residenz – Der große Aton-Tempel – Das vergessene Weltwunder – Die unvollendeten Begräbnisstätten – Wenn Wände reden – Der Mann im Hintergrund –

Der Hofstaat – Nofretete und die Kunst – Die Revolution in Gips – Die vier Phasen der Amarna-Kunst

DIE GÖTTER 231

Das Reich der Mythen – Osiris in der Unterwelt – Amun und der »Südliche Harem« – Der Gott der 19 Millionen Grad – Der große Aton-Hymnus – Nofretete und der Monotheismus – Kannte Moses Nofretete?

DAS VORBILD 253

»Hatschepsut regierte das Land nach ihrem Willen . . .« – Das Denkmal – Der Tod der Töchter – Die Macht des Hasses

DER ZWIST 265

Das Rätselwesen Semenchkare – Der Nacken verrät die Königin – Liebte Nofretete eine Frau? – Das Doppelleben der schönen Königin – Das Tabu Nofretete – Die Nebenbuhlerin, die es nicht gab – Ein Kurier nach Chatti

DAS ENDE 291

Königin sucht König – Schuppiluliuma ist verwirrt – Die Depesche – Zermürbende Tage – Ein Elfjähriger: Nofretetes einzige Hoffnung – Der Kind-Pharao – Das letzte Lächeln der schönen Königin

ANHANG

Chronologie der ägyptischen Geschichte 311
Das Neue Reich 314
Nofretetes Familienverhältnisse 316

Zeittafel Nofretete 317
Zeittafel Amenophis III. 318
Zeittafel Amenophis IV. 319
Der ägyptische Kalender 320
Hethitische Herrscher zur Zeit Nofretetes 321
Babylonische Herrscher zur Zeit Nofretetes 321
Mitannische Herrscher zur Zeit Nofretetes 321
Die Rundplastiken von Nofretete, Teje
und Prinzessinnen der Amarna-Zeit 322

Quellennachweis 330
Bildquellennachweis 335
Personen- und Sachregister 336

Der Computer

Wir Ägyptologen vermögen die Ergebnisse unserer Arbeit nicht in Differentialgleichungen einzufangen. Wir können uns der Wahrheit immer nur respektvoll nähern, um jeden Augenblick darauf gefaßt zu sein, wieder weit zurückgewiesen zu werden, weil fortgesetzt neue Funde, neue Tatsachen, neue Fragestellungen zwingen, das vermeintlich schon mehr oder weniger gesicherte Wissen zu überprüfen und zu berichtigen.

Hermann Grapow, Ägyptologe

An einem strahlenden Frühlingsmorgen des Jahres 1965 bestiegen vor dem New Winter Palace Hotel in Luxor zwei Männer eine schwarze Pferdekutsche. Beide hießen Smith: Der eine war Ray Winfield Smith, ein ehemaliger Diplomat aus Pennsylvania, der andere William Stevenson Smith, ein bekannter Ägyptologe aus Boston, der sich einen bestimmten Kalksteinblock, den man vor Jahren in der Nähe von Luxor gefunden hatte, einmal näher ansehen wollte. Ray Winfield Smith, der aus reiner Neugierde mitfuhr, ahnte nicht, daß er in dieser romantischen Pferdedroschke der – wie er später sagte – »größten Herausforderung seines Lebens« entgegenrollte.

Nach einer Fahrt von etwa drei Kilometern stiegen die beiden Männer vor dem Amun-Tempel in Karnak aus und gingen zu Fuß weiter. Vorbei an riesigen Pylonen, gewaltigen Säulen und wuchtigen Mauern strebten sie einem niedrigen, etwas abseits gelegenen Schuppen zu, wo ein Mann der Altertümerverwaltung schon auf sie wartete, um die Siegel zu beseitigen, mit denen die Tür des Schuppens verschlossen war.

In der heißen, fensterlosen Lagerhalle waren reihenweise nebeneinander und übereinander unzählige Steinblöcke verschiedenster Größe aufgestapelt. Bei näherem Hinsehen entdeckte Ray Winfield Smith, daß fast jeder dieser Kalksteinblöcke eine Reliefdarstellung trug.

»Wie viele Blöcke sind das hier?« fragte er.

»Ungefähr sechzehntausend«, sagte W. S. Smith, »und doch nur ein paar Überreste des großen Tempels, den Amenophis IV. zu Ehren Atons errichten ließ.«

»Und was geschieht mit diesen Steinen?«

»Nichts, soviel ich weiß.«

Ray Winfield Smith war schockiert von dieser Antwort. Sollte sich wirklich kein Mensch für diese Funde interessieren?

Wieder in Kairo, suchte R. W. Smith den damaligen Direktor der Altertümerverwaltung, Anwar Shoukry, auf, mit dem er befreundet war. »Sollte man die Steine des Aton-Tempels nicht genauer untersuchen?« gab er zu bedenken.

»Ja, warum tun Sie es nicht?« kam die Gegenfrage, und diese Frage ließ Ray Winfield Smith nicht mehr los. Es mußte doch irgendeine Möglichkeit geben, die Tausende von Steinen wieder richtig zusammenzusetzen. Schließlich kam er zu dem Ergebnis, daß dieses größte Puzzle der Welt am ehesten mit Hilfe eines Computers zu lösen sein müßte, wenn man ihn nur richtig programmierte. Smith überlegte: Wenn man nicht jeden der etwa 30 mal 60 Zentimeter großen Steine über, unter oder neben 16 000 andere Steine halten wollte, um nach einer passenden Anschlußstelle zu suchen – was Jahrzehnte in Anspruch nehmen würde – dann mußten zunächst alle Steine fotografiert werden. Damit wäre das Riesen-Puzzle zwar nicht einfacher geworden, aber handlicher.

Das kühne Projekt des Ray Winfield Smith

Smith grübelte weiter: Wenn man es fertig brächte, einen Computer mit den fragmentarischen Darstellungen auf den Steinen zu programmieren, dann könnte er vielleicht Zusammenhänge rekonstruieren. Man könnte zum Beispiel jeden fotografierten Stein mit einer Nummer versehen und auf einer Lochkarte mit derselben Nummer alle erkennbaren Einzelheiten des Reliefs – Farbe, Darstellung, Größe, Details – festhalten und die Angaben soweit wie möglich präzisieren. Der Oberbegriff »Darstellung« zum Beispiel ließe sich spezifizieren durch: Figur, männlich, weiblich, König, Königin usw.

Das klingt einfacher, als es ist. Denn allein schon die *szenischen* Darstellungen, die auf den einzelnen Steinen zu erkennen waren, boten ein in seiner Vielfalt verwirrendes Bild.

Da gab es*:

I. Opferszenen

a) Echnaton opfert allein,
b) Echnaton opfert mit Nofretete, die hinter ihm steht,
c) Nofretete beim Opfer mit einer oder mehreren Töchtern,
d) Stiere werden zu Boden geworfen und geschlachtet,
e) Männer, die Tierköpfe und -beine zur Opferung tragen,
f) Männer, die Trankopfer darbringen, Weihrauchgefäße schwingen und Weihegebete sprechen.

*II. Szenen vom Sedfest***

a) die Prozession zum und vom Palast,
b) der König opfert und bewegt sich inmitten einer großen Anzahl kleiner Kioske,
c) verschiedene Sedszenen, der König auf einem Podium, in seiner Sänfte.

III. Szenen vom Tempelbau

a) der König beim Pfählesetzen,

* Nach Donald B. Redford.
** Regierungsjubiläum.

b) der König beim Strickeknoten,
c) Steineschneiden und Steinelegen,
d) der Bau von Rampen.

IV. *Königsdarstellungen*
a) Beamte bringen Blumen,
b) Priester entbieten Geschenke,
c) Beamte bringen Tiere als Geschenke.

V. *Häusliche Szenen*
a) Festefeiern, Speisen und Getränkevorräte, Unterhaltung durch ägyptische Musikantinnen und asiatische Eunuchen,
b) Szenen vor dem »Fenster der Erscheinung«,
c) Vorratshäuser,
d) Diener mit Weinkrügen, Tischen, Enten, Kräutern, Brot, Früchten, Kleidern,
e) Diener beim Versiegeln von Weinkrügen,
f) Handwerker.

VI. *Wagenszenen*

VII. *Der Tni-mnw* bezeichnete Tempel und seine Opferriten*

VIII. *Der Rwd-mnw bezeichnete Tempel und seine Opferriten*

IX. *Diener und Sklaven in größeren Szenen*
a) Dienende Palast- und Regierungsbeamte,
b) Soldaten stehend, dienend oder laufend,
c) Asiaten und Nubier beim Anbeten.

X. *Kriegsszenen*
a) Wagenkampf,
b) Angriff auf eine Asiatenstadt.

XI. *Ackerbauszenen und Szenen im Freien*
a) beim Hacken, Ernten, Säen,
b) Bäume,
c) Schiffe und Meeresansichten.

* Die Hieroglyphen kennen keine Vokale.

Theoretisch, daran konnte kein Zweifel sein, war das Projekt durchführbar, auch wenn ihm die Ägyptologen skeptisch gegenüberstanden. »Mit Glück und Beziehungen«, meinten alle, denen R. W. Smith seine Pläne vortrug, »könnte es gelingen, aber wer hat das schon!« Smith hatte beides: Er hatte das Glück, daß der internationale Computer-Konzern IBM in Kairo ein Daten-Center unterhält. Fasziniert von der Idee des Amerikaners, boten die IBM-Leute spontan ihre Mitarbeit an. Dank seiner Beziehungen fand Smith auch einen Geldgeber sowie die notwendige Unterstützung der ägyptischen Behörden. Finanziert wurde das Unternehmen vom Museum der Universität von Pennsylvania, deren Forschungsstab Smith angehört. Weitere Unterstützung kam von der National Geographic Society in Washington, dem ägyptischen Kultusminister Dr. Sarwat Okasha und seinem Staatssekretär Dr. Gamal Mukhtar.

Vom Orientalischen Institut der Universität von Chikago, in Luxor, gewann Smith den Ägyptologen Professor Charles F. Nimes als Berater. Weitere Fachberater waren der emeritierte Ägyptologe am Orientalischen Institut, Professor John A. Wilson, der Direktor des Schweizer Archäologischen Instituts in Kairo, Dr. Herbert Ricke, und der ehemalige Dekan der ägyptologischen Fakultät der Universität von Kairo, Professor Abdel Moneim Abu-Bakr.

Als Chef-Fotografen engagierte Smith einen langjährigen Freund, den in Rom lebenden James Delmege. Hätte Delmege gewußt, daß er in der nächsten Zeit mehr als 40 000 Aufnahmen von gut erhaltenen, einander mehr oder weniger ähnelnden Steinen machen würde – und in immer gleichem Abstand vom Objekt –, wer weiß, ob er den Auftrag angenommen hätte. Aber auch ihn reizte natürlich das Neue, noch nie Dagewesene: die Idee, einen Computer, Baujahr 1965 nach Christus, mit der Rekonstruktion eines ägyptischen Tempels, Baujahr um 1360 vor Christus, zu beauftragen. Und die Fotos aller gefundenen Bruchstücke waren eben die notwendige Voraussetzung für dieses Unternehmen. Ein mühseliges Unterfangen in der brütenden Hitze der Lagerhäuser – an guten Tagen brachten es Delmege und seine Assistenten gerade auf vierhundert Aufnahmen.

Ein Tempel in alle Winde verstreut

Die Computer-Archäologen von Karnak beschränkten ihre fotografische Arbeit jedoch nicht nur auf diese Lagerhäuser. Forscher, die mit anderen Projekten beschäftigt waren, stießen ebenfalls auf Tempelbruchstücke, die vermutlich vom Aton-Tempel in Karnak stammten. Ein kanadisches Team fand bei der Untersuchung eines Osiris-Tempels zwei offensichtlich zum Aton-Tempel gehörende Steine, von denen der eine in den Boden eingefügt war, während der andere auf einem Fundament aus der Zeit des Königs Nectanebo I. (387–360 v. Chr) lag. Abdo Tahha, ein Araber aus der Gegend von Karnak, setzte seinen ganzen Ehrgeiz darein, die Archäologen auf Aton-Blöcke aufmerksam zu machen, die er in Eukalyptusbüschen, eingemauert in Häuserfundamente oder einfach irgendwo im Sand entdeckt hatte.

Und schließlich unternahm Ray Winfield Smith eine Reise durch Europa und Amerika, um dort in Museen und Privatsammlungen Steine abzulichten, die möglicherweise ebenfalls Bestandteile des verschollenen Tempels waren. Smith kam nach Kairo zurück und hatte nicht nur neue maßstabgerechte Bausteine für sein monumentales Puzzle im Gepäck, sondern auch maßstabfremde Reproduktionen von Tempelsteinen, die in den Wirren des Zweiten Weltkriegs oder in den dunklen Kanälen des Antiquitätenhandels verschollen sind. Vielleicht werden Privatsammler oder kleinere Museen, die sich im Besitz eines möglichen Aton-Fragments befinden, durch dieses Buch darauf aufmerksam. Sie brauchen ja nicht einmal ihr kostbares Sammlungsstück zur Verfügung zu stellen – eine Fotografie würde genügen, um die eine oder andere Lücke zu schließen und so vielleicht – im doppelten Sinne des Wortes – ein »neues Bild« wichtiger historischer Tatsachen und Zusammenhänge zu ermöglichen.

»Keiner von uns«, berichtet R. W. Smith, »wird je die Spannung vergessen, als wir, entsprechend den Angaben des Computers, unseren ersten Rekonstruktionsversuch unternahmen.« Es war in Kairo. Smith hatte dort Büroräume gemietet, um die Tausende von Fotografien (aus Kostengründen wurden nur Schwarzweißaufnahmen im Format 6×6 gemacht, und nur bei besonders farbigen Funden wurden zusätzlich Farbaufnahmen angefertigt) und Beschreibungen zu archivieren. Asmahan Shoucri, eine hübsche, dunkeläugige Ägypterin, und Professor Sayed Tawfik hatten die Aufgabe, die Auswertungen des IBM-Computers, die auf breiten Papierrollen mit sechzehn Zahlenkolumnen ausgeworfen wurden, in zusammenhängende Bilder bzw. Texte umzusetzen. Der Computer lieferte ja keine fertigen Rekonstruktionen, er gab nur Hinweise, wie das Puzzle zusammenzusetzen war.

Eines Morgens, Smith hatte das Büro gerade betreten, hörte man einen Schrei: »Es paßt!« Das war Asmahan. Vor ihr auf dem riesigen Arbeitstisch, der mit Hunderten von Kontaktkopien bedeckt war, lagen nebeneinander zwei Fotos. Sie zeigten Sonnenstrahlen, das Symbol des Aton, und ein paar Hieroglyphen. Nichts sonderlich Aufregendes, sollte man meinen, und doch eine Sensation: Zum ersten Mal hatte eine Maschine etwas zusammengesetzt, was durch Menschenhand vor mehr als dreitausenddreihundert Jahren zerstört worden war. Zum ersten Mal hatte ein Computer im Dienste der Archäologie etwas vollbracht, was auch Generationen von Wissenschaftlern zu leisten nicht in der Lage gewesen wären. Und es klang wie eine Stimme aus dem zweiten Jahrtausend vor unserer Zeitrechnung, als die Ägyptologen die Hieroglyphenaufschrift der ersten Rekonstruktion entzifferten: »Das Herz der Gottheit ist erfreut ...«

Der Computer beschreibt Nofretete

Bei aller Faszination, die dieses Projekt auf alle Beteiligten ausübte, war das Ganze eine höchst nüchterne Arbeit. Galt es doch, aus den sechzehn Zahlenreihen, die der Computer für einen jeden Steinblock ausspuckte, sämtliche Möglichkeiten durchzuprobieren, aber auch alle Fehlerquellen auszuschalten, so lange, bis nur noch zwei Nummern für den richtigen Anschlußstein übrigblieben: die Nummer des Steins und die Nummer des Films. Eine Darstellung der Königin Nofretete, die von ihrem Chauffeur auf dem Prunkwagen ausgefahren wird, sieht nach der Computer-Auswertung zum Beispiel so aus:

Film-Nr.		*Stein-Nr.*
1984-3		0322 02801
	darunter	
1987-9		0327 05301
	daneben	
2104-12		0902 03508
	darunter	
2110-1 L		0901 01504
	daneben	
2110-11 R		0901 05104
	darunter	
2113-10		0901 02510
	daneben	
2116-8 L		0901 03912
	daneben	
2481		0903 00401

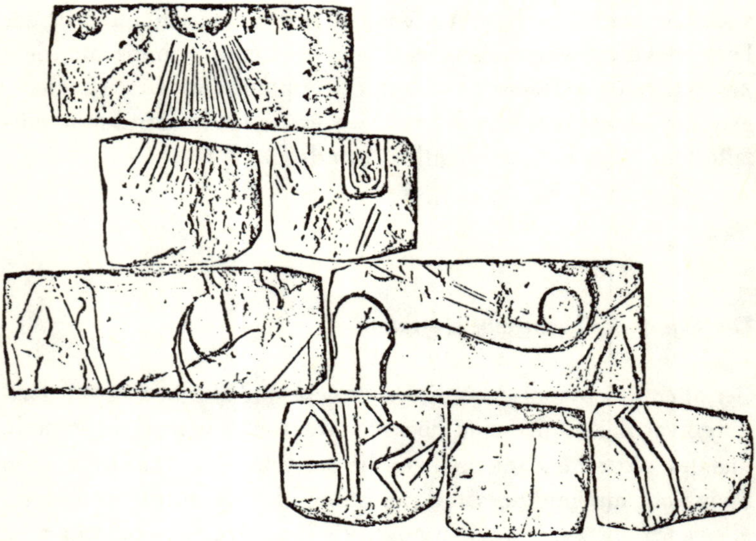

Nofretete fährt in ihrem eigenen Wagen aus. Darstellung als Ergebnis der Computer-Rekonstruktion.

Was aber bedeutet die Rekonstruktion dieser Darstellung – Nofretete bei der Ausfahrt auf ihrem eigenen Wagen – für die Forschung? Es ist ein Beweis für die Eigenständigkeit, mit der die Königin auch ihren Vergnügungen nachging. Bisher war Nofretete in ähnlichen Szenen nur hinter ihrem Gatten Echnaton auf dessen Wagen stehend zu sehen gewesen. Nur der Pharao wurde normalerweise als Wagenlenker dargestellt, galt der Wagen doch als Zeichen der Macht und Demonstration der Stärke, seit ihn die Hyksos im 17. Jahrhundert v. Chr. nach Ägypten gebracht hatten. War Nofretete doch mächtiger, als die Geschichtsschreibung bisher angenommen hatte? War sie sogar einflußreicher als ihr Mann, der gottgleiche Pharao? Oder war Nofretete selbst ein Pharao?

Vielleicht konnten diese Steine eine Antwort darauf geben.

Schon seit dem Ende des vorigen Jahrhunderts wußten die Ägyptologen von der Existenz eines dem Aton geweihten Tempels in Karnak. Doch dieser Tempel schien wie vom Erdboden verschluckt zu sein. Weder ein Fundament noch ein Schutthaufen war von ihm übriggeblieben.

Den Anstoß für die Wiederentdeckung dieses Bauwerks gab ein französischer Ägyptologe, Henri Chevrier, der 1926 den Auftrag erhielt, den zweiten Pylon am Eingang zur großen Säulenhalle im Amun-Tempel von Karnak zu restaurieren. Als wollten die Naturgewalten den verschollenen Monumentalbau aus dem 14. Jahrhundert in Erinnerung bringen, hatte ein Erdbeben den zweiten Pylon, vermutlich noch im 1. Jahrhundert v. Chr., ins Wanken gebracht, und damit war der erste Schritt zur Entdeckung des Tempels getan. Denn seitdem zeigte der Prunkbau des Pharaos Haremhab deutliche Zerfallserscheinungen, und zu Beginn dieses Jahrhunderts diagnostizierte die ägyptische Verwaltung der Altertümer: akute Einsturzgefahr.

Chevrier sah keinen anderen Ausweg, als das Bauwerk Stein für Stein abzutragen und wieder neu aufzubauen. Er hatte dabei mit allen erdenklichen Schwierigkeiten gerechnet, nur nicht damit, daß er in dem lädierten Pylon Reste eines noch älteren, noch bedeutenderen Denkmals finden würde. Eine oberflächliche Untersuchung der von Haremhab als Füllmaterial verwendeten Steine ließ erkennen, daß es sich hierbei nur um Teile des legendären Aton-Tempels handeln konnte. Als Chevrier schließlich noch Fragmente von insgesamt siebenundzwanzig verschiedenen Echnaton-Statuen entdeckte, bestand für ihn kein Zweifel mehr: Hier irgendwo mußte dieser Prachtbau gestanden haben.

Das größte Bauwerk der Welt

Nach Ansicht von R. W. Smith war der Aton-Tempel von Karnak 1,6 Kilometer lang und somit, wenn Smith recht hat, das größte Bauwerk, das je von Menschenhand geschaffen wurde; geeignet, die Pyramiden in den Schatten zu stellen. Wie kommt der amerikanische Forscher zu dieser sensationellen Theorie?

Auch mit Hilfe des IBM-Computers ist es bisher nicht gelungen, die genaue Größe dieses Tempels zu rekonstruieren, denn die altägyptische Architektur kannte keine statischen Regeln oder Anhaltspunkte für das Verhältnis von Höhe, Breite und Länge zueinander. Und selbst wenn es derartige Gesetzmäßigkeiten gegeben hätte, während der »Kulturrevolution« jener Epoche wären sie bestimmt außer Kraft gesetzt worden. Erfahrene Archäologen schätzen die Größe eines zerstörten antiken Bauwerks aufgrund des Verhältnisses von bearbeiteten und unbearbeiteten Steinblöcken. Natürlich ist die Anzahl der unbearbeiteten Steine stets größer als die der bearbeiteten.

Nachdem bisher 40 000 bearbeitete Steine registriert wurden, schätzt man, daß der Aton-Tempel von Karnak aus insgesamt 250 000 Steinen bestand. Da das Verhältnis bearbeitete Steine zu unbearbeiteten Steinen aber je nach Bauzeit, Kunstfertigkeit und finanziellen Möglichkeiten des Auftraggebers schwankt, müssen alle Angaben über die Ausdehnung dieses Tempels Spekulation bleiben. Sicher ist nur, daß er einer der größten war, die je errichtet wurden. Die insgesamt acht Namen, mit denen der Aton-Tempel (»Die Sonnenscheibe ist im Haus der Sonnenscheibe«) bezeichnet wird, lassen darüber hinaus den Schluß zu, daß sich die Tempelanlage aus mehreren Gebäuden zusammensetzte. Für die Arbeit von Donald B. Redford, der inzwischen R. W. Smith bei der Rekonstruktion des Grund- und Aufrisses dieses Tempels abgelöst hat, sind zur Zeit fünf Faktoren maßgebend:

1. Neue Erkenntnisse, die sich aus weiteren Ausgrabungen ergeben;

2. Schlüsse, die sich aus dem Verhältnis der Blöcke mit bildlichen Darstellungen zu unbearbeiteten Blöcken hinsichtlich der Größe des Gesamtkomplexes ziehen lassen;

3. die architektonischen Ähnlichkeiten, die die Bauten von Amarna, von denen zumindest die Fundamente erhalten sind, mit dem Aton-Tempel aufweisen;

4. die bereits rekonstruierten Wände und bildlichen Darstellungen;

5. schließlich ist noch von Bedeutung, welche Blöcke aus dem Aton-Tempel wo neue Verwendung fanden. So wurden zum Beispiel drei viertel aller Steine, auf denen Nofretete abgebildet ist, in dem von Haremhab errichteten zweiten Pylon entdeckt, während der ebenfalls von Haremhab erbaute neunte Pylon kaum Nofretete-Darstellungen enthielt.

Für die Arbeit der Archäologen ist jedoch nicht nur das Ergebnis der Rekonstruktion von bildlichen Darstellungen wichtig, die wissenschaftliche Arbeit beginnt bereits mit dem Abbau der Blöcke am Fundort. Ein französisch-ägyptisches Team stellte fest, daß die vom Aton-Tempel geraubten Steine in den Pylonen keineswegs wahllos verbaut wurden. Das heißt: Blöcke, die, vom Computer zusammengesetzt, eine zusammenhängende Darstellung ergaben, wurden auch nahe beieinander gefunden. Offensichtlich wurden die Aton-Steine zu großen Stapeln aufgeschichtet und von Sklaven auf Holztragen zu der neuen Baustelle gebracht.

Je weiter die Entfernung zu dieser neuen Baustelle war, meint Redford, »desto wahrscheinlicher ist es, daß die Steine unterwegs noch mal für kurze Zeit abgesetzt wurden. Und je häufiger dazu Gelegenheit war, desto größer auch die Chance, daß ursprünglich nebeneinanderliegende Steine an der neuen Baustelle weit voneinander getrennt ankamen. Tatsache ist aber, daß ursprünglich benachbarte Blöcke meist nicht weit voneinander entfernt gefunden wurden. Und deshalb ist es unwahrscheinlich, daß die Steine zum Ort ihrer Wiederverwendung über eine große Distanz transportiert wurden.«

Redford glaubt sogar, daß die Steinblöcke erst unmittelbar vor Gebrauch abgebaut und von den Arbeitern Haremhabs direkt zum neuen Standort getragen und verbaut wurden. Der amerikanische Wissenschaftler sucht zwei der Monumente des Aton-Tempels daher »irgendwo um das südliche Ende der Nord-Süd-Achse des Karnak-Komplexes« und drei weitere »am westlichen Ende der Ost-West-Achse«. Redford steht damit im Gegensatz zu seinem Vorgänger R. W. Smith, der den Aton-Tempel auf der östlichen Verlängerung der West-Ost-Achse des Amun-Tempels suchte.

564mal Nofretete

In der Architektur des Aton-Tempels von Karnak spiegelt sich, wie es scheint, der Machtkampf zwischen der tatkräftigen Nofretete und dem schwachen Echnaton wider, den der schwerkranke Pharao verlieren mußte. Zwar ist die Rekonstruktion des Aton-Tempels noch lange nicht abgeschlossen (diese Arbeit wird noch viele Jahre in Anspruch nehmen), doch lassen sich bereits heute, wenn man die Tatsache zugrunde legt, daß der Tempel in der Symmetrieachse gebaut wurde und die Wandreliefs auf der linken und rechten Seite einander entsprechen, aus der Summe aller Einzelheiten die folgenden Angaben machen:

Nofretete und ihre Namenskartusche tauchen im Aton-Tempel von Karnak insgesamt 564mal auf. 282mal blickt die schöne Königin nach links, 282mal nach rechts. In ihrer charakteristischen Aufmachung mit Federkrone und Aton-Scheibe im Haar blickt sie 67mal nach links und 63mal nach rechts, wie Redford gezählt hat. Er ermittelte auch, daß Echnaton nur insgesamt 320mal dargestellt ist (wobei er auf 179 Darstellungen nach links gewandt ist und auf 141 Abbildungen nach rechts). Dafür gibt es bislang keine Erklärung. Es könnte natürlich Zufall sein, ein höchst seltsamer Zufall allerdings. Eines jedoch kann schon heute als sicher gelten: Der (religions-)politische Einfluß Nofretetes war zur Zeit der Vollendung des Aton-Tempels größer als der des Pharaos Echnaton. Wie anders wäre es sonst zu erklären, daß sich die Königin in diesem Tempel eine eigene Säulenhalle errichten ließ, wie sie nicht einmal der Pharao erhielt, und daß sie in diesem gigantischen Tempelkomplex beinahe doppelt so häufig abgebildet wurde wie Echnaton, der bisher als »Reformator«, als Vater der Aton-Religion galt? Wie konnte eine Frau, deren offizieller Titel nur »königliche Gemahlin« lautete, in diesem Mekka der Sonnenreligion an allen Wänden prangen, wenn nicht *sie* die Initiatorin dieser Glaubensrichtung gewesen wäre? Wie konnte eine Frau, von der selbst Ägyptologen lange Zeit nicht viel mehr wußten, als daß sie ungewöhnlich schön war, sich innerhalb dieses Staatsheiligtums eine Halle mit achtundzwanzig riesigen Säulen errichten lassen, die über und über illustriert waren und nur ein Motiv kannten: Nofretete?

Die Architektur dieser Säulen ist so einzigartig wie das Schicksal der Bauherrin. Durch die Rekonstruktion der Säulen der Nofretete gewinnen wir nicht nur wichtige Erkenntnisse über ihr eigenes Leben; es gibt dabei auch interessante und wertvolle Nebenergebnisse. Die meisten Ägyptologen waren bisher der Ansicht, die systematische Zerstörung der Kunstwerke und das Abschlagen der Namenskartuschen von Nofretete und Echnaton habe zur Zeit Haremhabs stattgefunden. Heute wissen wir, daß es erst Ramses II. war, der den Anblick Nofretetes und Echnatons nicht mehr ertragen konnte. Haremhab dagegen betrachtete das monotheistische Abenteuer offenbar als ein verunglücktes Experiment, dessen Spuren zwar zu beseitigen und die Erinnerung daran auszulöschen waren, doch veranstaltete er keinen Bildersturm, sondern begann, die Denkmäler pietätlos abzubauen und sie als Steinbrüche für eigene Projekte zu verwenden. Hätte ihn persönlicher Haß dazu getrieben, so hätte er wohl – wie später Ramses – jede erreichbare Darstellung Nofretetes oder Echnatons zerschlagen lassen. Das aber geschah – wie die Säulen der Nofretete zeigen – nicht.

Leider wacht die National Geographic Society, die das Computerunternehmen, so großzügig mitfinanzierte, eifersüchtig über die Ergebnisse und war nicht bereit, die in ihrer Zeitschrift erschienenen Bilddokumente zur Wiedergabe in anderen Publikationen freizugeben. Daher können wir an dieser Stelle keine der Säulen im Bild zeigen.

Die Bilderstürmer

Tieferliegende Abbildungen der Nofretete wurden zum Teil mit der Steinaxt abgeschlagen, das geschah jedoch offensichtlich ohne System, vielleicht einfach im Zuge der Bauarbeiten. An der dritten Säule zum Beispiel ist das Gesicht der Nofretete an drei Seiten einwandfrei erhalten. Und auch an der zweiten Säule kann man unbeschädigte Nofretete-Kartuschen finden. Ab einer Höhe von 2,50 Meter über dem Boden ist schließlich keine einzige Kartusche und keine einzige der zahlreichen Darstellungen demoliert worden. Nachdem aber zum Abbau der zehn Meter hohen gemauerten Säulen ohnehin Gerüste notwendig waren (von einem Gerüst aus hätte man ohne weiteres *alle* Nofretete-Gesichter und -Kartuschen abschlagen können), darf angenommen werden, daß die Zerstörungen am unteren Teil der Säulen von irgendwelchen Leuten ausgeführt wurden, die sicher nicht in offiziellem Auftrag handelten. Hätte der Pharao den Auftrag gegeben, so hätte er sich nicht auf die Zerstörung des Gesichtes der Nofretete beschränkt, sondern vor allem das Symbol der neuen Religion, die Sonnenscheibe, abschlagen lassen. Eine derartige Beschädigung ist jedoch an keiner der elf rekonstruierten Säulen festzustellen.

Es besteht kein Zweifel, daß eine so schöne und einflußreiche Frau wie Nofretete Feinde hatte. Die Leute, die ihr Gesicht zerschlugen, sind allerdings in ihren eigenen Reihen zu suchen. Und das wiederum heißt, daß Nofretetes historische Bedeutung über die einer »großen königlichen Gemahlin« weit hinausgeht, eine Vermutung, die in der Tat von Historikern und Archäologen schon mehrfach geäußert worden war. R. W. Smith lieferte mit seiner eigenwilligen wissenschaftlichen Methode einen ersten Beweis für diese Annahme. In dem Mosaik, das die historische Gestalt der Amarna-Königin vor uns erstehen läßt, ist es zwar nur ein Teilstück, aber zugleich Schlüssel und Voraussetzung für das richtige Einordnen anderer Forschungsergebnisse. Dabei vertrat der deutsche Ägyptologe Adolf Erman noch 1911 die Ansicht: »Ich fürchte, unsere Kenntnisse der ägyptischen Geschichte sind nicht viel besser, als wenn jemand von der neueren Geschichte Frankreichs aufgrund einiger Daten und Namen sich folgendes Bild machte: Eine alte Dynastie umfaßt die Könige von Ludwig XVI. bis auf Louis Philippe. Der erstere war ein Zeitgenosse Friedrichs des Großen. Daneben regierten drei Gegenkönige, die durch ihren Namen Napoleon sich schon als einer anderen Familie angehörig zeigen und auch einen anderen Titel tragen. Der erste scheint in Deutschland Krieg geführt zu haben; der dritte muß ein bedeutender Herrscher gewesen sein, da er viele Bauten hinterlassen hat.«

Die Schöne

Es ist süß, zum Teich zu gehen, wo ich mich vor dir bade und dich meine Schönheit sehen lasse in meinem klatschnassen Gewand aus feinstem Königsleinen. Ich steige mit dir ins Wasser hinab und komme wieder herauf zu dir mit einem roten Fisch, der schön auf meinen Fingern liegt. Komm und sieh mich an ...

Liebeslied auf einem Ostrakon aus der Zeit des Neuen Reiches (1550–950 v. Chr.)

Auf der Suche nach Nofretete besteigt der Chronist in Kairo den Wüstenexpreß nach Assuan.

Schon bald nach der Abfahrt tauchen rechter Hand die Pyramiden von Gizeh auf, ockergrau unter dem heißen, weißen Himmel. Und auf den nächsten hundert Kilometern, die der Zug am linken Ufer nilaufwärts fährt, fliegt die Jahrtausende alte Geschichte Ägyptens an uns vorbei: die Stufenpyramide von Sakkara – kein Bauwerk unserer Erde ist so alt wie sie; die Pyramiden von Dahschur, die schwarze, rote, weiße, die Knick- und die Ziegel-Pyramide; die Pyramide von Lischt und die von Medum, die sogenannte »falsche« Pyramide und schließlich die Pyramide von Illahun.

Nach vier Stunden und knapp dreihundert Kilometern hält der Zug in der Kreisstadt Mellaui. Noch zwanzig Minuten Autofahrt, und wir erreichen den hohen Dammweg, der zum Nil führt.

Vom türkisfarbenen Fluß herauf weht eine sanfte Brise. Am Ufer döst der Fährmann im Schatten des gerafften Segels seiner Schaluppe, doch wird er sehr rasch munter, als er Kundschaft nahen sieht. Unser Gepäck wird vorn im Bug verstaut, mit lautem

Knattern fährt der Wind in das dreieckige Segel, dann legen wir ab.

Am anderen Ufer des Nils, der hier mehr als einen Kilometer breit ist, liegt, eingerahmt von einem saftig-grünen Palmengürtel, das Dorf El-Hagg Quandil. Dahinter erstreckt sich eine sandige Ebene, die in einer Entfernung von vier bis fünf Kilometern von den schroffen Felswänden eines Wüstengebirges begrenzt wird, das sich im Norden und Süden bis an den Nil herandrängt. Die Wände dieses gewaltigen Felsenhalbrunds werden, soweit das Auge sehen kann, nur dreimal unterbrochen: nach Norden zu durch die weißen Hänge des Steinbruchs von Scheich Ssa'id, direkt vor uns, im Osten, durch ein zerklüftetes Felsentor und im Süden durch ein sich breit öffnendes Tal.

»Et-Till!« Der Fährmann zeigt flußabwärts, wo am nördlichen Ende der Felsenkulisse ein weiteres Dorf zu erkennen ist. Zu Beginn des 18. Jahrhunderts siedelte hier der Beduinenstamm der Beni Amran. Diese Wüstensöhne gründeten ein Dorf und nannten es Et-Till el-Amarna, später wurde daraus Tell el-Amarna, dann el-Amarna und schließlich blieb nur noch Amarna übrig, das dem gesamten Talkessel seinen Namen gegeben hat.

Mehr als dreitausend Jahre lang war die Geschichte dieses Landstrichs Legende. Hier irgendwo sollte einst eine goldstrotzende Königsstadt gelegen haben, die dann im Wüstensand versank. Wie der König hieß oder die Stadt, welche Bedeutung sie hatte und wie lange sie existierte, das wußte niemand.

Angeregt durch wertvolle Funde von Schmuckstücken und Geschirr, die die Bewohner von Et-Till aus dem Wüstensand gruben, kam der britische Archäologe Sir John Gardner Wilkinson 1824 in das Tal, entdeckte dabei in den nördlichen Felswänden einige Gräber und identifizierte den Ort als das antike Alabastron. Ein paar Jahre danach verirrte sich sein Landsmann, der Sammler und Zeichner Robert Hay, auf seinen Streifzügen durch Ägypten nach Et-Till el-Amarna und kopierte als erster die Reliefs der nördlichen Gräber. Der Weltreisende Alexander von Humboldt überzeugte wenig später den König von Preußen von der Notwendigkeit, eine wissenschaftliche Expedition in das ferne Land am Nil auszurüsten, wo die Erde ungeahnte Kunst- und

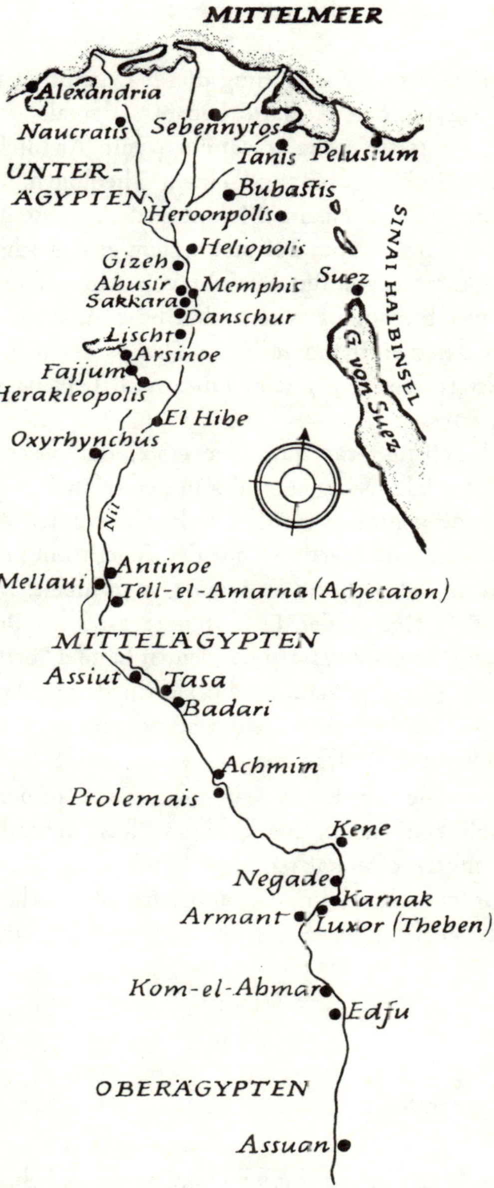

Das alte Ägypten der Pharaonen: Alle historischen Stätten liegen direkt am Nil oder nur wenige Kilometer von dieser Lebensader entfernt.

Kulturschätze berge. Die Leitung dieser Expedition übernahm der deutsche Ägyptologe Richard Lepsius, damals zweiunddreißig Jahre alt; er reiste 1842 zusammen mit Architekten, Malern, Bildhauern, Stukkateuren und einem Theologen nach Ägypten. Die Expedition, der Pascha Mohammed Ali jede Unterstützung zuteil werden ließ – zum Beispiel, indem er das schon damals bestehende Gesetz gegen die Ausfuhr von Altertümern außer Kraft setzte –, erhob erstmals wissenschaftliche Ansprüche, von denen vor allem das zwölfbändige Werk *Denkmäler aus Ägypten und Nubien* zeugt, das 1856, zehn Jahre nach Lepsius' Rückkehr aus Ägypten, erschien.

Richard Lepsius war auch der erste, der *sie* entdeckte, eine Frau, von der alle Denkmäler, die in der Felswüste gefunden oder aus dem Sand gegraben wurden, voller Bewunderung berichteten:

»Die Schöne und Herrliche mit der Federkrone; die große Erbprinzessin im Palast; groß an Freude, man jubelt, wenn man ihre Stimme hört; Herrin der Lieblichkeit; groß an Beliebtheit; die Frau, deren Wesen den Herrn der beiden Länder* erfreut; seine geliebte große Königsgemahlin; die Herrin der beiden Länder; die Geliebte des Glücks; schön ist die Schönheit der Sonne; die Schöne, die da kommt; sie lebe ewig . . .«

Lepsius wußte mit diesen Beinamen, die er an den Felswänden, auf Steinblöcken und in den Grabgewölben gefunden hatte, wenig anzufangen; offenbar nahmen sie alle – insgesamt achtzehn – Bezug auf eine Königin, die unbeschreiblich schön und unbeschreiblich beliebt gewesen war.

Der »Fall Nofretete«

Inschriften bezeichneten die geheimnisvolle Unbekannte als »Königsgemahlin«, als »Herrin der beiden Länder«; demnach mußte sie eine Königin gewesen sein, eine Pharaonin vielleicht. Aber

* Ober- und Unterägypten.

es tauchte auch ein »Herr der beiden Länder; der Einzige des Re; der von der Wahrheit lebt; schön sind die Gestalten des Re, Geliebter des Aton« in den Texten auf – zweifellos ebenfalls ein Pharao.

»Die Schöne, die da kommt«, das bedeutet im Altägyptischen Nofret-ete, und das war offensichtlich der Name dieser Frau. Und ihr Mann hieß wohl »Schön sind die Gestalten des Re«, Nefercheperu-Re, oder »der Einzige des Re«, Ua-en-Re.

Die Listen der Könige und Dynastien, die der ägyptische Priester Manetho von Sebennytos um das Jahr 280 v. Chr. angefertigt hatte und die alle Pharaonennamen von der 1. Dynastie bis zur 31. enthielten*, nannten jedoch keinen, auf den einer dieser Namen auch nur im entferntesten zutraf. Jedenfalls vermochte Richard Lepsius diese Frau nicht zu identifizieren, und mehr als ein halbes Jahrhundert lang blieb sie Legende – der »Fall Nofretete«.

Zwei Generationen von Ärchäologen mühten sich mit mehr oder weniger Erfolg, das Rätsel, das Nofretete seit ihrer Wiederentdeckung umgab, zu lösen.

Gaston Camille Charles Maspero, einer der führenden Ägyptologen des ausgehenden 19. Jahrhunderts, beschäftigte sich zwischen 1883 und 1893 vorwiegend mit den zahlreichen Darstellungen in den nördlichen und südlichen Felsengräbern von el-Amarna. In diese Zeit fällt auch der Fund einer Bäuerin aus Et-Till, die in der Gegend nach Sebach grub, einem stickstoffhaltigen Staub, zu dem die luftgetrockneten Lehmziegel antiker Bauwerke zerfallen. Die Bäuerin fand etwa vierhundert Tontafeln, die sogenannten Amarna-Briefe, von denen später noch ausführlicher die Rede sein soll. Diese Amarna-Korrespondenz ist ein Dokument der Außenpolitik jenes Königs, der in dieser versunkenen Stadt Hof hielt.

1891 setzte der britische Archäologe Sir Flinders Petrie erstmals im Zentrum des Talkessels von el-Amarna den Spaten an und legte einige Gebäudereste frei, von denen er glaubte, daß sie zum Königshof gehörten. Seine Publikation *Tell el-Amarna* gehört zum Fundiertesten, was bis dahin über diese

* Zur Chronologie der ägyptischen Geschichte siehe Tabellen im Anhang.

noch weitgehend im dunklen liegende Epoche der altägyptischen Geschichte geschrieben worden war. Und wiederum zehn Jahre später fühlte sich der britische Pfarrer Norman de Garis Davies von den Forschungsergebnissen Petries so sehr angesprochen, daß er zusammen mit seiner Frau Nina drei Jahre lang, von 1902 bis 1905, alle erreichbaren Inschriften und Reliefs in den Gräbern abzeichnete. Diese Arbeit, die hohes künstlerisches Können in Verbindung mit technischer Genauigkeit erforderte, erwies sich als außerordentlich wertvoll, waren diese Bilder doch für zahlreiche Ägyptologen in aller Welt die einzigen Forschungsunterlagen. Denn eine Reise nach Ägypten und weiter ins Landesinnere war um die Jahrhundertwende ein beschwerliches Unternehmen, das viele Monate in Anspruch nahm.

Norman de Garis Davies kopierte außer den Grabmalereien und Reliefs auch die Grenzsteine, mit denen der rätselhafte König und seine geheimnisvolle schöne Frau die Grenzen ihrer Stadt markiert hatten. Auf diesen Steinen, sogenannten Stelen, war jeweils dasselbe Herrscherpaar mit zwei, drei, vier oder sechs Kindern dargestellt. Den Stelen-Texten ist zu entnehmen, daß dieses Herrscherpaar diese Stadt zu Ehren des Gottes Aton errichtet habe. Der Parao nannte sich Echnaton, seine schöne Gemahlin hieß Nofretete, die Stadt wurde Achetaton genannt, und Aton, das war die leuchtende Sonnenscheibe am Himmel. Auch wenn feststeht, daß der Name der Frau, die wir heute als Nofretete kennen, zur Zeit der 18. Dynastie ganz anders ausgesprochen wurde, so wollen wir es doch bei dieser im 19. Jahrhundert entstandenen Namensform belassen. Nach neuesten Erkenntnissen wurde Nofretete *Nafteta* gerufen, ihr Mann Echnaton hieß *Achanjati,* in Anlehnung an den Gottesnamen Aton, der *Jati* ausgesprochen wurde.

Wer ist diese Frau?

Es war seit langem bekannt, daß die allmächtigen Könige der Ägypter, die Pharaonen, einst in Heliopolis, Memphis und Theben gelebt hatten – aber in Achetaton? Die Gebäude, die Petrie in el-Amarna freigelegt hatte, waren jedoch zweifellos Überreste eines Königspalastes. Kein Privatmann im alten Ägypten hätte je in solchen Dimensionen gebaut. Wann hatte dieser Pharao regiert?

Die alten Königslisten präsentierten sich scheinbar lückenlos, Regierungszeit folgte auf Regierungszeit. Auch wenn feststand, daß diese Daten keinesfalls exakt waren, so gab es doch kaum einen Zweifel, daß die Listen *alle* Pharaonen aufführten. Sollte denn *ein* Pharao vergessen oder verwechselt worden sein? Oder war dieser Pharao eine Frau? Wer war dann aber die schöne Nofretete?

Mehrere Ägyptologen entwickelten abenteuerliche Theorien, die der Nofretete eine »Karriere« vom Findelkind zur Pharaonin andichteten. Andere hielten Echnaton für eine als Mann verkleidete Frau. Oder war Nofretete vielleicht die ägyptische Königstochter, die einst den in einem Weidenkörbchen auf dem Nil ausgesetzten Moses aus dem Fluß fischte? Bedeutende Wissenschaftler wie Auguste Mariette hielten den zu Nofretete gehörenden Echnaton für ein Zwitterwesen, das bei einem Sudanfeldzug gefangen und entmannt worden war.

Solche Spekulationen waren kein reines Phantasieprodukt, denn der Mann, der auf zahlreichen Inschriften als Nofretetes königlicher Gemahl und Herrscher der beiden Länder bezeichnet wurde, trug auf vielen Abbildungen deutlich weibliche Züge. Er hatte wie Nofretete gewölbte Brüste und eine schlanke Taille, doch, anders als sie, fette Oberschenkel und dünne Waden; kurz, er war eine lächerliche und abstoßende Erscheinung, ein rechter Gegensatz zu dieser »Herrin der Lieblichkeit«.

Inzwischen beschäftigten sich Archäologen in aller Welt mit diesem »Fall«. Mit kriminalistischem Spürsinn trugen sie Stein um Stein zusammen und rekonstruierten das Fundament einer Epoche ägyptischer Geschichte, deren Bedeutung die Ägyptologen bis dahin nicht so recht erkannt hatten.

Erschwert wurde ihre Arbeit durch ein merkwürdiges Phänomen: Wo immer der Name Nofretete oder der ihres vermeintlichen Gatten Echnaton auftauchte bzw. in Textstellen sinngemäß hätte stehen müssen, da klafften meist leere Stellen, waren die Namen abgekratzt, übermalt oder abgeschlagen. Auch der Kopf dieser Frau war auf den meisten Darstellungen unkenntlich gemacht.

Dahinter steckte – das wurde schon bald deutlich – System. Mit dieser Bilderstürmeraktion hatten offensichtlich Feinde Nofretetes versucht, ihr Andenken auszulöschen. Allerdings war dies nur zum Teil gelungen. Hinzu kam, daß man zwar ein Königsgrab fand, das für Nofretete und Echnaton in den Fels geschlagen, aber unvollendet geblieben war und nur noch Teile der Grabausstattung enthielt, jedoch weder die Mumie Nofretetes noch die ihres Ehemannes.

Das alles erschwerte die Arbeit der Fachleute ganz erheblich. Trotzdem – der unermüdliche Forscherdrang deutscher, amerikanischer, britischer und französischer Archäologen hatte bis zur Jahrhundertwende bereits die folgenden historischen Fakten zusammengetragen.

Ein historischer Steckbrief

Nofretete war die königliche Gemahlin eines Pharaos, den die Königslisten nicht aufführten. In diesen Listen folgte auf Amenophis III. der Soldaten-Pharao Haremhab. Eine Epoche von dreißig Jahren, während der nicht weniger als vier Pharaonen regierten, war von den antiken Historikern einfach übergangen worden.

Einer dieser von der antiken Geschichtsschreibung unterschlagenen Könige war Amenophis IV., der Sohn Amenophis' III. und seiner Frau Teje. Er lebte im 14. Jahrhundert v. Chr. und heiratete eine Frau, von der niemand wußte, woher sie kam, deren Schönheit jedoch von allen gerühmt wurde: Nofretete. Diese Nofretete brachte mehrere Töchter zur Welt und zog mit ihrem Mann im 6. Jahr seiner Regierung in eine Stadt, die sie für sich und ihre Anhänger auf halbem Weg zwischen der alten Hauptstadt Memphis und der neuen Hauptstadt Theben errichtet hatten. Die Stadt trug den Namen Achetaton (»Horizont des Aton«) und war dem Gott Aton geweiht, der Sonne, die das junge Herrscherpaar als *einzi-*

Echnaton und Nofretete (kenntlich am doppelten Profil Echnatons) bei dem großen Empfang, der in Echnatons 12. Regierungsjahr stattfand. Hinter ihnen stehen ihre sechs Töchter. Zeichnung von Norman Davies nach einem Wandrelief im Grab Merieres zu Amarna.

gen Gott anerkannte. Die alten Götter unter ihrer Obergottheit Amun wurden innerhalb weniger Jahre entthront, der Herrschaft der Amun-Priester ein Ende gemacht. Zum Zeichen seiner reformatorischen Bewegung änderte Amenophis IV. seinen Namen und nannte sich Echnaton – »dem Aton wohlgefällig«. Nofretete scheint auf die neue monotheistische Glaubensrichtung erheblichen Einfluß gehabt zu haben.

Echnaton starb im Alter von etwa dreißig Jahren, Nofretete wurde nicht viel älter. Nach ihrem Tod kehrten die Pharaonen zur alten Vielgötterei zurück und versuchten nun, Namen und Bildnisse der beiden »Ketzer« auszulöschen.

So war der Stand der Kenntnisse um 1900 – mit allen Ungenauigkeiten, Fehlern und Spekulationen. Zwar wußte man jetzt um die Genealogie Echnatons, aber die Herkunft Nofretetes war immer noch in geheimnisvolles Dunkel gehüllt.

Wer war Nofretete wirklich?

War sie eine Tochter Amenophis' III., die durch die Ehe mit ihrem Bruder Amenophis IV. das rechtmäßige Thronerbe antrat? Oder entstammte sie einem der vielen hundert Verhältnisse, die Amenophis III. unterhielt? War sie die Tochter eines jener 127 asiatischen Prinzen, die Amenophis II. von seinen Eroberungszügen in Kanaan und Syrien als Gefangene mitgebracht hatte? War sie eine Sklavin, die die Freiheit ihrer Schönheit verdankte? Oder war sie eine thebanische Tochter aus gutem Hause?

Es dauerte beinahe ein halbes Jahrhundert, bis die Ägyptologen diese Fragen beantworten konnten, und noch heute sind viele ihrer Antworten umstritten.

Der britische Archäologe Cyril Aldred sieht in Nofretete eine vornehme Ägypterin, die Tochter des königlichen Beamten Eje. »Was über Nofretetes angeblich ›unägyptischen‹ Gesichtsschnitt geäußert wurde«, meint Aldred, »ist zu subjektiv, um in einer wissenschaftlichen Auseinandersetzung Gewicht zu besitzen.« Nach Aldreds Ansicht muß Eje vor allem deshalb Nofretetes Vater gewesen sein, weil er »Vater des Gottes« genannt wurde und weil er das schönste Grab von Amarna erhalten sollte. Diese Titel sind jedoch, wie andere Wissenschaftler sagen, im alten Ägypten reine Ehrentitel. Und auch für das reich ausgestattete Grab des

Eje gibt es eine sehr einleuchtende Erklärung: Eje war schon alt, als Amarna Hauptstadt wurde, und sein Grab das erste, das man dort errichtete. Es ist nur zu verständlich, daß der Pharao sich da von seiner besten Seite zeigen wollte.

Die Prinzessin aus Mitanni

Nun sind aber in der königlichen Korrespondenz, den bereits erwähnten Amarna-Briefen, Botschaften enthalten, die der König des westasiatischen Reiches Mitanni, Tuschratta, an Amenophis III. und Amenophis IV., den späteren Echnaton, schickte. Darin verspricht der Asiatenkönig dem alternden Pharao Amenophis III. seine Tochter Taduchepa zur Frau, wenn dieser ihm so viel Gold sende, wie er, Tuschratta, für seine öffentlichen Bauten benötige. Der Handel kam zustande, Taduchepa reiste an den Hof nach Theben und wurde von Amenophis III. geheiratet.

Diese Taduchepa ist nach Ansicht führender Ägyptologen in aller Welt identisch mit der schönen Nofretete. Der fremd klingende asiatische Name wurde zugunsten dieses schmeichelhaften ägyptischen geändert, ein zu dieser Zeit durchaus üblicher Vorgang.

Sir Flinders Petrie hält die Identität der Mitanni-Prinzessin Taduchepa mit Nofretete für »sehr wahrscheinlich« und stellt gleichzeitig eine erstaunliche Ähnlichkeit zwischen Nofretete und Teje fest, der wahrscheinlich ebenfalls aus Mitanni stammenden Frau Amenophis' III. Petrie schließt daraus, daß beide Königinnen – die für kurze Zeit mit demselben Mann verheiratet waren – derselben Rasse angehören, auch spräche vieles dafür, meint Petrie, daß die Mutter der Taduchepa eine ägyptische Prinzessin gewesen sei und Teje die Enkelin eines ägyptischen Königs oder einer Nil-Königin. Tejes Vater Juja, der mit an Sicherheit grenzender Wahrscheinlichkeit hethitisch-mitannischer Herkunft war, sei nämlich mit Tuja, einer ägyptischen Prinzessin, verheiratet gewesen.

Christiane Desroches-Noblecourt, die bekannte französische Ägyptologin, von der der ägyptische Kultusminister Dr. Sarwat Okasha einmal sagte, es gebe keine in der Welt der ägyptischen Kunst und Archäologie berufenere Persönlichkeit, sagt zum Problem der Abstammung Nofretetes: »Neuerdings möchte man in dem Hofbeamten Eje den Vater Nofretetes sehen, der sich als Witwer mit Ti verheiratet hat, welche die Amme und dann wohl die zweite Mutter Nofretetes gewesen wäre, die Königin werden sollte. Aber niemals ist Eje als ›Vater‹ der Königin bezeichnet worden: die Hypothese ist kunstvoll und verführerisch, kann aber nicht als stichhaltig genug gelten.«

Und die französische Ägyptologin Eléonore Bille-De Mot, Schülerin des Konservators der Ägyptischen Abteilung des Museé du Cinquantenaire, Jean Capart, führt in ihrer 1965 erschienenen Arbeit *Die Revolution des Pharao Echnaton* an: »Trotz der noch kürzlich von zahlreichen Ägyptologen geäußerten Zweifel, die – zwar ohne Beweise anführen zu können – lieber in der jungen Herrscherin eine Halbschwester Amenophis' IV. oder auch die Tochter des Eje sehen möchten, gibt es nach unserer Ansicht genügend Merkmale, die die Behauptung gestatten, daß Nofretete und Taduchepa ein und dieselbe Person waren. Vor allem dieser so ausdrucksvolle und poetische Name: Nofretete, ›die zu uns gekommene Schöne‹, dann die Tatsache, daß Tuschratta nie eine andere Königin als Teje erwähnt, was ein sonderbarer Verstoß gegen die Hofsitte seitens eines ›Verwandten‹ gewesen wäre, der ja regelmäßig über die Dinge am ägyptischen Hof durch seine Botschafter auf dem laufenden gehalten wurde. Er vergißt nie, erst die Königinmutter, dann Taduchepa, ›meine Tochter, Deine Frau, Deine übrigen Frauen‹ zu erwähnen. Er schickt beiden Damen genau die gleichen Geschenke, was wiederum eine Unschicklichkeit dargestellt hätte, falls es eine andere Königin gegeben hätte und Taduchepa nur eine ›einfache Haremsdame‹ gewesen wäre. Vor allem aber ist da die kegelförmige Kopfbedeckung Nofretetes, die sie als einzige von allen Herrscherinnen Ägyptens trägt. Diese war der Kronenkappe der Göttinnen Asiens ähnlich, und wie wir noch untersuchen werden, unterscheidet sich der ethnische Typus der Königin sehr stark von dem der Ägypter.«

Wie neueste Forschungen zeigen, hat Eléonore Bille-De Mot recht: Nofretete ist eine asiatische Prinzessin, die von ihrem Vater für pures Gold an den Pharao verschachert wurde. Ihr Leben war ein einziges Abenteuer, das alle Höhen und Tiefen menschlichen Schicksals durchmaß. Sie lebte in unsagbarem Reichtum, aber auch in bitterster Einsamkeit. Sie wurde abgöttisch geliebt, aber auch abgrundtief gehaßt. Sie war leutselig und stolz, glücklich und verzweifelt, hingebungsvoll und kalt – eine faszinierende Frau.

Mit siebzehn wurde sie zum ersten Mal Witwe; als sie dreißig war, schenkte ihr schwachsinnig gewordener zweiter Mann seine Gunst dem eigenen Bruder, der seinerseits mit einer Tochter Nofretetes verheiratet war.

Nofretete brachte sechs Töchter zur Welt, die voneinander so verschieden waren wie deren Väter: Die erste stahl ihr den Ruhm; die zweite starb noch als Kind; die dritte hatte ein ähnliches Schicksal wie ihre Mutter, nur daß sie gerade fünfzehn war, als sie starb; von den übrigen drei Töchtern wissen wir wenig.

Im Alter von etwa siebenunddreißig Jahren starb diese so schöne und geliebte Frau in völliger Einsamkeit; kaum jemand nahm von ihrem Tod Notiz, so daß die Historiker heute Mühe haben, ihr Todesjahr zu rekonstruieren. Dabei war sie einmal das Idol einer ganzen Generation gewesen – und nicht nur wegen ihrer Schönheit, von der zahlreiche Inschriften künden.

Wie schön sie wirklich war, das entdeckte 1912 ein Häuflein deutscher Ausgräber in Tell el-Amarna.

Der Fund

Wenn ich diesen Fund so schildern wollte,
wie er vor sich ging, mit seinem Durcheinander,
seinen Hoffnungen und auch kleinen
Enttäuschungen, so würde der Leser wohl ebenso
konfus davon werden, wie wir es damals waren.

Ludwig Borchardt,
Entdecker der Nofretete-Büste

6. Dezember 1912, Tell el-Amarna, Planquadrat P 47. Unter der Leitung des Berliner Professors Ludwig Borchardt will hier eine Gruppe europäischer Archäologen eines der letzten Geheimnisse der 18. Dynastie entschleiern.

Sie haben die ganze Ruinenstadt in Quadrate von je 200 Meter Seitenlänge eingeteilt. Die Buchstaben des Alphabets laufen von links nach rechts, die Zahlen von oben nach unten. Hier, im Planquadrat P 47, hat man bereits Bruchstücke einer lebensgroßen, farbigen Büste des Pharaos Echnaton aus dem Schutt der Jahrtausende gewühlt.

Professor Hermann Ranke, der an diesem Tag die Grabungsaufsicht führt, hofft auf neue Funde. Sie sollen die Annahme der Archäologen bestätigen, daß sie die dreitausend Jahre alte Werkstatt eines Bildhauers entdeckt haben. Mehrere Köpfe und Büsten, die in diesen Räumen bereits zum Vorschein gekommen waren, legten diese Vermutung nahe. Porträtbüsten wurden von Bildhauern nur zu Hilfs- und Studienzwecken angefertigt, denn die darstellende Kunst hatte im alten Ägypten rein religiös-magischen Charakter, das heißt, Verstümmelungen mußten sich zwangsläufig auf die dargestellte Person auswirken, im diesseitigen wie im jenseitigen Leben, und ein Porträtkopf oder eine Büste *war* etwas Verstümmeltes, ein Torso, den es zu verstecken galt. Nur so ist es auch zu erklären, daß die Wandreliefs der Grabkammern trotz Seitenansicht des Kopfes stets beide Schultern zeigen. Lediglich Bildhauer durften überhaupt mit Büsten umgehen, für sie war ein solches Stück technisches Hilfsmittel, nicht Kunstwerk. Galt es doch als Ausdruck größten Hasses und Vernichtungswillens, die Abbildung eines Menschen zu zerschlagen und so sein Leben auszulöschen. Tausende von Kunstwerken und wichtige historische Dokumente wurden aufgrund dieser magischen Vorstellung vernichtet. Nofretete und Echnaton verfuhren so mit den Götterbildern ihrer Vorfahren, und ihre Nachfolger wiederum zerstörten die von den »Ketzern« geschaffenen Werke. Denken wir auch an Thutmosis III., der Jahre seines Lebens darauf verwendete, alle Statuen, Abbildungen und Hinterlassenschaften der von ihm so gehaßten Pharaonin Hatschepsut zu beseitigen. Die Ironie der Geschichte freilich wollte, daß Thutmosis alle zerschlagenen Statuen der Hatschepsut in einen Steinbruch bei Theben werfen und zuschütten ließ, wo sie in den zwanziger Jahren von britischen Archäologen ausgegraben und zusammengesetzt wurden. Besser versteckt und verpackt hätten diese Kunstwerke die Jahrtausende gar nicht überdauern können.

Die deutschen Archäologen in Tell el-Amarna konnten angesichts der Funde also ziemlich sicher sein, daß sie ihre Spaten in oder unmittelbar in der Nähe eines Bildhauerateliers angesetzt hatten.

»Bunte Büste in Haus P 47!«

Kurz nach 13 Uhr kommt einer der jungen ägyptischen Arbeiter, die den Forschern bei den Grabungen helfen, zu der provisorisch gezimmerten Hütte gerannt, in der die Ausgräber ihr Werkzeug und die Wissenschaftler ihre Unterlagen aufbewahren. »Mister, Mister . . .«, schreit er schon von weitem. Der Mister, der aus der Hütte in die sengende Sonne tritt, ist Ludwig Borchardt. Er leitet

Büste der Königin Nofretete (48 cm hoch) aus der Werkstatt des Bildhauers Thutmosis in Amarna; bemalter Kalkstein mit Ergänzungen aus Gipsstuck (Ägyptisches Museum, Berlin).

nun schon im zweiten Jahr die Ausgrabungen in Tell el-Amarna. Sichtlich erregt streckt ihm der Ägypter einen Zettel von Professor Ranke entgegen, auf dem hastig mit Bleistift geschrieben steht: »Dringend! Lebensgroße, bunte Büste in Haus P 47!«

»Ich komme«, sagt Borchardt zu dem Boten, der immer noch fragend vor ihm steht, »ich komme.« Der versteht und rennt zurück. Borchardt, wie von einer Vorahnung gebannt, folgt etwas langsamer.

Die Grabungsarbeiten der Archäologen der Deutschen Orient-Gesellschaft begannen jeweils im November, wenn die Glut des Wüstensommers dem milden Klima des ägyptischen Winters gewichen war. Die Saison 1912/13, die fruchtbarste, begann am 25. November 1912. Borchardt und Ranke wußten natürlich ganz genau, warum sie gerade hier, im Planquadrat P 47, den Spaten ansetzten. Funde, die die deutschen Archäologen bereits in der vorangegangenen Ausgrabungssaison gemacht hatten, deuteten darauf hin, daß sie auf jenen Distrikt gestoßen waren, in dem vor dreitausenddreihundert Jahren Bauarbeiter, Handwerker und Künstler lebten. Jene Männer, die in weniger als einer Generation die schönste Stadt der damaligen Welt buchstäblich aus dem Boden gestampft hatten.

In dieser Erkenntnis bestärkt wurden die Männer um Borchardt gleich am ersten Grabungstag der neuen Saison, als sie zwischen den Mauern eines nicht identifizierten Gebäudekomplexes eine kleinformatige Figurengruppe aus Kalkstein ans Tageslicht brachten, unschwer als halbvollendete Plastik zu erkennen, als Darstellung eines Pharaos, der sein Kind auf den Knien hält und küßt. Jetzt bestand kaum noch ein Zweifel: Die Archäologen hatten eine Bildhauerwerkstatt entdeckt.

Das also war des Rätsels Lösung, warum in dem bereits freigelegten Areal zwei Brunnen nahe beieinander lagen: Die Arbeit der Bildhauer, das Zersägen der Steine, das Bohren, Schmirgeln und Polieren, das alles geht nicht ohne Wasser. Außerdem gab es da Schutthalden, auf denen sich ganz verschiedenartiges Gestein türmte. Das waren keine zerstörten Bauwerke.

Gebäude bestanden bei den alten Ägyptern fast immer aus einer einzigen Gesteinsart. Wenn ein neues Bauwerk erstehen sollte, dann suchte der Baumeister oder Architekt zunächst nach einem geeigneten Steinbruch, den er symbolisch in Besitz nahm, indem er seinen Namen und den seines Auftraggebers, oft sogar noch den Zweck des Bauwerkes in den Stein schlug. In Nubien und auf der Sinai-Halbinsel wurden solche »Gesteinsmarken« gefunden. Bei den riesigen Schutthalden hier im Planquadrat P 47 jedoch handelte es sich um vielerlei Gesteinsreste – so wie sie eben bei einer großen Bildhauerwerkstatt anfallen.

Der Oberbildhauer Thutmosis

Es war der Zufall, der den Archäologen einen Fund in die Hände spielte, der zunächst bedeutungslos schien, sich aber schon bald als außerordentlich wichtig erweisen sollte: Unter all dem Gestein fand sich die Hälfte eines Elfenbeindeckels, auf dem zu lesen war, daß dieser Gegenstand dem Oberbildhauer Thutmosis gehört habe. Ein Mann, im Laufe der Jahrtausende vergessen, verschollen, erwachte plötzlich zu neuem Leben. Heute kennen wir nicht nur seine künstlerische »Handschrift«, seine Meißel und Bohrköpfe, wir kennen auch seine Wohn- und Schlafräume, ja, sogar seine menschlichen Probleme.

Thutmosis, der Oberbildhauer, war der prominenteste unter Tausenden von Künstlern und Kunsthandwerkern, die Amarna, diese erste geplante Stadt der Welt, gestalteten. Daß uns gerade *sein* Werk und das seiner Mitarbeiter erhalten blieb, hat seinen Grund: Hals über Kopf verließen die Bewohner von Amarna ihre Traumstadt, Hab und Gut, selbst präparierte Opfertiere blieben zurück, nur das Notwendigste, Geschirr und Kleinigkeiten, wurde mitgenommen. An die Kunstwerke, die den Ruhm dieser Stadt ausmachten, dachte niemand. Kein Wunder also, daß die deutschen Archäologen hier auf wahre Schätze stießen.

1910, als Borchardt seine Arbeit in der Stadt der Sonne begann, konnte man zwar ahnen, daß der Wüstensand historische Geheimnisse bis in unsere Zeit konserviert hatte, daß er jedoch eine ganze Epoche in bisher nie gekannter Fülle freigeben würde, das hatten selbst Optimisten nicht zu hoffen gewagt.

Wenn auch der Traum des Pharaos von einem neuen Ägypten nur knapp fünfundzwanzig Jahre währte, so war es doch lange genug, um einer neuen Kunstrichtung Tür und Tor zu öffnen. Etwa im 4. Regierungsjahr Amenophis' IV. änderte sich plötzlich der althergebrachte Reliefstil. Das wird bereits in dem neuen Tempel des Re-Horachte* in Karnak deutlich. Die strenge, fast geometrische Darstellung des Menschen, wie sie bisher üblich war, entsprach den Regeln der Kunst, die von der Amun-Priesterschaft zum religiösen Gesetz erhoben worden war. Neue künstlerische Dimensionen stellten also zugleich eine Herausforderung an die herrschende Priesterkaste dar. Doch noch nie wurde die menschliche Gestalt so realistisch dargestellt, noch nie wurde die Bewegung so treffend festgehalten, noch nie besaß ein Kalksteinrelief so viel Anmut und Natürlichkeit.

Daß Echnaton selbst bei dieser von ihm kreierten Kunstrichtung nicht gerade günstig wegkam, könnte man als Ironie der Geschichte bezeichnen. Betrachtet man Reliefs aus dieser Zeit, so sehen wir den Pharao bereits von seiner schweren Krankheit gezeichnet.

Neben Thutmosis sind uns noch zwei weitere Künstlernamen aus dieser Zeit bekannt: Bek und Auta. Wie Bek selbst zu berichten weiß, hat ihn der junge Pharao persönlich in der Stilkunde unterwiesen. Autas Bildnis findet sich auf einer Reliefdarstellung, die etwa im achten Jahr der neuen Kunstrichtung entstanden ist. Auta war wie Thutmosis Oberbildhauer, er arbeitete jedoch im Auftrag der Königin Teje, jener Frau, deren Einfluß auf die Reformationsbewegung bis heute nicht vollends geklärt ist.

* Der Sonnengott Re verband sich mit Horachte, d. i. Horus als Morgensonne, und übernahm von ihm zu seiner menschlichen Gestalt den Falkenkopf.

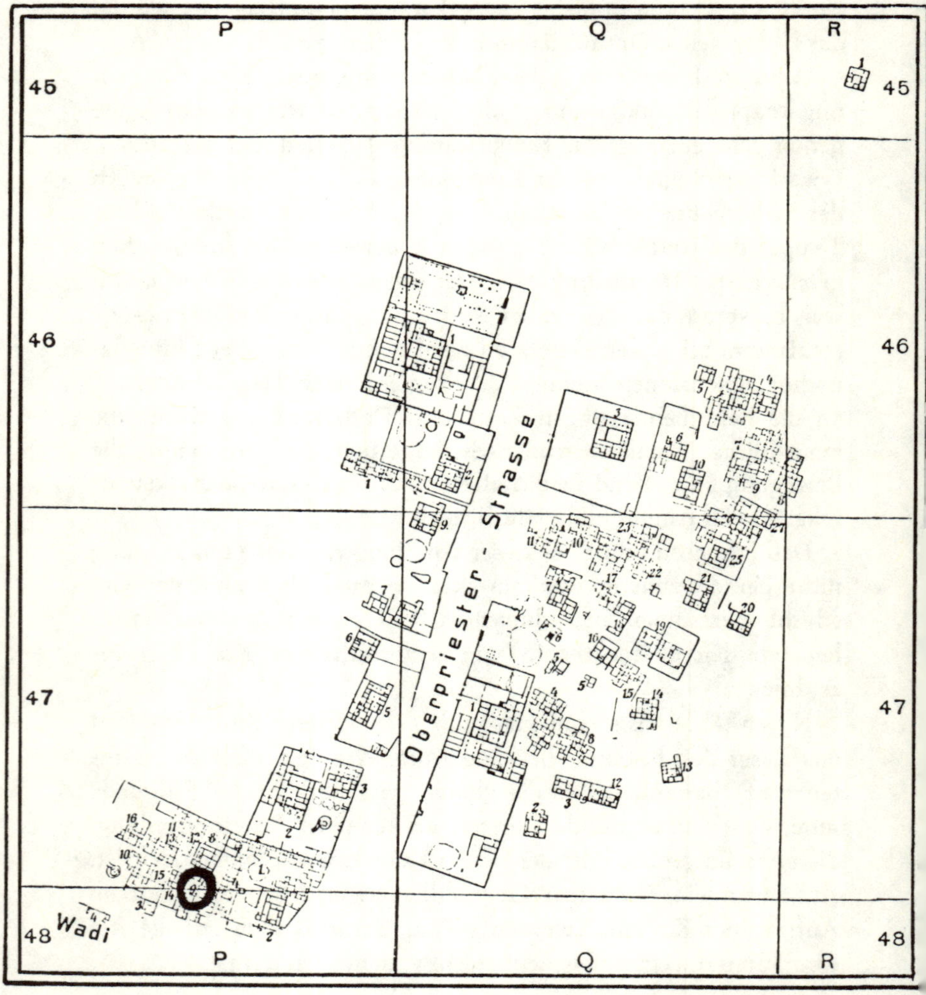

Lageplan der 1912/13 ausgegrabenen Grundstücke. Der Kreis links unten markiert den Fundort der Nofretete-Büste.

Eine Sternstunde der Archäologie

Bei Haus P 47 angekommen, stieg Borchardt über Staub und Steine hinweg in die enge, nur 2 Meter breite und 5,5 Meter lange Kammer (Raum 19), wo der Vorarbeiter Mohammed beim Ausräumen der 1,10 Meter hohen Schuttschicht auf den ungewöhnlichen Fund gestoßen war. Direkt gegenüber dem Türdurchlaß, in der linken Ecke, erkannte er den fleischfarbenen Hals einer Frau mit aufgemalten roten Bändern. Mit bloßen Händen fegte Borchardt das Geröll beiseite, und schon bald kam der Ansatz des Kopfes zum Vorschein. Er hielt einen Augenblick irritiert inne, als sich der Hinterkopf zu einem immensen Gebilde auswuchs, doch schließlich erkannte er die Konturen einer Königinnenperücke, wie sie sonst nur noch von Amenophis' III. Hauptfrau Teje getragen wurde. Das Gesicht der Plastik war noch immer nicht zu sehen, denn die Büste lag mit dem Kopf nach unten und zur Wand gekehrtem Gesicht im Schutt. Lange Minuten vergingen, bis auch das Kinn, die Nase, das Gesicht zum Vorschein kamen; dann hoben Borchardt, Ranke und Mohammed den 48 Zentimeter großen Fund aus dem Sand. Es war eine Königin, jene, deren zeitlos schönes Frauengesicht das bekannteste der Weltgeschichte werden sollte.

Dieses unermeßlich kostbare Kunstwerk war beinahe vollständig erhalten. Beide Ohren waren leicht bestoßen, und die Einlage des linken Auges fehlte. Borchardt ließ sofort den gesamten Schutt aus Raum 19, auch den bereits hinaustransportierten, durch Siebe werfen, etwa zehn Kubikmeter – zwei mittlere Lastwagenladungen. Das dauerte zwei volle Tage und glich der Suche nach der bekannten Nadel im Heuhaufen. Der diffizilen Arbeit war jedoch nur ein Teilerfolg beschert. Zwar fanden sich Bruchstücke der Ohren, die Glasfluß-Einlage des linken Auges jedoch blieb unauffindbar. »Erst viel später sah ich«, schreibt Ludwig Borchardt in seinem Fundbericht, »daß sie nie vorhanden gewesen ist.«

Über kein menschliches Auge wurde so viel gerätselt und diskutiert wie über das linke Auge der Nofretete. Warum fehlt es?

Das Rätsel um Nofretetes linkes Auge

Gehen wir von der Tatsache aus, daß es von Oberbildhauer Thutmosis nie in die Porträtbüste eingefügt wurde – und das kann als erwiesen gelten, denn die Augenhöhle zeigt keine Spuren von Bearbeitung –, dann wäre der nächstliegende Grund, daß die schöne Nofretete zu Lebzeiten das linke Auge verloren hatte. Augenkrankheiten und Blindheit waren im alten Ägypten nicht weniger selten als heute im Land am Nil. Diese Theorie wird jedoch durch viele andere Funde widerlegt. Nofretete, die auf zahlreichen Wandreliefs und Vollplastiken erscheint, hat nirgends ein lädiertes linkes Auge.

Die Ägyptologen sind sich heute einig, daß die weltberühmte Büste Nofretete im Alter von etwa fünfundzwanzig Jahren darstellt. Ein fehlendes Auge ist jedoch weder bei jüngeren noch bei späteren Darstellungen der Königin auszumachen. Wahrscheinlicher ist deshalb, daß Nofretetes Porträt unvollendet blieb. Schließlich gibt es zahlreiche Indizien dafür, daß die Sonnenstadt Achetaton von ihren Bewohnern buchstäblich von heute auf morgen verlassen wurde. Zur Zeit der Aufgabe Achetatons war Nofretete jedoch mindestens fünfunddreißig Jahre alt, für damalige Verhältnisse eine ältere Dame, und das spricht wiederum gegen diese Theorie. Die Ansicht des Nofretete-Entdeckers Ludwig Borchardt, Thutmosis, der Oberbildhauer, habe das linke Auge zu Demonstrationszwecken – um zu zeigen, wie man das Material zum Einsetzen des Glasauges bearbeiten muß – weggelassen, gilt heute als überholt, zumal die Stelle nicht einmal dafür präpariert wurde.

Ein bis ins kleinste Detail ausgearbeitetes Kunstwerk, dem nichts fehlt außer einem Auge, dürfte indessen einmalig sein. Es muß also eine Absicht hinter diesem Kuriosum stecken.

Die letzten Entdeckungen der Wissenschaftler scheinen eine Lösungsmöglichkeit des Problems anzudeuten. Wie wir heute wissen, warfen Echnaton, den Nofretete im Alter von siebzehn Jahren geheiratet hatte, bereits im Jünglingsalter schwere sexuelle Störungen aus der Bahn. Echnaton kann daher mit Sicherheit nur noch als Vater der ersten drei von Nofretetes sechs Töchtern angesehen werden. Auch bestätigen neueste Funde (1970), wie die drei Tafeln des »Gerichtssaalreports« von Amarna, daß Nofretete Seitensprüngen nicht abgeneigt war, daß sie ihre Liebhaber aber rücksichtslos wieder fallenließ, wenn sie ihrer überdrüssig war. In diesem Zusammenhang erhebt sich nun die Frage, ob Nofretete sich nicht in den Oberbildhauer Thutmosis verliebte, als sie diesem Modell saß. Oder ob nicht Thutmosis bei der Arbeit sein Herz an die schöne Königin verlor, von der er vermutlich wußte, daß sie schon zahlreichen Männern ihre Gunst geschenkt hatte.

Tatsächlich besitzt die Nofretete-Büste eine faszinierende, beinahe erotische Ausstrahlung – Borchardt bestätigt das mit seinem spontanen Eintrag in den Fundbericht: »Wir hatten das lebensvollste ägyptische Kunstwerk in Händen.« Doch ging es Thutmosis, so scheint es, wie manch anderem vor ihm. Nofretete, die Schöne, lockte. Vielleicht tat sie noch weit mehr und verstieß dann den enttäuschten Liebhaber, der keine Möglichkeit zur Vergeltung hatte. Er rächte sich auf die einzige ihm mögliche Weise: Er verstümmelte sein Kunstwerk, das Abbild seiner Liebe, nicht, er strafte durch Nichtvollendung.

Borchardt zog nur einen Meter von der Nofretete-Büste entfernt die Trümmer einer Echnaton-Büste aus dem Schutt, das könnte als Hinweis auf einen Zornesausbruch des Bildhauers gedeutet werden. Daß thebanische Bilderstürmer für diese Demolierung verantwortlich sind, ist unwahrscheinlich. Sie hätten mit Sicherheit auch das Bildnis der Nofretete zerstört. Schließlich war sie die treibende Kraft der ketzerischen Glaubensbewegung.

Künstler von des Pharaos Gnaden

Ein Künstler wie Thutmosis war selbst für eine Königin von besonderem Reiz. Denn einen Künstler umgab im 2. Jahrtausend v. Chr. noch der Hauch des Exotischen und der Ruhm des Artisten. Schon im Alten Reich gab es für den »Künstler« und den »Handwerker« nur einen einzigen Begriff. Das entsprechende Wortzeichen ist die einem Steinbohrer nachempfundene Hieroglyphe. Mit dem Steinbohrer wurden die ersten Vasen und Gefäße geschaffen – kleine Wunderwerke der Technik. Was mit Beginn der dynastischen Zeit aus Alabaster und Diorit, Schiefer und Basalt gedreht und geschnitten wurde, war für die Menschen dieser Zeit wertvoller als Gold, das im Überfluß in der Erde lag. In der Stufenpyramide des Königs Djoser fanden die Ausgräber mehr Vasen und Gefäße aus Stein als Schmuck- und Zweckgegenstände aus Gold. Nicht, weil es wenig Gold gab, sondern weil man das Steinzeug als wertvoller – und zweifellos nützlicher – erachtete.

Der altägyptische Kunsthandwerker lebte von des Pharaos Gnaden. Für die Zeit eines Auftrages arbeitete er bei freier Kost und Logis für geringen Lohn, der meist in Naturalien wie Obst und Stoffen ausbezahlt wurde. Der Maler und der Steinmetz, die auf Abbildungen im Grab des Prinzen Nebemachet erscheinen, werden als »Beschenkte« ihres Auftraggebers bezeichnet. Im Laufe der Zeit gelangten die Kunsthandwerker zu hervorragendem Ansehen im Volk, hatten sie doch dank ihrer Arbeit engsten Kontakt zum Pharao: Wenn dieser Modell saß für eine Statue oder eine Büste, unterhielt er sich natürlich mit seinem Gegenüber. Ein Künstler hatte also »Beziehungen« zum König, ein unschätzbarer Vorteil, wenn man bedenkt, daß der Pharao das Gesetz war. Die einfachen Kunsthandwerker wurden so zu »Leib-Kunsthandwerkern« und sogar zu Freunden und Vertrauten. Schließlich hießen alle, die dem König dienten, Künstler und Vertraute. Da gab es den »Halskragenknüpfer« des Pharaos, den »Vorsteher des Königsschmuckes«, den »Nagelpfleger« und den »Vorsteher der Barbiere«. Erst allmählich kristallisierten sich die einzelnen Kunstsparten heraus.

Das höchste Ansehen genossen Bildhauer wie Thutmosis. Entsprechend der strengen Hierarchie ihrer Standesorganisation mußte sich ein Bildhauer bei Hofe hocharbeiten vom »Bildhauergehilfen« zum »gemeinen Bildhauer«, dann hatte er Aussicht, »Aufseher der Bildhauer« oder deren »Vorsteher« zu werden oder, wie Thutmosis, »Oberbildhauer«.

Die allgemeinen Werkstätten der Künstler, wie es sie im Alten

Reich gab, wo Bildhauer, Maler, Kunstschreiner und Balsamierer gemeinsam ihrer Arbeit nachgingen, machten in späterer Zeit Ateliers Platz, die von einzelnen Künstlern geführt wurden. Bevor Männer wie Thutmosis ihre Schüler in ihren staatlich geförderten Ateliers um sich scharten und an Hand von Masken und Modellen in ihrer Kunst unterweisen konnten, sahen die Werkstätten der Kunsthandwerker ganz anders aus. Da flogen die Späne der Schreiner zwischen die Farbtiegel der Maler, und die von Steinquadern absplitternden Brocken gerieten manchmal in die »sterilen« Natrontröge der Einbalsamierer, wo die sterbliche Hülle des Pharaos neunzig Tage liegen mußte – als Tribut für die Ewigkeit.

Eine der Hauptaufgaben der Kunsthandwerker waren Bau und Ausschmückung von Gräbern, wobei die Grabmalereien nicht nur genaue Auskunft über Leben und Treiben des Auftraggebers und seiner Bediensteten – einschließlich der Künstler – gaben, sondern auch über die Entstehung des Grabmals selbst: Herbeischaffung des Baumaterials, Einbalsamierung und sogar der Leichenzug wurden dargestellt. Jede Ausstattung eines altägyptischen Grabes trägt charakteristische Züge des Auftraggebers, die Grabdekorationen wurden nach Entwürfen der Kunsthandwerker von ihnen ausgewählt. Wer wollte und konnte, diktierte dem Künstler seine Biographie und seinen Nachruf sozusagen in den Meißel. Bestimmte, traditionell feststehende Phrasen und Redewendungen tauchen dabei jedoch immer wieder auf. Stereotyp kehrt zum Beispiel die Beteuerung des garantiert untadeligen Lebenswandels des Graberbauers wieder, ebenso die Angabe der Herkunft der finanziellen Mittel für das betreffende Bauwerk.

Felsinschriften in der Nubischen Wüste und auf dem Sinai berichten, wie schwierig die Materialbeschaffung für einen Künstler war. Die ersten Kunsthandwerker, die zusammen mit Beamten des Auftraggebers in die Wüste zogen, um den Ort ausfindig zu machen, an dem es das geeignetste Gestein für die Arbeit gab, meißelten die Kartusche des Pharaos in den Fels. Später setzten sie ihren eigenen Namen dazu und fügten schließlich sogar noch einige Bemerkungen über ihre Arbeitsweise an.

Jahrhundertelang glaubten die Fellachen in der arabischen Wüste zwischen Nil und Rotem Meer, irgendwelche außerirdischen Wesen hätten in den riesigen Steinbrüchen von Hammamat geheimnisvolle Schriftzeichen an den Felswänden hinterlassen. Richard Lepsius war der erste Forscher der Neuzeit, der die Felseninschriften als sehr menschliche, von Eitelkeit und Geltungssucht strotzende Chroniken erkannte. »Mein Pharao Neb-tawi-Re hat mich ausgesandt«, so ließ der Wesir Amenemhet zur Zeit der 11. Dynastie in das harte Felsgestein meißeln, »um seine Denkmäler zu errichten. Er wählte gerade mich aus, weil ich der Vortrefflichste bin von seinen Dienern.« Der Pharao Mentuhotep Neb-tawi-Re habe befohlen, heißt es weiter, daß Soldaten mit ausgesuchten Leuten aus dem ganzen Land, mit Grabarbeitern, Bildhauern, Polierern, Steinmetzen, Schriftzeichnern, Hämmerern, Erzarbeitern, Goldschmieden und Schatzbeamten in das Wüstenhochland zögen. Und mit besonderem Stolz vermerkt Wesir Amenemhet, daß er, nachdem er einen Sarkophag aus dem Fels geschlagen hatte, »der an die Ewigkeit erinnert und immerdar wohltut«, alle wieder unversehrt nach Hause brachte: »Kein Mann kam um, keine Truppe verirrte sich, kein Esel ging zugrunde, kein Handwerker fehlte . . .«

Das war keineswegs selbstverständlich. Die alten Ägypter fürchteten Expeditionen in die Wüste, und Kunsthandwerker lebten auf den Wüstenwegen zu den Steinbrüchen gefährlich. Antef, ein Expeditionsleiter unter dem Pharao Amenemhet I., berichtet davon in einer teilweise zerstörten Felsinschrift in Hammamat:

> Mein Herr sandte mich nach Rohnu*, um dieses prächtige Gestein zu holen. So lange Amenemhet lebte, wurde ihm kein gleiches Gestein gebracht. In dieser Gegend kannte kein Jäger sein Wild; wer es suchte, fand es nicht. Acht Tage lang suchte ich nach dem Gebirgszug, und ich wußte nicht, wo ich überhaupt war. So warf ich mich auf den Bauch vor Min** und seiner Mutter, der großen Zaubergöttin, und allen Göttern dieser Wüste, und ich legte für sie Weihrauch ins Feuer. Als es noch zweimal Morgen geworden war, fand ich zum Gebirge von Rohnu hinauf . . .

* Hammamat.
** Fruchtbarkeitsgott, später auch Vegetationsgott.

Dort stieß Antef auf Beduinen. Sie retteten ihm das Leben, und er pries Month*.

Rekonstruktion eines Sturzes

Warum blieb die Büste der Nofretete so gut erhalten? Rekonstruktionen haben ergeben, daß die Büsten Echnatons und Nofretetes in der kleinen Kammer, die sich östlich an die Wohnhalle des Bildhauers Thutmosis anschließt, auf einem hölzernen Wandbord standen. Während jedoch die Echnaton-Plastik noch zur Blütezeit der Sonnenstadt Achetaton von diesem Wandbord gestoßen wurde und auf dem blanken Steinfußboden zersplitterte, blieb das Nofretete-Bildnis noch mindestens einige Jahrzehnte unberührt auf dem Wandsockel stehen. So lange, bis dieser Sockel aus Holz morsch oder von den hier recht häufigen weißen Ameisen zerfressen war.

Als dies geschah, war die ehemalige Hauptstadt des ägyptischen Reiches längst von ihren Bewohnern verlassen. Der zur Verfugung der Bausteine verwendete Nilschlamm hatte sich aus dem Gemäuer gelöst, der Chamsin-Wind hatte den schmutziggrauen Sand der Wüste in die leerstehenden Gebäude getrieben. Da – irgendwann einmal, gab der verwitterte Holzsockel unter der Nofretete-Büste nach, der schwere Hinterkopf der Plastik bekam das Übergewicht, und die Büste stürzte mit der glatten Fläche der Perücke nach unten in den Sand. Das empfindliche Gesicht und der zerbrechliche Hals zeigten dabei nach oben. Die folgenden Jahrzehnte häuften weiter Schlammstaub und Sand auf die Ruinen.

Borchardt und Ranke erkannten nicht sofort, was sie da entdeckt hatten. Von vornherein klar war eigentlich nur, daß es sich bei der dargestellten Schönen um eine Königin handelte. Das zeigte die

* Falkenköpfiger Gott in Theben, das Vorbild der siegreichen Könige.

hohe Perücke, die am Haaransatz blau bemalt war, was andeuten soll, daß die Königin wie jedes *göttliche* Wesen Haare von Lapislazuli hat. Vermutlich war sich Borchardt jedoch schon am Abend des Fundtages über die Identität dieses Frauenbildnisses sicher. Wie er später selbst gestand, saß er – ganz entgegen sonstiger Gewohnheit – bis nach Mitternacht über seinem Tagebuch, um begeistert und bis ins kleinste Detail den Fund zu beschreiben; doch nach einigen Seiten, überwältigt von dem Geschehenen, gab er auf mit der emphatischen Notiz: »Beschreiben nützt nichts, ansehen!«

Was mag vorgegangen sein im Kopf dieses Mannes, als er im diffusen Schein einer Laterne dem bezaubernd schönen Gesicht dieser Frau gegenübersaß? Ihrem Namen war er bei seiner Arbeit schon mehrfach begegnet, aber er wußte nicht viel mehr, als daß Nofretete Echnatons Frau war und schöner als alle anderen ägyptischen Königinnen. Ahnte der Professor in jener Nacht, daß er das kostbarste, berühmteste Porträt der Weltgeschichte entdeckt hatte? Man muß es fast annehmen, denn warum sonst hätte er einen so unglaublichen Plan gefaßt?

Der Coup

Bis hierher könnte man vermuten, Borchardt hätte seinen Fund am nächsten Tag mit stolzgeschwellter Brust der staunenden Menschheit präsentiert. Das Nachrichtenwesen des Jahres 1912 war durchaus schon so weit entwickelt, einen Sensationsfund wie die Entdeckung der Nofretete innerhalb weniger Tage in aller Welt bekanntzumachen. Aber nichts dergleichen geschah. Beinahe dreizehn Jahre lang blieb die Nofretete-Büste unbekannt. James Simon, der Finanzier der Ausgrabungen der Deutschen Orient-Gesellschaft, fühlte sich als Besitzer und ließ das gute Stück von 1914 bis 1920 im Ägyptischen Museum in Berlin aufbewahren. Erst als er die Nofretete am 11. Juli 1920 mit einer Urkunde dem Ägyptischen Museum auf der Museumsinsel vermachte, wurde der Fall bekannt. Die Neuerwerbung wurde zur Sensation, die Sensation führte zu diplomatischen Verwicklungen, in deren Verlauf es um die Frage ging: Wie gelangte die Nofretete-Büste nach Berlin?

Borchardt muß in der Euphorie des erfolgreichen Ausgräbers in jener Nacht auf den 7. Dezember 1912 nur einen Gedanken gekannt haben: Wie kann ich dieses einzigartige Kunstwerk nach Deutschland bringen?

Die ägyptischen Behörden hatten die Grabungskonzession von der Halbierung sämtlicher Funde abhängig gemacht. Nur Duplikate und Stücke minderer Qualität sollten von den deutschen Ausgräbern nach Genehmigung der Altertümer-Direktion außer Landes gebracht werden dürfen. Es ist bis heute nicht restlos geklärt, wie der bis dahin wertvollste ägyptische Fund nach Deutschland gelangen konnte.

Borchardt behauptete, er habe sich am 20. Januar 1913 mit dem Kairoer Altertümer-Direktor, dem Franzosen Gaston Maspero, dahingehend geeinigt, daß das Berliner Museum die Nofretete erhalten sollte, das Museum von Kairo dagegen ein kurz zuvor entdecktes Klappaltarbild. Zu dieser Zeit will Borchardt immer noch nicht um die Identität der von ihm entdeckten Büste gewußt haben. Doch das stimmt nicht. Denn spätestens am 11. Januar 1913, also neun Tage vor der angeblichen Einigung, hatte der Professor an der Rückwand eines unbedeutenden Hauses im Osten der verlassenen Stadt (Planquadrat Q 47) nur zwanzig Zentimeter unter dem Schutt jene weiße, 43 mal 39 Zentimeter große Kalksteintafel entdeckt, die auf ihrer Vorderseite eine farbenprächtige Darstellung Nofretetes mit Mann und Töchtern zeigt. Auf der Platte, dem Mittelteil eines Klappaltarbildes, ist eine Frau abgebildet, die eine frappierende Ähnlichkeit mit der etwa einen Monat früher gefundenen Büste aufweist. Und der Rahmen dieser Platte, auf der Echnaton und Nofretete die Prinzessinnen beschenken, trägt links und rechts die gleiche Inschrift: »Der König von Ober- und Unterägypten, der von der Wahrheit lebt, der Herr beider Länder (Nefer-cheperu-Re, Ua-en-Re)*, der Sohn des Re, der von der Wahrheit lebt, der Herr der Kronen

* Die Klammern stehen hier anstelle der Königskartuschen.

Nofretete

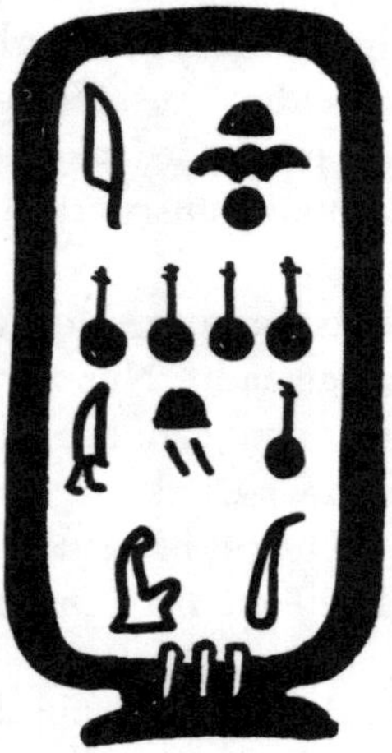

Schön ist die Schönheit des Aton, die Schöne die da kommt.

Echnaton

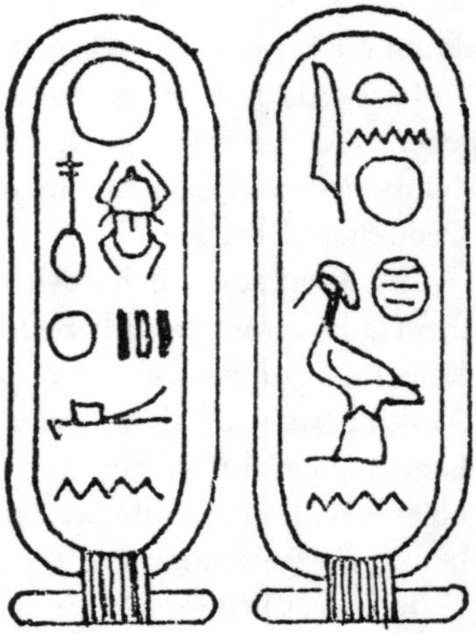

Vollkommen an Erscheinungsformen ist Re, der Einzige des Re, trefflich für Aton.

(Echnaton), möge er lange leben. Die große Gemahlin des Königs (Nefer-neferu-Aton, Nofretete), möge sie immer und ewig leben.«

Nein, Borchardt wußte genau um die Einzigartigkeit seines Fundes, und darum schmiedete er seinen Plan. Nach Ansicht der für die ägyptischen Altertümer zuständigen Behörde ging das so vor sich: Borchardt schrieb wenige Tage nach seiner Entdeckung Gaston Maspero einen Brief und bat ihn, nach Amarna zu kommen, um seine Funde – allesamt nichts Besonderes – zu sichten. Er wolle ein paar Kleinigkeiten zu Studienzwecken nach Berlin senden. Lacau hielt auf diesen Brief hin sein persönliches Erscheinen für unnötig und schickte einen jungen Assistenten. Der nahm die Funde auf und notierte in seinem Bericht: ». . . einige Körbe Tonscherben und viele Sandsteinfragmente . . .« Keines der Objekte fand der junge Inspektor als Ausstellungsobjekt für das Kairoer Nationalmuseum geeignet. Ohne Rückfrage bei seinem Chef Pierre Lacau unterzeichnete er die zur Ausfuhr notwendigen Schiffspapiere. Wenig später wurden fünf Holzkisten nach Alexandria verfrachtet. Eine dieser Holzkisten kann nicht die deklarierten Kalksteinfragmente und Tonscherben enthalten haben.

Denn als Nofretete plötzlich in Berlin auftauchte, waren – und das ist der eigentliche Grund, warum die Büste so lange verschwunden blieb – alle Spuren verwischt. Die ägyptischen Behörden fragten in Berlin an, woher dieser einmalige Fund stamme und wie er nach Berlin gelangt sei. Ganz regulär, mit offizieller Bestätigung der ägyptischen Altertümerverwaltung, war die Antwort. In Kairo versuchte man, den über zehn Jahre zurückliegenden Fall zu rekonstruieren, und die ägyptische Regierung forderte die Büste zurück. Da alle diplomatischen Kontakte nicht fruchteten, stellte die Verwaltung der Altertümer in Kairo ein Ultimatum: Entweder die Nofretete-Büste wird zurückgegeben oder kein deutscher Archäologe darf mehr auf ägyptischem Boden den Spaten ansetzen.

Jahrelang waren deutsche Ägyptologen in Ägypten personae non gratae, und auch andere ausländische Archäologen dürfen keinen Grabungsfund mehr außer Landes bringen. Die Folge davon ist, daß das Nationalmuseum in Kairo überquillt von Kunstschätzen und immer mehr zu einem alptraumhaften Magazin wird – aber wer wollte den ägyptischen Behörden ihr Verhalten verübeln?

Es scheint, daß die Entdeckung der Nofretete-Büste nicht anders verlief als dreitausenddreihundert Jahre zuvor ihr Leben: abenteuerlich und beispiellos.

Die Quellen

Daß bei wissenschaftlichen Forschungen der Ausgang oft ein anderer ist, als man vorher annimmt, und daß das besonders von Ausgrabungen gilt, war mir ein vertrauter Gedanke. Daß der Erfolg die Annahme übertreffen und die aus den wenigen wissenschaftlichen Anhaltspunkten gewonnenen Berechnungen in ungeahnter Weise übertrumpfen würde, war eine gern ertragene Enttäuschung.

Hugo Winckler,
Ausgräber des Tontafelarchivs von Boghazköi

Die türkische Hauptstadt Ankara macht im März einen noch trostloseren Eindruck als sonst. Und der Forscher auf den Spuren Nofretetes läßt sie sehr rasch links liegen, um zu seinem eigentlichen Ziel, dem anatolischen Dorf Boghazköi, etwa 150 Kilometer östlich von Ankara, zu kommen.

Drei Stunden, meint der Taxichauffeur, würde es schon dauern bis Boghazköi. Die Straße ist schmal und kurvenreich, die Fahrt mühsam und beschwerlich, aber sie scheint weit weniger anstrengend, wenn man bedenkt, daß Professor Hugo Winckler diesen Weg vor siebzig Jahren noch zu Pferd zurücklegen mußte.

Am 14. Oktober 1905 machen sich in Ankara, diesem anatolischen Provinznest, das kurz nach der Jahrhundertwende noch keinen Gedanken an eine Zukunft als Hauptstadt aufkommen läßt, zwei Männer reisefertig, die – wie man schon von weitem sieht – kaum etwas gemein haben, es sei denn, das Interesse für ein erregendes Abenteuer. Der eine heißt Hugo Winckler, nach eigener Angabe mittelloser Gelehrter aus Berlin, der andere, Theodore Macridi-Bey, ist Konservator des Ottomanischen Museums in

Istanbul, das damals noch Konstantinopel heißt. Die beiden haben sich in Eski-Schehir, wo der Zug auf der Strecke Instanbul-Ankara Nachtruhe hält, getroffen; Winckler aus Konstantinopel kommend, Macridi-Bey aus Ayasoluk, dem biblischen Ephesus.

Das Ziel des deutschen Gelehrten und des türkischen Konservators ist Boghazköi, fünf Tagereisen zu Pferd von Ankara entfernt, ein Ort, den hier nicht ein Mensch kennt. »Hethiter? – nie gehört.« Drei Tage waren Winckler und Macridi-Bey durch die Stadt gerannt, um zu kaufen, was für so eine Zwei-Mann-Expedition notwendig ist: Verpflegung, Zelte, Decken und das Wichtigste, Pferde. Die beiden haben es ziemlich eilig, denn es ist spät im Jahr. Der Herbst im anatolischen Hochland kann noch sehr heiß sein – bei Tag jedenfalls, bei Nacht aber sinkt das Thermometer bis auf den Nullpunkt. Und was noch schlimmer ist: Starke Regengüsse machen die Straßen und Wege in kürzester Zeit unpassierbar. Die Landschaft besteht aus aneinandergereihten Hochebenen, die von Felsgebirgen eingekesselt sind. Bäche und Flüsse finden nur schwer einen Abfluß.

Das Wetter hält sich. Die Oktobersonne brennt unbarmherzig. Was die beiden ungleichen Männer verbindet, ist ein Vertrag über »die Planung von Ausgrabungen in Boghazköi«, demzufolge alle Funde an das Museum in Konstantinopel übergehen sollen, ausgenommen etwaige Doppelstücke, dem Deutschen dagegen vollkommene Freiheit, was Veröffentlichungen über eventuellen Funde angeht, zugestanden wird.

Angeregt durch Funde in Ägypten und durch Reisende, die in den siebziger Jahren des vorigen Jahrhunderts Inschriften mit bis dahin nicht entzifferten Schriftzeichen aus Anatolien mitgebracht hatten, war Winckler – keineswegs als erster – der Theorie nachgegangen, daß zwischen den beiden großen Kulturen am Nil und im Euphrat-Tigris-Gebiet eine dritte existiert haben mußte. In seinem Expeditionsbericht notierte er folgendes: »El-Amarna hatte uns zwei neue Sprachen kennengelehrt, welche dem ›hethitischen‹ Bevölkerungsgebiet angehörten. Die von Mitanni und die, deren sich der König von Ägypten in einem Schreiben an den König von Arzawa bedient. Die letztere findet sich zugleich in einem wenig verständlichen Brief, der die ›Söhne Lapaja‹ erwähnt, die in Nord-Israel sitzen, etwa im Gebiet des späteren ›Ephraim‹. Mit der ›Mitanni-Sprache‹ boten die Texte von Boghazköi keine Berührung, das konnte man sofort erkennen. Dagegen waren Anhaltspunkte vorhanden, allerdings bei dem geringen Umfang der Texte nicht streng beweisende, welche auf eine nahe Berührung oder gar Gleichheit mit der Sprache der anderen beiden Briefe deuteten. Da der einigermaßen verständliche der beiden Briefe an den König von Arzawa gerichtet war, so nannte man sie ›Sprache von Arzawa‹ und suchte dieses Land zunächst im hethitischen Machtbereich, ohne daß eine nähere Unterbringung glücken wollte. Wir werden sehen, daß diese auch jetzt noch nicht ganz sicher ist – wenn nicht die Urkunden von Boghazköi noch weitere Aufschlüsse enthalten. Wenn sich die Vermutung über die Sprache bestätigte, so konnte man zunächst vermuten, in Boghazköi die Hauptstadt eben von Arzawa zu finden. Daß dieses Land dann auch im Chatti-Bereich* eine maßgebende Rolle gespielt haben mußte, hätte sich ohne weiteres ergeben, und man konnte auf jeden Fall hoffen, auf diese Weise der Lösung der Chatti-Frage um ein gutes Stück näher zu kommen.«

34 Tafeln weisen nach Ägypten

Am Nachmittag des fünften Tages erreichten Winckler und sein türkischer Begleiter Boghazköi, wo sie der Großgrundbesitzer Zia-Bey in seinem Haus aufnahm. Er gewährte allen Reisenden Gastfreundschaft, die nach Boghazköi kamen. Der alte Zia-Bey berichtete von den Tontafeln, die an bestimmten Stellen gefunden worden waren, er beschrieb ihr Aussehen und das Format, für das es bereits Vergleichsstücke gab: die im mittelägyptischen Amarna entdeckten Tafeln, die Korrespondenz der Pharaonen mit den Mitanni-Königen.

Winckler und Macridi-Bey verbrachten die nächsten drei Tage

* Reich der Hethiter.

mit Geländesichtung und kleinen Probegrabungen, die sich vor allem auf einen Abhang des mitten im Ort gelegenen Hügels konzentrierten. Bis zum 21. Oktober fanden sie 34 Tafelfragmente mit unbedeutenden oder unleserlichen Texten. Drei davon waren eindeutig babylonisch. Winckler meinte: »Dem Aussehen nach würde jeder, wenn das Stückchen nicht an Ort und Stelle gefunden worden, sondern vielleicht im Handel aufgetaucht wäre, es ohne Bedenken als aus dem El-Amarna-Fund angesehen und versucht haben, ob es nicht an eine der bekannten Mitanni-Tafeln angefügt werden könnte.«

Doch die drei in babylonischer Keilschrift gefundenen Stücke bestätigten Winckler in der Annahme, daß es sich hierbei um ein ähnlich sprachenreiches Archiv wie in Tell el-Amarna handeln könnte. Jetzt stand sein Entschluß endgültig fest: Boghazköi, das alte Chatti (Hattusa) der Hethiter, sollte ausgegraben werden! Mit diesem Vorsatz kehrte er nach Berlin zurück.

Das Budget, das die Vorderasiatische Gesellschaft und das Berliner Orient-Komitee für die Ausgrabungen des nächsten Jahres zur Verfügung stellten, reichte jedoch bei weitem nicht aus für eine auf acht Wochen veranschlagte Grabungsperiode. Nur knapp die Hälfte der Summe war vorhanden. Den Rest pumpte sich der »mittellose Gelehrte« bei seinen Freunden Dr. Georg Hahn und dem Militär-Oberpfarrer Otto Strauß. Die beiden Geldgeber wußten natürlich ganz genau, daß es sich dabei nicht um eine Leihgabe, sondern um eine Schenkung handelte. Denn ein Ausgräber mag zwar Ruhm ernten, reich werden kann er nicht.

17. Juli 1907. Am Fuße des Bergkegels, wo Hugo Winckler und Theodore Macridi-Bey vor einem dreiviertel Jahr ihre ersten Funde gemacht haben, wird ein Lager errichtet. Und der Erfolg der beiden hält an. Die Fragmente werden immer größer, je höher Winckler und Macridi-Bey den Hügel hinankommen. Zwischen hundert und zweihundert Stück finden sie pro Tag. Winckler ist begeistert. Seit zwanzig Jahren hat er Keilschrifttexte durchgeackert, aber noch nie ist ihm eine echte Entdeckung gelungen. Immer war er nur Zuträger, Hilfswissenschaftler, das weiß der Siebenundvierzigjährige nur zu gut. Doch genausogut weiß er, daß

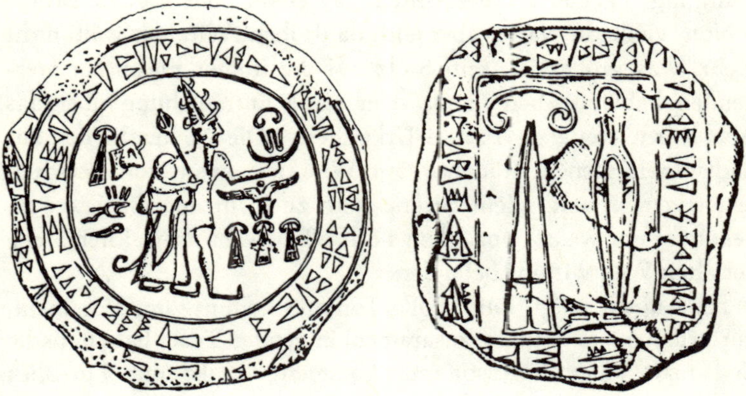

Anonyme Großkönigs- und Umarmungssiegel mit Keilschrift.

ihm diesmal vielleicht der ganz große Wurf gelingen könnte. Denn die Tontafeln, die Zia-Bey auf seinem Besitz gefunden hatte, waren bedeckt mit Keilschrift-Zeichen in der Arzawa-Sprache. Und diese Funde hatten in Winckler die Hoffnung auf die einmalige Entdeckung geweckt.

Was ist das für ein geheimnisvolles Land, dieses Arzawa? Historiker lokalisieren das Reich, das seine Grenzen oftmals veränderte, im südlichen Kleinasien. Arzawa, älter als das Hethiter-Reich, war Zentrum eines mächtigen Staatenbundes und Pufferstaat zwischen der orientalischen, ägyptisch-babylonischen und der europäischen, hethitisch-mykenischen Kultur. Winckler wußte das alles damals freilich noch nicht.

Der sensationelle Fund

Im Schein einer Karbidlampe sitzt Winckler oft bis Mitternacht vor seiner Hütte und entschlüsselt Wortfetzen, Satzteile – doch alles in babylonischer Sprache. Was, zum Teufel, hatte es mit diesen Arzawa-Fragmenten auf sich? Rückfragen beim Finder. Bestätigung: Ja, hier an dieser Stelle lag es im Boden. Ganz sicher? – Nun, vielleicht war es aber auch da drüben. Winckler weiß nicht mehr, was größer ist, sein Stolz auf die immer reichlicher werdenden babylonischen Funde oder seine Enttäuschung über das Ausbleiben weiterer Arzawa-Urkunden. »Die Mehrzahl der zunächst gefundenen Stücke«, sagt Winckler, »war von verschiedenartigem Inhalt, allein vorerst noch zu klein, um die Frage zu beantworten, welche vor allem noch offen war: an welcher Stelle der alten Welt wir uns befanden.«

20. August 1907. Eine große Tontafel kommt zum Vorschein, gut erhalten, ein langer zusammenhängender Text, babylonische Keilschrift. »Der Professor muß kommen!« Er kommt. Ein Blick genügt. Es dauert nur Sekunden, und – so sagte Winckler später – »alle meine Lebenserfahrungen versanken in nichts«.

Winckler entzifferte stockend: »*A – ma – n . . . arri rabi šar . . .* Mehr war von der ersten Zeile nicht zu entschlüsseln. *šar mat Ha – at – ti ahi-šu a-na.* Das war die zweite Zeile. *-ti rabiti i-na be-ri-šu-nu a-di t . . . ki-a . . .*«

Von der vierten Zeile an wurden die Beschädigungen der Tafel immer geringer, bis man schließlich einen fortlaufenden Text lesen konnte. Winckler hatte jedoch bereits nach dem Studium der beiden ersten Zeilen erkannt, daß er eine sensationelle Entdeckung gemacht hatte. Da stand in der ersten Zeile das Wort Aman, was auf den ägyptischen Gott Amun hindeutete, und in der dritten Zeile das Wort Chatti, damit waren die Hethiter gemeint. Ohne Zweifel wies diese Urkunde also auf Zusammenhänge zwischen Ägypten und dem Chatti-Land hin.

Fingernagelgroße Keilschriftzeichen verkündeten das Unfaßbare: RAMSES SCHREIBT AN CHATTUSIL. Hier war von einem Vertrag zwischen Ägypten und Chatti die Rede. Wie Schuppen fällt es Winckler von den Augen: Tatsächlich – das war das Gegenstück zur Korrespondenz zwischen dem Pharao Ramses II. und dem Hethiter-König Chattusil über den Friedensvertrag nach der Schlacht bei Kadesch (um 1296 oder 1286 v. Chr.), das Gegenstück einer steinernen Urkunde, die im Amun-Tempel von Karnak an der südlichen Außenwand entdeckt worden war. Karnak war der Tempelbezirk der ägyptischen Hauptstadt Theben. Es bedurfte keiner großen Kombinationsgabe, um zu erkennen, daß der Keilschriftfund von Boghazköi in der chattischen Hauptstadt, der Hauptstadt der Hethiter, gemacht wurde.

»Es waren eigenartige Gefühle, mit denen gerade ich eine solche Urkunde betrachten konnte. Achtzehn Jahre waren es her, daß ich im damaligen Museum von Bulak* den Arzawa-Brief von Amarna und in Berlin die Mitanni-Sprache kennenlernte. Damals hatte ich in Verfolgung der durch den Fund von Amarna erschlossenen Tatsachen die Vermutung geäußert, daß auch der Ramses-Vertrag ursprünglich in Keilschrift abgefaßt gewesen sein dürfte, und jetzt hielt ich eines der darüber gewechselten Schreiben in Händen – in schönster Keilschrift und gutem Babylonisch! Es war doch ein seltenes Zusammentreffen in einem Menschenleben, wie das beim ersten Betreten orientalischen Bodens in Ägypten einst Erschlossene jetzt im Herzen Kleinasiens seine Bestätigung fand. Wunderbar wie ein Märchenschicksal aus 1001 Nacht konnte solch ein Zusammentreffen erscheinen – und doch sollte das nächste Jahr noch Märchenhafteres bringen, als die Urkunden alle gefunden wurden, in denen die Gestalten wieder auftauchten, welche in diesen achtzehn Jahren mich so oft beschäftigt hatten.«

Und wenn Winckler auch schon am Tag nach seiner Entdeckung genau wußte, was er da ausgegraben hatte, so dauerte es doch noch Monate, bis er die Fehlstellen ergänzt und unbekannte Wörter gedeutet hatte, bis die Urkunde folgendermaßen zu lesen war:

Der Friedensvertrag des Ramses

Der Vertrag des Ramses, geliebt von Amun, des großen Königs, des Landes Ägypten, des Helden,

mit Chattusil, dem großen König, dem König des Landes Chatti, seinem Bruder, um schönen Frieden zu machen und schöne Bruderschaft in dem Verhältnis des Großkönigtums zwischen ihnen auf ewig lautet:

Ramses, geliebt von Amun, der große König, der König des Landes

* Vorstadt von Kairo. 1864–89 befand sich hier das nach Gizeh und von da nach Kairo verlegte Altertumsmuseum.

Ägypten, der Held aller Länder, der Sohn des Minmuaria*, des großen Königs, des Königs des Landes Ägypten, des Helden, der Enkel des Minpahtaria**, des großen Königs, des Königs des Landes Ägypten, des Helden, an Chattusil, den großen König, den König des Landes Chatti, den Helden, den Sohn des Mursilis, des großen Königs,

des Königs des Landes Chatti, des Helden, den Enkel des Schuppiluliuma, des großen Königs, des Königs des Landes Chatti, des Helden. Sieh, nun habe ich gegeben schöne Bruderschaft und schönen Frieden zwischen uns auf ewig, um zu geben schönen Frieden und schöne Bruderschaft in dem Verhältnis des Landes Ägypten mit dem Lande Chatti auf ewig also: sieh die Lage des großen Königs, des Königs des Landes Ägypten, und des großen Königs, des Königs des Landes Chatti, von Ewigkeit her an, so lassen die Götter nicht zu, daß Feindschaft zwischen ihnen entsteht

auf Grund des Vertrages auf ewig. Sieh, Ramses, geliebt von Amun, den großen König, den König des Landes Ägypten, ein Verhältnis schaffen,

das Amun schuf und Tessup, für das Land Ägypten mit dem Lande Chatti durch ein solches Verhältnis, das seit Ewigkeit her nicht zu machen Feindschaft zwischen ihnen für immer und ewig.

Ramses, geliebt von Amun, der große König, der König des Landes Ägypten hat den Vertrag geschrieben auf einer Tafel aus Silber***

mit Chattusil, dem großen König, dem König des Landes Chatti, seinem Bruder, von diesem Tage an, um schönen Frieden und schöne Bruderschaft zu vereinbaren zwischen uns auf ewig. Und er ist verbrüdert mit mir und ich bin verbrüdert mit ihm und ich bin in Frieden mit ihm auf ewig. Und wir machen unsere Bruderschaft und unseren Frieden, und sie sind schöner als die Bruderschaft und

der Frieden von früher

von dem Lande Ägypten mit dem Lande Chatti. Sieh Ramses, den großen König, den König des Landes Ägypten, in schönem Frieden und in schöner Bruderschaft mit Chattusil, dem großen König, dem König des Landes Chatti. Sieh die Söhne des Ramses, des Königs des Landes Ägypten,

in Frieden und verbrüdert mit den Söhnen des Chattusil, des großen Königs, des Königs des Landes Chatti, auf ewig. Und diese sind ge-

* Ägyptisch: Sethos I.

** Ägyptisch: Ramses I.

*** Eine Silbertafel wird auch im ägyptischen Text erwähnt.

mäß unserem Verhältnis von unserer Bruderschaft und von unserem Frieden, und auch das Land Ägypten mit dem Lande Chatti, und sie sind in Frieden und verbrüdert wie wir auf ewig. Und Ramses, geliebt von Amun, der große König, der König des Landes Ägypten, soll nicht das Land Chatti überfallen, um etwas zu rauben

von dort, für die Ewigkeit. Und Chattusil, der große König, der König des Landes Chatti, soll nicht einen Überfall machen auf das Land Ägypten,

um etwas zu rauben, für die Ewigkeit. Sieh das Gebot der Ewigkeit, das der Sonnengott und Tessup erlassen haben für das Land Ägypten mit dem Land Chatti, Frieden und Bruderschaft zu halten, um nicht zu geben Feindschaft zwischen ihnen.

Und sieh, Ramses, der große König, der König des Landes Ägypten, hat es ergriffen, um Wohlbefinden zu stiften, von diesem Tage an.

Sieh das Land Ägypten mit dem Lande Chatti, und sie sind in Frieden und verbrüdert auf ewig. Und wenn ein anderer Feind zieht nach dem Lande Chatti und Chattusil, der große König, der König des Landes Chatti, zu mir also schickt: »Komm mir zu Hilfe gegen ihn«, so soll Ramses, der große König,

der König des Landes Ägypten,

seine Krieger und seine Wagen schicken, und sie sollen seinen Feind schlagen, und er soll Rache nehmen für das Land Chatti.

Und wenn Chattusil, der große König, der König des Landes Chatti, zürnt gegen seine eigenen Diener und die sich gegen ihn versündigen, und du zu Ramses, dem großen König, dem König des Landes Ägypten eine Botschaft schickst, so soll Ramses seine Krieger und Wagen schicken und sie sollen alle vernichten, die gegen sie sind. Und wenn ein anderer Feind zieht

nach dem Lande Ägypten und Ramses, der König des Landes Ägypten, dein Bruder, schickt zu Chattusil, dem König des Landes Chatti, seinem Bruder, also: »Komm mir zu Hilfe gegen ihn«, so soll Chattusil, der König des

Landes Chatti,

seine Krieger und seine Wagen schicken und soll meinen Feind niederwerfen. Und wenn Ramses, der König des Landes Ägypten,

zürnt gegen seine eigenen Diener, und diese Sünde begehen gegen ihn, und ich

zu Chattusil, dem König des Landes Chatti, meinem Bruder, darüber Botschaft schicke, so soll Chattusil, der König des Landes Chatti,

seine Krieger und Wagen schicken und sie sollen vernichten all diese ...

Und sieh, dem Sohne des Chattusil, des Königs des Landes Chatti, soll zufallen das Königtum des Landes Chatti an Stelle von Chattusil, seinem Vater, nach vielen Jahren Chattusils, des Königs des Landes Chatti. Wenn die Großen des Landes Chatti Sünde begehen gegen ihn, so soll Ramses, der König des Landes Ägypten, Krieger und Wagen schicken, um Vergeltung zu üben an diesen ...

. . . .

. . . .

(die beiden letzten Zeilen sind nicht mehr zu rekonstruieren)

Die Rückseite der Steinurkunde ist bis zur neunzehnten Zeile nur bruchstückhaft erhalten. Der weitere Inhalt bezieht sich auf die Kooperation des Königs von Chatti und des ägyptischen Pharaos bei der Verfolgung von Deserteuren.

Wie aber hieß die Stadt, die Winckler gefunden hatte? Bei der Sichtung der Tontafeln, von denen er nach wenigen Wochen über zehntausend registriert hatte, machte er eine interessante Entdeckung. Länder wurden nie mit Namen genannt, sondern stets als »Land der Stadt soundso« bezeichnet; ein Land hieß also wie seine Hauptstadt; und da in der Korrespondenz stets von den Fürsten von Chatti die Rede war, mußte auch die Stadt Chatti heißen.

»Tausende von Tontafelfunden – Hauptstadt der Hethiter entdeckt.« So drahtete Winckler nach Berlin, und der besessene Außenseiter war über Nacht zur Koryphäe geworden, ihm wurde endlich jene Anerkennung zuteil, auf die er ein Leben lang hatte warten müssen. Am Ende dieser Grabungssaison zog sich Winckler wieder an seinen Schreibtisch zurück, um sich nach dieser »Unterbrechung« erneut seiner eigentlichen Arbeit, der sichtenden Forschung zu widmen. Doch dem schwerkranken Mann war nicht mehr viel Lebenszeit beschieden; am 19. April 1913 starb er in Berlin.

Eine Fellachin entdeckt das Amarna-Archiv

Die Ausgrabungen Hugo Wincklers sind für die Rekonstruktion des Lebens der Nofretete deshalb von so großer Wichtigkeit, weil das Tontafelarchiv von Boghazköi, wie er beweisen konnte, das Pendant eines ägyptischen Tontafelarchivs ist, dem von Amarna.

Die Ruinen von Amarna liegen etwa auf halbem Weg zwischen Kairo und Luxor. Dort am Ostufer des Nils liegt heute, wenige Kilometer südlich von Et-Till, das Dorf El-Hagg Quandil. Zieht man von diesen beiden Dörfern eine Linie bis zu der Bergkette im Osten, so ergibt sich ein Dreieck, das in etwa die Grundfläche der alten Hauptstadt Amarna bedeckt. Hier grub, wie bereits erwähnt, im Herbst des Jahres 1887 eine Bäuerin nach Sebach, doch statt auf Sebach stieß die Fellachin auf Tontafeln mit Schriftzeichen, die nichts mit den Hieroglyphen ihrer Vorfahren gemein hatten.

Ende des vergangenen Jahrhunderts war den Leuten dort bereits bekannt, daß solche Funde einen gewissen Wert darstellten und daß verrückte Ausgräber aus Europa und Amerika unter Umständen eine Menge Geld dafür bezahlten. Deshalb erzählte die Bäuerin nur ihrem Mann von dieser Entdeckung. Zusammen mit ihren Kindern bargen sie den Fund. Innerhalb weniger Tage grub die Familie mit vereinten Kräften über dreihundert Tafeln aus. Das bedeutete, so schien es, das Ende ihrer Armut.

Die Fellachen aus Et-Till boten auf der Suche nach einem Käufer einige dieser Tontafeln in ganz Ägypten an. Natürlich sagten sie nicht, daß ihre Sammlung über dreihundert Exemplare umfaßte, das erschien zu riskant, war aber genau der Fehler, der sie um ein Vermögen brachte. Kein Sammler, kein Händler wollte die paar Tafeln haben. Wer weiß, wer sie vergraben hatte, um sich einen Jux zu machen. Schließlich wurden die Schriftzeichen als altbabylonische Keilschrift identifiziert – und das mitten in Ägypten! Doch selbst die geschäftstüchtigen Antiquitätenhändler von Luxor sahen keine Möglichkeit, daraus ein Geschäft zu machen.

Sie teilten die Tafeln untereinander auf, und damit auch wirklich jeder etwas abbekam, wurden die wenigen Exemplare zerbrochen. Die Fragmente bot man Archäologen und Touristen an – vergeblich. Enttäuscht und um eine Hoffnung ärmer, verkaufte die Fellachenfamilie den gesamten Posten an einen Händler in Luxor für ein paar Mark. Der gab »Proben« weiter an das Nationalmuseum in Kairo, andere fanden den Weg nach Paris, und schließlich meldete das Britische Museum in London sein Interesse an.

Es läßt sich nicht mehr exakt feststellen, wer als erster die Bedeutung der Keilschrifttexte erkannte. Jedenfalls befanden sich bereits Ende 1887, also noch im Jahr der Entdeckung, 81 Tafeln in der Obhut des Britischen Museums, 160 Tafeln waren auf irgendwelchen Wegen nach Berlin gelangt, den Rest teilten sich drei Händler in Gizeh und Kairo. Von diesen erwarb das Museum von Bulak im Januar 1888 17 Tafeln und 14 Fragmente, wenige Wochen später orderte dasselbe Museum 15 weitere Tafeln. Der Fund, den zunächst niemand haben wollte, war zu einer kunsthistorischen Attraktion geworden. Jetzt, da die Nachfrage nach den Tafeln groß war, verschwanden sie plötzlich in dunklen Kanälen und wurden nur noch schwarz gehandelt.

Ein archäologischer Skandal

Samuel A. B. Mercer, Professor für semitische Sprachen und Ägyptologie am Trinity-College der Universität von Toronto, hat in mühseliger Kleinarbeit den Weg aller Amarna-Tafeln verfolgt und kommt zu dem Ergebnis, daß Anfang 1888 auch verschiedene Privatpersonen im Besitz dieser einzigartigen historischen Dokumente waren. Als bekannt wurde, daß es sich bei den Keilschrifttafeln um einen sensationellen Fund handeln könnte, boten manche dieser Besitzer ihre Exemplare zu Wucherpreisen an, andere erklärten sich bereit, sie der Wissenschaft unentgeltlich zu überlassen. Auf einmal setzte ein Feilschen, Handeln und Tauschen ein: Der Direktor der Französischen Schule für Archäologie gab eine Tafel an die Ägyptische Abteilung des Pariser Louvre, eine weitere erhielt der russische Ägyptologe Wladimir Golenischeff, zwölf Tafeln gingen an das Nationalmuseum in Berlin usw. Heute befinden sich die meisten Amarna-Tafeln, die damals noch in Privatbesitz waren, in Berlin.

Die Tafeln waren, darüber gab es nun keinen Zweifel mehr, Bestandteile des Archivs, in dem Amenophis III. und sein Nachfolger Amenophis IV. ihre offizielle Korrespondenz aufbewahrten. Der diplomatische Briefwechsel wurde im 14. Jahrhundert v. Chr. in Akkadisch* geführt. Das Archiv von Amarna enthielt Originale, Duplikate und Kopien von Briefen, die die Könige von Babylonien und Chatti, von Assyrien und Mitanni, von Syrien und Palästina an die ägyptischen Pharaonen schickten. Darunter sind aber auch Dokumente, die von den Pharaonen entweder nicht abgeschickt oder vor dem Abschicken kopiert wurden.

Die Tontafelarchive von Boghazköi und Amarna ergänzen sich in wunderbarer Weise. Ihre Entdeckung im Abstand von fünfundzwanzig Jahren muß angesichts ihres Alters von über dreitausenddreihundert Jahren als ein einmaliger Glücksfall gelten.

Die Verwaltung der Altertümer in Kairo war außer sich, als sie merkte, daß eine der wichtigsten Entdeckungen zur ägyptischen Geschichtsforschung aufgrund eigener Unachtsamkeit in alle Welt verstreut worden war. Der Leiter der Behörde, Eugène Grébaut, rief die Polizei zu Hilfe; er ließ alle Antiquitätenhändler in Luxor verhaften und ihre Häuser durchsuchen. Einer von ihnen, der britische Händler Wallis Budge, erinnert sich:

»Ich wollte den Haftbefehl sehen, aber der Polizeioffizier sagte mir, daß Herr Grébaut ihn nachreichen werde. Ich fragte, wo denn Grébaut sei, und er sagte, daß er sich in Nakdah, einem Dorf zwölf Meilen nördlich von Luxor, aufhalte. Grébaut habe von dort einen Boten zum Polizeichef von Luxor geschickt, der ihm diesen Auftrag gab – der Auftrag lautete: Besetzung der Häuser und Festnahme der Bewohner. Dann sagte der Polizist zu mir und Mohammed: ›Sie sind verhaftet.‹

Ich gab dem Polizeioffizier zu verstehen, daß ich die Stadt nicht verlassen wolle, bevor der Dampfer aus Assuan angelegt habe.

* Babylonisch–Assyrisch.

Wir sollten per Schiff nach Kairo gebracht werden. Als wir mit dem Essen fertig waren, bezog der Polizist im Haus Stellung, er postierte einen Aufpasser auf dem Dach und eine Wache an jeder Hausecke. Dann suchte er die Häuser anderer Händler auf, plombierte sie und stellte davor Posten auf.

Am Morgen war ein Mann aus El-Hagg Quandil mit einem halben Dutzend Tontafeln bei mir gewesen, die bei einer Frau in Tell el-Amarna gefunden worden waren. Er bat mich, die Tafeln anzusehen. Ich sollte sagen, ob sie echt seien, oder ob es sich um Fälschungen handelte. Ich sah sie mir an und stellte fest, daß die Analyse nicht so einfach war. In Form und Aussehen, Farbe und Material waren die Tafeln anders als jene, die ich in London oder Paris gesehen hatte, und auch der Schriftcharakter war ein anderer. Das beschäftigte mich ein paar Stunden. Allmählich kam ich zu dem Schluß, daß es sich bei den Tafeln bestimmt nicht um Fälschungen handelte und es sicher keine Königslisten oder historische Inschriften im gewöhnlichen Sinne waren, aber auch keine Geschäfts- oder Handelsdokumente. Die ersten Wörter auf nahezu allen Tafeln wiesen diese als Briefe oder Depeschen aus, und ich war überzeugt, daß die Tafeln echt und von großer Bedeutung waren.

Ich versuchte sogar, den Mann aus El-Hagg Quandil zu überreden, mir die übrigen Tafeln aus Amarna zu bringen, aber er sagte mir, die seien bereits im Besitz von Händlern, die mit einem Agenten des Berliner Museums verhandelten.

Unter den in Amarna entdeckten Tontafeln war auch ein ziemlich großes Exemplar, etwa 50 Zentimeter hoch. Wir wissen jetzt, daß diese Tafel eine Aufzählung der Mitgift einer mesopotamischen Prinzessin enthielt, die einen ägyptischen König heiratete. Der Mann, der dieses Stück nach Kairo gebracht hat, trug es unter dem Mantel versteckt. Als er in den Zug einsteigen wollte, rutschte die Tafel unter seinem Mantel hervor, fiel auf die Schienen und zerbrach. Zahlreiche Reisende haben das Ganze beobachtet. Man sprach überall von dem Vorfall. Und auf diese Weise erhielt der Direktor der Kairoer Altertümerverwaltung überhaupt erst Kunde von der Entdeckung der Amarna-Tafeln. Er telegrafierte sofort an den Mudir von Assiut und verlangte, daß jeder, der so eine Tafel in seinem Besitz habe, festzunehmen sei. Er selbst machte sich, wie wir gehört haben, auf den Weg nach Oberägypten, um jede Tafel, die er noch finden konnte, zu beschlagnahmen.«

Natürlich überließen die Ägyptologen weitere Entdeckungen in Amarna nicht dem Zufall. Flinders Petrie fand noch einige weitere Tafelfragmente, und auch bereits früher gefundene tauchten an den verschiedensten Orten plötzlich wieder auf. Mercer ermittelte den Standort aller bekannten und von der Wissenschaft ausgewerteten Amarna-Tafeln wie folgt:

202 Exemplare werden in der Vorderasiatischen Abteilung der Ostberliner Museen aufbewahrt; 8 davon sind nur fragmentarisch erhalten, 20 weitere Bruchstücke sind von nur geringem wissenschaftlichem Wert, da sie nur ein oder zwei Keilschriftzeichen aufweisen.
82 Tafeln werden im Britischen Museum in London aufbewahrt.
50 Dokumente sind im Ägyptischen Nationalmuseum in Kairo, ein Drittel davon ist nur fragmentarisch erhalten.
23 Stück erwarb das Ashmolean Museum in Oxford, allerdings sind nur 2 davon unbeschädigt.
8 Bruchstücke besitzt die Egypt Exploration Society in London.
7 Tontafeln aus Amarna hat der Louvre aufzuweisen.
4 Exemplare befinden sich im Nachlaß von Rostovitz Bey in Kairo.
3 sind in Leningrad.
2 erwarb das Metropolitan Museum of Art in New York.
1 Exemplar wird in den Musées Royaux d'Art et d'Histoire in Brüssel aufbewahrt.
1 weiteres im Haskell-Museum der Universität Chicago.
1 Dokument, entdeckt in Tell el-Hesi, gelangte in das Museum von Istanbul.
1 Stück befindet sich in Paris in Privatbesitz.

Diese 385 Tontafeln aus Amarna und die 10 000 Tafeln aus Boghazköi sind der Eckpfeiler jeder Rekonstruktion der Geschichte des Neuen Reiches – und zugleich die einzige Quelle, aus der wir etwas über Nofretetes Herkunft erfahren können. Doch mit welchen Schwierigkeiten das verbunden ist, mögen zwei Beispiele verdeutlichen.

Empfänger unbekannt, wie heißt der Absender?

Keine einzige der Amarna-Tafeln enthält ein Datum, mit dessen Hilfe sich eine absolute Jahreszahl rekonstruieren ließe. Nur eine trägt den Hinweis »Jahr 36, vierter Wintermonat«. Außerdem fehlen auf den meisten Dokumenten Adresse und Absender. Da schreibt ein Vasallenkönig an »die Sonne«, womit der Pharao gemeint ist. Die Großkönige von Babylon, Mitanni und Assyrien redeten die Pharaonen aber auch mit »Bruder« an. Nur etwa 25 Tontafeldokumente nennen den Namen des Empfängers – allerdings nicht den ägyptischen Namen, sondern den, der in der Heimat des Absenders gebräuchlich war. Amenophis III. wurde als Nibmuaria, Nimmuria, Nimutria oder Mimmuria angeredet, was seinem Krönungsnamen Neb-maat-Re nachempfunden ist. Amenophis IV. taucht auf den Tontafeln als Naphuria, Naphuriria und Naphururia auf, in Anklang an seinen Krönungsnamen Nefercheperu-Re.

Jeder ägyptische Pharao hatte insgesamt fünf Namen: Den ersten bekam er bei der Geburt, drei weitere waren religiöse Weihenamen, der fünfte wurde ihm bei der Thronbesteigung verliehen.

Tafeln, auf denen wenigstens der Empfänger genannt ist, bieten zumindest *einen* Anhaltspunkt, von dem aus mit Hilfe des Briefinhalts auf den Absender geschlossen werden kann. Die Zahl der möglichen Adressaten der im Amarna-Archiv enthaltenen Dokumente ist auf vier begrenzt, denn während der kurzen Zeit, die diese Stadt existierte, lebten nur drei Pharaonen in Amarna: Amenophis IV., Semenchkare und Tut-ench-Amun.

Im Zusammenhang mit Nofretete interessieren uns vor allem die Briefe aus Mitanni, denn das Mitanni-Reich ist die Heimat der Königin. Der Norweger J. A. Knudtzon, der die Amarna-Korrespondenz als erster chronologisch ordnete und numerierte, versah die Mitanni-Briefe mit den Nummern 17 bis 29. Auf Nofretete nehmen Bezug die Briefe Nr. 20 bis 22 und 25 bis 29.

Brief 20 und 21 zeigen, wie der König von Mitanni und der ägyptische Pharao im 14. Jahrhundert v. Chr. um Frauen und

Gold feilschten, Nr. 22 und Nr. 25 nennen die Mitgift des Mitanni-Königs Tuschratta für Nofretete, in Brief 26 bittet die Hauptfrau des verstorbenen Amenophis III. um Freundschaft für ihren Sohn Echnaton. Zu dieser Zeit befand sich Nofretete bereits am Pharaonenhof in Theben. In den Briefen 27, 28 und 29 schließlich fordert Nofretetes Vater Tuschratta von seinem Schwiegersohn Echnaton ägyptisches Gold.

Auf den Spuren der Nofretete ist der Chronist aber auch auf jene Unzahl von Denkmälern angewiesen – Reliefs, Wandmalereien, beschriftete Statuen und Gedenksteine –, die gerade die hohe Kultur der 18. Dynastie in reichem Maße hervorgebracht hat. Vor allem die Darstellungen in den Labyrinthen der thebanischen Gräberwelt am Westufer des Nils sind eine wesentliche Informationsquelle.

Die Väter der Ägyptologie

Nachdem Jean-François Champollion im Jahre 1822 den Schlüssel zur Entzifferung der Hieroglyphen gefunden hatte, war zwar der erste, wichtige Schritt getan, doch die eigentliche Arbeit begann erst, und Richard Lepsius, der junge Gelehrte aus Naumburg an der Saale, nahm diese Arbeit tatkräftig in Angriff. Er begann mit dem Kopieren von Hieroglyphentexten, die in Italien, Frankreich, Holland und England aufbewahrt wurden, und 1837 veröffentlichte er die erste Hieroglyphenkunde: *Lettre à Monsieur H. Rosellini sur l'alphabet hiéroglyphique*. Er wurde Professor und Leiter des Berliner Museums.

Von 1842 bis 1845 leitete er, wie bereits erwähnt, eine Expedition nach Ägypten und in den Sudan, die sich das Kopieren alter Inschriften und die Aufnahme historischer Denkmäler zur Aufgabe gestellt hatte. Dabei entwickelte Lepsius seine typische *analytische* Forschungsmethode, die später »die deutsche« genannt wurde. Sie bestand darin, daß an Ort und Stelle kopiert, skizziert, gezeichnet und notiert, die eigentliche wissenschaftliche Arbeit jedoch zu Hause am Schreibtisch geleistet wurde. Franzosen und Briten haben diese »Lehnstuhl-Archäologie« häufig kritisiert. Sie waren der Ansicht, ernsthafte Forschungen könne man nur »vor Ort« betreiben. Doch die Erfolge der wissenschaftlichen »Heimarbeit« blieben nicht aus:

Anfang der neunziger Jahre konnte Adolf Erman, Lepsius' Nachfolger als Professor und Leiter des Berliner Museums, gerade sechsundzwanzig Jahre alt, eine Grammatik der ägyptischen Sprache der Spätzeit herausgegeben (1894 folgte eine ägyptische Grammatik der Frühzeit). Erman veröffentlichte Bücher über Leben und Religion der alten Ägypter und krönte sein Lebenswerk mit dem großen Wörterbuch der ägyptischen Sprache, das 1926 erschien.

Doch die »Schreibtischwissenschaftler« unterzogen sich hin und wieder auch den Mühen der Feldforschung. So machte sich im Jahre 1876 der Oxford-Professor Archibald Henry Sayce auf, um nicht nur die Hieroglyphen- und Keilschrifttexte der Hethiter zu studieren, sondern in Anatolien selbst nach den Spuren dieses Volkes zu suchen.

Abgezehrt und ausgemergelt vom rauhen Festlandklima Anatoliens kam Archibald Sayce 1879 nach Ägypten. »Es war, als käme ich in ein Paradies«, schreibt er über seinen ersten Ägyptenbesuch. Von da an verbrachte der Assyrologe aus Oxford bis 1908 jeden Winter am Nil. Sayce, der zahlreiche populärwissenschaftliche Bücher verfaßte, wurde selbst zu einer Attraktion für Besucher aus aller Welt. Seine Reisen innerhalb Ägyptens unternahm Sayce meist zu Schiff. Auf diese Weise hatte er Fahrzeug, Unterkunft und Arbeitsplatz in einem. Denn am Heck des Schiffes brachte der Gelehrte eine zweitausend Bände umfassende Handbibliothek unter. Über diese Zeit berichtet Sayce: »Mir gefiel es in Ägypten wie noch nirgendwo auf der Welt; ich lebte in den Tag hinein. Keine Krankheit und keine Verpflichtung hinderten mich an meiner literarischen Arbeit, und überall um mich herum inspirierte mich das kulturelle Erbe der Vergangenheit. Damals gab es am Nil noch keine Eisenbahnbrücken und keine Staustufen, mit dem Segelschiff konnte man fahren und ankern, wo man wollte, und es gab noch viele Orte, an denen man Europa völlig vergessen konnte.«

Sieben Jahre, von 1889 bis 1896, leistete ihm der amerikanische Ägyptologe Charles Edwin Wilbour bei diesem Leben Gesellschaft. Wilbour, acht Jahre älter als sein Gastgeber und eigentlich Journalist von Beruf, war einer der wenigen Archäologen, der die Wissenschaft um ihrer selbst willen betrieb. Ohne einen einzigen Gedanken an Karriere oder den vielzitierten Ruhm für die Nachwelt zu verschwenden, kopierte und entschlüsselte er Hieroglyphentexte, verglich seine Ergebnisse mit denen anderer Fachkollegen und machte sie nach vollendeter Arbeit diesen meist noch zum Geschenk. Das heißt, Wilbour übertrug den Kollegen das Publikations- und Entdeckerrecht. Er selbst beschränkte sich weitgehend auf das Sammeln historischer Fundstücke und Bücher.

Für Wilbour schien es einfach keine Probleme zu geben. Er hatte Geld, Erfolg, und sein Leben war ein einziges Vergnügen. Die Ägypter mochten ihn, sie liebten ihn sogar – »Abu Dign« nannten sie ihn – »Vater des Bartes« –, denn diese Manneszierde wallte ihm beinahe bis zur Taille.

Die große Entdeckung des Charles Edwin Wilbour

Man könnte meinen, ein Mann, der soviel Popularität genoß, hätte unter Wissenschaftlern einen schweren Stand gehabt – das Gegenteil war der Fall. Wilbour war beliebt und geachtet, und mehr als einer bezeichnete ihn als *die* Koryphäe auf dem Gebiet der Ägyptologie. Tatsächlich gelang es ihm in seiner akkuraten Art, mit der er Inschriften kopierte, einige nicht unerhebliche historische Irrtümer richtigzustellen, die von keinen Geringeren als Jean-François Champollion und Richard Lepsius begangen worden waren.

Auf der Insel Sehel, zwischen Elephantine und Philä gelegen, kopierte Wilbour 1889 einige hundert Stelen und Inschriften.

Darunter eine Tafel mit zweiunddreißig Zeilen, die nur schwer zu entziffern war und die den Namen eines Königs Kharser trug, der in der Ägyptologie bisher unbekannt war. Ein ganzes Jahr lang beschäftigte sich der Amerikaner mit dieser Inschrift. Er schickte – wie es seine Art war – Kopien des Fundstückes an namhafte Wissenschaftler in aller Welt, so an den russischen Papyrologen Wladimir Semjonowitsch Golenischeff und an den Göttinger Ägyptologen Heinrich Brugsch, den führenden Altertumswissenschaftler in Deutschland neben Lepsius und Erman.

Der Inhalt des Textes bezog sich auf die Zeit um 2700 v. Chr., als Ägypten infolge zu niedrigen Nilwasserstandes von einer sieben Jahre dauernden Hungersnot heimgesucht wurde, die von dem Gott Chnum beendigt wurde, nachdem König Kharser ihm ein Stück Land geopfert hatte. Eine verblüffende Parallele übrigens zu den sieben mageren Jahren des Alten Testaments. »Publizieren Sie Ihren Fund«, rieten ihm alle Kollegen. Aber selbst diese einstimmige Ermunterung konnte Wilbour nicht dazu bewegen. Welch ein Glück.

Als Wilbour nach einjährigem Rätselraten um die »Hunger-Stele« – wie sie inzwischen in Fachkreisen genannt wurde – zu keinem konkreten Ergebnis kam, segelte er nochmals zu der Insel Sehel, um seine Kopien mit dem Original zu vergleichen. Den unbekannten Pharaonennamen hatte Wilbour bereits als den Djosers identifiziert. Der Charakter der Inschrift deutete jedoch seiner Ansicht nach auf ptolemäische oder gar römische, also auf viel spätere Einflüsse, hin.

Des Rätsels Lösung: Die Hunger-Stele war die Fälschung eines frommen Priesters, der den Text im 2. Jahrhundert v. Chr. zur Ehrenrettung des Gottes Chnum in das 27. Jahrhundert v. Chr. zurückdatiert hatte, um damit dem Gott und seinen Priestern den rechtmäßigen, dokumentarisch belegten Besitz eines Stückes Land in Nubien zu sichern. Wir wissen nicht, ob der Priester mit seiner Urkundenfälschung Erfolg hatte, wir wissen nur, daß es Charles Edwin Wilbour im Jahre 1889 n. Chr. gelang, den Schwindel aufzudecken.

Seit den Anfängen der Archäologie vor etwa zweihundert Jahren gab es immer wieder solche mehr oder weniger spektakulären

Entdeckungen, die die Wissenschaft weiterbrachten, die ein Stück Geschichte lebendig machten und die zugleich die Voraussetzungen für weitere Erkenntnisse waren. Wer weiß, welche Perspektiven zum Beispiel die archäologische Computerforschung auf lange Sicht noch eröffnen wird.

Der Pharao

Eines der interessantesten Forschungsergebnisse ist die Tatsache, daß sich die einzelnen Pharaonen extrem voneinander unterschieden. In der Tat, wenn nicht bekannt wäre, daß alle diese Mumien ägyptische Könige waren, wenn diese Mumien in verschiedenen Teilen der Welt entdeckt worden wären, niemand hätte an ihnen irgendeine Verwandtschaft festgestellt.

James E. Harris, Genetiker, der die Pharaonenmumien röntgenologisch untersuchte

Dezember 1966. Kurz nach 9 Uhr früh betreten der Genetiker und Anthropologe James E. Harris von der Michigan-Universität und der Ägyptologe Kent R. Weeks von der amerikanischen Universität in Kairo das Kairoer Nationalmuseum. Die beiden Amerikaner haben von den ägyptischen Behörden die Erlaubnis erhalten, die dort in luftdicht verschlossenen Glassärgen liegenden Königsmumien – 20 Pharaonen und 7 Königinnen – röntgenologisch zu untersuchen. Es geht den Wissenschaftlern vor allem darum, genetische Entwicklungen und mögliche Todesursachen zu diagnostizieren – ein faszinierendes, aber technisch ziemlich problematisches Vorhaben. Denn das Röntgengerät ist in einem Nebenraum der Mumienkammer aufgestellt, und jede Mumie muß einzeln aus ihrem Glassarg genommen und zum Röntgengerät getragen werden. Harris berichtet über diese Arbeit: »Eine Bewegung zuviel, ein Ruck, und die Haut der Mumie könnte brechen, ein Knochen splittern. Vier Mann brauchten oft eineinhalb Stunden, um eine Mumie vor den Röntgenschirm zu bringen.«

Nachzeichnung eines Reliefs aus dem Grab des Cheriuf in Theben, Oberhaushofmeister der Königin Teje. Es stellt Amenophis III. dar, wie er zusammen mit Priestern an Seilen zieht, um den Djed-Pfeiler aufzurichten – ein Ritus, der vor Winteranfang im Morgengrauen vollzogen wurde. Rechts sieht man den König, wie er Djed in einer Kapelle ein Opfer darbringt. Beim Djed-Pfeiler handelt es sich um einen in prähistorische Zeit zurückweisenden Fetisch (vielleicht einen behauenen Baumstamm oder ein Papyrusbündel) ländlicher Fruchtbarkeitskulte.

Die Aufnahmen – sechs bis acht von jeder Mumie – wurden drei bis fünf Minuten belichtet, dann brachte man die Filme in ein nahes Hotel, wo sich die Wissenschaftler in einem Badezimmer eine provisorische Dunkelkammer eingerichtet hatten. Erst wenn die Röntgenaufnahmen wirklich perfekt waren, wurde die Mumie vom Röntgentisch in ihren Glassarg zurücktransportiert. Das Unternehmen, das insgesamt vier Jahre dauerte, war ein großer wissenschaftlicher Erfolg.

Eine der erbärmlichsten Mumien, die von den Amerikanern auf den Röntgentisch gelegt wurde, waren die sterblichen Überreste von Amenophis III. Der dritte Amenophis, den man im Grabe

Teilansicht einer Monumentalfigur des Pharaos Echnaton aus dem Aton-Tempel in Karnak (Ägyptisches Museum, Kairo).

seines Großvaters Amenophis II. gefunden hatte, bestand nur noch aus Einzelteilen. Arme und Beine waren vom Rumpf getrennt, sahen aber trotzdem erstaunlich lebensecht aus, denn die Einbalsamierer hatten, wie die Röntgenaufnahmen zeigten, in Harz getränkte Leinentüchlein in Arme und Beine eingenäht, die inzwischen einen solchen Härtegrad erreicht hatten, daß die »versteinerten« Leinenpolster sogar Röntgenstrahlen abschirmten.

Die pathologischen Untersuchungen an der Mumie Amenophis' III. erbrachten folgenden Befund: Der Pharao starb im Alter von vierzig bis fünfzig Jahren; fett, mit kahlem Schädel und zahnlosem, von Alveolarabszessen übersätem Mund dürfte er in seinen letzten Lebensjahren keinen appetitlichen Anblick geboten haben.

Und diesen Mann mußte Nofretete im Alter von fünfzehn Jahren heiraten.

Blau, die Farbe der Götter

Mitanni war zur Zeit der 18. Dynastie ein asiatisches Großreich wie Chatti, das Reich der Hethiter, wie das mächtige Babylon und das legendäre Arzawa und an Macht und Einfluß durchaus mit dem ägyptischen Reich unter Thutmosis III. zu vergleichen.

Als Nofretete um das Jahr 1381 v. Chr. zur Welt kam, war ihr Vater, der Mitanni-König Tuschratta, gerade vier Jahre an der Regierung. Amenophis III. herrschte im fernen Ägypten schon mehr als zwanzig Jahre und hatte den Zenit seines Lebens bereits überschritten. Nofretetes Geburtsname lautete Taduchepa, den Namen Nofretete nahm die Mitanni-Prinzessin erst später in Ägypten an. Nofretete, das bedeutet, wie wir hörten, »die Schöne, die da kommt«, und schon dieser Name weist darauf hin, daß es sich bei Nofretete um eine Fremde gehandelt haben muß. In der 18. Dynastie, als diplomatische Heiraten nicht selten waren, blieb es zwar eine Ausnahme, daß eine Prinzessin aus Babylonien, Chatti oder Arzawa sich in der neuen Heimat auch einen neuen Namen zulegte, doch es kam vor. Sei es, daß der exotische

Name für die Ägypter zu zungenbrecherisch war, sei es, daß sie der »Neuen« besondere Zuneigung entgegenbrachten. Bei Nofretete war es – wie der Name andeutet – wohl vor allem Bewunderung.

Nicht nur der Pharao, auch das Volk bewunderte die außerordentliche Schönheit dieses jungen Mädchens. Die Prinzessin aus dem Norden hatte ein zartes Gesicht mit großen Mandelaugen, sie war schlank und zierlich und nicht größer als 1,40 Meter. Am meisten aber waren die Ägypter wohl von ihrer hellen Hautfarbe beeindruckt. Sie ist auch ein Indiz dafür, daß es sich bei Nofretete um eine Prinzessin und nicht um ein Mädchen niederer Herkunft handelte. Nur ein König hatte die Möglichkeit, seine Töchter während ihrer ganzen Kindheit nie einem Strahl der Sonne auszusetzen, und vornehme Blässe galt damals als ein entscheidendes Schönheitskriterium.

Nofretetes unägyptisches Aussehen wurde noch dadurch unterstrichen, daß sie ihr langes Haar gern unter einer blauen Kappe verbarg, wie sie sonst nur von asiatischen Königinnen getragen wurde. Da ja blau die Farbe der Götter – und damit auch der Herrscher – war, ist hiermit ebenfalls ein Hinweis auf ihre königliche Abstammung gegeben. Diese charakteristische Kappe war innen goldgelb gefüttert; um die Mitte des etwa sechzehn Zentimeter hohen Gebildes schlang sich ein drei Zentimeter breites Zierband, auf dem zwischen schmalen Goldstegen und Lapislazuli-Einlagen breite Karneole und Malachite angebracht waren. Das Band lief an der Rückseite der Kappe in drei Enden aus, die mit einem Karneolkopf mit zwei seitlich stehenden Papyrusdolden besetzt waren.

Stets trug Nofretete ein hauchdünnes wallendes weißes Gewand, das ihre zarten Rundungen mehr betonte als verhüllte. Das große Dekolleté wurde von einem breiten Halskragen eingerahmt, der aus Gold und Halbedelsteinen einem Kranz aus Blütenblättern des Blauen Lotos (*Nymphaea caerulea*) und Früchten des Perseabaums (*Mimusops schimperi*) nachgebildet war. In dieser Aufmachung war Nofretete sogar im Harem Amenophis' III., der einige hundert Frauen umfaßte, eine auffallende Erscheinung.

Über die ersten vierzehn Lebensjahre Nofretetes unter der Obhut ihres Vaters Tuschratta wissen wir praktisch nichts. Im Gegensatz zur ägyptischen hat die Mitanni-Kultur nämlich kaum Zeugnisse hinterlassen. Irgendwo im Norden von Syrien muß dieses Reich bestanden haben, es wurde im Westen von den Hethitern, im Osten von den Assyrern flankiert. Mit den Ägyptern kamen die Mitanni-Könige zum ersten Mal unter Amenophis II. in Berührung. Thutmosis I. und Thutmosis II. hatten im Zuge ihrer Expansionsbestrebungen im Norden die Syrer unterjocht, wodurch sich ihr Einflußbereich bis an die Grenzen Mitannis ausdehnte; und von da an versuchten beide Länder, möglichst ohne Waffengewalt, weitere Vorstöße des anderen zu verhindern.

Erst als Amenophis II. zu Beginn des 15. Jahrhunderts v. Chr. starb, trat eine Änderung in den Beziehungen zwischen der mitannischen und der ägyptischen Großmacht ein. Thutmosis IV., wie seine drei Namensvorgänger der Sohn einer Konkubine des Königs, saß nur acht Jahre auf dem Pharaonenthron, und die Geschichtswissenschaftler messen seiner Regierung nur geringe Bedeutung bei, weil Heiraten nur selten als historisches Verdienst betrachtet wird. Dennoch steht fest, daß Thutmosis IV. durch seine Eheschließung mit der Schwester des Mitanni-Königs Schutarna Ägypten vor einem Krieg bewahrte.

Mit Mutemwija, der asiatischen Königstochter, kam zum ersten Mal ein Hauch von orientalischem Pomp nach Ägypten, und es ist wahrscheinlich, daß Mutemwija auch neue religiöse Vorstellungen mitbrachte, denn während der kurzen Regentschaft Thutmosis' IV. regten sich erste Zweifel an den ägyptischen Göttern.

Der Sohn Thutmosis' und Mutemwijas war erst zwölf, höchstens fünfzehn Jahre alt, als er seinem frühverstorbenen Vater auf dem Pharaonenthron folgte. Das Reich der Mitanni hatte sich inzwischen gefestigt. Der Erbfeind, die Hethiter, verfügten mit Chattusil II. und Tudhalijas III. nur über schwache Herrscher. Nach Thutmosis' IV. Besuch in Sidon, dem heutigen Saida im Libanon, setzte für einige Jahrzehnte kein Pharao mehr seinen Fuß auf fremden Boden. Amenophis III., mehr Diener seines eigenen Wohles als Diener des Staates, hatte im eigenen Land Schwierigkeiten mit den mächtigen Amun-Priestern, während das Weltreich an seinen Grenzen zu bröckeln begann.

Aziru, Sohn des Abdaschirta, König von Amor im Norden Syriens, erklärte sich für unabhängig, in Palästina fielen die Chabiri* ein, in Syrien die Hethiter, Tribute wurden nur noch selten entrichtet. Zu schnell hatte sich die außenpolitische Schwäche des Pharaos herumgesprochen. Wenn die Vasallen um Beistand baten, reagierte Amenophis überhaupt nicht, wenn er Gesandte in die Provinzen schickte, dann ging es nur um eines: um Frauen. Dabei hatte Neb-maat-Re – so sein Krönungsname – schon bei seiner Thronbesteigung ein überaus attraktives Mädchen zur Frau bekommen: Teje, die Tochter des Priesters Juja und der königlichen Haremsdame (manche Ägyptologen halten sie auch für eine Prinzessin) Tuja.

Noch nie in der ägyptischen Geschichte sind die Eltern einer Pharaonenfrau in vergleichbarer Weise aufgewertet worden wie Juja und Tuja. Juja erhielt den Titel »Gottesvater«, das bedeutet »Vater des Pharaos«. Tuja wurde »Herrin des Harems von Amun«, also Oberpriesterin, und ein Onkel zum Oberpriester in Heliopolis ernannt. Eje, der Tejes Bruder gewesen sein soll, machte sogar eine Doppelkarriere vom Stallburschen zum »Oberaufseher über alle Pferde Seiner Majestät« und vom Beschützer des kleinen Tut-ench-Amun zum letzten Pharao der 18. Dynastie.

Harris und Weeks haben auch die Mumien von Juja und Tuja röntgenologisch untersucht – die beiden besterhaltenen aus der fünftausendjährigen Geschichte Ägyptens. Obwohl Juja und Tuja in unterschiedlichen Techniken mumifiziert wurden, sehen ihre Leichen mit den rötlich-blonden Haaren und den wie lebendig wirkenden Gesichtszügen noch heute aus, als ob sie nur schliefen. Die sonst zur Zeit des Neuen Reiches übliche Praktik, vor der Mumifizierung das Gehirn mit einem Haken durch die innen durchtrennte Nase herauszuziehen, wurde, wie die Röntgenaufnahmen beweisen, bei ihnen nicht angewandt. Beide starben zahnlos; an Tujas Knien sind deutliche Anzeichen von Arthritis zu erkennen.

* Eine »unterprivilegierte« nomadische oder halbnomadische Bevölkerungsgruppe in den Randzonen der bronzezeitlichen Stadtkulturen zwischen Nildelta und Mesopotamien.

Die Gedärme und inneren Organe des »Gottesvaters« Juja wurden der Leiche durch Bauchschnitt entnommen. Die Einbalsamierer verschlossen die Operationsnarbe mit einer Goldplatte, die sie mit Harz auf die Wunde klebten. Diese seltene und kostspielige Mumifizierungstechnik läßt auf die außerordentliche Bedeutung Jujas zur Zeit seines Todes schließen. Seine Herkunft dagegen liegt völlig im dunkeln – ägyptisch ist weder sein Name noch sein Äußeres. Möglicherweise ist Juja, wie bereits angedeutet, einer der 127 asiatischen Prinzen, die Amenophis als Kriegsbeute mit nach Hause brachte.

Teje, die graue Eminenz

Jujas Tochter Teje wurde von Amenophis III. ausersehen als »Herrscherin über beide Länder«, als Königin von Ägypten. Denn da Thutmosis keine Tochter hinterlassen hatte, die der Sohn des Pharaos (der auch außerehelich geboren sein konnte) nach altem ägyptischem Brauch sonst hätte heiraten müssen, weil die älteste Königstochter die eigentliche Thronerbin war, durfte Amenophis frei wählen und brauchte keine Geschwisterehe einzugehen. Teje war elf, höchstens zwölf Jahre alt, als sie den Pharao heiratete. Sie schenkte drei Töchtern das Leben; ihr einziger Sohn, Amenophis IV., der später Echnaton hieß, war ein Nachzügler. Der Porträtkopf aus eingelegtem Ebenholz, der im Ägyptischen Museum in Berlin aufbewahrt wird, zeigt die Züge einer Frau von außergewöhnlichem Selbstbewußtsein. Es störte sie nicht, daß ihr Mann mindestens ein Dutzend Mal Nebenfrauen heiratete und sein Harem einige hundert schöner Frauen umfaßte. Diese Mädchen kamen und gingen, ohne daß ihre einflußreiche Stellung am Hofe des Pharaos dadurch irgendwie beeinträchtigt worden wäre. Sie führte sogar eine eigene Korrespondenz: Als Amenophis III. im 38. Jahr seiner Regierung, kurz nach seiner Eheschließung mit Nofretete, starb, da war es Teje, die den König von Mitanni bat, ihrem Sohn Amenophis IV. das gleiche Wohl-

Teil einer Szene vom Nordportal des Cheriuf-Grabes in Theben. Amenophis III. und Teje thronen unter einem Baldachin.

Gedenkskarabäen der 18. Dynastie. Skarabäenförmige Amulette bestanden in der Regel aus glasiertem Steatit und waren ziemlich klein. Links: Ein »Löwenjagd«-Skarabäus aus dem Jahre 10 der Regierungszeit Amenophis' III. Rechts: Ein großer Skarabäus (5 cm lang) Thutmosis' IV. zur Erinnerung an Gaben aus Mitanni, die der Pharao anläßlich seiner Heirat mit einer Mitanni-Prinzessin erhalten zu haben scheint, und es heißt, Aton habe im Kampf dem König vorangestrahlt, der fremde Nationen unter die Botmäßigkeit des Gottes gebracht habe.

wollen entgegenzubringen wie ihrem Mann Amenophis III. Wie später Nofretete wird Teje als »Haupterbin« und »Prinzessin aller Frauen«, »Prinzessin der beiden Länder« und »Prinzessin des Südens und des Nordens« tituliert.

Es besteht kein Zweifel, daß Teje so etwas wie die graue Eminenz am Hofe von Theben war. Historisch greifbar wird diese interessante Frau erstmals durch einen Gedenk-Skarabäus, der undatiert ist, der jedoch im Vergleich mit vier weiteren Skarabäen als ältester eingestuft werden kann. Diese Gedenk-Skarabäen tauchen während der Regierungszeit Amenophis' III. zum ersten Mal auf.

Heute werden zu besonderen Gedenktagen Sonderbriefmarken gedruckt oder Münzen geprägt, Amenophis ließ aus Stein oder Alabaster geschlagene Pillendreherkäfer – das heilige Tier des Sonnengottes Re – anfertigen, auf deren Unterseite der Anlaß ihrer Herstellung eingraviert wurde. Sie waren aber nicht nur Erinnerungsstücke, sondern dienten auch als »Kommunikationsmedium«, mit dessen Hilfe wichtige Unternehmungen oder Beschlüsse bekanntgemacht werden konnten.

Der früheste Skarabäus, auf dem der Name Tejes erscheint, wird von den Historikern auf das 1. Regierungsjahr Amenophis' III. datiert:

> Es lebe Horus, Starker Stier, glänzend in Wahrheit, der Herr der beiden Länder, der die Gesetze schafft und die beiden Länder befriedet, der Goldhorus, groß an Kraft, der die Asiaten schlägt, der König von Ober- und Unterägypten, Neb-maat-Re, der Sohn des Re, Amenophis, der Herrscher von Theben, dem Leben gegeben werde, und seine große königliche Gemahlin Teje, sie lebe. Der Name ihres Vaters ist Juja, der Name ihrer Mutter ist Tuja. Sie ist die Gemahlin eines mächtigen Königs, dessen Reich im Süden bis Karoy* reicht und im Norden bis Naharain**.

Was an dieser Inschrift auffällt, ist die nüchterne Nennung der Namen seiner Schwiegereltern. Amenophis dagegen schmückt sich mit nicht weniger als vierzehn Beinamen und Attributen. Manche Ägyptologen sehen darin die Absicht, Tejes niedere Herkunft aufzuzeigen und so um so mehr Glanz auf seine Person fallen zu lassen. War doch der kleine Pharao – er maß auch als Erwachsener nur 1,56 Meter – bei seinem Regierungsantritt noch ein halbes Kind und fühlte sich in seiner hohen Stellung vielleicht etwas unsicher, obwohl ihm natürlich Berater und Beamte zur Seite standen, die den Schein seiner Göttlichkeit zu wahren wußten.

Der weise Wesir Amenophis

Einer dieser Berater hieß wie der junge Pharao Amenophis und war der Sohn eines Adligen mit dem Namen Hapu. Er wurde Wesir des Königs, und seine ungewöhnliche Klugheit blieb bis in ptolemäische Zeit legendär. Er verfaßte eine ganze Reihe gelehr-

* Im Sudan.
** In Nordsyrien.

ter Werke und wurde – ähnlich wie Imhotep, der Leibarzt und Baumeister des Pharaos Djoser – in späterer Zeit zum Gott erhoben. Ptolemäische Könige bauten ihm bei Der-el-Medine, am Westufer des Nils nahe Theben, sogar einen Totentempel.

Unser Wissen über den Wesir Amenophis-Hapu verdanken wir einem unbekannten Bildhauer, der den alten Mann in einer Stifterfigur aus schwarzem Granit für den Tempel von Karnak porträtierte. Auf der Rückensäule dieser 1,40 Meter hohen Figur hat der Bildhauer die ganze Biographie des weisen Amenophis eingemeißelt, so wie sie ihm dieser wohl diktiert hatte:

Ich bin ein Oberhaupt der Großen, erfinderischen Geistes in den Hieroglyphen bei der Beratung der Gebildeten, einer, der die Pläne des Königs betreibt, dessen Geist der König erhöht.

König Amenophis III., der älteste Sohn des Sonnengottes Harachte, hat mich gelobt, als ich zum Unteraufseher der königlichen Schreiber ernannt wurde. Ich wurde eingeführt in das Gottesbuch; ich erblickte die Herrlichkeiten des Thot* und wurde vertraut gemacht mit ihren Geheimnissen. Ich löste alle ihre Schwierigkeiten, und ich wurde um Rat befragt bei allen ihren Angelegenheiten. Mein Herr, König Amenophis III., erwies mir eine zweite Gunst: Er sammelte Leute um mich und unterstellte sie mir, als ich Oberhaupt der königlichen Schreiber für die Rekruten war. Ich wählte den Nachwuchs aus für meinen Herrn, meine Feder berechnete Zahlen von Millionen; ich ließ die neue Mannschaft an der Stelle ihrer Vorgänger eintreten, so daß die junge Generation der Stab des Alters wurde. Ich besteuerte die Häuser und die zugehörigen Felder; ich teilte die Arbeiterschaften und ihre Häuser ab und füllte die Lücken in den Reihen der Sklaven durch die Besten der Kriegsgefangenen aus, die Seine Majestät auf dem Schlachtfeld niedergeschlagen hatte. Ich berechnete alle ihre Truppen und rekrutierte Ersatztruppen. Ich beorderte Abteilungen auf den Karawanenweg, um die Wüstenbewohner von der Stelle, an der sie immer wieder einfallen, abzuwehren; denn sie lauern an beiden Ufern den Karawanen auf. Das gleiche tat ich an den Ufern der Flußmündungen, die alle meinen Truppen unterstellt waren mit Ausnahme der königlichen Fahrzeuge; ich war es ja, der ihre Wege leitete, und sie stützten sich auf meine Entscheidung. Ich war Heer-

* Der ibisköpfige Gott galt als der Herr des Mondes. Hauptkultplatz des Thot war das mittelägyptische Hermopolis.

führer im Kampf gegen Nubien und Asien. Die Absichten meines Herrn waren eine Zuflucht hinter mir; im Einsatz umgab mich seine Entscheidung; seine Pläne umschlossen alle Länder und jedes Barbarenland, das auf seinen beiden Seiten ist. Ich bin es, der das Herbeibringen der Kriegsbeute von den Siegen Seiner Majestät berechnet; ich war damit beauftragt. Ich tat, was der König gesagt hatte; ich achtete auf das, was mir befohlen war, und fand es vortrefflich für die Zukunft.

Zum dritten Mal erwies mir mein Herr, König Amenophis III., eine Gnade – er ist die Sonne, ihm ist Ewigkeit gegeben, sein Jubelfest nimmt kein Ende. Mein Herr ernannte mich zum Vorsteher aller Bauten, und ich hielt den Namen des Königs für die Ewigkeit fest, ohne daß ich nachgeahmt hätte, was früher geschaffen wurde. Ich schuf ihm einen Berg von Sandstein, denn er ist ja der Erbe des Atum*. Ich handle nach dem, was mein Herz liebte, und führte sein Bildnis in diesem seinem großen Tempel aus in jeder Art Felsgestein, ewig wie der Himmel – niemand wird es noch einmal tun seit der Zeit, als es der König der beiden Länder Ägyptens geordnet hat. Ich leitete die Arbeit an seiner Statue, gewaltig in der Breite, höher als eine Säule, so daß ihre Schönheit den Eindruck des Pylons schädigte; ihre Länge war 40 Ellen in dem herrlichen Sandsteinberg auf beiden Seiten des Re-Atum. Ich baute ein Lastschiff und fuhr sie nach Süden; sie wurde aufgestellt in seinem großen Hause in Karnak, ewig wie der Himmel. Meine Zeugen sind unter euch, die nach uns kommen: Das ganze Heer war vollständig unter meinen Befehl gestellt. Alle arbeiteten mit Freude, und ihre Herzen waren froh beim Jubeln und Preisen des guten Gottes; sie landeten mit Jauchzen in Theben. Die Denkmäler haben nun ihren Platz für die Ewigkeit gefunden . . .

* Schöpfergott von Heliopolis, eine Personifikation des urzeitlichen Chaos, aus dem alles Seiende hervorging.

Der mächtige Ahne

In der Erziehung des jungen Amenophis III. scheinen Sport und Spiel eine große Rolle gespielt zu haben. Denn wenn er einen der von seinen Vorvätern bezwungenen Vasallenstaaten besuchte, dann nicht als Imperator, sondern als Sportschütze. Löwen, Leoparden und Wildstiere hatten es Amenophis dabei besonders angetan.

Ein Gedenk-Skarabäus gibt Kunde von der Jagdleidenschaft des Königs:

> Man meldete ihm, in der Gegend des Wadi Keneh, in der Wüste, gäbe es Wildstiere, und der Pharao fuhr mit der königlichen Barke »Erschienen in Wahrheit« am Abend gen Norden. Er schlug einen schönen Weg ein und kam am Morgen im Wadi an. Majestät erschien zu Pferde, hinter ihm das ganze Heer. Alle Beamten und Soldaten wurden aufgeboten, sogar die Rekruten, um die Wildstiere auszumachen. Da befahl der König, die Wildstiere mit Mauer und Graben einzuzäunen, und er zog aus gegen alle diese Wildstiere. Es waren insgesamt 170 Stiere. Die Beute seiner Majestät bei der Jagd machte an diesem Tag 56 Stiere aus. Der König verbrachte vier Tage auf der Jagd, ohne seinen Pferden Ruhe zu gönnen, und er erschien zu Pferde und erbeutete nochmals 40 Stiere. Das sind zusammen 96 Wildstiere.

Mit dieser Verlautbarung sollte dem Volk das große Reittalent des Pharaos vor Augen geführt werden. Insgesamt dreimal wird in der kurzen Inschrift darauf hingewiesen. Man muß auch nicht glauben, daß der junge Herrscher in vier Tagen eigenhändig 96 Stiere zur Strecke brachte, da dürfte wohl das gesamte Heer mitgehalten haben, denn bei genauer Prüfung des Textes fällt auf, daß an keiner Stelle gesagt wird, der König habe mit einer bestimmten Waffe die Beute selbst erlegt. Zweck dieses Skarabäus ist vielmehr, königliche Macht zu demonstrieren – eine Macht, die sich im Falle Amenophis III. vor allem auf die Verdienste seiner großen Vorfahren stützte.

Der Sudan war ihm untertan, seine Ländereien reichten bis nach Somaliland; er bezog Tribute aus Zypern und Kreta und von zahlreichen anderen griechischen Inseln, er erhielt Geschenke von den Königen und Fürsten Syriens und Palästinas und den großen Handelsstädten am Mittelmeer. Hatte doch sein Großvater, Amenophis II., nur das eine Ziel gekannt: die Grenzen seines Landes »bis zum Rand des Himmels« auszudehnen – wie es auf der Stele an der großen Sphinx von Gizeh heißt, die die Taten seines großen Ahnen der Nachwelt überliefert:

... Er zertrat die Nomaden unter seinen Sohlen. Die Nördlichen verbeugen sich vor seiner Macht, und alle Fremdländer liegen unter der Furcht vor ihm. Er hat die Köpfe der Neun-Bogen zusammengepackt, und die beiden Länder sind in seiner Faust. Die Menschen sind in Schrecken vor ihm und alle Götter in Liebe zu ihm. Amun selbst hat ihn eingesetzt als Oberhaupt dessen, was sein Auge umkreist und was die Sonnenscheibe des Re beleuchtet. Er hat ganz Ägypten ergriffen, Ober- und Unterägypten unterliegen seinen Plänen. Er führte die Wüste heran, daß sie Erträge bringt; jedes Fremdland ist unter seinem Schutz. Seine Grenzen reichen bis zum Rand des Himmels, und alle Länder sind in seiner Hand wie ein einziger Knoten. Er erschien als König auf dem großen Thron, nachdem sich ihm die beiden Zauberreiche vereinigt haben und die Doppelkrone sich auf seinem Haupt zusammengefügt hat. Die Atef-Krone des Re ist auf seinem Scheitel, sein Kopf ist geschmückt mit der oberägyptischen und der unterägyptischen Krone. Er hat die Kopfbinde und den Kriegshelm ergriffen und die Ibis-Krone wie die beiden großen Federn auf seinem Haupte ...

... Er hat die Welt erobert, als er noch im Ei war. Ägypten gehört ihm; nicht gibt es einen Widerstand unter dem, was das Auge des Atum umkreist. Die Kraft des Month* ist in seinen Gliedern, und seine Stärke ist wie die des Sohnes der Nut**. Er hat die Binse mit dem Papyrus*** vereinigt, und die Nördlichen wie die Südlichen sind in Furcht vor ihm. Sein Anteil ist das, was Re beleuchtet; ihm gehört, was der Ozean umschließt. Nicht gibt es einen, der seinen Boten in allen Ländern abweist. Nicht gibt es ihm gegenüber einen zweiten bis zum Himmel des Horus. Nicht gibt es ein Hindern durch andere

* Der falkenköpfige Gott war eine Art Kriegsgott.

** Personifikation des Himmelsgewölbes; Mutter des Sonnengottes Re.

*** Ober- und Unterägypten.

Leute. Es kommen zu ihm die Südlichen in Verbeugung und die Nördlichen auf ihrem Leib. Er hat alles in seiner Faust zusammengefaßt. Seine Keule hat ihre Köpfe zerschlagen wie es der Herr der Götter, Amun-Re-Atum, bestimmt hat, nämlich daß er die Länder im Triumph einnähme, ohne daß es einen gäbe, der das jemals wiederholen würde.

Es war aber Seine Majestät als König erschienen, als er ein ausgewachsener Jüngling war, der seinen Körper schon in der Gewalt hatte und der 18 Jahre auf seinen Schenkeln in Tapferkeit vollendet hatte, wobei er alle Tätigkeiten des Month kannte, ohne daß es seinesgleichen auf dem Schlachtfeld gab, und wobei er die Pferde kannte, ohne daß es seinesgleichen im ganzen zahlreichen Heere gab. Kein Soldat konnte seinen Bogen spannen, und man konnte ihn nicht im Wettlauf erreichen. Stark waren seine Arme, ohne daß er ermüdete. Wenn er das Ruder ergriff, stand er am Heck seines Schiffes als Schlagmann für 200 Mann. Wenn man pausierte, nachdem sie eine halbe Meile Fahrt hinter sich gebracht hatten, waren sie schlapp und ihre Glieder müde, weil sie keine Luft mehr bekamen. Seine Majestät aber war stark mit seinem Ruder von 20 Ellen Länge. Wenn er pausierte und sein Schiff gelandet hatte, da hatte er 3 Meilen ohne Unterbrechung mit Rudern zurückgelegt. Die Gesichter strahlten, wenn sie ihm zusahen, als er das tat.

Auch spannte er 300 starke Bogen, um die Arbeit der Handwerker zu vergleichen und um den Nichtskönner vom Könner zu unterscheiden. Er kam aber zurück und tat das, was ich euch vortragen werde: Er betrat seinen nördlichen Vorplatz und fand, daß man ihm 4 Schießscheiben aus asiatischem Kupfer von einer Handbreit Dicke aufgestellt hatte, wobei der Zwischenraum zwischen einem Pfahl zum anderen 20 Ellen betrug. Da erschien Seine Majestät auf dem Pferd wie Month in seiner Kraft. Er spannte den Bogen, indem er 4 Pfeile zugleich in seiner Faust hielt. Er fuhr los und schoß auf sie wie Month in seinem Schmuck, wobei seine Pfeile hinten wieder herausgekommen waren. Dann packte er einen anderen Pfahl an. Das war eine Tat, die noch nie getan worden war und die man niemals als Erzählung gehört hatte: Es wurde ein Pfeil auf eine kupferne Scheibe geschossen, der aus ihr wieder hervorkam und dann zur Erde fiel ...

Amenophis »der Prächtige«

Der dritte Amenophis fand zu Beginn seiner Herrschaft geordnete Staatsverhältnisse vor. Die Staatskasse war gefüllt vom Tribut der Vasallen aus Süd und Nord. Seit mehr als tausend Jahren hatten öffentliche Investitionen in Ägypten kein solches Ausmaß mehr erreicht wie unter Amenophis III. Man wird erinnert an die Pharaonen der ersten Dynastien und ihre gewaltigen Pyramidenbauten. Aber errichteten Djoser, Cheops und Chefren noch rein religiöse Zweckbauten, so gab Amenophis die Staatsgelder vor allem für Luxus aus.

Bei Malkata, am westlichen Nilufer nahe der Hauptstadt Theben, ließ er für sich und Königin Teje einen Palast errichten, den die ganze Welt bewundern sollte. Amenophis III., »der Prächtige« genannt, aß von goldenen Tellern, er liebte Wein, Weib und Gesang und arrangierte Jagdgesellschaften und Wasserfeste. Sein Totentempel am westlichen Nilufer ist eines der größten Baudenkmäler des alten Ägypten. Die Auffahrtsallee wird flankiert von steinernen Schakalen und bewacht von zwei gewaltigen sitzenden Figuren, jede so hoch wie ein sechsstöckiges Haus, jede 720 Tonnen schwer – gehauen aus *einem* Stück. Der riesige Tempel wurde zerstört, Klee wächst heute über seinen Fundamenten, doch weder Bilderstürmer noch Steinbrecher vermochten es, einen dieser Kolosse aus dem Gleichgewicht zu bringen.

Die beiden riesigen Statuen sind als »Memnonskolosse« in die Kunstgeschichte eingegangen, denn bereits in ptolemäischer Zeit war der Name ihres Erbauers vergessen. Die späten, griechisch orientierten Ägypter sahen in den Figuren den äthiopischen Helden Memnon, der im Trojanischen Krieg von Achill getötet wurde. Hier begrüßt er Eos, die Göttin der Morgenröte.

Der »nördliche Koloß« galt in der Antike als ein Weltwunder. Jeden Morgen, wenn die Sonne aufging, gab er seltsame Laute von sich, wie Sphärenmusik, und abends ertönte ein klagendes Gejammer. Griechen und Römer nahmen wochenlange Reisen in Kauf, um Memnon singen zu hören. Im November des Jahres 130 n. Chr. kam sogar Kaiser Hadrian in Begleitung seiner Ehefrau

Sabina und ließ voll Ehrfurcht Verse seiner Hofpoetin Julia Balbilla einmeißeln. Als Kaiser Severus um das Jahr 200 n. Chr. nach Theben reiste, ließ er die nördliche Statue, die knapp dreihundert Jahre zuvor bei einem Erdbeben beschädigt worden war, restaurieren – da war das Wunder zu Ende: Memnon sang nicht mehr.

Das Rätsel des klagenden Steins ist heute naturwissenschaftlich gelöst: Das Erdbeben hatte in der Kolossalstatue Risse hinterlassen, die der Verwitterung anheimfielen. Durch die Ost-West-Ausrichtung der Statue ergaben sich besonders morgens, bei Sonnenaufgang, hohe Temperaturspannungen im Gestein, und kleinste Partikelchen des harten Sandsteins sprangen mit einem peitschenden Geräusch ab. Abends, wenn der heiße Chamsin durch das Niltal fegte, brach er sich in den Rissen der Figur und erzeugte jenes wundersame jammernde Heulen.

Immer wieder fragte man sich auch nach der Herkunft der Kolosse. Hatten die Ägypter diese riesigen Monolithen an Ort und Stelle vorgefunden, hatte man sie aus dem nahen Tal der Könige hierher geschleift oder waren sie etwa – und das wäre tatsächlich ein Wunder – von weiter hergebracht worden?

Das Wunder wurde 1974 wissenschaftlich nachgewiesen. Mit Hilfe des Neutronenaktivierungsverfahrens analysierten Physiker im Auftrag der Kairoer Altertümerverwaltung in dem Gestein Spurenelemente von Eisen, Kobalt und Lithium, wie sie in dieser Zusammensetzung nur in den Steinbrüchen von Assuan vorkommen. Amenophis III. hatte die gewaltigen Steinblöcke für seine Selbstdarstellung also aus einer Entfernung von zweihundert Kilometern herbeischaffen lassen. Wie, das wird man wohl nie mehr erfahren.

Ein König zieht Bilanz

An der Rückseite der Memnonskolosse hatte Amenophis III. eine Dedikationsurkunde in Stein schlagen lassen, in der er alle seine Taten den Göttern ins Gedächtnis rief und entsprechendes Lob forderte. Amenophis ließ sich abbilden, wie er von Amun-Re, dem Herrscher von Theben, und Sokar-Osiris, dem großen Gott, begrüßt wird.

Amun sagt: »Ich habe dir alles Leben und Heil, alle Freude täglich gegeben.« Und Sokar wiederholt: »Ich habe dir alles Leben und Heil wie Re täglich gegeben.« Und hinter dem Pharao sehen wir – wie stets – Teje, »die große königliche Gemahlin, die Herrin der beiden Länder«.

Der Text des Granitsteins lautet:

Es lebe Horus, »Starker Stier, erschienen in Wahrheit«, die beiden Herrinnen, »der die Gesetze festigt und die beiden Länder beruhigt«; Goldhorus, groß an Kraft, der die Völker Asiens schlägt, König von Ober- und Unterägypten Neb-maat-Re erwählt durch Re, Sohn des Re Amenophis, Herrscher von Theben, dem Leben gegeben werde. Er sagt: Komm doch, Amun-Re, Herr der Throne der beiden Länder vor Karnak, und betrachte dein Haus, das ich dir gebaut habe auf der Westseite von Theben, dessen Schönheit sich mit dem Westgebirge vereinigt; du fährst über den Himmel, um in ihm zu ruhen. Wenn du im Himmelshorizont aufgehst, so leuchtet es golden in dein Gesicht, denn seine Vorderfront ist gegen Osten, wo du aufgehst. Es ist dein Horizont für dein Untergehen aus dem Leben. Wenn du jeden Morgen erstrahlst, so ist deine Schönheit in seinem Inneren unaufhörlich. Ich habe es errichtet in trefflicher Arbeit aus Sandstein. Meine Majestät hat es angefüllt mit Denkmälern von dem, was ich geholt habe aus dem Wunderberg*. Nun sieht man sie an ihrem Platz ruhen und man jubelt sehr wegen ihrer Größe. Ich machte Gleiches auch in verschiedenartiger Arbeit, aus Alabaster, rotem und schwarzem Granit. Ich handelte als Majestät für die Ewigkeit beim Suchen von Nützlichem für meinen Vater: Die Götterbilder, die vor dir heraus-

* Der Steinbruch von Gebel el-Ahmar bei Heliopolis, der das schönste Gestein lieferte.

gekommen sind, die schuf Meine Majestät vollständig. Groß ist das, was ich getan habe in Gold und allerlei Edelsteinen, ohne Ende. Ich aber habe ihnen die Vorschriften gegeben, um das zu tun, womit dein Ka* zufrieden ist. Ich ließ sie ruhen in der heiligen Kapelle, wie sie sind. Ich bereitete ihnen ihre Gottesopfer. Ich, die Majestät, tat das für die Ewigkeit, denn ich weiß, daß sie auf Erden sein werden. Mein Vater aber hat mich beauftragt, alles zu tun, was er bestimmt hat. So machte ich dir einen Sonnenaltar für deine Fahrt über den Himmel als Atum, indem du hervorgekommen bist aus allen Göttern. Die Neunheit, die bei dir ist, und die Affen jubeln, wenn du aufgehst, weil du als Re-Horachte erscheinst. Die Neunheit und die Götter sind im Jubel und sie geben Lobpreis dem Horus, und die Paviane beten vor dir an, wenn du zur Ruhe gehst aus dem Leben im Westen.

Ich habe dir Obelisken errichtet dort an diesem Ort, wenn du das Gelobte tust.

Alles, was Meine Majestät dort getan hat, ist in der Art der Kapelle Deiner Majestät. Nicht ist etwas Schönes bei mir fehlgeschlagen, sondern ich führe es vollständig in vortrefflicher Arbeit durch.

Ich habe dir ein weiteres Denkmal gemacht im Westen für deinen großen Sitz, indem ich jede Arbeit, die für dich durchgeführt werden sollte, bestimmte, wobei es in mein Herz gegeben war, die Arbeit mit den besten Leuten meines Heeres durchzuführen. Ich war froh über das, was ich meinem Vater gemacht habe. Ich machte dir Gottesopfer täglich an den Kalenderfesten, Opfer zu ihren Stunden. Ich versah dein Haus mit seinen Propheten und seinen Web-Priestern** aus den Vornehmen und aus der Auswahl des ganzen Landes, wobei ich nichts vernachlässigt habe. Nicht gibt es jemanden, der für den Vater des Vaters mehr der Heilige und der Allereinzige ist als der Sohn des Re-Amenophis, Herrscher von Theben, dem Leben gegeben werde ewiglich wie Re.

Nimm, was ich gemacht habe, mein heiliger Vater Amun, du Urzeitlicher der beiden Länder!

Und Amenophis III. erwidert sich selbst durch Amun-Re, »den einzigen Gott, der sich seiner Schönheit rühmt, den Geliebten des Horus«:

* Siehe dazu S. 147.
** Totenpriester.

Komm, mein Sohn Neb-maat-Re, Erbe des Re, Sohn des Re Amenophis, Herrscher von Theben! Ich höre, was du sagst; ich habe dein Denkmal gesehen. Ich bin dein Vater, der deine Schönheit schuf. Ich habe dich gleichzeitig mit Schu und Tefnut* geboren, nachdem du aus meinem Leib vor ihnen hervorgekommen bist. Ich habe dich aufgezogen, als ich aus dem Urgewässer kam, ohne daß ich meinen Mund zum Reden öffnete. Ich habe damals gesagt: Er ist ja mein Sohn, auf meinem Sitz gemäß dem Befehl der Götter. Er ist es, der sich mit mir berät für das Ausführen all dessen, was ich sage. Wie schön ist das, was er mir tut! Nicht hat man mir Gleiches seit der Urzeit getan. Ich habe diese Erde geschaffen in ihrer Länge und Breite, um zu tun, was mein Ka wünscht. Ich habe dir gegeben, indem du sie beherrschst, wie damals, als ich König von Ober- und Unterägypten war. Ich habe sie geschaffen mit liebendem Herzen. Du bist mein geliebter Sohn, aus meinen Gliedern hervorgegangen, mein Ebenbild, das ich auf die Erde gegeben habe. Ich habe dich die Erde in Frieden beherrschen lassen, indem deine Keule die Köpfe jedes Fremdlandes zerschmettert. Ich nehme das Denkmal, das du mir gemacht hast, entgegen.
Die Neunheit spricht, indem sie vor ihrem Gott antwortet: Komm doch, Amun, zu deinem ewigen Tempel! Neb-maat-Re ist es, dein Sohn, der dir das geschaffen hat, weswegen du ihn belobigen solltest. Er bildet uns, da er weiß, daß unser Herr dann jubelt, wenn er uns erblickt, wie wir auf Erden sind.
Er läßt uns ruhen im Palast, in seinem Tempel von Millionen von Jahren. Er schuf uns so, wie wir vor dir hervorgekommen sind, nach den Vorschriften, nach denen du uns geschaffen hast. Laß ihn an der Spitze der Lebenden sein, indem er sich vereinigt mit deinem Thron der Lebenden. Während du im Himmel bist und du die Erde bebeleuchtest,
so ist er auf der Erde, um dein Königtum auszuüben, er dein ältester Sohn, der die Menschheit leitet und der ewiglich leben möge. Seine Majestät möge nie vergehen.

* Atum zeugte durch Selbstbegattung das erste Götterpaar: Schu, den Lufthauch, und Tefnut, die Feuchtigkeit.

Frauen werden mit Gold aufgewogen

Die Beziehungen zwischen den ägyptischen Pharaonen und den vorderasiatischen Königen waren zur Zeit der 18. Dynastie durch einen regen diplomatischen Verkehr geprägt. Thutmosis IV. bereiste noch seine asiatischen Kolonien, Amenophis III. zog es vor, die Asiaten mit Gold bei der Stange zu halten. Doch es hat schon immer Leute gegeben, denen die Freiheit wichtiger war als Gold, und so machten als erste die Palästinenser den Versuch, ihre Unabhängigkeit mit Gewalt zu erzwingen. Das kleine Volk der Palästinenser ersuchte um Unterstützung bei König Kurigalzu von Babylon, der aber lehnte ab. Was war die Ergebenheit einiger Palästinenserfürsten gegen die Feindschaft des ägyptischen Pharaos! Und Feindschaft, das hieß erst in zweiter Linie Krieg, Feindschaft mit Ägypten bedeutete das Ausbleiben umfangreicher Goldlieferungen, Gold, von dem es – wie wir immer wieder hören – in diesem Land so viel gab wie Staub.

Tonnenweise ging ägyptisches Gold gen Norden zu den Königen von Mitanni; doch der Goldstrom floß nicht aus Freundschaft oder Edelmut: Die Könige von Mitanni zahlten dafür mit ihren Töchtern, Schwestern, Tanten – wenn sie nur schön genug waren.

Drei Generationen lang ließen die Pharaonen der 18. Dynastie mitannische Prinzessinnen samt ihrem Gefolge anreisen – gegen einen stolzen Preis, versteht sich, den die mitannischen Großfürsten durch jahrelanges Hin und Her stets in die Höhe zu treiben wußten.

Thutmosis IV., der Vater Amenophis' III., hatte Tuschrattas Tante Mutemwija erhalten, Amenophis III. bekam Tuschrattas Schwester Giluchepa. Doch diese genügte ihm nicht, er wollte auch noch Tuschrattas Tochter: Taduchepa-Nofretete.

Im hethitisch-mitannischen Einflußbereich war schon zwei Jahrtausende vor unserer Zeitrechnung die Ehefrau des Königs an der Regierung beteiligt. Und so ist wohl auch die ungewöhnliche politische Einflußnahme zu verstehen, die von Teje und Nofretete wahrgenommen wurde – waren sie doch beide mitannischer Herkunft.

Die Hyksos

Die diplomatischen Aktivitäten der ägyptischen Könige hatten aber noch einen zweiten Grund. Auch wenn das Land noch nie so groß, so reich, so schön, so glücklich war wie zur Zeit der 18. Dynastie, hatten die Pharaonen doch keineswegs die Jahre der Fremdherrschaft durch die Hyksos vergessen, diesen bis heute rätselhaften Völkerverband, der um 1700 v. Chr. von Syrien her kommend den Norden Ägyptens und schließlich das ganze Land eroberte.

Hyksos – soviel wissen wir – hießen die Völker damals nicht, dieses Wort stammt aus griechischer Zeit. Es wurde mehrfach als »Hirtenkönige« übersetzt, vermutlich dürfte es sich bei dem Begriff Hyksos jedoch um eine lautmalerische Nachahmung des altägyptischen Begriffes Heka-chasut handeln, was soviel bedeutet wie »Herrscher der Fremdlande«. Die semitischsprechenden Stämme – einer ihrer Könige trug den biblischen Namen Jakob – ließen sich zum Entsetzen der Ägypter, die Widerstand zu leisten kaum in der Lage waren, für gut hundert Jahre am Nil nieder.

»Die verhaßten Asiaten« – wie die Besatzungsmacht von den Ägyptern genannt wurde –, rauhbeinige Krieger, hinterließen einen nachhaltigen Eindruck. Sie brachten Waffen und Gerätschaften in das Land, die bis dahin unbekannt waren – zum Beispiel den mechanischen Webstuhl und das Pferdegespann, jedenfalls tauchen diese Geräte in thebanischen Wandmalereien erstmals um diese Zeit auf. Auf geistigem Gebiet dagegen zeigten die Völker aus dem Norden wenig Eigenständigkeit.

Ihre Könige, die in Auaris, im Nildelta, residierten, übernahmen von den Ägyptern Kunst und Kultur und nannten sich stolz »Söhne des Re«. Das muß für einen gläubigen Ägypter eine furchtbare Schmach gewesen sein. Zum ersten Mal in seiner Jahrhunderte langen Geschichte mußte das ägyptische Volk einsehen, daß es sich in trügerischer Sicherheit gewogen und seine politischen Energien in fruchtlosen Kleinkriegen innerhalb des Landes verschwendet hatte. Aber schließlich kam aus einem der abgespaltenen Landesteile die Rettung.

Kamose aus dem mittelägyptischen Theben rief zur Rebellion gegen den Asiatenkönig Apepi auf und drängte dessen Einflußbereich in Richtung Norden bis Memphis zurück. Kamoses Bruder Ahmose, der erste Pharao der 18. Dynastie, vertrieb das Hirtenvolk schließlich ganz aus Ägypten.

Zwei Dinge hatten die Ägypter aus dem Abenteuer mit den Hyksos gelernt: Zwietracht im Inneren schwächt die Widerstandskraft des Landes gegen Feinde von außen, und – Bundesgenossen sind in Notzeiten Gold wert.

Theben, das schon von den Königen der 12. Dynastie zu einer attraktiven Großstadt gemacht worden war, wurde nun endgültig Hauptstadt aller vereinigten Gaue. Diese Zentralisierung war überhaupt die Voraussetzung für jene Blütezeit, der Ägypten nun entgegenging. Denn seit den Zeiten der 5. Dynastie, als die Statthalter der verschiedensten Provinzen ihren eigenen Vorteil vor den des Volkes und ihren eigenen Einfluß vor den des Pharaos stellten, gab es stets Sezessionsbestrebungen der einzelnen Gaue.

Die Taktik, mit der die Pharaonen der 18. Dynastie Verträge schlossen, war zwar de jure ein Beistandspakt, de facto jedoch lediglich ein Nichtangriffspakt. Das heißt, den thebanischen Herrschern genügte die Gewißheit, von keinem ihrer Nachbarvölker überfallen zu werden, während die asiatischen Groß- und Kleinfürsten von ihrem großen Verbündeten Hilfe in den Kriegen erwarteten, die sie untereinander ausfochten. Doch auf diesem Ohr hörten die Pharaonen schwer.

»Seit zwanzig Jahren«, klagten die Bewohner von Tunip (Aleppo), »flehen wir vergeblich um deine Hilfe.« Aber der angesprochene Amenophis III. dachte nicht daran, militärischen Beistand zu gewähren. Hätten die Einwohner von Tunip um Gold gebeten, sie hätten es bekommen.

Der babylonische Briefwechsel

Kadaschmancharbe, ein König aus der Kassiten-Dynastie, der nach den Angaben der babylonischen Königsliste zwischen 1395 und 1385 v. Chr. regierte, sollte Amenophis III. seine Tochter zur Frau geben. Wir wissen wenig über Kadaschmancharbe, in der babylonischen Chronik heißt es:

> Kadaschmancharbe, Sohn des Karaindasch, Sohn der Muballitatscherua, der Tochter des Assyrerkönigs Assuruballit, vollbrachte die Niederwerfung der räuberischen Sutu vom Aufgang der Sonne bis zum Niedergang, bis zur Vernichtung ihrer Macht ... Später empörten sich die Kassiten gegen ihn, töteten ihn und erhoben den Schuzigasch, einen Kassiten unbekannter Herkunft, zum König über sie. König Assuruballit von Assyrien zog nach Karduniasch, um Kadaschmancharbe, den Sohn seiner Tochter zu rächen. Er tötete den Kassiten Schuzigasch und setzte Kurigalzu, den Sohn des Kadaschmancharbe, auf den Thron seines Vaters.

Das Land Karduniasch ist Babylonien, wobei die geographische und politische Bezeichnung nicht identisch ist. Karduniasch war ursprünglich das am Persischen Golf gelegene »Meerland«, das jedoch, als die Kassiten ihr Territorium immer weiter ausdehnten, allmählich auch ganz Babylonien umfaßte. Jedenfalls überliefern die Amarna-Tafeln einen aufschlußreichen Briefwechsel zwischen jenem Kadaschmancharbe und Nofretetes erstem Mann Amenophis III.

J. A. Knudtzon rekonstruierte aus einer erhaltenen Antwort-Tafel von Amenophis an Kadaschmancharbe dessen vorangegangene Botschaft. Brief und Antwort nebeneinander nehmen sich demnach so aus:

Kadaschmancharbe an Amenophis III. (Rekonstruktion)	*Amenophis III. an Kadaschmancharbe* (Überlieferung)
Du hast zwar meine Tochter zur Frau begehrt, obwohl du schon meine Schwester von meinem Va-	Was kann ich dafür, wenn du nicht die richtigen Boten schickst, die deine Schwester kennen. Du

ter bekommen hast. Dabei weiß niemand, ob meine Schwester überhaupt noch am Leben ist. Jedenfalls hat sie niemand zu Gesicht bekommen.

Zwar sind meine Boten der Prinzessin vorgestellt worden, allerdings hat keiner von ihnen meine Schwester erkannt.

Du aber hast meinen Boten die Tochter eines Heloten, vielleicht eines Gagäers oder dergleichen vorgeführt — vermutlich weil die Prinzessin schon tot ist.

Meine anderen Töchter, die mit Königen vermählt sind, die sprechen mit den Boten, die ich ihnen schicke, und sie geben meinen Boten sogar Geschenke für mich mit.

Du hast die Worte deines Vaters außer acht gelassen. Du solltest aber wie jener gute Bruderschaft pflegen.

hättest eben einen Kamiru* schikken sollen, und nicht diese Leute eines niederen Standes.

Warum also hast du keinen Kamiru geschickt. Der hätte deine Schwester erkannt und ihr Verhältnis zu mir erfahren.

Wäre deine Schwester wirklich gestorben, was hätte es für einen Zweck, das zu verheimlichen.

Diese königlichen Schwiegersöhne sind eben groß, die können sich das leisten. Deine Schwester aber hat nichts. Aber ich will es dir schicken, wenn sie etwas hat. Mir scheint, du willst aus der Verheiratung deiner Tochter mit mir auch nur Vorteile ziehen.

Auch ich will Bruderschaft pflegen mit dir, aber ich bin aufgebracht über deine Boten, die wohl reiche Geschenke von mir nehmen, aber, nach Babylon zurückgekehrt, sagen, sie hätten nichts erhalten. Das haben sie schon zu deines Vaters Zeiten getan, und jetzt machen sie es geradeso. So will ich ihnen lieber gar nichts geben, da sie mich ja doch in jedem Fall betrügen.

* Titel hoher babylonischer Beamter, die in engstem Verhältnis zum Königshaus standen.

Wie ich höre, hast du dich bei meinen Boten erkundigt, ob ich keine Leute hätte, und gesagt, daß die Jungfrau, die ich dir gegeben habe, nicht schön sei.	Das ist nicht wahr. Höre nicht auf deine verlogenen Boten.
Die vielen Wagen, die ich mitschickte, hast du zu den von anderen Regenten geschenkten Wagen gestellt, ohne daß du es für nötig fandest, sie überhaupt nur anzusehen. Die Wagen wurden irgendwohin nach Ägypten geschickt, ohne daß du sie gesehen hast.	Das ist so: Man hat mich eben vielfach um Wagen und Pferde gebeten.
Man soll auch mit dem Öl* bei der Jungfrau nicht sparen.	Du hast ja nur eine Gabe Öl geschickt**.

Die Briefe folgen einander in kurzen Abständen, und schließlich äußert Kadaschmancharbe einen ganz ungewöhnlichen Wunsch: Jetzt will *er* eine Tochter des ägyptischen Pharaos zur Frau, praktisch also eine seiner eigenen Nichten. Amenophis lehnt das jedoch strikt ab – aus staatsrechtlichen Gründen, wie er sagt. Daraufhin schraubt der Kassiten-König seine Forderung etwas zurück und läßt vermelden, man solle ihm »nur überhaupt irgendein schönes Weib senden, dann werde niemand es so genau nehmen und etwa sagen, das sei keine Königstochter«.

In Erwartung einer ägyptischen Schönen melden die Boten Kadaschmancharbes, die Tochter, die Amenophis zur Frau begehrt habe, könne nun, da sie erwachsen sei, abgeholt werden. Der Babylonier vergißt jedoch nicht hinzuzufügen, das Gold, das der Ägypter letztes Mal geschickt habe, sei von ziemlich minderwertiger Qualität gewesen. Amenophis, der inzwischen offenbar das Interesse an der jungen Kassiten-Tochter verloren hat, stellt sich

* Duftöl war ein typisches Geschenk für die Frauen des Pharaos.

** Amenophis III. gab seinerseits der Antwortbotschaft kein einziges Geschenk bei, was nach der damaligen diplomatischen Gepflogenheit eine unerhörte Beleidigung darstellte.

taub. Kadaschmancharbe, den große Bauprojekte an den Rand des Bankrotts gebracht haben, hält dennoch sein Angebot aufrecht, er will seine Tochter nach Ägypten schicken: »Ich könnte dir auch das von mir zugedachte Weib vorenthalten, aber ich werde es nicht tun ... sende das Gold noch während der Ernte, spätestens im Monat Tamuz (Juni-Juli) oder Ab (Juli-August). Später werde ich das Gold gar nicht mehr annehmen; dann werde ich dir allerdings auch meine Tochter nicht mehr geben.«

Der Handel kam nicht mehr zustande. Heute wissen wir warum. Amenophis III. hatte längst eine andere Frau im Sinn.

Taduchepas Vater Tuschratta

In der Korrespondenz von Amarna befinden sich insgesamt dreizehn Dokumente, als deren Absender der König von Mitanni firmiert. Acht Tafeln sind an Amenophis III. adressiert, vier an Amenophis IV., eine ist an Teje gerichtet. Zwischen dem Mitanni-König Tuschratta und Amenophis III. bestand ein enges verwandtschaftliches Verhältnis, schließlich war der Mitannier durch die Ehen Amenophis' III. sowohl dessen Schwager als auch dessen Schwiegervater.

Es gibt Ägyptologen, wie zum Beispiel Cyril Aldred, die glauben, die asiatischen Ehen der Pharaonen seien lediglich diplomatische Schachzüge gewesen, doch Amenophis III. mag als Beispiel dafür gelten, daß diese Ansicht nicht stimmt: Mehr als verwandt konnte der Pharao schließlich nicht werden. Die zweite Heirat einer Mitanni-Prinzessin wäre – vom rein diplomatischen Standpunkt aus betrachtet – also überflüssig gewesen.

Tuschrattas wesentlich ältere Schwester Giluchepa war Amenophis von ihrem Vater Schutarna im 10. Jahr der Regierung des Pharaos nach Ägypten geschickt worden. Das Datum dieses Vorgangs kennen wir jedoch nicht aus einem der Amarna-Briefe, die nie eine genaue Zeit angeben. Details der Eheschließung mit Giluchepa, die nach der Hochzeit offenbar unter Tejes Obhut im Harem verschwand, erfahren wir von dem sogenannten Hochzeits-Skarabäus, den Amenophis anläßlich der Vermählung herausgab:

> Jahr 10 unter der Majestät des Horus, Starker Stier, erschienen in Wahrheit, der beiden Herrinnen, der die Gesetze festigt und die beiden Länder beruhigt, Goldhorus, groß an Kraft, der die Asiaten schlägt, Königs von Ober- und Unterägypten, Herrn des Opfers Nebmaat-Re, Erwählter des Re, Sohnes des Re Amenophis, Herrscher von Theben, dem Leben gegeben werde. Die große königliche Gemahlin Teje, sie lebe, der Name ihres Vaters ist Juja, der Name ihrer Mutter ist Tuja. Ein Wunder, gebracht Seiner Majestät: die Tochter des Fürsten von Nahrina, Sutarna, Giluchepa, und die Besten ihres Harems, 317 Frauen.

Zu dieser Zeit, also um das Jahr 1392 v. Chr., war Tuschratta wahrscheinlich noch gar nicht geboren. Die Tontafelarchive von Amarna und Boghazköi ergänzen sich so, daß wir uns ein ungefähres Bild vom Ablauf der weiteren Geschichte machen können. Positiv wirkt sich dabei aus, daß die Korrespondenz beider Archive in Akkadisch, also Altbabylonisch, der damals international gebräuchlichen Diplomatensprache, geführt ist. Als negativ erweist sich indessen die Tatsache, daß diese Sprache, die nur von wenigen gesprochen bzw. geschrieben wurde – keineswegs von den Königen selbst –, leider ziemlich viel Raum für Sinnverschiebungen oder gar -verdrehungen bot. Wir wollen daher an dieser Stelle nur auf historisch eindeutig gesicherte Fakten eingehen.

Tuschrattas Vater hieß Schutarna. Aber nicht Tuschratta trat die Nachfolge an, sondern sein älterer Bruder Artassumara. Artassumara regierte nur wenige Jahre, dann wurde er das Opfer einer Verschwörung: Ein gewisser Tuchi ermordete ihn und setzte zum Schein den kleinen Tuschratta auf den Thron, während er selbst die Rolle des Reichsverwesers übernahm. Der Meuchelmörder hatte natürlich geglaubt, in Tuschratta einen Scheinkönig zu haben, den er gut übertölpeln konnte, doch Tuschratta war noch keine zwanzig Jahre alt, als er an Tuchi bittere Rache nahm und ihn mitsamt seiner Anhängerschaft umbrachte. Die Hethiter, die wenig später in Mitanni einfielen, wurden von Tuschratta vernichtend geschlagen. Der Sieger machte dabei so viel Beute, daß er seine beiden Kuriere Gilia und Tunipiwri nach Theben sandte, um seinem Schwager Amenophis III. etwas davon abzugeben. Tuschratta vergaß freilich nicht, in seinem Begleitschreiben darum zu bitten, Amenophis möge die Mitanni-Boten umgehend zurückschicken, damit er sich an seinen Grüßen erfreuen könne.

Kuriere lebten nämlich gefährlich. Diplomatische Missionen erforderten nicht nur schnelle Reiter, sondern auch kluge Köpfe. Ein Kurier des Königs mußte sprachgewandt sein – durchquerte er auf seinen Reisen doch manch fremdes Land – und geschickt bei der Interpretation des überbrachten Briefes vor dem Empfänger. War die Nachricht schlecht, so ging es auch dem Boten schlecht, war sie gut, so profitierte auch der Bote davon. Der Kurier, der für Amenophis III. alle Botschaften an den Mitanni-Hof überbrachte, hieß Mane.

Der Handel um Nofretete

Tuschratta hatte Amenophis schon mehrfach dezent auf seine überaus attraktive Tochter hingewiesen, die zu der Zeit freilich noch ein Kind war. Endlich geht der alternde Pharao auf das Angebot ein und schickt Mane nach Mitanni, mit der Bitte, der König solle Prinzessin Taduchepa nach Ägypten senden, er, Amenophis III., wolle sie heiraten.

Tuschratta stellt in seinem Antwortbrief an den »lieben Schwiegersohn« die Prinzessin in Aussicht, aber – so betont er gleichzeitig – er brauche Gold, viel Gold. Amenophis schickt seinen Kurier Mane abermals nach Mitanni. Tuschratta könne das gewünschte Gold haben, er solle nur erst seine Tochter nach

Ägypten bringen lassen. Doch statt Mane kommt ein gewisser Haramassi zurück. Mane wurde von Tuschratta unter Hausarrest gestellt, weil die Geschenke, die Amenophis mit der Botschaft schickte, minderwertig waren. So minderwertig, daß Tuschratta – wie er freimütig bekennt – darüber weinte. Aber trotzdem, in sechs Monaten soll Amenophis Taduchepa in die Arme schließen können.

Um seinen Boten auszulösen, schickt der Pharao neue Geschenke nach Mitanni. Daraufhin wird Mane freigelassen. Kaum zu Hause in Theben muß er sich jedoch schon wieder auf den Weg nach Mitanni machen – mit einem Dolmetscher als Begleiter, der den Ehevertrag aufsetzen soll.

Folgende Bedingungen hatte Amenophis III. zu erfüllen: Grenzregulierung im Norden durch Tausch der beiden Städte Harwuhe – an Ägypten – und Masrianne – an Mitanni – (die beiden Städte erhalten eine Abschrift der Vertragsurkunde); Gold und Silber für Tuschratta, soviel er braucht; einige Bilder aus Elfenbein; schließlich soll Amenophis das Goldporträt der Taduchepa zurückgeben, das Tuschratta dem Pharao zur Ansicht gesandt hatte.

Tuschratta wiederum gibt seiner Tochter außer den üblichen Vatergaben wie Pferde, Wagen, Waffen, Betten, Truhen, Kleidung und Geschirr, erlesene Geschmeide und Kleinodien als Mitgift. »Lies die Mitgiftverzeichnisse von Giluchepa und Schutarnas Schwester siebenmal«, schreibt Tuschratta voll Stolz, »dann wirst du sehen, daß die Mitgift, die ich meiner Tochter Taduchepa in die Ehe gebe, viel größer, prompter und eines Pharaos würdiger ist.«

Taduchepa wußte von diesem Handel nichts. Man schrieb das Jahr 1366 v. Chr., und Amenophis III. hatte noch knapp zwei Jahre zu leben. Taduchepa war fünfzehn Jahre alt, sie muß jedoch, noch bevor sie in feierlichem Zug – allerdings ohne ihre Mitgift – nach Ägypten gebracht wurde, gewußt haben, daß ihr künftiger Mann schwer krank war. Mit ihr reiste nämlich eine wundertätige Götterstatue nach Theben, die Ischtar von Ninive. Ischtar war eigentlich die sumerische und babylonisch-assyrische Göttin der Liebe und des Krieges, aber sie verfügte offensichtlich auch über eine außergewöhnliche Heilkraft, denn sie war zu Zeiten von Tuschrattas Vater schon einmal nach Theben geschickt worden und hatte den Pharao gesunden lassen.

Religionsgeschichtlich betrachtet ist dies ein ungeheurer Vorgang und ein erstes Anzeichen von Zerfallserscheinungen des ägyptischen Kultes. Man muß sich vor Augen führen, daß der ägyptische Pharao nicht nur Staatsoberhaupt, sondern auch religiöses Oberhaupt, ja, sogar selbst anbetungswürdiger Gott war.

Amenophis III. hoffte, die wundertätige Ischtar-Statue würde seine furchtbaren Zahnschmerzen lindern. Blutende Zähne und eiternde Abszesse müssen die letzten Jahre dieses einst so lebensfrohen Herrschers zur Qual gemacht haben. Es ist daher nicht sicher, ob die offizielle Heirat mit Taduchepa alias Nofretete noch stattfinden konnte. Wurde die Eheschließung jedoch tatsächlich vollzogen, so hat das Bündnis nur ein paar Monate gedauert, mit Sicherheit weniger als zwei Jahre.

Die Weltstadt

Theben, Stadt der Ägypter, wo reich sind die Häuser an Schätzen. Hunderte hat sie an Toren, und es ziehen zweihundert aus jedem rüstige Männer zum Streit mit Rossen daher und Gespannen.

Homer, Ilias, 9. Gesang

Das Schauspiel war gespenstisch: Auf dem großen steinernen Opfertisch lag gefesselt ein Stier. Er zuckte im Schein der weiß brennenden Ölflammen, als der diademgeschmückte Oberpriester, umringt von einer Schar ekstatischer Priester, langsam auf ihn zuschritt und ihm das Messer, das er in der Hand hielt, in den Hals stieß. Sofort begannen eigens dafür bestellte Tempeldiener, den blutenden, halbtoten Stier auszunehmen und zu zerlegen.

Während martialische Geräusche – Handpauken und Rasseln – dieses Ritual begleiteten, vermischten sich die Gewürzdüfte des lodernden Opferfeuers mit dem penetranten Gestank der Innereien. Mit geübtem Griff trennten die Opferpriester das glasig aufquellende Gedärm aus der klaffenden Körperhöhle des Stieres und ließen es in riesige Krüge gleiten, die seitlich bereitstanden.

Amenophis III. verfolgte das schaurige Geschehen ziemlich teilnahmslos von seiner ebenholzfarbenen Sänfte aus. Erst als Schenkel und große Fleischstücke zerteilt waren, erhob er sich, zwei Diener sprangen hinzu, um den hinfälligen Pharao zu stützen. Dann wurden ihm einzelne Fleischstücke gereicht, und Amenophis warf sie in das Opferfeuer.

Das war der Dank des Pharaos an den Herrn der Throne der beiden Länder, an den Gott Amun, der ihm nach über sechs Jahren Wartezeit seinen größten Wunsch erfüllt hatte: eine junge, hellhäutige Mitanni-Prinzessin zur Frau zu bekommen, so schön, wie seine »große königliche Gemahlin« Teje als junges Mädchen einmal war. Und jetzt sollte es endlich soweit sein. Späher hatten gemeldet, daß drei Barken nilaufwärts zögen, und eine davon habe die schöne Mitanni-Prinzessin Taduchepa an Bord, die Tochter des Königs Tuschratta von Mitanni. Bis Sonnenuntergang würden die Schiffe in Theben anlegen.

Jetzt trat auch das Volk hinter den Säulen des Tempels von Karnak hervor, Männer und Frauen langten mit den Fingern in die Blutlachen und tupften sich ein Blutmal auf die Stirn. Dieser Vorgang wiederholte sich mehrere Male, denn Sklaven brachten einen Stier nach dem andern, dann Antilopen und schließlich Gänse. Tempeltänzerinnen und -tänzer, halbe Kinder noch, führten, begleitet von monoton klingenden Chorälen, reigenähnliche Tänze auf.

Diese Tänzer wurden in besonderen Schulen, die den Tempeln angegliedert waren, ausgebildet. Die meisten von ihnen waren nicht älter als sechs Jahre, wenn sie in die Schule kamen. Über das, was hinter den Mauern des Tempels mit diesen Kindern oft passierte, wurde nur gemunkelt – denn was die Priester taten, taten sie für Amun, und was für Amun geschah, konnte und durfte kein Unrecht sein.

Ankunft im hunderttorigen Theben

Die Sonne stand schon tief über dem heiligen Tal der Könige, da trugen acht Diener die schwarze Sänfte mit dem Pharao zum Nil hinab, wo die goldbeschlagene weiße Königsbarke »Aton leuchtet« gerade an den rotspiegelnden Marmortreppen, die zum Ufer führten, anlegte. Auf einem Podest, in der Mitte des Schiffes, stand eine Art großer Käfig, der mit dünnen weißen Schleiern verhangen war. Und dahinter konnte man, schemenhaft, die Mitanni-Prinzessin erkennen, die aufgeregt diese neue Welt betrachtete.

Der Fremde, der wie Nofretete mit dem Schiff nilaufwärts kam und zum ersten Mal diese bizarre und bunte Metropole sah, muß wie geblendet gewesen sein von all dem Glanz und Gold. Bis ans Ufer des Nils drängten sich die Landhäuser der Reichen mit blumengeschmückten Vorgärten, ohne System ineinandergeschachtelt, überragt von den monumentalen Götterbauten, Obelisken und Pylonen, die Homer fälschlich als »Tore« bezeichnete. Theben, »das hunderttorige«, hatte keine Tore, denn es war nie von einer Mauer umgeben.

Und über allem lag der Lärm der Händler, die aus dem ganzen Land, aus der ganzen Welt hier zusammenkamen, denn nirgends saß das Geld so locker wie in dieser Stadt. Im Hafen drängten sich die Schiffe, und die Kommandos der Antreiber, die Steine aus Assuan, Obst aus Syrien, Weinfässer von den griechischen Inseln und Schlachtvieh aus Unterägypten ausluden, schallten über das Wasser. Im Labyrinth der schmalen Straßen hing ständig der Duft von gebratenem Fleisch und Fisch und der Gestank der Kloaken.

Es gab keine Kanalisation, nur die vornehmen Häuser am Fluß leiteten ihre Abwässer in den Nil. Myriaden von Fliegen machten Jagd auf alles Warmblütige und verschonten dabei weder die Pharaonen noch – wie Grabmalereien im Tal der Königinnen zeigen – die »großen königlichen Gemahlinnen«.

Als die Barke am Ufer vertäut war, schlugen zwei Dienerinnen die Schleier des Käfigs zurück. Ein zartes kleines Mädchen, kaum älter als fünfzehn Jahre, erhob sich von seinem Sitz. Im Hintergrund tauchten zwei Wedelträger mit riesigen Federfächern auf, die die schräg einfallenden Sonnenstrahlen vom Gesicht der schönen Prinzessin fernhielten.

Mit gesenktem Blick, aber für ein so junges Mädchen ungewöhnlich selbstsicher, stieg Taduchepa die Marmorstufen am Ufer empor zu der Terrasse, auf der Amenophis III. wartete. Er hatte seine Sänfte verlassen und streckte ihr beide Hände entgegen. Taduchepa ging auf den Pharao zu, und während sich Amenophis zu ihr niederbeugte, hob sie ganz leicht den Kopf. Dabei berührten sich ihre Nasen – das heißt, sie küßten sich »auf ägyptisch«. Beide sagten etwas für den anderen Unverständliches, jeder in seiner Muttersprache. Die Dolmetscher brauchten noch nicht in

Aktion zu treten, da dem freundlichen Nicken der beiden zu entnehmen war, daß es sich ohnehin nur um die üblichen Begrüßungskomplimente handelte. Erst als der Pharao sich umdrehte und die kleine Prinzessin seiner »großen königlichen Gemahlin« Teje vorstellte, wurde die Szene beinahe herzlich.

Nach kurzer Begrüßung bestiegen Amenophis, Taduchepa und Teje die kongliche Barke und setzten über an das andere Nilufer, gefolgt von den beiden Schiffen, auf denen sich die Begleiter und Dienerinnen Taduchepas befanden.

Gewiß war Nofretete beeindruckt von dem Reichtum und Glanz dieser größten und schönsten Stadt der Welt. Was aber mag in ihr vorgegangen sein, als sie zum ersten Mal diesen alten und kranken und doch mit allem Pomp ausgestatteten König sah?

Sein schwammiger Oberkörper war nackt, um die fetten Hüften hatte er einen langen, in der Taille gegürteten Schurz geschlungen. Dieser Gürtel hielt an der Rückseite einen Leopardenschwanz, der fast bis auf den Boden baumelte und – wie die blinkende Uräusschlange an der Stirn des Pharaos – ein Machtsymbol darstellte. Die große »blaue Krone« aus Leder, die Amenophis III. auf dem Kopf trug, war eigentlich nur eine Kappe, aber Amenophis zog sie der weißen Krone von Oberägypten vor, die die Form eines Kegels hatte, und auch der roten Krone von Unterägypten, ja, sogar der hohen Doppelkrone der vereinigten Länder. Krummstäbe, Geißeln, Keulen, Zepter und Schwerter wurden von eigens dafür bestimmten Garderobebeamten dem Anlaß entspechend ausgewählt.

Das Gold blinkt von den Wänden

Am anderen Ufer konnte man jetzt den großen Königspalast erkennen. Als Nofretete zum ersten Mal durch den Palast von Malkata schritt, da ging sie über spiegelnden Fußboden, auf den ein Teich mit Lotosblumen gemalt war, Fische schwammen umher und Enten, zwischen Schilf und blühenden Pflanzen schwirrten durchsichtige Libellen und buntgefiederte Vögel. An der Decke der Palasthalle spannte sich ein azurblauer Himmel, an dem Tauben flatterten und große rote Schmetterlinge. Von den Wänden blinkte Gold, Pflanzenornamente aus Glas gegossen wucherten so hoch wie ein Haus, und durch all diese Pracht zog ständig der süßliche Duft von Weihrauch und Myrrhe.

Hier gab es Möbel und Ziervasen, wie sie Nofretete noch nie gesehen hatte. Stühle und Schemel waren so hochbeinig und zierlich, daß die Prinzessin aus Mitanni Hemmungen hatte, sich daraufzusetzen – denn bei ihr zu Hause kannte man nur Möbel aus massivem Stein. Hier sah man die herrlichsten Holzeinlegearbeiten; Salb-, Duft- und Riechgefäße, die überall herumstanden, waren nicht aus schwerem Marmor geschlagen, sondern aus durchsichtig schimmerndem Alabaster geschliffen, der den Inhalt ahnen ließ. Truhen, auf denen Szenen aus dem Leben Amenophis' III. und seiner »großen Gemahlin« Teje eingelegt waren, quollen über von Schmuck und Gebrauchsgegenständen aus Gold.

Das also war die Stadt, in der »der Prächtige« regierte. Man fragt sich, ob Nofretete mehr von der Häßlichkeit ihres Ehemannes oder von der Schönheit dieser Metropole beeindruckt war.

Der riesige Palast von Malkata, das »Haus des Freudenfestes«, ist heute wie vom Erdboden verschluckt, nicht einmal seine Fundamente sind erhalten geblieben. Dabei wollte Amenophis III. sich eine Bleibe »für immer und ewig« schaffen, die dem Herrscher der Welt, als der er sich fühlte, würdig erschien. Doch da es im alten Ägypten üblich war, Tempel und Paläste aus Steinblöcken oder Nilschlammziegeln zu errichten, wählte der stolze Pharao ein ganz anderes, viel kostbareres Baumaterial: Holz. Holz war in Ägypten vor dreitausend Jahren ebenso teuer wie heute. Amenophis importierte Zedern aus dem Libanon – nur die Außenmauern des Palastes, der Boden und die tragenden Säulen des Daches waren aus Stein, Innenwände, Dächer und Balustraden jedoch aus Holz.

Diese leichte, heitere Architektur entsprach dem Lebensstil des dritten Amenophis; er baute für sich – aber nicht für die Ewigkeit. Denn die Holzarchitektur litt ungleich mehr als die Steinbauten unter den Einflüssen der Witterung, und die widerstands-

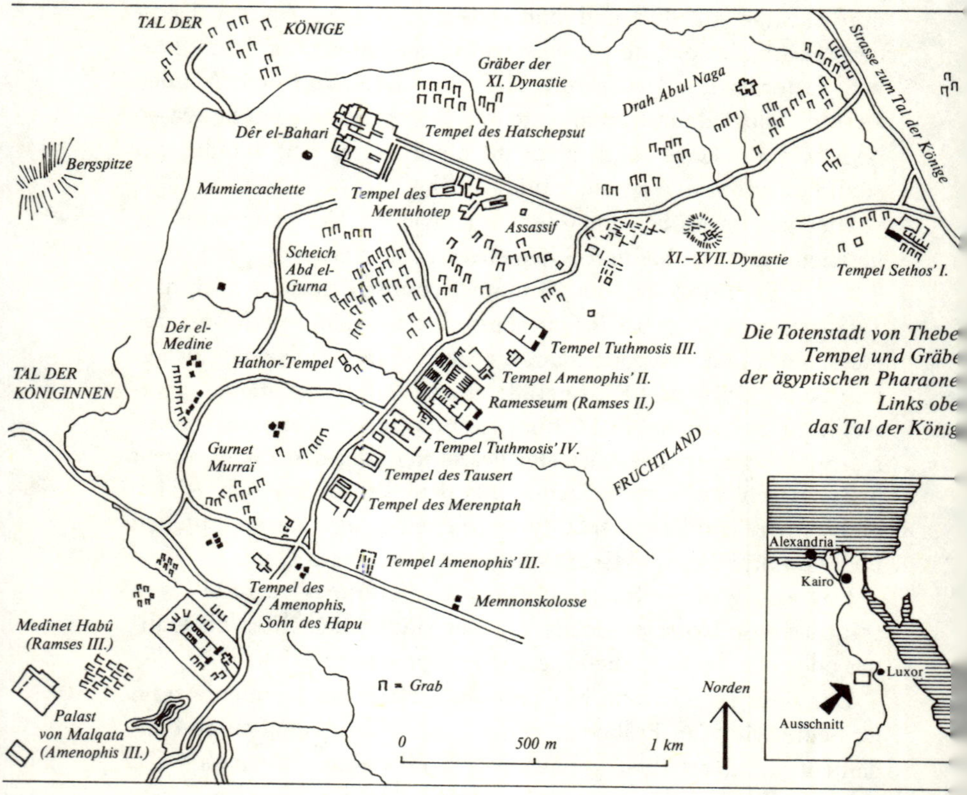

Die Thebanische Nekropole (die Schreibweise der Ortsnamen auf dieser Karte unterscheidet sich aufgrund einer anderen Transkription von der sonst im Buch gewählten).

fähigen Fundamente wurden von seinen eigenen Nachfolgern als Steinbruch zweckentfremdet.

Nicht viel anders erging es dem Totentempel des Pharaos, den dieser einen Kilometer nördlich seines »Hauses des Freudenfestes« errichten ließ. Das Bauwerk aus weißem Sandstein, der mit Goldplatten bedeckt war, wurde mit dem Königspalast durch eine Prachtstraße verbunden. Die Böden des Tempels waren mit Silber beschlagen, die Dächer mit Elektron. Zahllose Standbilder des

Königs, »höher als der Himmel« und »an Schönheit der Sonnenscheibe gleich«, kündeten von der Macht des Pharaos.

Heute fehlt auch von diesem Weltwunder jede Spur. Wir wüßten überhaupt nichts von seiner Existenz, wenn nicht Flinders Petrie im Jahre 1896 in dem gut einen Kilometer weiter nördlich gelegenen Totentempel des Pharaos Merenptah eine erstaunliche Entdeckung gemacht hätte. Petrie bemerkte an einer drei Meter hohen Granitstele Ausbesserungen, die schon in antiker Zeit vorgenommen worden waren; vor allem aber schilderten die Inschriften auf der Stele Baudenkmäler, die es entweder gar nicht gab oder die einwandfrei Amenophis III. zugeschrieben werden mußten. Petrie löste das Rätsel: König Merenptah hatte die Stele aus den Ruinen des Amenophis-Tempels geholt, etwas umgeändert und in seinem eigenen Tempel aufgestellt. Knapp eineinhalb Jahrhunderte nach Amenophis' III. Tod waren die größten seiner Bauten bereits in Vergessenheit geraten.

Die Geschenke des Pharaos

Man kann Amenophis, »dem Prächtigen«, vieles vorwerfen, nur eines nicht: daß er seine zahlreichen Frauen kurzgehalten habe. Als Teje, seine »große königliche Gemahlin«, ihn in den ersten Augusttagen des Jahres 1391 v. Chr. zutiefst beleidigt – die Amun-Priester hatten sie nicht aufgefordert, bei einem Zeremonienfest auf dem heiligen See die Rolle der Göttin Mut zu spielen – bat, ihr doch einen Lustsee zu schenken, damit sie sich wenigstens allein amüsieren könne, da machte Amenophis nicht lange Ausflüchte. Er zog alle 250 000 Arbeiter, die an den verschiedensten Projekten dieser riesigen Stadt arbeiteten, zusammen und ließ sie innerhalb von zwei Wochen östlich des Malkata-Palastes einen künstlichen See, 2590 mal 420 Meter, ausheben. Dieser unglaubliche Vorgang ist uns ganz präzise auf einem Gedenk-Skarabäus überliefert. An der Richtigkeit von Datum, Arbeitsdauer und Ausmaß des Unternehmens ist also nicht zu zweifeln.

> Jahr 11, 3. Achet, Tag 1*, unter der Majestät des Horus, »Starker Stier, erschienen in Wahrheit«, der beiden Herrinnen, »der die Gesetze festigt und die beiden Länder beruhigt«, des Goldhours »Groß an Kraft, der die Asiaten schlägt«, Königs von Ober- und Unterägypten, Neb-maat-Re, Sohnes des Re Amenophis, Herrscher von Theben, dem Leben gegeben werde. Die große königliche Gemahlin Teje, sie lebe. Es befahl Seine Majestät, einen See für die große königliche Gemahlin Teje herzustellen in der Stadt Djarucha**, dessen Länge 3700 Ellen und dessen Breite 600 Ellen war. Es vollzog Seine Majestät das Fest der Öffnung des Sees am 16. des 3. Achet, indem man Seine Majestät im Königsschiff »Aton leuchtet« auf ihm ruderte.

Durch den Aushub dieses Lustsees wurden Erdwälle aufgehäuft, die Amenophis III. in die Landschaftsgestaltung einbezog, indem er die verschieden hohen Hügel mit Bäumen und seltenen Gewächsen bepflanzen ließ.

Das Interessanteste an der eben zitierten Inschrift aber ist der Name, den die königliche Barke trägt: »Aton leuchtet« – auch beim Empfang Nofretetes benutzte der Pharao dieses Boot. Aton war zunächst ein Wort ohne religiöse Bedeutung und stand für den Sonnenball, die Sonnenscheibe. Hier tritt es erstmals als Synonym des höchsten Gottes Re-Horachte-Chepre-Atum von Heliopolis auf. Nach und nach begegnen wir Aton auch auf Denkmälern, sogar ein Regiment des Pharaos trägt seinen Namen. »Heil dir, o Aton des Tages, der du die Toten zum Leben erweckst, der du ihnen das Leben schenkst«, heißt es in einem Hymnus, den zwei Architekten Amenophis' III., die Zwillinge Suti und Hor, an einer Tempelwand in Luxor verewigt haben.

Hier machen sich zweifellos die Anfänge des neuen Aton-Kultes bemerkbar, den die »Asiaten« Juja, Teje und Nofretete wohl mitinitiiert haben. Die Macht, die von »den großen Gemahlinnen« zur Zeit der 18. Dynastie ausgeübt wurde, beschränkte sich nicht auf Tisch und Bett, mindestens ebenso groß war ihr Einfluß auf die Politik, vor allem auf die Staatsreligion. So ist es sicher kein

* Der dritte Überschwemmungsmonat Achet dauert vom 15. August bis zum 15. September.

** Heute Birket el-Habu.

Zufall und nicht nur eine Laune des Pharaos, daß dieser sich einen neuen Palast errichten ließ: Mit dem Palast von Djarucha, der von dem alten thebanischen Palast, den Amun-Tempeln und vor allem der Kaste der Amun-Priester durch den Nil getrennt war, setzte Amenophis III. ein deutlich sichtbares und vom Volk bewundertes Zeichen.

Sein persönliches Refugium in diesem Palast hieß »Haus des Neb-maat-Re, das ist der prachtvolle Glanz Atons«, ein Name, den später auch die Residenz in Amarna erhielt. Als Amenophis III. im Jahre 1372 v. Chr. sein dreißigjähriges Regierungsjubiläum beging, da wurde der Palast in »Haus des Jubels« umbenannt. Auf den ersten Blick könnte man dies als Abkehr von der eingeschlagenen Richtung auffassen, weil im »Haus des Jubels« nicht mehr von Aton die Rede ist – doch wenig später wurde der Aton-Tempel in Amarna ebenfalls »Haus des Jubels« genannt! Der Aton-Kult war eine lebensfrohe Religion.

Der Konflikt, in den Amenophis III. mit den Amun-Priestern geriet, spitzte sich ganz allmählich zu. Sein Lebensstil läßt sogar vermuten, daß er dem neuen Kult nur deshalb huldigte, um seine Hauptstadt Theben noch größer, noch schöner mit neuen Heiligtümern ausstatten zu können. Denn Gott Amun war für Amenophis keineswegs tot. Der Pharao baute den Amun-Tempel in Karnak aus und fügte dem von seinen Vorfahren Thutmosis I. und Thutmosis III. errichteten Tempel den heute leider stark zerstörten dritten Pylon an, »eingelegt mit echten Lapislazuli und verziert mit Gold und vielerlei Edelsteinen, eine Arbeit, für die es kein Beispiel gibt«. Der Pylon soll so hoch gewesen sein, daß er »bis zum Himmel reichte, wie die vier Säulen des Himmels«.

Von einer Ablehnung des Amun-Kults kann da wohl kaum gesprochen werden. Dennoch mögen lediglich Unsicherheit und Entscheidungsschwäche die Ursache gewesen sein, daß nicht schon Amenophis III. zum Reformator wurde, sondern erst sein Sohn Amenophis IV. Wie sehr Amenophis III. um eine Entscheidung rang, oder wie sehr er von Teje, seiner Frau, dazu gedrängt wurde, zeigt die Tatsache, daß er auf dem Sudanfeldzug im 5. Jahr seiner Regierung, im Jahre 1397 v. Chr. also, die aufständischen Stämme »auf Befehl des Amun-Aton« niederschlug.

Hier taucht erstmals die Gleichsetzung, ja, sogar die Verbindung von Amun und Aton auf. Wenig später wurde allerdings eine deutliche Abgrenzung vorgenommen, indem Amenophis III. nach dem Tod seines Wesirs Ptahmose nicht den neuen Oberpriester des Amun als Wesir einsetzte, der traditionsgemäß dieses Amt bekleidete, sondern einen Außenstehenden, den Adeligen Ramose. Der Posten des Wesirs entsprach etwa dem eines Ministerpräsidenten, der Wesir war der zweithöchste Mann im Staat nach dem Pharao. Mit dieser Trennung von staatlicher und religiöser Gewalt war ein deutliches Signal gesetzt. Trotzdem baute Amenophis III. dem Amun weiter »Monumente, wie man sie noch nicht gesehen hatte«, und auch die großen Amun-Feste wurden nach wie vor veranstaltet.

Das erste Fest, das Nofretete im goldenen Theben miterlebte, mag sie an den orientalischen Prunk zu Hause in Mitanni erinnert haben – wenn auch der Aufwand, der hier getrieben wurde, alles in den Schatten stellte, was die Prinzessin bisher gekannt hatte.

Das Opetfest

Alljährlich, am Neujahrstag, wurde das große Fest zu Ehren des Amun begangen: das Opetfest, und der Pharao zog mit seinem Gefolge vom Karnak-Tempel zum »Südlichen Harem«, dem Tempel in Luxor. Diese Szene ist uns durch eine Darstellung an den Wänden der großen Säulenhalle dieses Tempels überliefert, die allerdings aus der etwas späteren Zeit Tut-ench-Amuns stammt. Sie wurde zwar von dessen Nachfolger Haremhab noch verändert, doch unterscheidet sie sich, was Pomp und Aufwand anbetrifft, kaum vom Opetfest, wie es Amenophis III. und Nofretete feierten.

Weihrauchschwaden zogen durch das Allerheiligste des großen Tempels von Karnak, wo der Pharao unter sphärenhaften Klängen der sich im Rhythmus wiegenden, halbnackten Tempelmusi-

Die Memnonskolosse. Monolithe Statuen aus kristallinem Quarzit (etwa 20 m hoch). Sie stellen Amenophis III. dar. Jahrhundertelang faszinierte das Rätsel der »singenden Kolosse« Ägyptenbesucher aus aller Welt.

Königliche Barke.

kantinnen dem Gott Amun, seiner Gattin Mut und ihrem Sohn Chons Speise- und Trankopfer darbrachten. Der süße Duft des Weihrauchs mischte sich in penetranter Weise mit dem Gestank von qualmendem Fett, das von Stierschenkeln und sorgfältig ausgenommenen Widdern in das lodernde Opferfeuer tropfte.

Der Pharao wollte seine neue Frau dem Volk zeigen, und so mußte Taduchepa in dem großen Festzug, der sich nun im Tempel formierte, zusammen mit der alternden Teje hinter der zweiten Sonnenbarke schreiten. Die Thebaner – empfänglich für alles Schöne – bewunderten die Mitanni-Prinzessin vom Rande der breiten Widder-Allee aus und nannten sie Nofret-ete: »Die Schöne, die da kommt.«

Der Festzug wurde angeführt von einem Trompeter, der seine Signale in den blauflimmernden Morgenhimmel schmetterte, hart skandiert von Trommelwirbeln. Dahinter schritt der Räucherer mit einem großen Goldgefäß, in dem duftender Weihrauch brannte. Ihm folgte der Oberpriester, kahlgeschoren und nackt bis auf einen Lendenschurz aus Leopardenfell. Dann kamen die Barke des Sonnengottes sowie zwei weitere Boote.

Die drei Barken des Sonnengottes Amun, seiner Frau Mut und des Sohnes Chons standen das Jahr über an einem bestimmten Ort im Tempel, den man »Die große Stätte« nannte. Sie ruhten auf einem kunstvoll aus Stein gehauenen, trapezförmigen Untersatz. Dort, wo normalerweise der Platz des Steuermanns ist, verbarg ein Schrein das hölzerne, etwa einen Meter hohe Götterbild. Über den Schrein wurden zarte Schleier gezogen. Die Barken waren gewöhnliche, seetüchtige, jedoch kunstvoll gefertigte Schiffe. Den Zeremonien, Teil des Sonnenkultes von Heliopolis, lag die Vorstellung zugrunde, daß der Sonnengott in einem Schiff über den strahlenden Himmel fährt und sich damit nachts durch die Unterwelt rudern läßt.

Aus den Seitenwänden der Barken ragten waagerechte Stangen hervor, so daß jeweils vierundzwanzig Priester ein Schiff tragen konnten. Es war ein eindrucksvolles Bild, wenn diese asketischen Gestalten in sorgsam einstudiertem Schritt mit der schleierverhüllten Barke auf den Schultern zum lebenspendenden Nil hinabzogen, eingerahmt von zwei Trägern mit riesigen kostbaren Federwedeln an Bug und Heck der Barke und zwei Begleitpriestern an Backbord und Steuerbord des Schiffes.

Die Amun-Priester fühlten sich als Seeleute. Der Konvent der Priesterschaft war in allen Tempeln in vier Wachen oder Phylen eingeteilt. Wie auf hoher See hießen diese Wachen – benannt nach den vier Schiffsteilen – Bug-, Stern-, Steuerbord- Backbordwache.

Amenophis III. schritt hinter der Barke des Sonnengottes, Nofretete und die »große königliche Gemahlin« gingen hinter der Barke der Göttin Mut. Gewiß hatte das Volk bei diesem Opetfest weniger Interesse an den prächtigen Zeremonien als an der jungen schönen Mitanni-Prinzessin, die neben der von der ewigen Sonne Ägyptens gebräunten, gerade fünfzig Jahre alten Teje rosigbleich einherschritt. Ein höchst ungleiches Paar.

Es gibt nur eine einzige Erklärung dafür, daß die selbstbewußte Königsgemahlin Teje in der jungen Nofretete keine Rivalin sah und sie nicht wie so viele andere Frauen Amenophis' einfach hinter Haremsmauern verschwinden ließ – von den zahlreichen Ehefrauen, die sich Amenophis III. in seinem fünfundvierzigjährigen Leben zulegte, sind überhaupt nur fünf namentlich bekannt. Dieser einzige Grund für Tejes Sympathie liegt in ihrer gemeinsamen Herkunft: Mitanni. Sie hatten die gleiche Erziehung genossen, sie waren durch gleiche Erinnerungen an ihre Heimat miteinander verbunden. Und selbst wenn Amenophis

III. – was allerdings nicht erwiesen ist, mehrere Gründe sprechen sogar dagegen – auf seine alten Tage auch das Bett mit der jungen Nofretete teilte, offiziell blieb Teje seine »einzige geliebte große königliche Gemahlin«. Und das beruhte möglicherweise auf einer Absprache der beiden Frauen, sich gegenseitig nicht ins Handwerk zu pfuschen.

Teje beherrschte den alten, kranken Pharao völlig. Nach dem 10. Jahr seiner Regierung wird uns keinerlei politische Aktivität des sinnenfrohen Amenophis III. mehr überliefert. Der König, eigentlich noch ein Mann in den besten Jahren, zeigte kein Interesse mehr am Sport, schon gar nicht am Krieg; er war aber auch kein Pazifist – nur ein Phlegmatiker. Gleichgültig sah er zu, wie der Nil alljährlich die Felder überschwemmte und das Land fruchtbar machte, tatenlos verfolgte er das Aufbegehren der Vasallen. Amenophis III. zehrte von der Macht und dem Reichtum seiner Vorfahren.

Es kann als sicher gelten, daß Teje, zumindest seit dem Jahre 1366 v. Chr., als der gesundheitliche Zustand des Königs sich derart verschlechtert hatte, daß er von König Tuschratta die Heilung versprechende Ischtar-Statue aus Mitanni erbat, die absolute Macht in ihren Händen hielt. Das beweisen der Brief, den Tuschratta unmittelbar nach dem Ableben Amenophis' III. an Teje schickte, sowie ihre eigene staatspolitische Korrespondenz. Nur eine einzige »königliche Gemahlin« vor bzw. nach ihr hat ebenfalls mit irgendwelchen Potentaten selbständig korrespondiert. Das war – zwanzig Jahre später – Nofretete.

Nofretete, trotz ihrer fünfzehn Jahre schon sehr selbstbewußt und von hoher Intelligenz, mußte – ob sie wollte oder nicht – Tejes Vorschlag annehmen. Doch man kann sich denken, daß sie jeden Schritt der alten Königin aufmerksam verfolgte.

Es war damals eine reine Kostenfrage, wie viele Frauen sich ein Mann von Welt leistete. Eine neue Frau trug im alten Theben viel zum Ansehen des Betreffenden bei – je größer der Harem, desto größer das Prestige. Die Thebaner lebten, wie alle Ägypter, monogam, das heißt, »die Frau des Hauses« war die einzige legale Ehefrau, die Mutter der Erben. Hatte ein Mann aber den Wunsch, mehrere Frauen zu besitzen, so brauchte er seinen Gefühlen keinen Zwang anzutun: Er nahm sie als Nebenfrauen in seinem Harem auf. Diese Nebenfrauen konkurrierten nur selten mit der »Frau des Hauses«, sie waren Konkubinen – sonst nichts. Ihre einzige Aufgabe bestand darin, ihrem Herrn die Nächte zu versüßen; dafür genossen sie freie Kost und Logis.

Konkubinen kamen meist aus niederen sozialen Schichten. Attraktive Mädchen nutzten die Ausstrahlung ihrer Jugend, um durch Heirat mit einem vornehmen oder reichen Mann in der Standeshierarchie weiter nach oben zu kommen. Es ist auch kein Geheimnis, daß hie und da eine Konkubine doch versuchte, der Dame des Hauses ihren Rang streitig zu machen. In einem solchen Fall konnten sowohl der Mann als auch die Ehefrau die Scheidung verlangen. Das ging ohne große Komplikationen vonstatten.

Untereinander bekämpften sich die Nebenfrauen jedoch oft voller Eifersucht, und auch der Herr und Meister war vor ihren Intrigen keineswegs sicher. Eine Nebenfrau Ramses' III. zum Beispiel zettelte gegen den Pharao eine Verschwörung an, um ihren eigenen Sohn auf den Thron zu bringen. Mit eindeutigen Angeboten gelang es ihr sogar, den obersten Kammerherrn und den königlichen Kellermeister auf ihre Seite zu bringen. Auch die Wachen vor den Toren des Harems profitierten von ihrer Großzügigkeit und ließen daher Botschaften der Haremsdamen an Freunde außerhalb der Palastmauern passieren. Aber irgendein Verschwörer scheint von den Schönen doch enttäuscht worden zu sein – er verriet den Umsturzplan und gab eine Liste der Verschwörerinnen und Verschwörer zu Protokoll. Der Pharao setzte ein Sonder-Strafgericht ein, das den Schuldspruch fällen sollte.

Es scheint, daß die Konkubinen Ramses' III. außergewöhnlich attraktiv waren, denn statt eines Verhörs veranstalteten zwei Richter und zwei Wachoffiziere mit den Mädchen im Untersuchungsgefängnis eine mittlere Orgie. Richter und Offiziere kamen nun ihrerseits vor Gericht, wurden des Amtsmißbrauchs für schuldig befunden und mit einer grausamen Strafe bedacht: Den Beamten des Pharaos wurden die Ohren abgeschnitten. Die Haremsdamen und die Verschwörer wurden zum Tode verurteilt, man gestattete ihnen jedoch, Selbstmord zu begehen.

Jubelschreie schallen über den Nil

Am Ufer des Nils angelangt, trugen die Priester die Heiligen Barken über säulenflankierte Marmortreppen, vorbei an lodernden Ölschalen, hinab zu den großen Schiffen der königlichen Flotte. Die Barken wurden auf den Schiffen abgesetzt und diese dann von Sklaven an langen Seilen flußaufwärts gezogen, nach Luxor – ein eindrucksvolles Bild, wenn die drei Heiligen Barken an Deck der großen Nilschiffe in der Sonne leuchteten.

Amenophis III. war stolz auf seine Schiffe, die besten Kunsthandwerker des Landes hatten sie geschaffen. Das größte bestand aus »neuem Zedernholz, das Seine Majestät auf dem Bergland von To-nuter* gefällt hatte und das von den Fürsten aller fremden Länder über die Berge von Retenu gezogen worden war. Es ist sehr breit und lang. Etwas Ähnliches war nie zuvor angefertigt worden. Es ist mit Silber überzogen und ganz und gar mit Gold eingelegt. Der große Schrein ist aus Gold, und er erfüllte das Land mit seinem Glanz.« Das Heck des Schiffes trug die Kronen von Ober- und Unterägypten mit der Uräusschlange, an goldenen Flaggenmasten wehten seidene Fahnen. Zwei musizierende Priesterinnen, die Mert-Priesterinnen, tanzten um das Allerheiligste und stießen dabei Jubelschreie aus, die von den Thebanern erwidert wurden, die am Ostufer mit den Schiffen flußaufwärts zogen.

An Land ging ein Amun-Priester an der Spitze des Zuges und sang einen Hymnus zu Ehren des Sonnengottes:

Heil dir, Amun-Re, du Schönster an jedem Tag,
der du unaufhörlich am Morgen aufgehst.
Chepre, der sich mit den Werken abmüht,
deine Strahlen sind im Angesicht,
ohne daß man es weiß.
Das Gold ist nicht mit deinem Glanz vergleichbar.
Du bist Ptah, du bildest deine Glieder,
du bist Erzeuger, ohne erzeugt zu sein,

* Libanon.

du bist der Einzigartige, der die Ewigkeit durcheilt,
der Millionen Menschen auf den Wegen führt.
Dein Glanz ist wie der Glanz des Himmels,
deine Farbe ist leuchtender als seine Hülle.
Fährst du am Himmel dahin,
so blickt alle Welt auf dich,
wenn auch deine Bahn vor ihnen verborgen ist.
Zeigst du dich am Morgen,
so wächst das Tagewerk.
Fährst du majestätisch einher,
so ist der Tag nur noch ein geringes.
Durcheilst du den Weg,
so sind Millionen und Hunderttausende von Meilen nur ein Augenblick.
Jeder Tag ist dir unterstellt,
indem er deinem Untergang zueilt,
und du vollendest die Stunden der Nacht in gleicher Weise.
Du hast sie eingeteilt,
ohne daß ein Aufhören an deinen Werken bemerkbar wird.
Alle Augen sehen durch dich,
Nichts können sie, wenn deine Majestät untergeht.
Ganz früh machst du dich auf, um am Morgen aufzugehen.
Deine Strahlen öffnen die Augen,
Gehst du im Westberg unter,
so schlafen sie wie die Toten ...

Hinter dem singenden Amun-Priester schritt unter dumpfem Trommelklang eine Eskorte Speere und Schilde tragender Soldaten. Sie waren ein rechter Kontrast zu den Gauklern und tanzenden Negern, zu den singenden und tanzenden Priesterinnen und Priestern, die ihnen nachfolgten und Sistren* und Kastagnetten schlugen. Einer weiteren Abordnung der Amun-Priester und lautenschlagenden Musikanten folgten schließlich die Thebaner, übermütig wie bei allen Festen und mit den Händen den Rhythmus der Musik klatschend.

An der Anlegestelle in Luxor wiederholte sich noch einmal das gleiche Schauspiel wie bei der Abfahrt in Karnak. Die Barken wurden von den Schiffen gehoben und vor dem Pharao und sei-

* Altägyptische Rasselmusikinstrumente, die sich mit dem Isis-Kult verbreiteten.

nen Gemahlinnen zum Tempel getragen. Amenophis III. hatte ihn an Stelle eines älteren Heiligtums für Amun, Mut und Chons bauen lassen. Mit einer Länge von 190 Metern und einer Breite von 55 Metern war er nicht so groß wie jener von Karnak, aber in seiner Pracht stand er jenem nicht nach. Unter dem Jubel der Thebaner schleppten die Priester die Barken durch den großen Pylon am Nordeingang und die 52 Meter lange Säulenhalle des Amenophis. Den zweiten Hof umgab eine doppelte Säulenreihe und an der Rückseite dieses Hofes öffnete sich eine Vorhalle mit 32 Papyrusbündelsäulen.

Amenophis opferte den Göttern von Luxor. Die Barken wurden in dem Allerheiligsten abgestellt, während der König den Opfertisch-Saal mit den zwölf Säulen betrat. Aus jedem einzelnen Gau Ober- und Unterägyptens traten Abordnungen vor, um ihre Opfergaben zu überreichen.

»Südlicher Harem«, der Tempel von Luxor, war Amun geweiht, denn der Pharao galt als der leibliche Sohn Amuns, des thebanischen Staatsgottes. Die Ehefrau des Pharaos war demnach die Gottesgemahlin, und der »Südliche Harem des Amun« sein »Palast«.

Der rituelle Beischlaf

Bis zur Zeit Amenophis' III. war die Gottesgemahlin, also die Königin, auch die Erste der »Haremsfrauen des Amun«, der Priesterinnen. In einem Raum neben dem Allerheiligsten des Luxor-Tempels und des Hatschepsut-Tempels von Der el-Bahari finden wir Darstellungen von Empfängnis und Geburt des Pharaos, worin manche Ägyptologen, wie der Engländer Aylward Blackman, Hinweise auf eine Art kultischen Geschlechtsverkehr sehen. Die Vereinigung des göttlichen Pharaos und der Gottesgemahlin fand nach Ansicht dieser Wissenschaftler beim alljährlichen Opetfest statt, während das Volk vor den Toren des innersten Tempels sang und tanzte.

Man darf vermuten, daß dieser Zeugungsversuch eines Gottes –

falls er von dem schwerkranken Amenophis III. noch unternommen wurde – für die fünfzehnjährige Nofretete einen ziemlichen Schock bedeutet haben mußte und ihre Einstellung zur ägyptischen Amun-Religion nur negativ beeinflussen konnte.

Wie es bei diesem rituellen Beischlaf zuging, berichten die priesterlichen Schreiber des Neuen Reiches:

> Dieser herrliche Gott Amun, der Herr der »Throne der beiden Länder«, kam, nachdem er die Gestalt der Majestät ihres Gatten angenommen hatte, des Königs von Ober- und Unterägypten. Er fand sie, als sie in der Schönheit ihres Palastes schlief. Sie erwachte von dem Geruch des Gottes und lachte in der Gegenwart Seiner Majestät. Er kam zu ihr geradewegs, brannte für sie und schenkte ihr sein Herz. Er ließ sie ihn schauen in seiner Göttergestalt, als er vor sie getreten war. Sie freute sich, als sie seine Schönheit erblickte, und Liebe zu ihm durchströmte ihren Körper. Der Palast war durchflutet vom Geruch des Gottes, alle seine Düfte waren wie die von Punt. Dann tat die Majestät des Gottes mit ihr alles, was er wünschte. Sie ließ ihn sich an ihr erfreuen.

Aber nicht nur die Götter hatten Grund zur Freude, auch das Volk brauchte nicht zu darben. Die Tempel waren mit Vorratsräumen ausgestattet, die an einem Tag wie diesem ihre Tore öffneten und jedermann für Speis und Trank zur Verfügung standen. Wahre Orgien der Ausgelassenheit spielten sich beim Opetfest im Tempel ab. Den ganzen Tag über wurde getanzt, gegessen und getrunken, so wie es eine thebanische Inschrift anschaulich wiedergibt:

> Die Götter des Himmels singen vor Freude, die Hathoren* schlagen ihre Handpauken, die Bewohner sind trunken vom Wein, Blumenkränze tragen sie auf ihrem Haupte. Die Rudermannschaft** wandert froh umher, gesalbt mit dem köstlichsten Öl. Alle Kinder freuen sich – vom Aufgang der Sonne bis zu ihrem Untergang.

Wurde das Festefeiern je erfunden, dann hier im reichen Theben.

* Die musizierenden Priesterinnen, die die Göttin Hathor darstellen.
** der königlichen Flotte.

Schiffe aus Palästina und Syrien, aus Zypern und anderen Ländern fuhren durch das Delta nilaufwärts, und Karawanen kamen aus allen Himmelsrichtungen, aus dem Lande Punt und Asien herbei, um sämtliche Luxusgüter dieser Welt in Theben abzuliefern, sei es als Tribut oder gegen klingende Münze. Geld – hier spielte es wirklich keine Rolle.

Ein thebanisches Dinner

Stoßen wir die Tür eines thebanischen Hauses einen Spalt auf, so sehen wir in der Wohnhalle eine illustre Schar leicht gekleideter Gäste, die Damen in schlichten langen Gewändern mit großem Dekolleté, manche von ihnen schulterfrei oder nur eine Brust verhüllt, die Herren im kurzen Lendenschurz.

Diener mit Wasserkannen und Schalen gehen von einem Gast zum anderen, um jedem die Hände zu waschen, ein zweiter Diener trocknet sie ab. Ein anderer hüllt die Geladenen in Weihrauchwolken, und ein vierter setzt jedem einen duftenden Fettkegel aufs Haupt. Diese Fettkegel sind angereichert mit allerlei arabischen Essenzen, die erst frei werden, wenn das Fett infolge der steigenden Körperwärme zu schmelzen beginnt. Das gilt als vornehm und Inbegriff luxuriösen Lebensstils. Rinnsale, die von den Duftkegeln über Haare, Gesicht und Kleidung laufen, werden nicht weggewischt.

Die vornehme Gesellschaft trägt Perücken, Männer wie Frauen, nur die Dienerschaft zeigt sich in ihrer natürlichen Lockenpracht. Duftende Lotosblumen stecken in den aufwendigen Frisuren der Damen, während die Herren Lotosblumen in den Händen halten, um sie einer auserwählten Schönen zu überreichen.

Man ißt nicht an einem großen Tisch, sondern jeder Gast erhält eine Art Beistelltisch vorgesetzt, auf dem für ihn gedeckt wird: ganze Enten, Lammkeulen, reichlich Früchte. Wein und eine Art Bier, die man aus Silber- oder Goldbechern trinkt, werden aus hohen Krügen gegossen, die nach unten spitz zulaufen und nur in Gestellen aufrecht stehen. Bestecke oder Stäbchen gibt es nicht, man ißt mit den Fingern.

Die Diener sind stets darauf gefaßt, daß sich Gäste übergeben, sie stehen hinter ihnen mit trichterförmigen Gefäßen für diesen Notfall bereit. Musikanten spielen: Mannshohe Harfen, klangvolle Lauten, zierliche Flöten und dröhnende Handpauken sind die wichtigsten Instrumente. Zwischen einzelnen Instrumentalstücken treten Sänger auf, die Lieder voller Lebensfreude, aber auch zeitkritische Texte vortragen. Zu fortgeschrittener Stunde, wenn die mit gesalzenem Rizinusöl gespeisten Öllämpchen flackernde Schatten an die Wände werfen, gibt es eine besondere Attraktion: Schönheitstänzerinnen wiegen sich zum Takt der Musik – mit nichts bekleidet als einem goldenen Kettchen um die schlanke Taille oder einer bunten Girlande um den Hals.

Anders als später bei den Römern waren in Theben die Gelage keineswegs nur Männern vorbehalten. Das zeigen uns viele Darstellungen aus Gräbern des Neuen Reiches. Wie trinkfest Frauen bisweilen waren, können wir einem solchen Grabrelief entnehmen, auf dem eine Trinkerin spricht: »Gib mir achtzehn Becher Wein. Siehe, ich wünsche zu trinken bis zur Trunkenheit. Mein Inneres ist so trocken wie Stroh.«

Alkoholismus und Prostitution sind vor allem unter der Jugend weit verbreitet. »Man erzählt mir, daß du deine Arbeit verlassen hast und den Vergnügungen nachjagst«, beschwört ein Lehrer seinen Schüler, »du gehst von Straße zu Straße, so es nach Bier riecht, bis du zugrunde gehst. Bier scheucht die Menschen von dir weg. Es bringt deiner Seele Verderben. Du bist wie ein zerbrochenes Steuerruder in einem Schiff, das nach keiner Seite hin gehorcht. Du bist wie ein Tempel ohne Gott, wie ein Haus ohne Brot. Du treibst dich bei den Dirnen herum und hast ihren Geruch angenommen. Dein Blumenkranz hängt auf deinem Nacken, und du trommelst auf deinem Wanst. Du stolperst, und dann fällst du auf dein Gesicht und bist mit Schmutz befleckt.«

Und ein besorgter Vater, der Weise Ani, mahnt seinen Sohn vor der Trunksucht mit den Worten: »Rühme dich nicht, daß du einen ganzen Krug Bier trinken kannst. Du sprichst, und ein unverständliches Stottern kommt aus deinem Munde. Wenn du hinfällst und dir die Glieder brichst, wird dir niemand eine Hand reichen. Deine Saufkumpane stehen auf und sagen: ›Weg mit diesem Tölpel!‹. Wenn jemand zu dir kommt, um dich etwas zu fragen, findet er dich am Boden liegend, und du bist hilflos wie ein kleines Kind.«

Das Wirtschaftswunder der 18. Dynastie

Seit die vier Großreiche Ägypten, Babylonien, Mitanni und Chatti sich zu friedlicher Koexistenz entschlossen hatten, erlebte das Land am Nil eine noch nie dagewesene wirtschaftliche Blüte. Die hohen staatlichen Investitionen, verursacht durch den Wunsch eines jeden Pharaos, noch schöner, noch größer zu bauen, hatten nicht nur jede Arbeitslosigkeit beseitigt, sie machten sogar die Anwerbung von qualifizierten Arbeitern aus der Fremde nötig.

Das ausbeuterische Sklaventum, wie wir es später bei den Römern kennen, fand im alten Ägypten wenig Anklang. Als Sklaven bezeichneten die Ägypter nur Kriegsgefangene, aber selbst diese unterlagen derselben Rechtsprechung wie die einheimische Bevölkerung. Ein Diener gehörte zwar zur untersten sozialen Schicht, wurde jedoch aufgrund seiner Herkunft keinen Beschränkungen unterworfen. War eine Dienerin attraktiv genug, so konnte sie auch bis zum Bett des Pharaos vordringen.

Unter Amenophis III. wurde das Paß-, Zoll- und Meldewesen perfekt organisiert. Das war notwendig geworden; denn noch nie in der Geschichte des alten Ägypten gab es so viele Fremde im Land. Händler fanden hier große Märkte, Künstler lukrative Aufträge und leichte Mädchen ein einträgliches Betätigungsfeld. Eine liberale Staatsführung gewährte allen Ausländern absolute Religionsfreiheit, »Gastarbeiter« konnten ihre alte Staatsangehörigkeit behalten – selbst wenn es in Ägypten zu einer Eheschließung kam und der andere Partner Ägypter war. Kein Wunder, daß Menschen aus aller Herren Länder in das Wunderland am Nil drängten – vor allem aber in die Hauptstadt Theben.

Wie Theben in altägyptischer Zeit hieß, wissen wir nicht genau. Die alten Ägypter nannten den Ort möglicherweise Weset oder Nut (d. h. die Stadt). Theben oder Thebai ist die Bezeichnung hellenistischer Besucher, die diesen Städtenamen in Erinnerung an das griechische Theben in Böotien wählten. Der heutige Name Luxor wiederum ist arabischen Ursprungs. Araber, die diese Stadt zum ersten Mal sahen, bestaunten die zahllosen Monumentalbauten und nannten sie Madinet-el-Kusur, was soviel bedeutet wie »Stadt der Schlösser«. Aus der Kurzform el-Kusur wurde schließlich Luxor.

Die Häuser der Thebaner waren Paläste im kleinen. Keramikfliesen oder ungebrannte Ziegel bildeten den Fußboden, der mit Schilfmatten oder leuchtend bunten Teppichen ausgelegt war. Darauf stand das Mobiliar – zierliche Stühle aus Ebenholz mit Intarsien aus Elfenbein, Truhen und Vitrinen, überzogen mit gewalztem Gold und geschmückt mit Edelsteinen, aus Palmenblättern geflochtene Liegen, die mit Leder- und Stoffkissen gepolstert wurden. Ein steinerner Sockel in jedem Raum bot Platz für einen mobilen Heizlüfter, der, mit glühenden Holzkohlen gefüllt, an kalten Tagen von einem Raum in den anderen getragen werden konnte.

In einem thebanischen Haus gab es viele Räume, manche Häuser hatten bis zu zwei Obergeschosse. Das Dach war flach und galt als der Lieblingsaufenthalt der Frauen, von denen ein Thebaner ja meist mehrere hatte. Der Hauptfrau stand sogar ein eigener Teil im Haus ihres Mannes zur Verfügung, samt separaten Räumlichkeiten für die Dienerinnen. Auch die Diener des Herrn hatten ihre eigenen Räume, die meist in einem Anbau, etwas abseits des Haupthauses lagen.

Sicher hat Nofretete bei ihren Spaziergängen durch die Stadt, die sie im Kreise ihrer Dienerinnen unternahm, auch das Haus des königlichen Schreibers Thot-nofer gesehen, das zu jener Zeit zwar schon hundert Jahre alt, aber trotzdem keineswegs altmodisch war. Diese Villa scheint der ganze Stolz seines Besitzers gewesen zu sein, sonst hätte der königliche Schreiber sie wohl nicht mit allen Details an den Wänden seiner Grabkammer abbilden lassen.

Man betrat das Erdgeschoß eines thebanischen Wohnhauses für gewöhnlich über flache Stufen durch eine zweiflügelige Haustür und stand in einer weiß gekalkten Halle, deren Wände oben von einem Blumen- und Girlandenfries umsäumt wurden. Vier hellbemalte Holzsäulen trugen die blaugestrichene Decke. Die Fenster, die oft bis zum Fußboden reichten, waren – wenn nach Süden ausgerichtet – mit locker versetzten Steinplatten zugemauert, so daß man Sicht nach draußen hatte und ein leiser Luftzug durch das Haus streifen konnte. Diese durchbrochenen Fenster waren eine Neuheit; denn die meisten Häuser aus dieser Zeit erhielten nur durch die Türöffnungen oder eine über dem Türsturz liegende Maueröffnung Licht.

Es gab von jedem Raum, der für einen bestimmten Zweck vorgesehen war, mehrere Ausführungen, also mehrere Eßzimmer (stets mit Waschgelegenheit) und mehrere Schlafzimmer (zu denen je ein Wasch- und Baderaum gehörte). Gekocht wurde in einem separaten Gebäude, dem auch die Vorratsräume angegliedert waren.

Zu einer Villa gehörte natürlich ein Garten mit einem Teich zum Baden, in dem aber auch Wasservögel und Wasserpflanzen schwammen.

Nofretete erwacht im Myrrhenduft

Für die schöne Prinzessin begann der Tag frühmorgens, kurz nach Sonnenaufgang. Das war ebenso selbstverständlich, wie man sich abends kurz nach Sonnenuntergang zur Ruhe legte. Nofretete erwachte vom Duft frischer Myrrhe und von den Klängen einer Damenkapelle. Eine Dienerin, die den Augenblick abzupassen hatte, in dem Nofretete die Augen öffnete, zog sofort das segelartige Leinentuch vor dem Fenster des riesigen Schlafraums beiseite, um die ersten goldenen Strahlen Atons hereinzulassen. Nofretete schlief allein. Ihr Bett, für heutige Begriffe schmal und kurz, war aus kostbarem Ebenholz, verziert mit kunstvollen Einlegearbeiten aus Holz, Metall und Halbedelsteinen. Die Matratze aus Ziegenhaar war mit einem feinen, weißen Leinentuch überzogen. Ein weiteres Leinentuch diente der Königin als Zudecke; es hatte aber wohl eher den Zweck, vor Fliegen zu schützen als zu wärmen. Nofretete schlief nackt.

Ein Nebenraum ihres Schlafzimmers diente als Ankleidezimmer. Hier wartete eine Schar von Dienerinnen, für jede Handreichung eine. Eine assistierte bei der Auswahl der Kleidung, eine reichte die gewünschten Sandalen, eine andere die Halskette, wieder eine andere den Kopfschmuck, eine weitere die Krone – wenn es Nofretete nicht vorzog, nackt zu bleiben, was damals in vornehmen Kreisen durchaus üblich war. Nur Handwerker und Bauern, die im Freien arbeiten mußten, gingen nie nackt.

Nach dem Aufstehen wurde gebadet. Das tägliche Bad galt im alten Ägypten keineswegs als Luxus. Die Priester des Amun brachten es im Laufe eines Tages auf vier Vollbäder, so reinlich waren sie, aber auch die armen Leute nahmen jeden Tag mindestens ein Bad. Entweder hatten sie einen eigenen Baderaum, oft nur mit einem einfachen Steintrog ausgestattet, oder, wenn es auch dafür nicht reichte, sprangen sie zu einem erfrischenden Bad in den Nil. Im großen Palast von Theben stand der königlichen Gemahlin und allen Nebenfrauen, natürlich auch Nofretete, ein eigener Baderaum zur Verfügung. Die Badewanne, die erhöht auf einem Marmorsockel stand, war aus durchsichtig schimmerndem Alabaster. Aus Gold und Silber waren die Krüge, mit denen ein paar Dutzend Dienerinnen das Wasser herbeischafften. Auf einen Wink der jungen Königin gossen zwei weitere aus kleineren Krügen duftende Essenzen in das Badewasser, bis die Herrin ihnen mit einer abwehrenden Handbewegung Einhalt gebot. Die alten Ägypter liebten die schönen Düfte. Wer auf sich hielt und über die entsprechenden Mittel verfügte, cremte, ölte und betupfte sich mit irgendeiner kostbaren Essenz.

Weder der König noch seine Frauen erschienen jemals barhäuptig. Man trug das Haar kurz, das war praktischer, denn jedem standen mehrere Perücken mit verschiedenen Frisuren zur Verfügung. Für einen alternden Pharao wie Amenophis III., der kaum noch Haare auf dem Kopf hatte, war diese Schönheitskorrektur sogar notwendig, denn dichtes Haar galt als vornehm. Schütteres Haar oder Glatze zeigten nur arme Leute, die sich keine teure Perücke leisten konnten. Während die Königin bisweilen mit ungeschmückter Perücke in der Öffentlichkeit erschien, zeigte sich der Pharao nie ohne ein Zeichen seiner Macht – zumindest das königliche Diadem mit der aufgeblähten Uräusschlange an der Stirn zierte das Perückenhaupt. Für offizielle Anlässe setzte ein Diener, der nichts anderes als das zu tun hatte, dem Pharao eine der zahlreichen Kronen auf den Kopf.

Diese Kronen waren mützenartige Gebilde. Die Krone Oberägyptens, auch Krone des Südens genannt, war einen halben Meter hoch und verjüngte sich zur Spitze hin, wo sie eine kleine Ausbuchtung hatte. Die Krone Unterägyptens, auch Krone des Nordens genannt, war flacher und zeigte als charakteristisches Merkmal ein blattfederartiges Band, das sich am oberen Ende spiralenförmig einrollte. Die Doppelkrone, auch Krone Ober- und Unterägyptens genannt, war eine Kombination aus den beiden anderen Kronen. Sie war so schwer, daß sie nur mit dem »Nemes«, einem rot-weiß gestreiften Kopftuch als Unterlage getragen werden konnte. Und schließlich gab es noch die sogenannte Atefkrone, eine Art Krone des Südens in Prachtausstattung, mit zwei hohen Federn an den Seiten und einer handflächengroßen goldenen Sonnenscheibe über der Stirn.

Nofretete und Eje

Die schöne Mitannierin trat bei offiziellen Anlässen von Anfang an zusammen mit Teje auf – ein Zeichen dafür, wie gut sich die beiden Frauen verstanden, und dafür, daß Nofretete den eigentlichen Herrscher der beiden Länder auf ihrer Seite hatte. Aber auch der zweite Mann im Staat, der weise Wesir Eje, empfand zunächst Zuneigung für die Prinzessin.

Die Rolle, die Eje im Zusammenhang mit Nofretete spielte, ist bis heute unklar. Amenophis III. setzte ihn als Truppenkomman-

Das schönste Grab von Amarna gehört Eje. Eje und seine Frau Ti (unten), mit Halsbändern aus »Ehrengold« überhäuft, verbeugen sich vor dem »Fenster der Erscheinung«, aus dem Nofretete und Echnaton weitere Gaben werfen.

deur, Oberbaumeister, Chef des Staatsarchivs, Privatsekretär, Oberpriester, Außenminister und Sonderbotschafter ein.

Eje wurde als »Sohn des Hapu«, eines armen Bauern aus Unterägypten geboren, der sich nach oben arbeitete, indem er schreiben und lesen lernte. Verheiratet war Eje mit einer Dame namens Ti, die ihrem Mann an Einfluß kaum nachstand. Sie trug die Titel »große Amme«, »Amme der großen Königin*«, »Dienerin des Pharaos«, »Konkubine des Pharaos«, »Erzieherin der Gottheit«, »Liebling der Nofretete« oder »Großer Liebling Echnatons«. Diese Ehrentitel sind jedoch nicht wörtlich zu nehmen.

Dem Titel »Amme der großen Königin« glauben manche Ägyptologen entnehmen zu können, daß Nofretete eine Tochter von Ti und Eje gewesen sei und keine mitannische Prinzessin.

* Gemeint ist Nofretete.

Doch konsequenterweise müßte Ti als »Großer Liebling Echnatons« dann auch eine Nebenfrau Echnatons gewesen sein. Sicher lernte der Sonderbotschafter Eje bei einem seiner Aufenthalte in Mitanni König Tuschrattas Tochter kennen und war von ihrer Klugheit und Schönheit begeistert. Eje, der auch Privatlehrer und Erzieher von Amenophis IV. war, betrachtete Nofretete wohl als die ideale Frau für seinen Schützling. Er kehrte heim nach Theben und meldete seine Entdeckung dem Pharao Amenophis III., der nun seinerseits die junge Prinzessin gern zur Frau nehmen wollte.

Der weise Eje wollte der Entscheidung seines Herrn nicht widersprechen, aber er wußte besser als jeder andere um dessen hoffnungslosen Gesundheitszustand, deshalb liegt der Schluß nahe, daß Eje es war, der den Mitanni-König Tuschratta überredete, die »Auslieferung« seiner Tochter so lange wie möglich hinauszuschieben.

Doch Amenophis III. lebte länger als erwartet. Er schrieb ein halbes Dutzend Briefe und bat, mahnte und forderte die Mitanni-Prinzessin. Und sicher wäre Tuschratta hart geblieben, hätte er nicht dringend das ägyptische Gold gebraucht, das der Pharao ihm als »Vatergabe« in Aussicht gestellt hatte. So gab der König von Mitanni nach – zum Leidwesen Ejes, der Nofretete lieber als Ehefrau des jungen Amenophis IV. gesehen hätte.

Nach neuesten Forschungen kam Taduchepa im 36. Jahr der Regierung Amenophis' III. in Theben an. Aus Briefdokumenten, in denen Tuschratta seine Tochter als »deine Gemahlin« bezeichnet und die im Amarna-Archiv mit der hieratischen Aufschrift »Jahr 36« versehen wurden, dürfen wir schließen, daß zwischen dem Pharao und Nofretete tatsächlich ein eheähnliches Verhältnis bestand.

Die Witwe

Mein Sohn von meinem Fleische, mein Liebling Neb-maat-Re, mein lebendes Abbild, der aus mir hervorgegangen ist ... Mein Herz jauchzt sehr, wenn es deine Schönheit erblickt. Ich tue Wunder für Deine Majestät, damit du wieder jung wirst ...

Rede des Gottes Amun,
auf einer Stele Amenophis' III. in Theben

Wir schreiben das Jahr 1366 v. Chr. Die wundertätige Ischtar-Statue, die Tuschratta zusammen mit seiner Tochter geschickt hatte, sollte dem schwerkranken Pharao helfen. Das Volk war gespannt, ob die geheimnisvolle asiatische Göttin, die da im Palast von Malkata angekommen war, sich als stärker erweisen würde als die Götter Ägyptens.

Da verbreitete sich die erschütternde Kunde: »Die Majestät des Horus, ›Starker Stier, erschienen in Wahrheit‹, Goldhorus, ›Groß an Kraft, der die Asiaten schlägt‹, der König von Ober- und Unterägypten, Neb-maat-Re, der Sohn des Re Amenophis, Herrscher von Theben, ist tot.«

Ausrufer verkünden es auf allen Plätzen der Stadt, Kuriere sprengten mit der Nachricht in die entlegensten Provinzen des Reiches: Ägypten hat keinen Pharao mehr.

Wie alt war der König bei seinem Tod? Eine Inschrift im Grab des Schreibers Amenmose auf der Sinai-Halbinsel nennt den 9. II. Peret des Jahres 36, eine andere, im Grab Nr. 192 von Tejes Haushofmeister Cheriuf in Theben, berichtet vom dritten Sedfest Amenophis' III. Krugaufschriften aus dem Malkata-Palast weisen ebenfalls auf dieses dritte Sedfest hin, das jeweils im 37. Regierungsjahr eines Pharaos gefeiert wurde. Nicht weniger als sechzehn solcher Aufschriften sind noch aus dem 38. Jahr erhalten. Ein 39. Jahr Amenophis' III. wird nirgends mehr erwähnt; wir können daher als sicher annehmen, daß der Pharao im 38. Jahr seiner Regierung, also mit fünfundvierzig Jahren, gestorben ist. Im Alter von siebzehn Jahren war Nofretete bereits Witwe.

Immer, wenn in Ägypten ein Pharao starb, traten alle Probleme zurück vor der *einen* Frage: Wer wird der Nachfolger des Königs?

Hinterließ der Pharao eine Tochter und einen Sohn, so gingen diese, wie wir bereits hörten, eine Ehe ein; die Reinheit des Blutes der Familiendynastie blieb erhalten, die beiden Reiche Ober- und Unterägypten hatten einen designierten Pharao und eine neue königliche Gemahlin, die ihre Herrschaft allerdings erst nach der Bestattung des Verstorbenen antreten durften – in der Regel neunzig Tage nach seinem Tod.

Mit Amenophis III. war zwar der Pharao gestorben, nicht aber der *Herrscher*. Es war gar kein Geheimnis, daß Amenophis' III. »große königliche Gemahlin« Teje seit beinahe zwanzig Jahren die Macht in ihren Händen hielt und auch für die Erziehung ihres Sohnes Amenophis allein verantwortlich zeichnete.

Der vierte Amenophis, der sich später Echnaton nannte, hatte den größten Teil seiner Kindheit und Jugend im Ausland verbracht; der Thronfolger des bisher mächtigsten Pharaos sollte wohl, anders als sein Vater, auch die fernsten Länder des Reiches kennenlernen. Doch diese langen Auslandsaufenthalte hatten Vater und Sohn einander zunehmend entfremdet. Keine einzige Darstellung zeigt beide gemeinsam, keine einzige Textstelle nennt beide gleichzeitig. Familienbilder Amenophis' III. mit Frau und Töchtern sind nicht selten, aber Amenophis IV. tritt dabei niemals in Erscheinung. Auch als seine Großeltern Juja und Tuja im Abstand von mehreren Jahren starben, war Amenophis nicht in Theben, wie die Totengaben in ihren Gräbern beweisen: Jedes Mitglied der königlichen Familie hinterließ eine Totengabe – nur der Stammhalter Amenophis nicht. Wo aber war er?

Die Briefe 29 und 116 der Amarna-Korrespondenz deuten an, daß Amenophis IV. Nofretetes Vater, den Mitanni-Fürsten Tuschratta, und den Palästinenser-Fürsten Rib-Addi kannte. Da aber keiner von beiden jemals thebanischen Boden betreten hat, muß der junge Amenophis sie wohl in ihrer Heimat kennengelernt haben.

Im Amarna-Brief 29 schreibt Tuschratta an Amenophis IV.:

> Als mein Bruder Nimmuria* zu seinem Geschick gegangen war, rief man es aus, und was man ausrief, erfuhr auch ich. In der Ferne war er ... und ich weinte an jenem Tage. In der Mitte der Nacht saß ich; Speisen und Wasser genoß ich an jenem Tage nicht und hatte Schmerz ... Als aber schrieb Naphuria**, der große Sohn Nimmurias von Teje, seiner Gattin, der großen, an mich: »Ich werde die Königsherrschaft ausüben«, da sprach ich also: »Nimmuria ist nicht tot.« Jetzt hat Naphuria, sein großer Sohn von Teje, seiner großen Gattin, sich an seine Stelle gesetzt, und er wird fürwahr keine Dinge von ihrer Stelle, wie sie früher standen, verrücken ...

Woher konnte Tuschratta wissen, daß Amenophis IV. »keine Dinge von ihrer Stelle verrücken« wollte, wenn nicht von ihm selbst? Daß Tuschrattas Brief keine Rückantwort auf eine Todesanzeige von Amenophis IV. ist, macht gleich der erste Satz des Briefes klar, aus dem deutlich hervorgeht, daß er die Todesnachricht nur von einem öffentlichen Ausrufer erfahren habe.

Ebenso wie dem König Tuschratta muß Amenophis IV. auch dem König Rib-Addi von Syrien begegnet sein, denn der Ton, den der Vasallenfürst im Brief 116 anschlägt, läßt auf gute Bekanntschaft schließen. Rib-Addi an Amenophis IV.: »Und siehe, es haben die Götter und die Sonne und Ba'alat von Gubla dir gegeben, daß du dich gesetzt auf den Thron deines Vaterhauses in deinem Land.«

* Amenophis III.
** Amenophis IV.

Kannte der vierte Amenophis Nofretete?

Sicher hat Amenophis IV. bei seinen Aufenthalten im Ausland viel gelernt, und zweifellos trug diese universale Erziehung auch dazu bei, seinen geistigen Horizont zu erweitern. Vielleicht regten sich in dem weitgereisten jungen Ägypter bereits zu dieser Zeit erste Zweifel an den vielen Göttern, die in jedem Land andere Namen trugen.

Hätte Amenophis III. geahnt, daß er nur fünfundvierzig Jahre alt werden würde, er hätte seinen Sohn und Thronfolger vielleicht eher nach Hause zurückgerufen, um ihn auf das Erbe vorzubereiten. Doch als Amenophis III. starb, muß sich sein Sohn fern von Ägypten aufgehalten haben, jedenfalls traf ihn der Tod des Vaters völlig unerwartet und unvorbereitet. Von Staatsgeschäften hatte er trotz seiner »Studienreisen« offenbar nicht die geringste Ahnung, so daß Tuschratta, der schon bald sein Schwiegervater werden sollte, ihn in einem Schreiben eigens darauf hinweisen mußte, daß zwischen Ägypten und dem Mitanni-Reich ein Freundschaftsvertrag bestand. Seine Mutter Teje könne das bezeugen.

Wenn der junge Amenophis sich wirklich am Hofe von Mitanni aufhielt, dann hat er dort zweifellos die schöne Prinzessin Taduchepa gesehen, und dann ist auch kaum von der Hand zu weisen, daß bereits zu dieser Zeit erste Kontakte zwischen den beiden stattgefunden hatten, an deren Zustandekommen der Prinzenerzieher Eje wahrscheinlich nicht ganz unbeteiligt war. Daß schließlich jedoch Amenophis III. ein Auge auf die schöne Mitannierin warf, kann weder im Sinne Ejes noch im Sinne Amenophis IV. gewesen sein. Vielleicht liegt hier die Erklärung dafür, warum Amenophis IV. seinen Vater so abgrundtief gehaßt hat: Ein junger Mann zieht Tausende von Kilometern durch Asien auf der Suche nach einem Mädchen, das einmal seine Frau werden könnte, er findet eines, das seine kühnsten Erwartungen erfüllt – da nimmt ihm der eigene Vater die Auserwählte weg.

Einige Ägyptologen behaupten zwar, Amenophis III. habe seinen Sohn Amenophis IV. sogar einige Jahre als Mitregenten eingesetzt. Eine offizielle Überlieferung, die diese Annahme beweisen würde, gibt es allerdings nicht; gewisse Indizien sind umstritten. Heute steht die Mehrzahl der Historiker auf dem Standpunkt, daß die beiden letzten Träger des Namens Amenophis nie gemeinsam regiert haben.

Eine Mitregentschaft des ältesten Sohnes bzw. der ältesten Tochter war an und für sich keine Seltenheit in Ägypten, wie die uns überlieferten Königslisten zeigen. Während der 18. und 19. Dynastie ist sie dreimal zweifelsfrei überliefert, und zwar für Thutmosis III. (Vater: Thutmosis II.), Hatschepsut (Vater: Thutmosis III.) und Ramses II. (Vater: Sethos I.). Aus der 12. Dynastie sind uns ebenfalls zwei Mitregentschaften bekannt. Senwosret I. teilte vom 43. Jahr seiner Regierung an den Thron mit Amenemhet II., der wiederum in seinem 33. Regierungsjahr Senwosret II. zum Mitregenten ernannte.

Zur Zeit des Mittleren Reiches war diese Praxis sogar ausgesprochen üblich. Man wollte einfach dem betagten Pharao einen jungen, ideenreichen Assistenten zur Seite stellen, der sich auf diese Weise gleich in seine zukünftigen Aufgaben einarbeiten konnte.

Für und wider die Doppelregentschaft

Gegen eine Doppelregentschaft von Amenophis III. und Amenophis IV. spricht, daß die beiden Pharaonen auf keinem der Denkmäler ihrer Zeit zusammen abgebildet sind. Verfechter der Theorie einer Doppelregentschaft können nur auf einen einzigen massiven Steinblock verweisen, der aus dem Tempel von Athribis stammt und Reste von Königskartuschen aufweist, von denen sich die erste zu »Amenophis IV.« ergänzen läßt und die zweite »Amenophis III.« heißen könnte. Als Legende für eine Reliefdarstellung ließe sich daraus schließen, daß Sohn und Vater Amenophis *hintereinander* standen, also lebend abgebildet wurden. Hätte Amenophis IV. seinem Vater Amenophis III. ein Totenopfer dargebracht, so müßten sich die beiden, nach Meinung dieser Forscher, *gegenüber* stehen. Eine Theorie – zweifellos, aber kein Beweis.

Der Ägyptologe W. C. Hayes vertritt die Ansicht, das Jahr 28 des Amenophis III. sei identisch mit dem Jahr 1 Echnatons. Das Jahr 38, das vermutliche Todesjahr Amenophis' III., wäre demnach bereits Echnatons elftes Regierungsjahr! Den Beweis für seine Annahme bleibt Hayes jedoch schuldig, er belegt seine Theorie vielmehr mit einer neuen Theorie: Er will auf den Siegeln der Weinkrüge aus der Zeit der fraglichen Mitregentschaft zwei verschiedene Stilmerkmale entdeckt haben.

Wein wurde im alten Ägypten in Tonkrügen aufbewahrt, die zur Lagerung verschlossen und mit einem Siegel versehen wurden, das den Jahrgang, manchmal sogar die Lage des Weinguts, den Namen des Weinbauern oder Kellermeisters und den Tag der Versiegelung trug. Als Jahrgang wurde jeweils das entsprechende Regierungsjahr des Pharaos angegeben. So sind diese Weinsiegel für den Historiker eine große Hilfe bei der Erstellung der Chronologie jener Zeit. Die lange ungeklärte Regierungsdauer Amenophis' III. kann bisher nur mit Hilfe dieser datierten Aufschriften erschlossen werden.

Fünf Exemplare sind erhalten, die das Jahr 1 Amenophis' III. benennen. Zwei weitere nehmen Bezug auf die Jahre 8 und 9, und dann scheinen schlechte Weinjahrgänge gekommen zu sein; denn der nächste Siegelfund trägt erst das Jahr 20 als Zeitangabe. Es gibt bisher keine Erklärung dafür, warum weder ein Siegel noch ein Krug aus diesem Jahrzehnt erhalten ist. Aus den Jahren 20, 24 und 25 liegt je ein Siegel vor, aus den Jahren 26 und 28 je zwei und aus dem Jahre 29 drei.

Im Jahre 30 aber, dem Jahr, in dem der Pharao sein erstes Jubiläumsfest, das Heb-Sed, feierte, muß der Wein in Strömen geflossen sein, denn aus diesem Jahr sind nicht weniger als 229 Siegel erhalten. Am aufschlußreichsten aber sind jene 16 Siegel, die das Jahr 38 Amenophis' III. tragen, denn da aus späteren Jahren kein einziges Exemplar erhalten ist, können wir als ziemlich sicher annehmen, daß Amenophis III. mindestens 38 Jahre lang regiert hat, möglicherweise auch länger.

Der Stilvergleich, den Hayes mit den Weinsiegeln von Amenophis III. in Theben und Amenophis IV. in Achetaton anstellt, ist vom kunsthistorischen Standpunkt aus gesehen sehr interessant, als Beweis für eine gleichzeitige Regentschaft der beiden Pharaonen jedoch nicht überzeugend. Denn von den 1400 erhaltenen Weinsiegeln aus dieser Epoche trägt kein einziges eine doppelte Jahreszahl – etwa Jahr 28/Jahr 1.

Was die Wahrscheinlichkeit einer möglichen Doppelregentschaft von Amenophis III. und Sohn nahezu ausschließt, ist die Tatsache, daß kein einziger der Hunderte von Briefen aus der diplomatischen Korrespondenz von Amarna einen Hinweis auf diese Doppelherrschaft gibt oder sie auch nur andeutet. Im Gegenteil: Briefe des Mitanni-Königs Tuschratta und des Hethiter-Königs Schuppiluliuma beweisen, daß Amenophis IV. nach dem Tod seines Vaters noch so jung – wahrscheinlich etwa zwölf Jahre alt – und unerfahren war, daß er die Regierungsgeschäfte gar nicht übernehmen konnte und Teje, seine Mutter, für ihn die Korrespondenz führte. Nicht der junge Pharao, sondern seine Mutter wird zunächst um Freundschaft gebeten. Hätte Amenophis IV. tatsächlich acht, neun oder sogar zwölf Jahre zusammen mit seinem Vater auf dem Pharaonenthron gesessen, dann wäre er bei dessen Tod mindestens sechzehn Jahre alt gewesen und nach so vielen Lehrjahren zweifellos auch in der Lage, das Land zu regieren. Aber, wie Sir Alan Henderson Gardiner, der 1963 verstorbene britische Ägyptologe, es ausdrückte: »Echnaton war, als sein Vater starb, nichts als jung.«

Nach Ansicht von Gardiner läßt sich die Frage einer möglichen Mitregentschaft Amenophis IV. aufgrund der Amarna-Korrespondenz eindeutig mit Nein beantworten. Sir Alan schreibt 1957 im *Journal of Egyptian Archaeology:* »Ein Brief des Hethiter-Königs Schuppiluliuma und andere von Tuschratta, dem König von Mitanni, bezeugen, daß Echnaton erst nach dem Tode seines Vaters und noch in jugendlichem Alter den Thron bestieg ... Ein Brief an die Königin Teje (Brief 26, von Tuschratta), der sich zwar nicht ausgesprochen auf den Tod Amenophis III. bezieht, kann nur unter der Annahme, daß sie Witwe war, richtig verstanden werden, denn sie wird in dem Brief eindringlich gebeten, ihrem Sohn Naphuria, das heißt dem späteren Echnaton, die guten Beziehungen klarzumachen, die zwischen seinem Vater und Tuschratta bestanden hatten. Der anscheinend erste Brief des Königs von Mitanni an Naphuria (Brief 27) trägt einen aus dem zweiten Regierungsjahr des Königs datierten Vermerk in hieratischer Schrift mit der Feststellung, daß er damals in der Südlichen Stadt (Theben) residierte, und erwähnt zweimal die ›Trauerfeier‹, was sich sicherlich nur auf das Begräbnis von Amenophis III. beziehen kann.«

Die Sezierung des Pharaos

Traditionsgemäß war der älteste Sohn und Nachfolger des verstorbenen Pharaos verpflichtet, für die Bestattung zu sorgen. Da Amenophis IV. jedoch entweder nicht im Lande oder einfach noch zu jung war, hatte sich um dieses Begräbnis die »große königliche Gemahlin« Teje zu kümmern. Nofretete, als »Nebenfrau« des Pharaos, hatte bei diesem neunzigtägigen Ritual keine offizielle Funktion, aber es besteht wohl kein Zweifel, daß sie an den Zeremonien teilnahm. Ihr mag der Tod des kranken Mannes einerseits wie eine Erlösung vorgekommen sein, andererseits blickte die Siebzehnjährige jetzt in eine unsichere Zukunft, sie war abhängig von Tejes Gnade.

Auch wenn ihr Schmerz wohl nicht besonders tief ging – Nofretete trug Trauer. Ihr Kleid war ein in zahlreichen Falten lose herabhängender weißer Sack. Außerdem stellte sie, als Zeichen des Kummers, die täglichen Waschungen ein und streute sich, wie alle Frauen des Harems, Erde aufs Haupt.

Seit ältester Zeit haben sich die Ägypter Gedanken gemacht, was mit dem gottgleichen Pharao nach dessen Ableben wohl geschehe, und sie kamen dabei im Laufe der Zeit zu ganz erstaunlichen Ansichten. Zunächst vermuteten sie den verstorbenen Pharao unter den Sternen am Himmel oder unter den Vögeln auf den Bäumen, den Reihern im Wasser und den Käfern im Sand.

Schließlich gelangten sie jedoch zu der Erkenntnis, der tote Pharao sei »auf den schönen Pfaden« zu suchen, in der Unterwelt, die der Sonnengott Re jede Nacht durchfährt.

Besondere Schwierigkeiten bereitete den Ägyptern bei ihren Jenseitsvorstellungen die »gespaltene Persönlichkeit« des Menschen. Ihrer Meinung nach setzt sich das Wesen des Menschen nämlich aus Körper, Seele (Ba) und Schutzgeist (Ka) zusammen. Der Ka war das Bestimmende im Menschen – Lebensdauer, Glück und Leid, Krankheit und Gesundheit, Stärke und Schwäche, für alles war der Ka verantwortlich. Identische Doppelbilder stellen meist den toten Pharao mit seinem Ka dar, »den lebenden Ka des Herrn der beiden Länder, den siegreichen Stier, der in Theben glänzt«. Dieser Ka starb, nach der Vorstellung der Ägypter, nicht, sondern kehrte irgendwann einmal in die leblose Körperhülle zurück. Und deshalb mußte der Leichnam konserviert werden; deshalb gehörten realistische Statuen des Toten zur Grabausstattung. Für die Ernährung des Ka, nicht für die Mumie, war die Opfertafel mit Speisen und Getränken im Pharaonengrab bestimmt. Und Teje und Nofretete mögen gemeinsam die traditionelle Formel für den Genuß der Totenkost des dritten Amenophis gemurmelt haben:

> Ein Opfer, das der König gibt,
> Ein Opfer, das
> Tausend an Brot, tausend an Bier,
> Tausend an Rindern, tausend an Gänsen
> Für den Ka des großen Neb-maat-Re.

Am Abend des Todestages, die Sonne war bereits untergegangen, begann im Fackelschein das gespenstische Schauspiel der Mumifizierung des Pharaos. Diese Arbeit dauerte beinahe drei Monate.

In einem kühlen, fensterlosen Nebenraum des Malkata-Palastes legte sich ein Chirurgenteam der Totenpriester die Leiche Amenophis' III. zur Präparierung zurecht, jeder bereit, seine spezielle Aufgabe zu verrichten. Der erste zeichnete mit roter Tinte auf der linken Bauchseite die Linie eines Längsschnittes vor. Der Sezierer zog blitzschnell sein Messer und durchtrennte mit ein paar sägenden Bewegungen die Bauchwand des toten Pharaos. Kaum hatte er den letzten Schnitt getan, da ließ er sein Messer fallen, raffte sein langes Gewand hoch und rannte aus dem Sezierraum. Die übrigen Mumifizierer warfen – schon bereitliegende – Steine nach ihm. So verlangte es der uralte Ritus, denn Menschen, die einen anderen körperlich verletzten, galten als böse und mußten bestraft werden.

Nach dieser kurzen Zeremonie trat ein zweiter Sezierer vor. Mit geübtem Griff faßte er in die klaffende Bauchhöhle und zog nacheinander alle Eingeweide heraus: Herz, Leber, Nieren, Lungen, Gedärme, um sie nach zahlreichen Waschungen getrennt in vier bereitstehende Steinkrüge zu werfen. Diese Eingeweidekrüge, auch Kanopen genannt, wurden mit Steindeckeln verschlossen, um die inneren Organe, die vermeintlichen Träger der Gefühle – in diesem Zusammenhang vor allem von Durst und Hunger –, gefangenzuhalten. Jeder Krug war einem der Horus-Söhne Amset, Hapi, Duamutef und Kebehsenuf anvertraut.

Um an das Gehirn zu gelangen, wurde die Nasenscheidewand mit einem speziellen Meißel durchtrennt. Mit Hilfe eines silbernen Hakens, der durch die Nasenöffnung schräg nach oben getrieben wurde, zog der dritte Sezierer schließlich das Gehirn aus der Schädelhöhle. Dann war die sezierte Leiche für den siebzig Tage währenden Feuchtigkeitsentzug vorbereitet, der *eines* der Geheimnisse ist, warum Mumien über drei- und viertausend Jahre ihr Aussehen kaum verändert haben. Erreicht wurde die Dehydrierung durch Lagerung der Leiche in Natron.

Das Grab im Tal der Könige

Während dieser über zwei Monate dauernden Prozedur wurde in dem westlich abzweigenden Seitental des Tals der Könige fieberhaft an der Vollendung des Felsengrabes Amenophis' III. gearbeitet. Noch zu Lebzeiten hatte der König mit der Anlage begonnen, doch wie so viele Pharaonen nahm auch er dieses Vorhaben zu spät in Angriff, so daß während der letzten neunzig Tage wie wild geschuftet werden mußte. Bildhauer schlugen die letzten Nischen in den Fels, Maler legten die letzten Farben auf und zeichneten die letzten Texte, während die Zeugmeister damit begannen, die Ausrüstung für die Ewigkeit zusammenzustellen.

Ein so bedeutender Pharao wie Amenophis III. bekam Prunk- und Ruhebetten, Kästen und Schreine, Sessel und Schemel, Geschirr und Ziervasen, ja, sogar Prunkwagen und Schiffe mit ins Grab. Hunderte von »Uschebtis«, kleine Menschen-Figürchen, waren dazu ausersehen, dem toten König im Jenseits jede Arbeit abzunehmen. Denn die Gefilde der Seligen, über die der Totengott Osiris herrschte, waren nicht das Paradies, wie wir, von christlichen Lehren geprägt, es uns vorstellen: Dort gab es Arbeit wie auf Erden, Feldarbeit vor allem, zu verrichten. Und diese Arbeit sollte dem Pharao von den kleinen Figürchen abgenommen werden, auf denen oft ihr entsprechender Tätigkeitsbereich verzeichnet war. Und damit sie die Arbeit auch schafften, gab man ihnen Miniaturwerkzeuge bei, Hacken für die Bodenarbeit, Schlegel zum Dreschen, Körbe zum Ernten.

Die Vorstellung der alten Ägypter, daß eine naturgetreue Darstellung eines Menschen diesen im Jenseits lebendig werden ließe, führte sogar dazu, daß den Pharaonen, die zu Lebzeiten über einen großen Harem verfügten, kleine nackte Frauenstatuetten in das Grabgewölbe gestellt wurden, die dem Herrscher »drüben« die Zeit vertreiben sollten. Diese puppenartigen Figürchen waren aus Stein, Holz oder Fayence – und begehrte Souvenirs der ersten Ausgräber im vorigen Jahrhundert.

Da die Zukunft im Totenreich bei aller Vorsorge höchst ungewiß blieb, sparten die Ägypter nicht mit Amuletten und Talismanen als Grabbeigaben. Da gab es Horusaugen, Papyrussäulen, Fingeramulette und wundertätige Skarabäen, und sie alle hatten nur den einen Zweck, der Mumie – um den Hals gehängt oder auf die Brust gebunden – Zauberkraft zu verleihen.

Kein Volk in der Geschichte der Menschheit hat so großen Wert gelegt auf die Ausstattung eines der Persönlichkeit des Verstorbenen angemessenen Grabes wie die Ägypter. Und obwohl die Grabstätten nach der Beisetzung für alle Ewigkeit vermauert wurden, verwendeten sie auf die Beschriftung der Innenwände eine Sorgfalt, die nur durch ihren tiefen Glauben an ein Weiterleben nach dem Tode zu erklären ist.

»Sage nicht, ich bin noch jung«, so warnt der Weise Ani auf einem Papyrus, »du kennst deinen Tod nicht. Der Tod kommt und gebietet dem Kind, das in den Armen seiner Mutter liegt, wie dem Mann, der alt geworden ist.«

Die Grabanlage, die Amenophis III. für sich bauen ließ, stellt, von der technischen Konstruktion her, den Abschluß der Entwicklung ägyptischer Grabbaukunst dar. Kammern und Gänge liegen im rechten Winkel zueinander. Wir finden also kein systemloses Labyrinth vor wie im Grab Thutmosis' III., in dem jeder Gang, jeder Raum einen anderen Winkel zu dem vorangehenden aufweist und in dem überhaupt nur eine der acht Kammern rechteckig ist.

Man betritt das Grab Amenophis' III. über eine lange, steil abwärts führende Treppe, von der ein Korridor weiter nach unten führt bis zu einer zweiten Treppe, an deren Ende sich der Schräggang in derselben Richtung fortsetzt. Er endet in einem quadratischen Schacht, der links einen Zugang zu einem rechteckigen Vorsaal aufweist, in dessen Mitte zwei Pfeiler die Decke abstützen. Von hier führt eine Treppe im rechten Winkel zum Zugang tiefer nach unten; es folgt ein weiterer Schräggang und eine weitere Treppe. Jetzt haben wir wiederum eine rechteckige Vorkammer erreicht. An der linken Längswand führt ein kurzer Gang zu einer Vierpfeilerhalle, hinter der die Krypta mit einem Einpfeilersaal liegt. An den beiden Längsseiten des Vierpfeilersaales und der anschließenden Krypta liegen je zwei Seitenkammern für Gerätschaften.

Kunsthistorisch gesehen ist das Grab Amenophis' III. eine Besonderheit. Seit der 11. Dynastie wurden die Totentexte mit Farben auf die weißgetünchten Grabwände gemalt. Georg Steindorff und Walther Wolf schreiben in ihrem Buch über *Die Thebanische Gräberwelt*:

»Diese bei den Privatgräbern bis in die erste Hälfte der 18. Dynastie fortlebende Sitte ist von den Königsgräbern aufgenommen worden, und zwar hat man nicht nur die Texte in hieratischer Schrift auf die Wände gemalt, sondern auch die dazugehörigen Bilder, die ja die Hauptsache sind und durch den Text erläutert werden, in andeutender Umrißzeichnung gegeben. Erst im Grabe Amenophis' III. beginnt man, die Darstellungen dem Bildstil zu nähern, und seit Haremhab hat man beides, Texte und Bilder, in die vollendete Bildform gegossen und sie dem gleichzeitigen Reliefstil angeglichen, der dann im Grabe Sethos' I. seinen unbestrittenen Höhepunkt erreicht hat.«

Obwohl Amenophis III. schon früh – aber eben nicht früh genug – mit dem Bau seines Grabes begonnen hatte, blieb es unvollendet, und nur eine einzige der vier Hallen sowie Teile der Gänge sind mit Bildern und Texten versehen. Doch der Pharao mußte bestattet, das Grab verschlossen werden, so daß wir über den Tod von Amenophis III. und Nofretetes Beziehungen zu diesem Mann wohl nie mehr erfahren werden, als wir heute wissen.

In Diensten des Todes

Der Bau der Königsgräber ging in aller Heimlichkeit vonstatten, nur wenige waren in die Einzelheiten des Projekts eingeweiht. Ineni, der Grabbaumeister Thutmosis' I., sagt in einer Urkunde, die man in seinem Grab gefunden hat: »Ich beaufsichtigte das Aushauen des Felsengrabes Seiner Majestät ganz allein, ohne daß es gesehen oder gehört wurde.«

Steindorff und Wolf äußerten daher die Vermutung, daß für die Grabarbeiten Kriegsgefangene herangezogen wurden, die man nach getaner Arbeit umbrachte. Das ist jedoch eine Vermutung, für die sich nirgends ein Beleg findet. Was hätte es auch genützt, die Grab- und Steinarbeiter zu töten – schließlich wußten auch Bildhauer, Maler, Stukkateure, Schreiber, Zeugmeister und Priester von der Begräbnisstätte. Und die wurden mit Sicherheit *nicht* umgebracht.

Nahe dem Zugang zum felsigen Tal der Könige, bei dem heutigen Ort Der el-Medine, lag ein Dorf mit etwa fünfzig Häusern, umgeben von einer Mauer. Wir wissen nicht, wie dieses Dorf zur Zeit Nofretetes geheißen hat, es ist jedoch bekannt, daß es die Heimat der »Diener an der Stätte der Wahrheit« war, jener Künstler und Handwerker, die in einem Zeitraum von fünfhundert Jahren die Gräber der unsterblichen Pharaonen gestalteten. Die ersten Häuser dieses Dorfes wurden errichtet, als Ineni das erste Grab im Tal der Könige baute, das von Thutmosis I. Für die Grabarbeiten wurden Nubier, Asiaten, aber auch arme Ägypter herangezogen. Wasser gab es nicht, denn rings um das Dorf war Wüste.

Die Arbeit in diesem Totengräber-Camp war streng organisiert, dafür sorgte der »Leiter der Arbeiten«. Ihm standen Baumeister, Vorarbeiter und Schreiber zur Seite. Maler und Bildhauer waren eine »Zunft« für sich, ebenso Steinbrecher und Maurer; am wenigsten Ansehen besaßen Hilfsarbeiter und Eseltreiber. Zweimal im Monat bewegte sich eine kleine Karawane von schwerbeladenen Eseln den schmalen Pfad herauf nach Der el-Medine, um die Arbeiter mit Trinkwasser, Nahrungsmitteln und Arbeitsmaterial zu versorgen. Gegessen wurde getrocknetes Fleisch und gedörrter Fisch, Brotfladen, Hülsenfrüchte sowie Zwiebeln zur Vorbeugung gegen Infektionskrankheiten.

Die »Diener an der Stätte der Wahrheit« wurden besser bezahlt als andere Arbeiter, ein Jahreslohn entsprach dem Gegenwert eines Rindes. Viele ließen sich ihren Lohn in Nahrung und Kleidung ausbezahlen, auch bei höheren Beamten und Militärs war es durchaus üblich, sich in »Naturalien« – Grundstücke oder Kriegsgefangene, die als Hausdiener eingesetzt wurden – entlohnen zu lassen.

Nach etwa siebzig Tagen Dehydrierung in Natron wurde der Leichnam Amenophis' III. gewaschen und mit Palmwein, Weihrauch, Zedernöl, Myrrhe und Zimt behandelt – Salben und Räucherwerk hatten eine konservierende Wirkung. Schließlich traten die eigentlichen Mumifizierer in Aktion. Sie umwickelten Rumpf und Glieder des toten Pharaos eng mit Leinenbinden. Zwischen die einzelnen Bandagenschichten strichen sie eine Art

Gummilösung, deren Ingredienzien wir nicht kennen. Es hat sich gezeigt, daß die Ägypter jahrtausendelang an der Mischung dieser Lösung herumexperimentierten. So gab es Lösungen, die die Mumien gut konservierten, und solche, die Bandagen und Körpergewebe regelrecht verbrannten, so daß viele Mumien heute schwarz aussehen – was sicher nicht beabsichtigt war.

Der griechische Geschichtsschreiber Herodot, der sich im 5. Jahrhundert v. Chr. eingehend mit der Geschichte Altägyptens befaßte, hat auch die Mumifizierungstechnik ziemlich detailliert beschrieben. Dr. Zaki Iskander, Ex-Generaldirektor der Altertümerverwaltung in Kairo, der umfangreiche Studien über die Mumifizierungspraktiken angestellt hat, kam zu dem Ergebnis, daß Herodots Schilderungen im wesentlichen richtig sind. Wie Iskander anmerkt, wurden die Leichen – und das gilt auch für den dickleibigen Amenophis III. – während des Trocknungsprozesses mit Kräutern, Stroh und Stoffballen ausgestopft, damit sie sich nicht verformten. Die Harz- oder Mastixklumpen, mit denen bei Amenophis III. Nasenlöcher, Wangen, Arm- und Beinmuskeln ausgestopft waren, verhärteten sich jedoch derart, daß sie – wie bereits geschildert – sogar die Röntgenstrahlen abschirmten, mit denen Harris und Weeks dreitausenddreihundert Jahre später die Mumie Amenophis' III. untersucht haben.

Durch einen glücklichen Umstand ist uns das Ritual der Einbalsamierer bis ins Detail überliefert: Zwei voneinander unabhängige Papyri aus verschiedener Zeit enthalten die Vorschriften und Texte der Mumifizierung. Der eine, der Papyrus Kairo, stammt vermutlich aus Theben und war bestimmt »für den Priester des Amun-Re und der Bastet in Theben, Heter, Sohn des Harsiesis und der Taiheru«. Der andere, der Papyrus Louvre 5158, war geschrieben »für den Propheten des Amun-Re und der Bastet in Theben, Horus, Sohn der Tänzerin des Amun-Re und Priesterin des Sokar Isisrescht«.

Das Ritual der Einbalsamierer

Das folgende Zitat ist dem ausführlicheren und besser erhaltenen Papyrus Kairo entnommen. Die ersten 23 Zeilen fehlen, das Ritual beginnt mit dem Salben des Kopfes:

> ... Danach salbe seinen Kopf mit zweimal guten Myrrhenölen. Ein Totenpriester spricht: »O Osiris, das Myrrhenöl an dich, das aus Punt kommt, um deinen Geruch durch den Gottesgeruch zu verschönern. Den Ausfluß an dich, der aus Re kommt; um deinen Leib durch das Öl zu verschönern. Deine Seele steigt im Gottesland auf deinen Leib.«
>
> Danach soll man ein Salbgefäß nehmen, in welchem sich die zehn Öle der Mundöffnung* befinden. Trage sie auf von seinem Kopf und seinem Ellbogen bis zu seinen Sohlen, indem du dich aber hütest, seinen Kopf zu salben.
>
> Dazu ruft der Totenpriester: »O Osiris, empfange den ›Festgeruch‹, der deine Glieder schön macht. Empfange das Parfum, damit du dich mit dem großen Sonnengott vereinigst; es vereinigt sich mit dir und stärkt deine Glieder; und du vereinigst dich mit Osiris in der großen Halle.« Danach tue die Eingeweide in ein Fayence-Gefäß, aus dem die Horus-Kinder gesalbt sind, und lasse die Salbe dieses Gottes** in die Gottesglieder eindringen, bis die Eingeweide richtig durchtränkt sind mit dem Fett, das aus den Gottesgliedern kommt.
>
> Danach lege diesen Gott auf seinen Bauch. Lege sein Rückgrat in heiliges Öl, das oben erwähnt ist, und laß sein Rückgrat liegen, wie es auf Erden war; bis jede Arbeit des »Schönen Hauses«*** an ihm getan ist. Ferner lege eine Binde zusammengewickelt auf die Bahre. Wende sein Gesicht gen Himmel, indem sein Rückgrat im Öl auf dem Kleide des Sobk von Schedet **** liegt.
>
> Ein Totenpriester spricht: »O Osiris, nimm dir dieses Öl, nimm dir diese Salbe, nimm dir diese Lebensflüssigkeit. Nimm dir dieses Fett

* Der Ritus der Mundöffnung sollte dem Verstorbenen durch einen magischen Akt den Gebrauch seiner Organe zurückgeben.

** Das heißt: der Mumie.

*** Gemeint ist die Werkstatt der Einbalsamierer.

**** Stadt in der oberägyptischen Provinz Fajjum.

der Götter*: den Ausfluß, der aus Re kam; die Absonderung, die aus Schu kam; den Schweiß, der aus Geb kam; die Gottesglieder, die aus Osiris kamen; die Schönheit, die aus ... kam. Zu dir, Osiris, kommt die Salbe, um deine Glieder zu salben. Zu dir kommt das Kleid des Sobk von Schedet, um deine Glieder wie die des Nun zu bestatten. Nimm dein Gewand in dieser heiligen Binde, Re kleidet dich mit seinem Schweiß. Zu dir kommt der Balsam, der aus Phönizien stammt, und das schöne Harz, das aus Byblos stammt. Sie verschönern deine Bestattung in dem Grab; sie geben dir deine Beine in den geheimen Gegenden der Unterwelt; sie beschleunigen dein Gehen in der Halle des Gehens; sie heiligen deine Schritte in der Halle des Geb. Zu dir, Osiris, kommt das Gold und das Silber, Lapislazuli und Malachit. Zu dir kommt Fayence, um dein Gesicht zu verklären; und Karneol, um dein Gehen zu kräftigen. Zu dir kommt das Kleid, das aus dem Horus-Auge stammt, der schöne Ausfluß aus Sobk. Zu dir kommt das Gewand aus dem Tempel des Sobk. Es leitet deinen Weg im Nun, und es schmückt mit seiner Schönheit deine Glieder, so daß du wie ein Re bist, wenn er aufsteigt und niedersinkt, und hörst nicht auf in Ewigkeit.«

Danach lege seinen Rücken mit der Salbe auf das Gewand, wie seine Gestalt auf Erden war. Aber hüte dich, daß er nicht auf seinen Sarg falle, während sein Kopf und Bauch mit Drogen angefüllt sind, weil die Götter, die in seinem Sarg sind, von ihrem Platz bewegt werden würden. Dann wende sein Gesicht gen Himmel, wie es vorher gewesen ist.

Danach vergolde seine Nägel an seinen Händen und seinen Füßen, angefangen von seinen Fingern bis zu seinem Fußnagel, der mit einer Binde von Leinen aus dem Gewebe von Sais bewickelt ist. Der Totenpriester spricht: »O Osiris, du empfängst deinen Nagel in Gold, deine Finger in edlem Metall, deine Fußnägel in Elektron. Der Ausfluß des Re tritt an dich, die Gottesglieder des Osiris in Wahrheit. Du gehst auf deinen Füßen zum Hause der Ewigkeit und erhebst deine Arme zur Stätte der Unendlichkeit. Du wirst durch das Elektron gestärkt; deine Finger werden im Hause des Re in der Werkstatt des Horus selbst beweglich gemacht.« Jetzt setzt sich Anubis** unter den Kopf dieses Gottes, ohne daß irgendein Cherheb*** sich ihm

* Zur ägyptischen Götterwelt siehe Kap. »Die Götter«.

** Ein Priester, der wie der Gott Anubis, der Beschützer der Nekropolen, kostümiert ist.

*** Vorlesepriester.

nähern darf, bis der auf dem Mysterium Liegende jedes Material in ihn eingeführt hat, außer dem Gotteswärter, der in den Kopf faßt, der Gehilfe des auf dem Mysterium Liegenden. Danach salbe seinen Kopf und seinen ganzen Mund mit Öl, und zwar sowohl den Hinterkopf wie das Gesicht.

Wickle ihn in die Binde des Re-Horachte aus der Stadt Hebt und die Binde der Nechbet aus El-Kab, die an seine Stirn gelegt wird; und die Binde der Hathor, der Herrin von Dendera, die an sein Gesicht gelegt wird; und die Binde des Thot, der die beiden Kämpfer richtete, die an seine Ohren gelegt wird; und die Binde der Nebt-hotpet, die an seine Stirn gelegt wird.
Jedes Gewebe und jeder Stoff an seinem Kopfe soll aus diesen Binden bestehen. Der Zustand derselben und die Darstellungen auf ihnen sollen vor dem auf dem Mysterium Liegenden untersucht werden; denn es ist nützlich, die angefertigten Zeichnungen zu begutachten.

Die Binde der Sachmet, der Gewaltigen, der Geliebten des Ptah, soll aus zwei Streifen an seinem Kopf bestehen. An den beiden Ohren: zwei Streifen namens »Herrin der Vollendung«. An den beiden Nasenlöchern: zwei Streifen, von denen der eine Nehi, der andere Smen heißt. An den beiden Backen: zwei Streifen namens Hehtitisu. An der Stirn: vier Streifen namens »Aufleuchtende«. Oben auf dem Kopf: zwei Streifen namens »Füller der beiden Uzat-Augen«. Einundzwanzig Streifen rechts und links von seinem Gesicht, auf seinen Ohren umwunden. An seinem Mund vier Streifen, zwei innen, zwei außen. Am Kinn: zwei Binden namens ... Am Nacken vier große Streifen.
Danach soll man die Binden durch einen großen Streifen von zwei Finger Breite wickeln. Dann salbe ihn nochmals, während die Öffnungen an seinem Kopfe verstopft sind, mit dem dicken oben erwähnten Öl. Dann sagt ein Priester: »O du gewaltige ehrwürdige Göttin, Herrin des Westens, Fürstin des Ostens, komm und tritt in die Ohren des Osiris. O du Gewaltige, Göttliche, Große, Herrin des Westens, Fürstin des Ostens, komm und hauche Atem in den Kopf des Osiris in der Duat. Lasse ihn mit seinem Auge sehen, mit seinen Ohren hören, mit seiner Nase atmen, mit seinem Munde reden, mit seiner Zunge richten in der Duat.« Dann salbe seinen Kopf wiederholt mit Myrrhen; dieses wird ausgeführt, um den Kopf des Verklärten mit Myrrhen zu salben. Salbe ihn wiederum mit Öl, sowohl den Kopf wie das Gesicht. Lege unter seinen Kopf Samen und Früchte.

Rede danach unter seinem Kopfe: »O Osiris! Empfange dir deinen Kopf im Westreich, damit du unter die Verklärten und Herrlichen trittst. Dein Grab des Westens ist schön hergerichtet, und deine Ausstattung des Friedhofs ist herrlich ausgeführt. Dein Name ist angesehen bei den Einbalsamierten, und du hast einen Namen bei den Verklärten und Ehrwürdigen. Die Bewohner der Duat küssen die Erde vor deinem Leibe, die Bewohner des Himmels empfangen deine Seele, die Bewohner der Erde erweisen dir Verehrung, die Bewohner des Tales reinigen deinen Leib. Anubis und Horus richten deine Einbalsamierung schön her, Thot macht deine Glieder durch den Zauber seiner Aussprüche heil.

O Osiris, du triumphierst vor dem großen oberägyptischen Gerichtshof von Heb* und vor den großen Göttern des Re-Tempels und vor dem großen oberägyptischen Gerichtshof im Ptah-Tempel. Dein Kopf kommt zu dir, damit er nicht fern von dir sei; er tritt zu dir und trennt sich nicht von dir in Ewigkeit.«

Danach balsamiere diesen Gott ein. Tauche seine linke Hand samt der Faust in das oben erwähnte Öl, dem zugesetzt sind: 1 Teil Anchjemi-Pflanze, 1 Teil Harz von Koptos, 1 Teil Natron. Dann umwickle seine Ohren mit einer Binde aus gewebtem Königsleinen. Seine Finger und seine Nägel an seiner Hand sollen ordentlich gestreckt und umwickelt sein. Dann streife man einen Ring über die Manneslust**, den man in der Werkstatt angefertigt hat. Lege einen goldenen Ring an seinen Finger und lege Gold wiederholt in seine Faust. Dann fülle seine Hand mit Zeug aus. Öle zunächst seine Finger an der Außenseite, unter Zusatz von Anchjemi-Pflanzen, Natron und Harz und göttlichem Gewebe.

Das alles ist zu vollziehen in 36 Abschnitten – weil es 36 Götter sind, mit denen seine Seele zum Himmel hinaufsteigt, und es 36 Gaue sind, in den die Gestalten des Osiris sich offenbaren.

Soweit wurden alle Rituale von den Priestern und den erfahrenen Einbalsamierern ausgeführt. Bei der nun folgenden Behandlung der Hände und Beine, sollen – wie der Papyrus Kairo ausdrücklich vermerkt – auch die Söhne des Verstorbenen, die bisher aufmerksam rechts und links neben der Bahre standen, herangezogen werden. Die Prozedur ist die gleiche wie bereits geschildert.

* Stadt in Oberägypten.

** Gemeint ist wohl der Penis.

Wenn die Mumie endlich ganz einbandagiert ist, wird sie noch einmal in einen Nebel von Weihrauch gehüllt, während die Priester das große Schlußgebet sprechen:

> Zu dir, Osiris, kommt der Weihrauch, der aus Horus kam; die Myrrhen, die aus Re kamen; das Natron, das aus Nechbet kam; die Anchjemi-Pflanzen, die aus Osiris kamen; das Harz, das aus dem gewaltigen Gott kam; der Gummi, der aus dem seligen Wennofre kam.
>
> Sie treten an deine Beine und bezeugen dich. Du gehst auf einer Erde von Silber und einem Boden von Gold, du wäschst dich auf einem Stein von Silber und einem Boden von Gold, du wirst bestattet an einem Abhang von Malachit. Du siehst deinen Namen in allen Gauen, deine Seele im Himmel, deinen Leib in der Duat, deine Statuen in den Tempeln. Du lebst in Ewigkeit und bist immerdar jung. O Osiris, mögen diese Namen dauern und herrlich sein im Tempel des Amun-Re, des Königs der Götter, des heiligen Bildes, des Oberhauptes aller Götter in Ewigkeit.

Nach fast dreimonatiger Mumifizierungsprozedur war es dann endlich soweit: Amenophis III. wurde zu seiner letzten Ruhestätte gebracht. Anders als bei allen Pharaonenbegräbnissen, die die Hauptstadt Theben bisher erlebt hatte, formierte sich kein großer Trauerzug bis zum Nil, wo die Mumie über den großen Fluß zum Tal der Könige übergesetzt wurde. Der neue Palast Amenophis' III. lag ja bereits auf dem Westufer des Flusses, und an den Zeremonien im Tal der Könige durfte das Volk ohnehin nicht teilnehmen.

Der Totenprozession voraus schritt ein halbnackter Priester, nur mit einem Leopardenfell bekleidet. Er schwang ein Räuchergefäß und sprach laut Gebete: »Ein Rauchopfer dir, der in der Barke des Gottvaters Nun ist, in jener Nechmet-Barke, die den Gott fährt und Isis und Nephthys und diesen Horus, den Sohn des Osiris.«

Hinter dem Oberpriester ging Teje. Sie trug die Brüste frei zum Zeichen des Schmerzes. Gleich hinter ihr schritt Nofretete, gefolgt von einer Schar Nebenfrauen des Pharaos. Erst dann kamen die acht Totenpriester mit dem Mumiensarg des Königs auf ihren Schultern. Hinter ihnen schließlich die Verwandten, der Hofstaat und die Beamten mit Geschenken und Gaben, die sie ihrem verstorbenen Dienstherren mit ins Grab geben wollten. Den Abschluß des Zuges bildeten Tänzerinnen und Sängerinnen.

Die Weiber jammerten und klagten laut, als die Prozession am Felsengrab Amenophis' III. ankam. Doch in dem offenen Steinsarkophag, der für den Pharao bestimmt war, lag bereits – wie eine Mumie in Binden gewickelt – der Totenpriester, Sem genannt. Der Sem mußte erst durch die Rufe dreier Männer in umständlicher Zeremonie geweckt werden. Dann vollzog er die symbolische Mundöffnung. Und erst jetzt konnte der Ka des Königs durch den Mund entweichen.

Die grausamen Opfer

Teje umschlang ein letztes Mal symbolisch die Mumie ihres Gatten, mit dem sie beinahe vier Jahrzehnte zusammengelebt hatte, und sprach die Totenklage: »Ich bin deine Schwester – du Großer, verlaß mich nicht. Du bist so schön, mein guter Vater. Daß ich nun fern von dir bin – was soll das? Nun gehe ich allein. Du, der du so gerne mit mir gesprochen hast, du schweigst nun und redest nicht mehr . . .«

Während Diener und Priester im Fackelschein den Mumiensarg in den Steinsarkophag versenkten, lief vor dem Grabeingang ein grausames Ritual ab, dessen wahre Bedeutung bis heute nicht geklärt ist: Ein Priester trennte mit einem wuchtigen Schlag einem lebenden Kalb, das in dem Trauerzug mitgeführt worden war, ein Vorderbein an der Fußwurzel ab. Wandmalereien in den Gräbern zeigen uns mehrfach dieses Kalb mit drei Beinen.

Draußen, vor dem Eingang zu dem Felsengrab, mühten sich Opferpriester mit Stieren und Antilopen ab. Man warf sie zu Boden, band ihnen die Beine zusammen und zerrte sie an den Schwänzen. Zwei Männer versuchten, einem Stier, den sie an den Hörnern gepackt hielten, den Hals umzudrehen, er stürzte schließlich zu Boden, und ein Priester durchstach dem Tier die Halsschlagader mit einem riesigen Messer; das ausfließende Blut wurde in großen Schalen aufgefangen. Langsam entwich das Leben aus dem Tier. Dann war das nächste an der Reihe.

Die Schlächter begannen, mit geübter Hand die Tiere zu zerteilen – der Bauch wurde aufgeschlitzt, das Herz herausgenommen und vorgezeigt. »Komm, du Priester und Web zu diesem Schenkel«, rief einer der Opfernden, und der Vorsteher, der Web des Königs, kam. Er roch an dem Blut der Opfertiere, prüfte das Fleisch mit kritischem Blick und verkündete dann: »Es ist rein.« Nun wurden die Schenkel der Tiere in das bereits lodernde, schwarzqualmende Opferfeuer gelegt, und die Grabarbeiter konnten damit beginnen, das Felsengrab für die Ewigkeit zu verschließen.

Doch die Ewigkeit dauerte nur einige Jahrzehnte. Das Grab Amenophis' III. wurde bereits in den Protokollen der Grabräuber-Prozesse der 20. Dynastie als aufgebrochen gemeldet.

Fünfhundert Jahre nachdem im Tal der Könige das erste Pharaonengrab angelegt worden war*, gab es nur noch zwei Pharaonen, die in der für sie bestimmten Gruft in dem für sie gestalteten Sarkophag ruhten. Das waren Amenophis II., der zwar ebenfalls schon beraubt worden war, aber immerhin noch in seinem Sarg lag, und Tut-ench-Amun, der den Grabräubern nur deshalb entging, weil Ramses VI. bei der Anlage *seiner* Todesstätte allen Bauschutt auf den Zugang zu Tut-ench-Amuns Grab werfen ließ. Und kurz nach der Jahrtausendwende, zur Zeit des legendären Pharaos Osochor (984–978 v. Chr.), fanden in einigen Königsgräbern bereits Tempelpriesterinnen ihre letzte Ruhestätte. »Die Priester versichern«, schreibt der Historiker Diodorus um das Jahr 21 v. Chr., »daß dort [in Theben] nach ihren Annalen 47 Königsgräber waren. Aber unter der Regierung Ptolemäus' I. [305–283 v. Chr.] gab es nur noch 17, von denen 4 zerstört waren, als ich jene Gegend während der 180. Olympiade [57 v. Chr.] besuchte.« Der griechische Geograph Strabo, der auf seinen ausgedehnten Reisen durch das Römische Reich von 24–20 v.

* Das älteste Grab stammt von Thutmosis I., er starb um 1500 v. Chr.

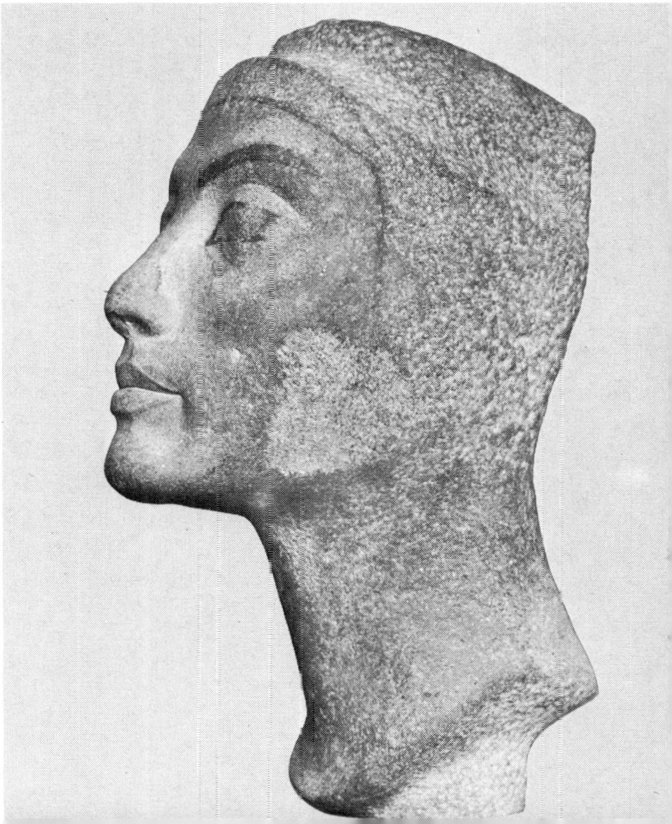

Oben: Jugendbildnis Amenophis' III. (schwarzer Basalt, 60 cm hoch). Kopf einer Kolossalstatue aus den ersten Regierungsjahren Amenophis' III. (Brooklyn Museum, New York).
Unten: Unvollendeter Kopf der Königin Nofretete (33 cm hoch) aus Amarna; rosa Quarzit (Ägyptisches Museum, Kairo).

Chr. in Ägypten weilte, fand dagegen 40 besichtigenswerte Königsgräber vor. Bis heute wurden 64 Gräber freigelegt, 17 können besucht werden.

Die Wiederentdeckung Amenophis' III.

1898 wurde die Mumie Amenophis' III. von dem französischen Ägyptologen Victor Loret wiederentdeckt. Zusammen mit dreizehn anderen Mumien, darunter Thutmosis IV., Merenptah, Siptah und Seti I. lag sie in der innersten Kammer der Grabanlage Amenophis' II.

Zwölf Mumien wurden von Loret sofort in das Ägyptische Nationalmuseum nach Kairo gebracht, die dreizehnte, jene Amenophis' II., blieb in ihrem Sarkophag. Loret ließ ein schweres Eisengitter vor dem Grabeingang anbringen und postierte davor Tag und Nacht zwei bewaffnete Wächter.

Am 24. November 1901, kurz nach Sonnenuntergang, überfiel eine Horde von dreizehn bewaffneten Fellachen die Grabwächter. Je drei stürzten sich auf die beiden Wächter, die anderen stürmten in die Gruft, schnitten die Bandagenschicht der Mumie auf und zerrten die Schmuckstücke und Amulette heraus. Wie durch ein Wunder brachen die Gebeine Amenophis' II. dabei nicht. Hastig wie sie gekommen waren, verschwanden die Gangster über die Berge in Richtung Medinet Habu. Als die zwei Wächter die Verfolgung aufnehmen wollten, eröffneten die Räuber das Feuer, so daß sich die beiden in ein nahe gelegenes leeres Grab zurückzogen. Doch sie hatten drei von den Leuten erkannt – sie gehörten zu den Abd er-Rassouls, einer Familie, die vom Gräberplündern lebte.

Im Zusammenhang mit diesem Fall machte erstmals ein junger Mann von sich reden, der zwei Jahrzehnte später durch die Entdeckung des Tut-ench-Amun-Grabes weltberühmt werden sollte: der Engländer Howard Carter.

Carter, damals noch Inspektor der Altertümerverwaltung, leitete die Ermittlungen wie ein Kriminalkommissar, und die Abd-er-Rassoul-Brüder wurden aufgrund der Beweislast auch wirklich verurteilt; doch der junge Altertümer-Inspektor hatte sich in Luxor durch sein rigoroses Vorgehen so viele Feinde geschaffen, daß er bei seinen Ausgrabungen in späteren Jahren mit großen Schwierigkeiten zu kämpfen hatte.

Bis ins 16. Jahrhundert wurde den Mumien eine geradezu wundertätige Heilkraft zugeschrieben. Das Pulver von im Mörser zerstampften Mumien half angeblich bei Verstauchungen, Entzündungen, Knochenbrüchen und manch andrem Leiden. »Man muß«, schrieb ein französischer Arzt, »*die* Mumie aussuchen, die am wenigsten leuchtet, recht schwarz ist und einen guten Geruch hat.« So kam es, daß den Grabräubern, die zu Zeiten der Antike nach Pretiosen suchten, im Mittelalter jene folgten, die auf die Knochen und Gewebe dieser Leichname aus waren.

Es ist für uns heute unendlich schwer, die Königsmumien als historische »Beweisstücke« heranzuziehen, da wir nur von einigen wenigen sagen können, daß sie mit Sicherheit die Betreffenden sind, für die wir sie halten. Das heißt: Unsere historische Einordnung stützt sich lediglich auf Indizien, und hier soll einmal ganz offen gesagt werden, daß kein Richter wagen würde, aufgrund der in diesem Falle vorliegenden Indizien ein Urteil zu fällen. Als die Priesterkönige der 21. Dynastie die Mumien aus den ihnen bekannten Pharaonengräbern zusammentrugen, war Ramses III. bereits dreimal umgebettet worden, Ramses II. lag im Grab Sethos' I., wo inzwischen auch Ramses I. seine letzte Ruhestätte gefunden hatte. Und als Loret 1898 im Grabe Amenophis' II. die dreizehn von Priestern versteckten Mumien fand, da lag Amenophis III. im Sarkophag Ramses' III., der mit dem Sargdeckel Sethos' II. verschlossen war. Ägyptologen sind daher skeptisch, was die Identität der Mumie Amenophis' III. angeht, die heute im Kairoer Museum aufbewahrt wird.

Das Geheimkommando der Totenpriester

Die übrigen Pharaonenmumien der 18. und 19. Dynastie wurden 1881 von Fellachen in einem zwölf Meter tiefen Schacht im Tal der Könige gefunden und ausgeraubt. Treusorgende Priester hatten die präparierten Pharaonenleichen noch zur Zeit des Neuen Reiches bei Nacht und Nebel aus den Königsgräbern geholt und in dieses Versteck gebracht, denn schon damals waren die meisten Gräber erbrochen und der wertvollen Beigaben beraubt worden. Und bestimmt wären spätere Leichenfledderer auch vor dem Plündern der Mumien selbst nicht zurückgeschreckt. Diesem Frevel wollten die Totenpriester vorbeugen, indem sie alle toten Könige, deren Grabanlage sie kannten, in dieses Versteck brachten.

Die Priester handelten aus religiösen Motiven, doch für die Geschichte hatte diese fromme Tat zwei ganz entscheidende Nebenwirkungen: Zwar blieben uns die sterblichen Überreste dieser Pharaonen erhalten, aber gleichzeitig bedurfte es mühsamer Forschungsarbeit, um herauszufinden, wer welche Mumie war. Die einzelnen Mumien, die in dem unterirdischen Gewölbe systemlos übereinandergestapelt wurden, trugen natürlich keine Namensschilder, schließlich erfolgte die Umbettung der Königsleichen nicht für die Geschichte, sondern für die Ewigkeit.

Es ist erstaunlich, daß es überhaupt möglich war, dieses Geheimkommando durchzuführen, ohne daß ein Uneingeweihter davon erfuhr. Nachts, wenn sich nicht einmal dreiste Grabräuber in das einsame Tal der Könige wagten, mußten die Totenpriester nach einem sorgfältig ausgeklügelten Plan einen Pharao nach dem anderen aus dem verschlossenen Grab geholt und im Fackelschein zu dem vorbereiteten Schacht getragen haben. Dieser Felskamin ist heute zugeschüttet. Der letzte, der in die unheimliche Tiefe dieses Labyrinths hinabstieg, war der amerikanische Ägyptologe James Henry Breasted.

Breasted berichtet, wie er mit zwei Begleitern zu dem Schacht kam und sich halbnackt an einem Strick in die Tiefe abseilte, nur mit einer Kerze und ein paar Streichhölzern ausgerüstet. Unten angekommen schlug ihm eine Wolke heißer Luft entgegen. Breasted zündete die Kerze an und kroch einen niedrigen langen Schacht entlang, aus dessen Gewölbe große Steinbrocken gefallen waren. In dieser Tiefe herrschte im wahrsten Sinne des Wortes Grabesstille, so daß Breasted, wenn er mal pausierte, sogar die Flamme seiner Kerze flackern hörte.

»Plötzlich«, berichtet er, »gab es einen rauschenden Ton, die Kerze ging aus, und im ersten Augenblick der Dunkelheit schlug mir etwas voll ins Gesicht.« Eine Fledermaus war von dem neugierigen Forscher aufgeschreckt worden und suchte überstürzt nach einem Ausweg. Mühsam mußte Breasted in der Dunkelheit nach seiner Kerze tasten, bevor er weiterkriechen konnte. Schließlich erreichte er einen quadratischen Raum, etwa 7 mal 7 Meter; auch hier waren wuchtige Steinblöcke von der Decke gestürzt. Breasted wagte sich kaum zu rühren.

In diesem Raum hatten die Mumien der Pharaonen der 18. und 19. Dynastie beinahe dreitausend Jahre überdauert – bis Gaston Maspero eines Tages prachtvoller antiker Schmuck angeboten wurde, bei dem es sich nach seiner Ansicht nur um Grabbeigaben handeln konnte. Maspero forschte nach, stieß auf diesen Ort, und die Fellachen legten ein Geständnis ab.

Voller Bewunderung für die Totenpriester schrieb Breasted:

»Wenn die Schachtwände die Worte wiedergeben könnten, die einst von ihnen widerhallten, wenn durch ein Wunder das ganze Wissen eines einzigen Mitglieds dieser zuverlässigen Gruppe uns mitgeteilt werden könnte, würde das ein einzigartiges Kapitel aus der Geschichte der menschlichen Entwicklung geben.«

Der junge Pharao

Amenophis III. war bestattet. Sein Nachfolger hieß Amenophis IV. Aber sogar in Mitanni, Assur, Chatti und Babylon war bekannt, daß Teje die Herrschaft ausübte. Der vierte Amenophis – hieß es – sei noch zu jung, um den Staat zu lenken. Er war bei seinem Regierungsantritt etwa zwölf Jahre alt. Allerdings ist

Teje (links), Echnaton und Nofretete. Neben Tejes Stuhl steht ihre Tochter Baketaton, bei Nofretete sieht man zwei Töchter des Herrscherpaares. Zeichnung von Norman Davies nach einer Darstellung in einem Privatgrab von Amarna.

kaum anzunehmen, daß Teje die Macht, die sie nunmehr beinahe ein Jahrzehnt in Händen hielt, abgegeben hätte, selbst wenn Amenophis älter gewesen wäre.

Das Grab des Huja, des »Verwalters des Hauses, des Doppelten Schatzhauses und des Harems der großen königlichen Gemahlin Teje«, mit seinen ungewöhnlich zahlreichen und präzisen Wanddarstellungen, verrät ein Geheimnis, das schon im 14. Jahrhundert v. Chr. tabu war:

Aufgrund von Bildbeschreibungen kann die Errichtung von Hujas Grab ziemlich genau auf das Jahr 12 der Regierung Echnatons, also das Jahr 1352 v. Chr., datiert werden. Trotzdem wird Echnatons Mutter Teje in diesem Grab immer noch als »des Königs Mutter und große königliche Gemahlin« bezeichnet. Beim abendlichen Schlummertrunk sitzt Teje Echnaton gegenüber, Nofretete muß sich mit einem Platz hinter Echnaton begnügen. Eine Jubelinschrift lautet: »Lob deinem Ka, o Herrin der beiden Länder, welche die beiden Länder erleuchtet mit ihrer Schönheit, die Königinmutter und große Königin Teje.«

Zärtlich nimmt Echnaton seine Mutter Teje bei der Hand und führt sie in den Sonnenschatten-Tempel von Amarna, gefolgt von Tejes Tochter Beketaton, die große Pflanzenblätter trägt.

Diese Darstellung, auf der Sohn und Mutter sich zärtlich bei der Hand halten, läßt die Frage aufkommen, ob das Verhältnis Tejes zu Echnaton nicht über eine normale Mutter-Sohn-Beziehung hinausging. Der amerikanische Psychoanalytiker Immanuel Velikovsky stellt in einer umfangreichen Untersuchung fest, daß Echnaton einen ausgeprägten Ödipuskomplex hatte und zu seiner Mutter sexuelle Beziehungen unterhielt. Seine These ist nicht so einfach von der Hand zu weisen. Sie erhellt jedenfalls die sonst unerklärliche Tatsache, daß Teje noch zwölf Jahre nach dem Tod ihres Mannes als »die große Gemahlin des Königs, der sie liebt« bezeichnet wird. Mit der Doppelkrone auf dem Haupt zeigt sie ohnehin, wer die Macht über Ober- und Unterägypten ausübt; denn wo Echnaton und Nofretete auf den Darstellungen in Hujas Grab erscheinen, tragen sie nur schlichte Kappen und als einziges Machtsymbol die Uräusschlange.

Immanuel Velikovsky hat sich das Huja-Grab sehr genau angesehen und kommt aufgrund seiner Beobachtungen zu einer erregenden Theorie:

Über dem Türsturz zu den inneren Räumen des Grabes sind links und rechts zwei Familienbilder zu sehen. Das linke zeigt Nofretete und Echnaton – in späteren Jahren – auf Thronsesseln sitzend, beleuchtet von einigen wenigen Strahlen Atons. Ihre Töchter Meritaton, Maketaton, Anchesenpaton und Nefer-neferu-Aton Tascheri halten jeweils in der linken Hand ein Tuch, als wollten sie damit Fliegen erschlagen, in der Rechten trägt jede einen Federfächer, mit dem sie den Eltern Kühle zufächelt. Daß es sich bei den Eltern (beide Gesichter sind ausgeschlagen, aber die erhaltenen Uräusschlangen an der Stirn verweisen auf ein Pharaonenpaar) um Nofretete und Echnaton handelt, verkünden ihre beiden Namenskartuschen, die seltsamerweise unbeschädigt sind. Die rechte Darstellung über dem Türsturz zeigt Teje, kenntlich an den Resten einer Doppelkrone. Ihr gegenüber sitzt der Pharao – wie *sie* auf einem Thronsessel, doch sein Gesicht ist abgeschlagen, ebenso die Kartusche, die seinen Namen trug. Schutzsuchend an Tejes Knien erkennen wir Beketaton, die beschrieben ist mit den Worten: »Des Königs leibliche Tochter, von ihm geliebt, Beketaton.« Hinter Beketaton und Teje stehen, offenbar korrespondierend zu den auf der linken Darstellung abgebildeten vier Nofretete-Töchtern drei weitere Kinder, deren Identität unklar ist. Und über allem strahlt in gewohnter strahlenarmiger Vielfalt die Sonnenscheibe Aton.

Blutschande zwischen Mutter und Sohn

Die beiden Darstellungen haben die Ägyptologen seit den Zeiten Norman de Garis Davies' vor ein schwieriges Problem gestellt. Davies erklärte die beiden Königspaare als Nofretete und Echnaton (links) und Teje und Amenophis III. (rechts). An der Identität des linken Paares kann aufgrund der Kartuschenaufschriften kein Zweifel bestehen, dafür wirft das rechte Paar um so mehr Fragen auf.

Setzt man nämlich das Größenverhältnis der kleinen Beketaton in Beziehung zu den Nofretete-Töchtern auf der linken Darstellung, dann ist die Teje-Tochter etwa so groß wie die dritte Nofretete-Tochter Anchesenpaton, die im zwölften Jahr der Regierung ihres Vaters wahrscheinlich acht Jahre alt war, so daß auch Beketaton etwa so alt gewesen sein muß. Derartige Größenvergleiche, die auf das Alter der Kinder schließen lassen, haben sich als eine erstaunlich exakte Hilfskonstruktion erwiesen.

Damit erhebt sich jedoch die Frage: Wie kann Beketaton, »des Königs leibliche Tochter«, erst acht Jahre alt sein, wenn ihr Vater, König Amenophis III., bereits seit zwölf Jahren tot ist?

Dafür gibt es eine einleuchtende Erklärung: Der zusammen mit Teje dargestellte Pharao ist nicht Amenophis III., sondern sein

Relief an einem Türsturz im Innern des Grabes Hujas in Amarna (Zeichnung von Norman Davies).
Echnaton und Nofretete sitzen auf Thronen. Vier ihrer Töchter fächeln ihnen Kühlung zu.

Sohn Amenophis IV., Echnaton. Und Beketaton ist nicht eine Tochter von Teje und Amenophis III., sondern der Sproß einer blutschänderischen Beziehung zwischen Teje und ihrem Sohn Echnaton – was bedeuten würde, daß Nofretete ihren Mann Echnaton in den ersten Jahren ihrer Ehe mit der Schwiegermutter teilen mußte.

Was spricht für diese Theorie?

Die beiden korrespondierenden Darstellungen in Hujas Grab wurden bisher als Hinweise auf eine späte Doppelregentschaft von Amenophis III. und seinem Sohn Echnaton interpretiert. Seit jedoch immer mehr Anzeichen dafür sprechen, daß Vater und Sohn nie gemeinsam auf dem Pharaonenthron saßen, ist diese Hypothese unbrauchbar geworden. Die rechte Darstellung liefert aber auch den Beweis, daß der Pharao noch am Leben ist und damit nicht Amenophis III. sein kann: Zwei Strahlenarme der Atonscheibe halten sowohl Teje als auch dem Pharao das Anch-, das Lebenszeichen, zum Einatmen vor die Nase. Das Anch-Zeichen, die Lebensschleife, bedeutet als Hieroglyphe »Leben«, als Symbol weist es auf das göttliche, das heißt ewige Leben hin.

Eine von Davies im Ahmose-Grab in Amarna aufgefundene

Relief an einem Türsturz im Innern des Grabes Hujas in Amarna (Zeichnung von Norman Davies).
Echnaton (links sitzend) begrüßt seine Mutter und Gemahlin Teje sowie ihrer beider Töchter Beketaton. Teje und Beketaton erheben die Hand zu einer Geste des Ehrerweises.

und restaurierte Tintenskizze zeigt Nofretete und Echnaton in inniger Umarmung auf dem Paradewagen stehend*. Auch hier hält ein Strahlenarm Atons den beiden das Lebenszeichen vor die Nase, und es besteht wohl kein Zweifel, daß das Pharaonenpaar auf dem Pferdewagen noch am Leben war. Die gleichen Lebenssymbole vor der Nase der Dargestellten finden wir auf einer Kalksteintafel, die aus einem Amarna-Privathaus stammt und heute in den Staatlichen Museen Berlin aufbewahrt wird. Sie zeigt Nofretete und Echnaton mit den Töchtern Meritaton, Maketaton und Anchesenpaton in einem Gartenpavillon. Und auch bei dieser – zweifelsfrei »lebendigen« Szene – halten die Atonarme dem Pharao und der Königin das Lebenssymbol vor die Nase.

Sexuelle Beziehungen zwischen Mutter und Sohn waren im Alten Ägypten ziemlich ungewöhnlich, man hielt sie für pervers. Das erscheint verwunderlich, da doch das inzestuöse Verhältnis zwischen Geschwistern und Verwandten durchaus als legitim galt.

* Siehe Abb. S. 186.

Trotzdem war eine sexuelle Mutter-Sohn-Beziehung tabu, und sie wurde offensichtlich auch am Hofe von Theben und später in Amarna geheimgehalten – vor allem gegenüber dem Volk, dem die gottgleichen Pharaonen kein schlechtes Beispiel geben durften.

Bei Hofe und vor den ausländischen Fürstenhäusern, die mit Ägypten in reger Korrespondenz standen, ließ sich dieses Verhältnis nur schwer verheimlichen. So nennt der Babylonierkönig Burnaburiasch (1370–1343 v. Chr.) in einem Schreiben an Echnaton Teje »die Herrin des Hauses«, was darauf schließen läßt, daß die Kunde von Echnatons und Tejes Beziehung bereits bis zum Land zwischen Euphrat und Tigris vorgedrungen war.

Hatte Ödipus ein historisches Vorbild?

Angesichts dieser Tatsachen vermutet Immanuel Velikovsky, daß der Ödipus-Mythos, der erstmals im 11. Gesang von Homers *Odyssee* erwähnt wird, jenseits der Sage vielleicht einen historischen Ursprung besitzt. Bei Homer heißt es:

> Auch des Ödipus Mutter erschien, Iokaste, voll Anmut,
> Welche die große Tat ausübt' in der Seele Verblendung,
> Ihrem Sohn sich vermählend: denn er, der den Vater gemordet,
> Führte sie; doch bald rügten die Götter es unter den Menschen.
> Jener darauf, in Hammer die liebliche Thebe beherrschend,
> Ordnete Kadmos' Geschlecht, nach der Götter verderblichem Ratschluß.
> Doch sie fuhr zu des Ais verriegelten Toren hinunter,
> Als ein erdrosselndes Seil an hohes Gebälk sie geknüpft,
> Wild vom betäubenden Schmerz; und ließ ihn in Jammer und Elend
> Ohne Maß, wie der Mutter Erinnerungen je es vollenden.

Ist es Zufall, daß die Ödipus-Sage in einer der mächtigsten griechischen Städte spielt, die denselben Namen trägt wie die Stadt, in der Echnaton geboren wurde: Theben? Nach der Sage verkündete ein Orakel, daß Ödipus seinen Vater Laios, den König von Theben, erschlagen und seine Mutter Iokaste heiraten würde, und das Orakel ging in Erfüllung.

Äschylos, Sophokles, Euripides u. a.* erwähnen diesen einmaligen Vorgang in der einen oder anderen Form. Es drängt sich mithin tatsächlich die Frage auf, ob nicht alle Autoren ein und dasselbe historische Faktum zitieren, das im mythologischen Variantenspiel schließlich im griechischen Böotien angesiedelt wurde. Die Erwähnung des Stoffes in Homers *Odyssee* weist darauf hin, daß, falls die Ödipus-Sage ein historisches Vorbild hatte, dieses Ereignis noch vor der letzten Jahrtausendwende vor Christus stattgefunden haben muß.

Tatsächlich verbrachten sowohl Ödipus wie Echnaton ihre Kindheit im Ausland, und tatsächlich haßten beide ihren Vater. Doch während der sagenhafte Ödipus seinen Vater tötete, vernichtete der historische Echnaton nur sämtliche Namens- und Gesichtszüge seines Vaters auf allen ihm erreichbaren Darstellungen Amenophis' III. Ob Echnaton, so wie Ödipus, mit seiner Mutter eheähnliche Beziehungen unterhielt, ist nicht bewiesen; daß ihr Verhältnis über eine normale Mutter-Sohn-Beziehung hinausging, scheint nach dem vorgelegten Material indessen wahrscheinlich. Ließ er doch seine Mutter sogar fernab vom Grab ihres Gemahls, seines Vaters, im westlichen Königsgräbertal bei Theben, *in seinem eigenen Grab* bestatten.

Ein Zweifel an diesem Hypothesen-Gebäude mag allerdings auftauchen: Wenn Beketaton von Echnaton gezeugt und von Teje geboren wurde, dann muß der Vater dieses Kindes bei der Zeugung zwölf bis dreizehn Jahre alt gewesen sein und die Mutter bei der Geburt um die fünfzig. Nach Aussage von Medizinern ist eine Vater- bzw. Mutterschaft in diesem – einerseits sehr jugendlichen, andererseits schon ziemlich fortgeschrittenen – Alter äußerst selten, doch nicht ausgeschlossen. Uns berührt in diesem Zusammenhang aber vor allem die Frage: Wußte Nofretete, als sie Echnaton heiratete, von den inzestuösen Neigungen des jungen Pharaos, oder schlitterte sie ahnungslos in diese dubiose Dreiecksgeschichte hinein?

* Pherekydes, Hellenikos, Diodorus, Nikolaos von Damaskus, Apollodorus, Hyginus, Palaiphatos, Johannes Malalas und Johannes von Antiochien.

Nofretete heiratet Amenophis IV.

Wir können uns allerdings auch die Theorie zu eigen machen, daß Teje, in tiefer Sorge um die Zukunft ihres Sohnes Amenophis, diesem eine besonders attraktive Frau zuführte, um so seiner zu engen Mutterbindung entgegenzuwirken. Dann wäre auch zu verstehen, warum Teje und Nofretete, die demnach in zwei Ehen ihre Nebenbuhlerin war, ein ausgesprochen freundschaftliches Verhältnis verband.

Abgesehen von der Tatsache, daß sie stattgefunden hat, wissen wir über die Eheschließung Nofretetes mit Echnaton praktisch nichts. Das Zeremoniell selbst scheint bei den Ägyptern überhaupt bedeutungslos gewesen zu sein, und manche Ägyptologen meinen sogar, ein solches habe überhaupt nicht stattgefunden, vielmehr sei die Eheschließung dadurch vollzogen worden, daß die Frau zum Mann zog und Frau und Mann ein Drittel bzw. zwei Drittel des Familienvermögens einbrachten. Dem ist entgegenzuhalten, daß die Ägypter ein sehr bürokratisches und vor allem religiöses Volk waren. Es wäre in der Tat verwunderlich, wenn bei diesem entscheidenden Schritt weder Schreiber noch Priester in Aktion getreten wären. Überliefert ist uns, wie gesagt, nichts dergleichen. Größere Bedeutung wurde allem Anschein nach der Höhe und Übergabe der Mitgift beigemessen.

Als Amenophis III. im Jahre 1364 v. Chr. starb, war Nofretetes Mitgift noch immer nicht in Theben eingetroffen. Ob der listige Tuschratta sie bewußt zurückgehalten hatte, oder ob die Karawane unterwegs geplündert worden war – wir wissen es nicht. Bei der Geschäftstüchtigkeit des Mitanni-Königs dürfen wir jedoch annehmen, daß er das baldige Ableben Amenophis' III. mit in Betracht gezogen hatte. Dafür spricht auch das ungewöhnlich hohe Mitgift-Angebot, das Tuschratta ihm gemacht hatte.

Denn kurz nach dem Tode Amenophis' III. traf in Mitanni der ägyptische Gesandte Chamassi ein. Chamassi ist die mitannische Schreibweise eines Namens, dessen ägyptische wir nicht kennen. Der Gesandte aus Theben brachte die Nachricht, daß Amenophis' III. Sohn Amenophis IV. den Pharaonenthron bestiegen und die verwitwete Nofretete als königliche Gemahlin ausersehen habe (vom Tod Amenophis' III. wußte ja Tuschratta bereits).

Damit war Nofretete von einer bedeutungslosen Nebenfrau, die nur schön zu sein hatte, zur »großen königlichen Gemahlin« aufgestiegen. Und wenn vorläufig auch noch jeder ihrer Schritte von der Schwiegermutter Teje überwacht wurde, so begannen jetzt doch die wenigen schönen Jahre ihres wechselhaften Lebens.

Der Nachfolger

Die Berge von Kreta, die Gärten von Persien und die Weihrauchhaine von Arabien brachten ihre Philosophie in seine Träume, und die kenntnisreichen Lippen Babylons raunten ihm von längst vergangenen Tagen zu.

Arthur Weigall, Ägyptologe

Im Palast von Malkata wurden fünf hieratische Weinkrugaufschriften gefunden, die das »Jahr 1« tragen. Dabei kann es sich nicht um das »Jahr 1« der Regierung Amenophis' III. handeln; denn zu dieser Zeit war der neue Palast am Westufer des Nils noch gar nicht gebaut. Außer Amenophis III. bewohnte jedoch nur noch *ein* Pharao diesen Palast: Amenophis IV. Nur auf seine Regierungszeit also kann sich die Aufschrift »Jahr 1« beziehen.

Die Weinkrugaufschriften Amenophis' III. reichen, wie wir bereits erwähnten, bis in das Jahr 38. Da keine der zahlreichen uns bekannten Aufschriften die Jahreszahl 39 trägt, können wir annehmen, daß Amenophis die Weinlese seines 39. Regierungsjahres nicht mehr erlebt hat. Wie der Baseler Ägyptologe Professor Erik Hornung »mit großer Wahrscheinlichkeit« feststellte, hätte das 39. Regierungsjahr des dritten Amenophis der heutigen Zeitrechnung nach am 28. Mai 1364 v. Chr. begonnen. W. C. Hayes veröffentlichte 1951 die Aufschrift eines Fettkruges, der am 26. Mai 1364 v. Chr. geliefert wurde. Sollte Amenophis III. wenige Tage später gestorben sein, könnte sein Sohn Amenophis IV. auch nach einer neunzigtägigen Karenzzeit noch im August desselben Jahres formell die Herrschaft angetreten haben.

Die Thronbesteigung Amenophis' IV. und seine Hochzeit mit Nofretete fanden entweder gleichzeitig statt oder lagen zumindest zeitlich nicht weit auseinander. Bei der Festsetzung des Datums sind wir allerdings auf Hypothesen angewiesen, da kein einziges Dokument den genauen Termin nennt.

Es darf als sicher gelten, daß Nofretete noch im Jahre 1 der Regierung Amenophis' IV. Königin von Ägypten wurde, denn schon im 2. Jahr (1362 v. Chr.) kommt die erste Tochter des Königspaares zur Welt, Meritaton (»Geliebte Atons«).

Nofretete, die »große königliche Gemahlin« von der Schwiegermutter Gnaden, lebte, wie es der Königin eines Weltreiches gebührt. Die Achtzehnjährige verfügte über einen Etat, der selbst die Königin von England vor Neid erblassen ließe. Allein der persönliche Hofstaat, den Tuschratta mit ihr nach Ägypten geschickt hatte – als Teil der Mitgift –, bestand aus 300 Dienstboten, darunter 2 Großammen, 2 Ammen, 10 Leibpagen, 30 Zofen, 30 Diener und 100 Dienerinnen. Hinzu kam eine mindestens ebenso große Anzahl dienstbarer Geister, die Amenophis zu stellen hatte.

Unbekannt ist, was aus dem einige hundert Frauen umfassenden Harem Amenophis' III. geworden ist. Laut Gesetz hatte der Thronfolger das Recht, die Konkubinen des Vaters zu übernehmen. Es kam sogar hin und wieder vor, daß der alte Pharao, wenn er seinen Sohn als Mitregenten auf den Thron setzte, diesem eine oder mehrere seiner schönsten Damen zum Geschenk machte. Doch es gibt nur einen einzigen Hinweis darauf, daß auch Amenophis IV. über einen Harem verfügte.

Der junge Pharao beschwert sich in einem Schreiben an Burnaburiasch, den König von Babylon, daß die babylonische Prinzessin, die schon seinem Vater Amenophis III. versprochen worden war, noch immer nicht in Ägypten eingetroffen sei. Um dieser Beschwerde Nachdruck zu verleihen, wurde in Babylon eine ägyptische Gesandtschaft vorstellig. Burnaburiasch, in die Enge getrieben, ließ verlauten, die Prinzessin sei an einer Seuche gestorben, man könne aber durchaus wegen einer anderen Prinzessin neu verhandeln. Amenophis sandte daraufhin einen »Großen des Pharaos« nach Babylon. Dieser »Große« wird in den Briefen Burnaburiaschs Ha-a genannt; es kann sich dabei nur um Eje, den Wesir von Theben, handeln, denn nur mit ihm wollte Burnaburiasch sprechen. Eje zog mit einer Handvoll Begleitern und nur fünf Wagen nach Babylon, um Burnaburiaschs Tochter abzuholen.

Als der König von Babylon die armselige Karawane aus dem goldstrotzenden Theben kommen sah, wurde er zornig. Zu einer Zeit, da es international Brauch war, eine Gesandtschaft reichlich mit Geschenken für das Gastland auszustatten, mußte diese Abordnung Amenophis' IV. auf Burnaburiasch wie eine Provokation wirken – als sein Vater Kurigalzu eine Prinzessin nach Ägypten geschickt hatte, war ein ganzes Heer von dreitausend Mann mitgezogen! –, und er reagierte dementsprechend. Er hielt zunächst Eje und sein Häuflein fest und ließ den Pharao wissen, daß der äußere Rahmen dieser Werbung einer Babylonier-Prinzessin nicht würdig sei. »Was hat doch mein Vater Kurigalzu für große Geschenke aus Ägypten erhalten«, schrieb der Babylonier-König. »Schließlich liegt es im Interesse des Pharaos selbst und seines Ansehens, daß man merkt, daß Ägypten ein Land reich an Gold ist. Und im übrigen: Die Freundschaft unter Königen wird durch reiche Geschenke unterhalten . . .«

Außer diesem Notenwechsel gibt es kein Dokument, das die Existenz eines Harems unter Amenophis IV. bestätigen würde. Dagegen gibt es – wie wir noch hören werden – Gründe, die uns vermuten lassen, daß Teje, in Sorge um ihren zartbesaiteten Sohn, den Mammutharem auflöste.

Der Schwiegervater zürnt

Während Nofretete und Amenophis in dem märchenhaften Palast von Malkata ganz ihrem Glück lebten, war der Brautvater im fernen Mitanni weit weniger zufrieden. Den goldgierigen Tuschratta wurmte es ungemein, daß er nun für *eine* Tochter gleich *zweimal* Mitgift zahlen sollte. Deshalb schrieb er dem jungen Schwiegersohn einen vorwurfsvollen Brief: Amenophis III. habe sich, als er die Brautgeschenke sandte, dafür entschuldigt, daß diese nicht prächtiger ausgefallen seien, und versprochen, noch viel mehr zu senden, wenn die Braut erst bei ihm angekommen sei. Seine, Tuschrattas, Boten hätten mit eigenen Augen gesehen, wie Amenophis III. goldene Statuen gießen ließ, die angeblich für ihn, den König von Mitanni, bestimmt waren. Doch dann habe den Vater der Tod ereilt und Amenophis IV. habe minderwertige Statuen – Holzfiguren, die nur mit Goldblech beschlagen waren – geschickt. »Ich weiß nicht«, schreibt Tuschratta vorwurfsvoll, »wie ich das verdient habe.«

Um seinem Unmut Nachdruck zu verleihen, wendet Tuschratta ein oft bewährtes Mittel an: Er stellt die beiden ägyptischen Kuriere Mane und Gilia unter Hausarrest in seinem Palast – so lange, bis der Pharao seinen Pflichten nachgekommen sei. Die unangenehme Aufgabe, diese Hiobsbotschaft nach Theben zu bringen, überträgt Tuschratta zwei subalternen Beamten namens Pirizzi und Tulubri, die sich *ohne diplomatische Geschenke* auf den Weg machen – für die damalige Zeit, wie gesagt, eine Ungeheuerlichkeit. Der Mitanni-König zeigte damit deutlich, wie verärgert er war.

Ließen alle diese Vorgänge Nofretete gleichgültig – oder steckte sie gar hinter diesem Katz-und-Maus-Spiel? Die Beziehung zu ihrem Vater war, wie wir gehört haben, schließlich nicht die beste. Die beiden Boten aus Mitanni, Pirizzi und Tulubri, wurden jedenfalls, kaum im Malkata-Palast von Theben eingetroffen, gefangengenommen. Einige Wochen lang geschah nichts, dann schickte Tuschratta einen Brief, in dem er Amenophis IV. an die zwischen Ägypten und Mitanni bestehende Freundschaft erinnerte. Er, Tuschratta, werde sofort die festgehaltenen Kuriere Mane und Gilia nach Ägypten zurückschicken, wenn der Pharao auch seine beiden Boten entlasse. Amenophis antwortete mit einem Vorwurf: Da hätten zwei Grenzgänger irgendwo in Syrien ägyptisches Hoheitsgebiet verletzt, und das gehe ja wohl nicht. Die beiden hießen Artessupa und Asali. Sie wurden Nofretete vorgeführt, die ihre Sprache sprach, man verhörte sie, und Amenophis schob sie ab über die Grenze und forderte von Tuschratta ihre Bestrafung.

Der Chronist vermag sich des Eindrucks nicht zu erwehren, daß die Drahtzieherin dieser Spiegelfechtereien Nofretete war, die ihren Vater und seine Schwächen genau kannte, die aber andererseits auch genau wußte, wie weit man gehen durfte. Prompt antwortete Tuschratta dem Pharao, die beiden Grenzverletzer seien bestraft, aber nicht getötet worden, denn das habe Amenophis ja nicht verlangt.

Vergleicht man die Briefe, die Tuschratta an Amenophis III. sandte, mit denen, die er dessen Sohn, Amenophis IV., schickt, so läßt sich aus der Herzlichkeit, mit der er dem einen, und der nur mühsam unterdrückten Wut, mit der er dem anderen begegnet, schließen, daß der junge Pharao den Mitanni-König bis aufs Blut gereizt hatte. Wäre Tuschrattas Position im eigenen Reich nur etwas stärker gewesen – ein Feldzug gegen Ägypten wäre nicht ausgeschlossen gewesen. So aber beschränkten sich die mehr oder weniger gut getarnten Feindseligkeiten auf die diplomatische Korrespondenz, und man kann sich vorstellen, wie Nofretete und Amenophis sich amüsierten, wenn vom Schwiegervater wieder ein Brief kam.

Das kurze Glück der Königin

Als hätten sie gewußt, wie kurz die Jahre ihres Glücks sein würden, versuchten Nofretete und Amenophis, dem Leben nur die schönsten Seiten abzugewinnen. Nofretete liebte die Natur, die exotische Fauna, wie sie uns noch heute auf der Kitchener-Insel im Nil begegnet. Überall wurden Parks angelegt und mit seltenen Gewächsen bepflanzt, die Sklaven in wochenlangen Expeditionen aus dem Herzen Afrikas holten. In künstlichen Teichen, die Kühlung und Erfrischung bieten sollten, wurden Goldfische und Enten ausgesetzt, die Lieblingstiere Nofretetes.

In den ersten drei Jahren ihrer Ehe brachte Nofretete drei Töchter zur Welt: Meritaton (»Geliebte Atons«), Maketaton (»Atons Schützling«) und Anchesenpaton (»Die durch Aton Lebende«). Für die Erziehung ihrer Töchter standen Nofretete

Dienerinnen, Kindermädchen, Ammen und eine die Oberaufsicht führende Großamme zur Verfügung. Kleinkinder wurden – wie uns der Schreiber Ani berichtet – im alten Ägypten bis zur Vollendung des dritten Lebensjahres gestillt, die Mütter trugen die Kleinen ständig mit sich herum, und zwar in einem im Nacken geknoteten langen Leinentuch, in dem die Babys wie in einer Hängematte vor der Brust der Mutter baumelten. Von Nofretete ist keine einzige Darstellung dieser Art überliefert – obwohl sie sechsfache Mutter war. Wir dürfen daraus schließen, daß Nofretete ihre Mutterpflichten nicht selbst wahrnahm. Möglicherweise war Ti, die Frau des »Gottesvaters« Eje, die unter anderen auch den Titel »Amme der Königin« führte und deshalb von manchen Ägyptologen als Erzieherin, ja sogar Mutter Nofretetes betrachtet wird, *für* Nofretete als Amme tätig.

Noch nie hatte ein Pharaonenpaar ein so intensives, aber auch so demonstratives Familienleben geführt wie Nofretete und Amenophis IV. Wenn die beiden mit dem goldenen Prunkwagen spazierenfuhren, waren stets auch die Töchter dabei. Die Kinder hatten überhaupt ungewöhnlich viel Freiheit. Man konnte sie überall und zu jeder Zeit im Königspalast antreffen, und ihre Anwesenheit störte selbst dann nicht, wenn Amenophis Staatsgeschäften nachging und mit Beamten verhandelte. In den ersten Jahren ihres Zusammenlebens hatten Nofretete und Amenophis auch keine Hemmungen, sich in aller Öffentlichkeit zu umarmen und zu küssen, das heißt, ihre Nasen aneinanderzureiben.

Daß Amenophis der Herrscher einer Weltmacht war und Nofretete Herrin von Ober- und Unterägypten, das schien Nebensache. Ägypten war mächtig und reich, politische Probleme gab es nicht, und wenn es welche gab, wurden sie einfach ignoriert.

Der babylonische König Burnaburiasch sprach in einem Brief an Amenophis IV. das aus, was längst kein Geheimnis mehr war: »Unsere Beziehungen sind recht kühl geworden, wir sind beide auf dem Standpunkt angelangt: Wir brauchen nichts voneinander, jeder hat in seinem eigenen Lande, was er braucht.« Er sei schwer krank gewesen, schreibt Burnaburiasch, aber Amenophis habe sich nicht um ihn gekümmert. Dafür könne auch die weite Entfernung zwischen ihren Ländern keine Entschuldigung sein.

Altersbildnis der Königin Teje (9,5 cm hoch) aus Eibenholz (Ägyptisches Museum, Berlin).

Und um diesen unerfreulichen Zustand zu beenden, schickte Burnaburiasch ein Geldgeschenk von vierzig Minen. Er vergaß freilich nicht hinzuzufügen, daß Amenophis, falls er als Gegengabe Gold nach Babylonien schickte, die Qualität des edlen Metalls vorher prüfen sollte! So minderwertiges Gold wie schon einmal wollte Burnaburiasch nicht wieder haben.

Nofretete gewinnt an Macht

Unter den kritischen Augen der Schwiegermutter Teje verstand es Nofretete, den Pharao geschickt zu lenken. Sie war mindestens fünf Jahre älter als der etwa zwölfjährige Amenophis, der, den Kinderschuhen kaum entwachsen, zudem einen zarten, etwas kränklichen Eindruck machte, der zum Bemuttern geradezu herausforderte. Der »Herr des süßen Hauches« – so sein Titel in jungen Jahren – war dazu ausersehen, ein Weltreich zu regieren; doch seine Welt, das waren die Vögel im Palastgarten, die Schmetterlinge in den Blumenanlagen, die Enten im Schilf. Politik interessierte ihn wenig, Politik machten seine Mutter und seine Frau.

Es sieht so aus, als mußten Teje und Nofretete den jungen Pharao geradezu drängen, öffentlich aufzutreten; denn auf kaum einer Darstellung begegnen wir Amenophis allein. Teje oder Nofretete – eine von beiden ist immer dabei, meist Nofretete. Darstellungen des Pharaos ohne eine der beiden Frauen, wie etwa im Grab des Ramose in Theben, sind die Ausnahme.

Ramose, Wesir von Oberägypten, begann mit den Arbeiten zu seinem Grab während der Zeit Amenophis' III. und starb noch vor der Thronbesteigung Amenophis' IV. Zwei Reliefs, zu beiden Seiten eines Türganges in der Westwand der großen Halle seiner Gruft, zeigen den jungen Pharao – jedoch auf ganz verschiedene Weise. Auf dem einen Relief sieht man Amenophis IV. zusammen mit der Göttin Maat. Diese Darstellung im klassischen ägyptischen Reliefstil wurde offensichtlich unmittelbar nach dem

Ableben Amenophis' III. geschaffen. Das Relief auf der anderen Seite entstand etwas später und blieb leider unvollendet. Hier sehen wir bereits die Atonscheibe mit den Strahlenarmen und Amenophis IV., in dem typischen neuen weicheren Stil, sowie Nofretete, die zur Entstehungszeit dieses Bildes offensichtlich noch kinderlos ist. Da die Töchter des Pharaos auf späteren Darstellungen stets in Erscheinung treten, können wir dieses Relief auf das 1. Regierungsjahr Amenophis' IV. datieren.

Aton – das war zunächst nichts weiter als die Bezeichnung für die Sonnenscheibe. Doch der vierte Amenophis sah in der goldenen, strahlenden, wärmenden, Leben spendenden Sonne mehr. Für ihn war sie das Göttliche, das alles Erhaltende – *der* Gott schlechthin. Die meisten Historiker vertraten bisher die Ansicht, daß Amenophis diese Wendung zum Monotheismus allein initiierte. Doch diese These ist heute nicht mehr haltbar, denn da Nofretete hinter beinahe allen Staatsaktionen des Pharaos stand, ist es unwahrscheinlich, daß die theosophische Bewegung von Amenophis allein ins Leben gerufen wurde. Die neuesten Computer-Rekonstruktionen des gigantischen Aton-Tempels von Karnak beweisen sogar das Gegenteil: Die schöne Nofretete war eine weit glühendere Anhängerin des Aton-Glaubens als ihr königlicher Gemahl.

Den wenigen Zeugnissen nach zu schließen, die uns aus den ersten Regierungsjahren Amenophis' IV. vorliegen, vollzog sich der Übergang zur neuen Religion keineswegs abrupt. Wir finden die ersten Erwähnungen des Sonnengottes Aton bereits unter Amenophis III., der ja seine königliche Barke »Aton leuchtet« taufte; und Amenophis IV. verehrt in den ersten Jahren seiner Regierung auch noch Amun. Zwei Denkinschriften in oberägyptischen Steinbrüchen berichten von den Vorarbeiten zu einem großen Obelisken, den Amenophis IV. in Theben zu errichten gedachte. Eine szenische Darstellung dieses Gedenksteins zeigt Amenophis IV., wie er dem Amun-Re Opfer darbringt. Der zweite, jüngere Gedenkstein nennt den jungen Pharao jedoch bereits »Erster Priester des Re-Horus der beiden Lichtorte«, und der Name des Gottes, dem zu Ehren der Obelisk errichtet werden soll, lautet: Re-Horus der beiden Lichtorte, der im Lichtorte frohlockt in seinem Namen Schu (ein anderes Wort für Sonne), der der Aton ist.

Die Idee der Sonnenreligion

Wie viele Reformationen ist auch die des Amenophis und der Nofretete zunächst nur eine Ketzerei, sie bringt nichts umwälzend Neues, sondern versucht nur, sich gegen gewisse Bestandteile des alten Glaubens abzugrenzen. Daß Nofretete dabei eine wichtige Rolle gespielt hat, steht durch später noch näher zu erläuternde Dokumente außer Frage. Wir können uns gut vorstellen, daß die Prinzessin aus Mitanni dem verwirrenden Götterkult der Ägypter von Anfang an mißtrauisch und abweisend gegenüberstand. Und zweifellos war die beispiellose Tat Amenophis' III., der den heimischen Göttern nicht mehr traute und, in der Hoffnung auf ein Wunder, sich ein asiatisches Götterbild kommen ließ, auch in Ägypten nicht ohne Folgen geblieben. Doch die Absage an die tier-menschlichen ägyptischen Götter zugunsten der eher abstrakten Sonnenscheibe trägt deutlich die Züge der nüchternen Intelligenz Nofretetes. Gleichzeitig erscheinen die Strahlen der Sonnenscheibe, die in Händen auslaufen, als ein Bild naiver Götterglläubigkeit, wie man sie nur dem jungen Amenophis zutrauen kann. Wo immer die Sonnenstrahlen das Gesicht des Menschen treffen, halten sie ihm das Anchzeichen, das Lebenssymbol, zum Einatmen vor die Nase. Die Hände der Sonnenstrahlen legen sich schützend um die Königskrone oder umfassen liebevoll den menschlichen Körper, nicht anders, als es die alten Götter zu tun pflegten.

Wie der deutsche Ägyptologe Heinrich Schäfer nachgewiesen hat, knüpft das »neue« Aton-Symbol an alte Vorstellungen an. Am unteren Rand der rot gemalten Sonnenscheibe sitzt stets die Schildviper mit geblähter Brust – so wie auf älteren Darstellungen der Sonne, nur ist jetzt auch im Flachbild, wie früher nur im Rundbild, die Schlange von vorn gesehen und in die Mitte ge-

Strichzeichnung nach einem Gemälde an der Südwand des Ramose-Grabes. Man sieht die vier Propheten Amuns. Die Namen des Gottes Amun und seiner Gemahlin Mut wurden unkenntlich gemacht.

rückt. Auch die vielen Strahlenarme Atons sind nicht neu. Amun-Re wurde schon früher in der religiösen Dichtung angerufen als »Du Einziger, Vielarmiger«.

Wenn etwas wesentlich neu und anders war im Aton-Glauben, dann der Begriff der Wahrheit: »Der von der Wahrheit lebt« lautet daher auch der Beiname des Echnaton. Die Tendenz der vergöttlichten Könige der Ägypter, wieder auf den Boden der Realität zurückzukehren, macht sich schon bei Amenophis III. bemerkbar, der auf Gedenkskarabäen ganz profane Jagderlebnisse verewigen ließ. Sie wird vollends deutlich bei Amenophis IV. und Nofretete, die sich in aller Öffentlichkeit küssen und umarmen und sogar zu staatspolitischen Anlässen ihre kleinen Töchter mitbringen. Der aufkeimende »Atonismus« stand also keineswegs im Gegensatz zur traditionellen Religion der Ägypter – wie sonst wäre es denkbar gewesen, daß der Aton-Tempel von Karnak einfach an den Amun-Tempel angebaut wurde?

Im Jahre 4 der Regierung Amenophis' IV. trat jedoch ein Ereignis ein, das auf einer Grenzstele von Amarna als etwas »Schlimmes« bezeichnet wird. Leider ist gerade die dann folgende Textstelle zerstört, so daß wir heute auf Vermutungen und Spekulationen angewiesen sind. Es ist daher höchst wahrscheinlich, daß es sich bei dem »schlimmen Ereignis« um den Putsch der Amun-Priester handelte, die mit dem alten Götterglauben ihre eigene Macht schwinden sahen. Versuche dieser Amun-Priester, Nofretete auf ihre Seite zu bringen, waren fehlgeschlagen, so daß in der Tat die letzte Möglichkeit vertan war, die alte Vielgötterei zu erhalten.

Nofretete und Amenophis begegneten der Revolte, oder was auch immer es gewesen sein mag, mit einer Hetzjagd auf Priester, Götter, Gräber und Tempel. Unterstützt wurde das Königspaar dabei von der fanatischen Menge, die sich plötzlich in die Lage versetzt sah, Rache zu nehmen an einer Priesterkaste, die jahrhundertelang Angst und Schrecken im Volk verbreitet hatte.

Dieser ägyptische Bildersturm trieb seltsame Blüten. Nicht nur, daß Gänse – das heilige Tier des Amun – aus allen Wandreliefs und -gemälden getilgt wurden, auch das Hieroglyphenzeichen für »Mutter« mußte aus den alten Texten gestrichen und fortan neu geschrieben werden – weil zufällig die Schreibweise von »Mutter« und »Mut«, der Gemahlin des Amun, die gleiche war.

Schreiber erhielten den Auftrag, im Archiv, wo die in Keilschrift geschriebene Korrespondenz mit den Königen von Babylon, Chatti und Mitanni aufbewahrt wurde, in den akkadischen Texten nach dem Wort Amun zu forschen, um es auszumerzen. Doch erst im 6. Jahr seiner Regierung wurde aus Amenophis (»Amun ist zufrieden«) Echnaton: »dem Aton gefällig.«

Im 4. Jahre seiner Regierung, genau am 4. Tag des Pharmuti (unserer Zeitrechnung nach also am 18. Januar 1360 v. Chr.), fuhren Nofretete und Amenophis auf ihrem goldenen Prunkwagen gen Norden nach Amarna. Beide waren nicht zum ersten Mal

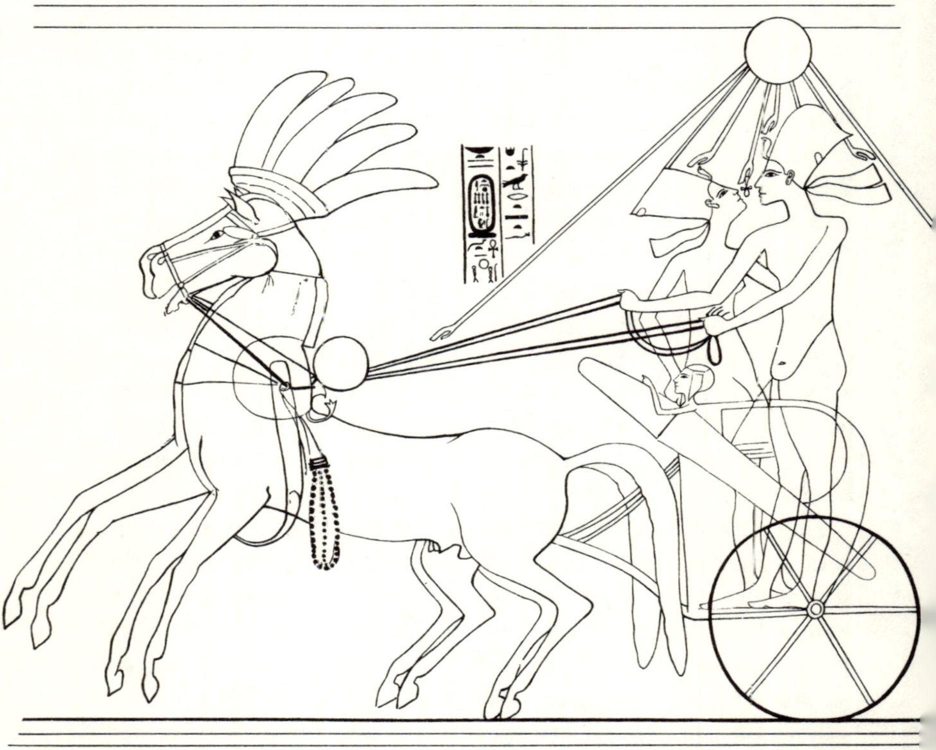

Nofretete umarmt Echnaton, der mit sicherer Hand seinen Prunkwagen lenkt. Meritaton lehnt sich über den Bogenkasten ihres Vaters, um die Pferde anzufeuern. Norman Davies' Restauration einer beschädigten Tintenskizze des Ahmose-Grabes in Amarna.

hier; denn die Entscheidung, in diesem von einem Felsengebirge im Osten und dem Nil im Westen begrenzten Hochtal – etwa 330 km Luftlinie von Theben entfernt – die Stadt ihrer Träume zu errichten, war nicht spontan gefallen, sondern nach reiflicher Überlegung. An diesem strahlenden Frühlingstag, »der Himmel war in Freude, die Erde jubelte, jedes Herz lachte«, sollten die äußeren Grenzen der neuen Königsstadt abgesteckt werden.

»Die Schöne, sie lebe ewig«

Als Nofretete und Echnaton, galoppierende, federgeschmückte Rosse vor dem blinkenden Wagen mit den zierlichen sechsspeichigen Rädern, in der Ebene ankamen, rauchten bereits Opferfeuer auf den steinernen Altären. Die Schenkel von Rindern und Kälbern, Vögel, Früchte, Brot, Bier und Weihrauch und allerlei Gemüse hatte man zusammengetragen und vor den Feuern aufgebaut – als Opfer für Aton, aber auch zum eigenen Genuß, denn es sollte ein wirkliches Freudenfest werden.

Die Großen des Reiches, Beamte, Höflinge und Militärs, hatten sich in Doppelreihen aufgestellt, als der junge Pharao und Nofretete, die den linken Arm um die Taille des Gatten geschlungen hatte, den schnellen Wagen zum Stehen brachten. Der König trug nur einen kurzen Lendenschurz, von Nofretetes Schultern fiel ein zartes, durchsichtiges Gewand. Beide hatten ihre lederkappenartigen Kronenhauben auf dem Kopf, wie wir sie von Nofretetes berühmter Berliner Büste her kennen. Während einer der Höflinge hinzusprang, um der schönen Nofretete vom Wagen zu helfen, warfen sich sämtliche Beamte vor dem Herrscherpaar zu Boden und küßten die Erde. Der Höfling rief, während Nofretete vom Wagen stieg:

»Die große Erbprinzessin im Palast, die Schöne und Herrliche mit der Federkrone, groß an Freude, die sich mit der Gunst vereinigt; man jubelt, wenn man ihre Stimme hört; Herrin der Lieblichkeit, groß an Beliebtheit, mit deren Wesen der Herr der beiden Länder zufrieden ist, die Große . . . des Aton; die zufriedenstellt . . . im Horizont; der alles, was sie sagt, getan wird*; seine geliebte große Königsgemahlin, die Herrin der beiden Länder Nefer-Neferu-Aton-Nofretete, sie lebe ewig!«**

Und das Volk wiederholte: »Sie lebe ewig!«

Dann stieg Echnaton vom Wagen, und der Höfling rief zur Menge gewandt: »Der König von Ober- und Unterägypten, der

* Diese Formulierung ist außergewöhnlich und weist auf Nofretetes Macht hin.

** Der Text dieser Zeremonie findet sich auf einer Grenzstele in Amarna.

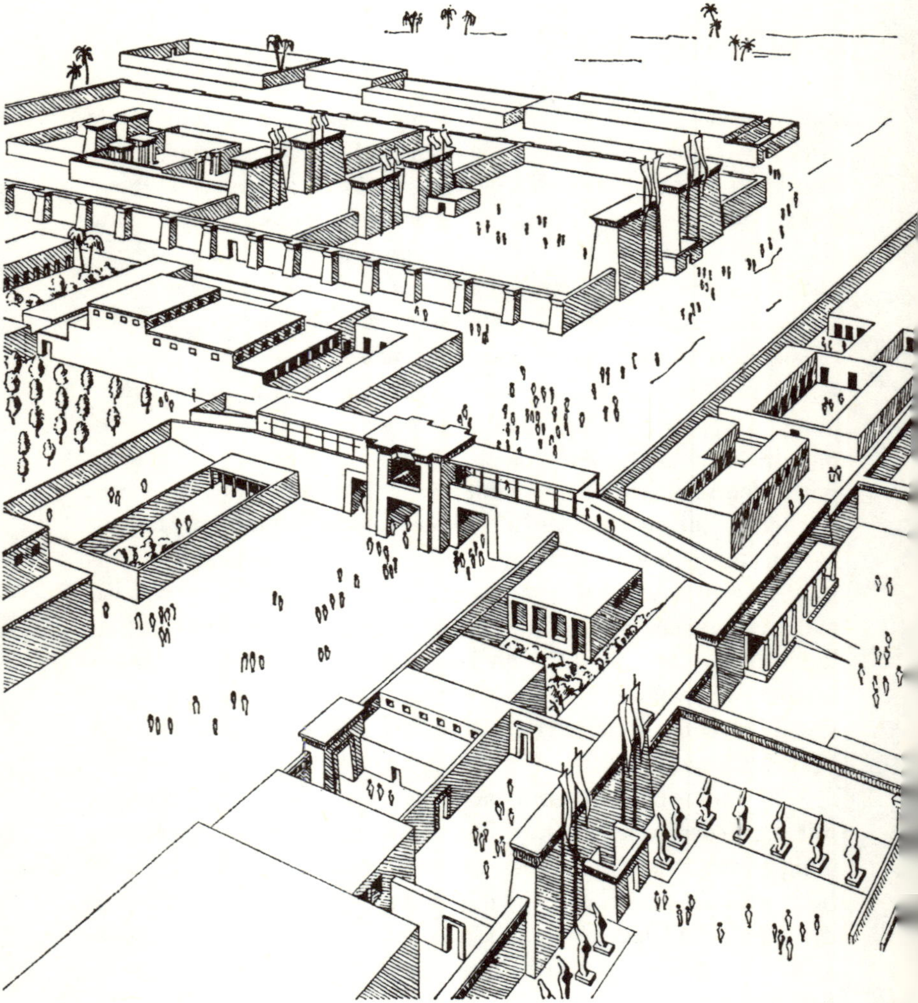

Stadtzentrum von Tell el-Amarna (Achetaton). Vom Regierungspalast (rechts) zur Residenz (links) konnte der König auf einer überdachten Brücke gelangen. Von der Loggia aus zeigte er sich der Menge und verteilte Belohnungen. Wie wir den Darstellungen in den thebanischen Gräbern entnehmen, folgten mehrere seiner Nachfolger darin seinem Beispiel (Rekonstruktion des Stadtzentrums mit Erscheinungsfenster des Königs nach Pendlebury).

von der Wahrheit lebt, der Herr der beiden Länder, Nefer-cheperu-Re, Einziger des Re, Sohn des Re, der von der Wahrheit lebt, Herr der Kronen Achenaton, groß in seiner Lebenszeit, er lebe ewig!«

»Er lebe ewig!« wiederholte das Volk. Während Nofretete und Echnaton auf einen Doppelthron zugingen, der unter einem Baldachin vor den Altären aufgestellt worden war, eilte ein Diener zum goldenen Wagen des Pharaos und hob die beiden kleinen Töchter des Königspaares, Meritaton und Maketaton, herab, die dann übermütig hinter ihren Eltern herrannten und sich wie selbstverständlich auf den Stufen des Thronpodestes niederließen.

Echnaton hob seine Linke und sagte: »Es sollen mir die Diener des Königs, die Großen des Palastes, die Vorsteher des Heeres im ganzen Land gebracht werden.« Und sie traten vor, warfen sich vor ihm nieder und berührten den staubigen Boden mit der Nase.

»Seht«, sprach der Pharao, »Achetaton hat Aton gewünscht. Es soll gebaut werden als Denkmal für seinen Namen in alle Ewigkeit. Es war Aton, mein Vater, der auf Achetaton verwies. Nicht verwies darauf irgendein Beamter noch verwies darauf irgendein Mensch im ganzen Land, daß er Achetaton an dieser Stelle errichte, sondern allein der Aton, mein Vater, verwies darauf, um es ihm als Achetaton zu bauen.«

Diese uns umständlich anmutende Ausdrucksweise entsprach der üblichen gehobenen Diktion des Pharaos. Die mehrfache Wiederholung von Gedanken war nichts weiter als eine Betonung der Aussage. Echnaton sprach im Sitzen, Nofretete saß rechts von ihm, ihre linke Hand ruhte auf seinem rechten Unterarm. Das gab dem hochoffiziellen Gründungsfest der neuen Reichshauptstadt Achetaton einen beinahe familiären Charakter.

Unter Echnatons Vater wäre in einer ähnlichen Situation ein Fest mit orientalischem Prunk ausgerichtet worden, bei dem die Amun-Priester noch Menschen geopfert hätten – eine Handvoll unglückseliger Sklaven vom letzten Asien- oder Nubienfeldzug. Dergleichen wäre dem sanften jungen Pharao schwerlich in den Sinn gekommen. Und noch etwas fiel auf: Zum ersten Mal fand ein offizieller Staatsakt ohne Teje statt. Beobachter der Szene bei Hofe überraschte das nicht; sie hatten schon seit einiger Zeit bemerkt, daß die schöne Nofretete mehr und mehr Tejes Platz einnahm.

Auf die Worte des Königs hin erhob sich ein Jubelgeschrei im Volk. Die Beamten und Kammerherren warfen sich auf die Knie und verneigten sich vor der Sonne, die unbarmherzig vom Himmel brannte. Dann sprachen sie eine sorgsam einstudierte Litanei, eine Hymne an Aton, die mit einer Lobpreisung des Pharaos endete:

»... Du führst ihm jedes Land vor, du läßt ihm jede Stadt Zinsen zahlen. Alle Länder, alle Fremdländer und die fernen Nördlichen bringen ihre Abgaben, indem ihre Lieferungen auf ihren Rücken sind für den, der ihr Leben geschaffen hat, den, durch dessen Strahlen man lebt und dessen Hauch man atmet ...«

Amenophis gibt seine Pläne bekannt

Auf ein Zeichen Nofretetes hin hob der Pharao abermals die Arme zum Himmel und rief mit lauter Stimme über das Volk hinweg:

> So wahr mein Vater Re-Horachte, welcher Aton ist, lebt, ich werde Achetaton bauen für Aton, meinen Vater, an diesem Ort. Nicht werde ich ihm Achetaton im Süden oder im Norden, im Westen oder im Osten bauen, nicht werde ich die südliche Stele von Achetaton nach Süden überschreiten, nicht werde ich die nördliche Stele von Achetaton nach Norden überschreiten, um ihm dort die Stadt Achetaton zu bauen; nicht werde ich es ihm auf der westlichen Seite von Achetaton bauen, sondern ich werde Achetaton für den Aton, meinen Vater, auf der östlichen Seite von Achetaton bauen, dem Ort, den er selbst so gemacht hat, daß er für ihn mit einem Berg eingeschlossen ist, den er so machte, daß es in ihm angenehm ist, indem ich ihm hier opfere. Das ist er. Und nicht soll die Königin zu mir sagen: Sieh doch, es gibt einen schönen Ort für Achetaton an einer anderen Stelle – und ich würde dann auf sie hören. Und nicht soll mir irgendein Beamter von den Beamten der Gunst sagen: Siehe, es gibt einen schöneren

Ort ... Ich werde den großen Aton-Tempel für den Aton, meinen Vater, an dieser Stelle errichten. Ich werde den kleineren Aton-Tempel für meinen Vater, den Aton, an jener Stelle errichten. Ich werde den Sonnenschatten der großen königlichen Gemahlin Nefer-Neferu-Aton-Nofretete, für den Aton, meinen Vater, an dieser Stelle errichten. ... Ich werde alle Arbeiten an dieser Stelle einrichten. Ich werde mir Gutshöfe des Pharaos anlegen und ich werde Gutshöfe der königlichen Gemahlin in Achetaton an dieser Stelle einrichten. Man macht mir das Grab in dem östlichen Gebirge von Achetaton, in dem man dann mein Begräbnis machen soll in den Millionen von Sedfesten, die mir mein Vater, der Aton, befehlen wird, und in dem man begraben soll die große königliche Gemahlin Nofretete in diesen Millionen von Jahren ... und in dem man die Prinzessin Meritaton begraben soll in den Millionen von Jahren.

Wenn ich in einer Stadt nördlich, südlich, westlich oder östlich sterbe in den Millionen von Jahren, bringe und begrabe man mich ebenfalls in Achetaton. Wenn die große königliche Gemahlin in einer Stadt im Norden, Süden, Westen oder Osten in Millionen von Jahren stirbt, so bringe und begrabe man sie in Achetaton. Wenn die Prinzessin Meritaton in einer Stadt im Norden, Süden, Westen oder Osten in diesen Millionen von Jahren stirbt, so bringe und begrabe man sie in Achetaton. Man mache außerdem eine Nekropole für den Mnevis-Stier* in dem östlichen Berg von Achetaton und man begrabe ihn darin. Man mache Grabanlagen für den Größten der Schauenden**, die Gottesväter des Aton und die Diener des Aton. Man mache Grabanlagen für alle Beamte und alle Leute im östlichen Berg von Achetaton, in dem man sie begrabe ...***

Amenophis hatte seine Festrede beendet. Er erhob sich von seinem Thronsessel und trat unter dem Baldachin hervor in das grelle Sonnenlicht. Langsam schritt er auf den nächstliegenden der steinernen Opfertische zu und nahm, assistiert von zwei Opferpriestern, den größten der bereitliegenden Rinderschenkel, um ihn auf das Feuer zu legen. Starr, wie eine Figur aus weißglänzendem Amarna-Alabaster, beobachtete Nofretete das Schauspiel von ihrem Platz unter dem schützenden Baldachin aus.

* Verkörperung des Sonnengottes Re in Heliopolis.
** Titel des Obersten Aton-Priesters.
*** Rede auf einer Grenzstele in Amarna.

Die Feierlichkeiten der Stadtgründung von Achetaton dauerten bis in den späten Nachmittag, als die Sonne bereits am westlichen Horizont stand und lange Schatten über den golden schimmernden Nil warf.

Für die Rückkehr nach Theben stand dem Pharao und seiner großen königlichen Gemahlin die Königsbarke zur Verfügung. Vielleicht hat das Königspaar aber auch den Weg nilabwärts nach Memphis eingeschlagen. Denn Nofretete und Amenophis besaßen nicht nur in Amarna einen Palast und Heiligtümer zu Ehren des Gottes Aton. Reliefsteine, die in Memphis ausgegraben wurden, lassen keinen Zweifel daran, daß auch dort ein Königspalast mit einem Tempel existierte, der freilich heute ebenso verschwunden ist wie der monumentale Aton-Tempel von Karnak.

Das Königspaar in Memphis

Aber es gibt noch einen weiteren Hinweis auf diese Kultstätte in Memphis. Archäologen haben im nahen Gizeh und Sakkara die Gräber zweier Tempelbeamten entdeckt, die in einem Aton-Tempel Dienst taten. Der eine versah die Aufgabe eines Dämonenverwalters, der andere war Oberfeingoldmacher. Leider sind die Gräber von Arabern im vorigen Jahrhundert ausgeraubt und zerstört worden, so daß sie heute für die Forschung nichts mehr hergeben. Schließlich ist noch der Brief eines königlichen Schreibers an Echnaton erhalten, in dem jener berichtet, wie gut der königliche Besitz und die Tempelanlagen in Memphis erhalten sind. Bei der Wut, mit der Amenophis gegen die alten Tempel und Götter vorging, ist kaum anzunehmen, daß einer der Schreiber des Pharaos voll Stolz auf den guten Zustand eines nicht genehmen Tempels hingewiesen hätte. Ähnlich wie in Karnak wurden in Memphis eine große Anzahl von Reliefblöcken zutage gefördert, die Bestandteile eines Aton-Tempels waren. Eine Darstellung, die als Echnaton und Semenchkare, der Gatte von Meritaton, identifiziert wurde, scheint – dem Größenverhältnis nach zu schließen – ein kleines Fragment einer monumentalen Tempelwand zu sein. Da Semenchkare auftaucht, dürfen wir annehmen, daß der Bau dieses Tempels in das Jahr 14 bis 17 der Regierungszeit Echnatons fällt.

Nach den vorliegenden Dokumenten ließ Amenophis IV. in Memphis zuerst einen Palast errichten. Der Bau einer Tempelanlage fällt in das Jahr 5 bis 9 seiner Regierung. Anhand der verschiedenen Schreibweisen des Gottesnamens Aton läßt sich feststellen, daß auch nach dem Jahr 9 Tempel errichtet bzw. Erweiterungen durchgeführt wurden. Für die Vermutung, wonach schon Amenophis III. in Memphis den Kult der Sonnenscheibe eingeführt habe, fanden sich bisher keine Beweise. Im Gegenteil, ein heute in Kairo aufbewahrtes Relieffragment aus Memphis zeigt Amenophis III. mit dem Gott Ptah, dem Stadtgott von Memphis, und dessen Gattin Sachmet und stammt demnach wohl aus dem Ptah-Tempel von Memphis.

Wie in Memphis scheint es auch in Heliopolis eine aus der Zeit Nofretetes und Echnatons stammende Aton-Kultstätte gegeben zu haben. Obwohl nur ein einziges Reliefblockfragment gefunden wurde, das zudem nur den Namen von Nofretetes Tochter Meritaton und unvollständige Attribute des Gottes Aton trägt, gilt die Existenz eines Aton-Tempels in Heliopolis als sicher; Weinsiegel und Topfstempel aus Amarna weisen nämlich mehrfach auf einen Tempel des Aton in der Stadt des alten Sonnenkultes hin. Allerdings dürfte es sich bei dieser Kultstätte nur um einen umgebauten Göttertempel gehandelt haben, der – was als erwiesen gilt – von einem königlichen Gut bewirtschaftet wurde, das den Namen »der den Aton zufriedenstellt« trug.

War es Liebe?

Angesichts der Darstellungen aus den ersten Ehejahren, die Nofretete zusammen mit Echnaton zeigen, besteht überhaupt kein Zweifel, daß diese Verbindung glücklich war. Ein zärtlicher König wie Amenophis IV. und eine verliebte Königin wie Nofretete –

das war etwas ganz Neues für das ägyptische Volk. Doch das Glück dauerte nur wenige Jahre. Beginnend mit dem Jahr 4 der Regierung des vierten Amenophis macht dieser eine seltsame Wandlung durch. Reliefdarstellungen in Gräbern und auf Grenzstelen von Amarna zeigen anatomische Anomalien, die offenbar auch nicht ohne Folgen auf seine Persönlichkeitsstruktur blieben. Ihre Ursache ist bis heute, trotz der verschiedensten Theorien, die es darüber gibt, ungeklärt.

Der Kopf Amenophis' IV. erinnert mehr und mehr an einen Wasserkopf. Während Arme und Beine abmagern, zeigen sich Schwellungen am Brustkorb, an Hüften und Oberschenkeln. Amenophis war gerade erst sechzehn Jahre alt, Nofretete einundzwanzig. Die Königin stand in der Blüte ihrer Jahre, der König hatte mit einer schweren, wahrscheinlich hormonalen Störung zu kämpfen. Je weiter die Krankheit fortschritt, desto größer wurde der Kontrast zwischen den beiden: Nofretete – die schönste, liebenswerteste Königin, die Ägypten je hatte, und Amenophis IV., der häßlichste, bedauernswerteste Pharao, der Ober- und Unterägypten je regierte.

Nofretete ließ sich von dem Aussehen ihres Gemahls jedoch nicht abschrecken. Im Gegenteil, es scheint, als riefen die krankhaften Veränderungen Amenophis' IV. bei der älteren und reiferen Frau wieder jene Muttergefühle wach, deren der junge Pharao so sehr bedurfte. Und deshalb erscheint es um so tragischer, daß Amenophis von seinem Wahn schließlich so weit getrieben wurde, diese Frau zu verstoßen.

In jungen Jahren war er ein übersensibler, phantasiebegabter Mensch mit neurotischen Zügen. Die ältere, viel erfahrenere Nofretete dagegen war ein eher nüchterner Typ. Dem intensiven Gefühlsleben des Amenophis brachte sie Bewunderung und Zuneigung entgegen, und so wurde sie schließlich fast automatisch die wichtigste Bezugsperson für den jungen Pharao.

Echnaton im Licht der Psychoanalyse

Echnatons psychische Konstitution wird entscheidend bestimmt durch seinen Vaterhaß. Karl Abraham, einer der bedeutendsten Schüler und Mitarbeiter Sigmund Freuds, hat sich in seinen *Psychoanalytischen Studien* mit dem Problem der negativen Vaterbeziehung auseinandergesetzt. Er schreibt:

»Ein Blick in die Geschichte so mancher Familie läßt bemerken, wie sich aus ihrer Mitte eine Persönlichkeit erhebt und sich durch ihre Aktivität Bahn bricht. Schon der Sohn eines solchen Mannes leitet oft den Abstieg der Familie ein. Häufig fehlt ihm die kraftvolle Konstitution des Vaters. Hat er sie aber auch ererbt, so wächst er doch im Schatten einer übermächtigen Persönlichkeit heran und wird dadurch in der freien Entfaltung gehindert. Er setzt das Werk des Vaters fort, ohne dessen Erfolge zu überbieten. Sein Machtbedürfnis zeigt sich mehr in seinen gesteigerten Ansprüchen an das Leben, in der Neigung zu Genuß und Luxus Die folgende Generation pflegt dann an Energie und Tatkraft noch weiter nachzulassen, zeigt eine Tendenz zur intellektuellen Überfeinerung und zur Sentimentalität. Den Anforderungen der Realität nicht gewachsen, treibt sie der Neurose zu.«

Genau das trifft auch auf Echnaton zu. Sein ganzes kurzes Leben ist ein einziger Versuch, sich aus der inneren Abhängigkeit von seinem Vater zu lösen. Der junge Amenophis mußte in seinem Vater den Inbegriff von Kraft und Potenz sehen, waren doch dessen Jagderfolge ebenso phänomenal wie sein riesiger Harem. Und diesem Mann gehört auch noch der Mensch, auf den die ganze Libido des jungen Amenophis ausgerichtet ist: seine Mutter Teje. Dem Vater gegenüber kann er nur eine ohnmächtige Feindschaft und Eifersucht empfinden.

Das Fatale an der Situation des jungen Pharaos ist, daß seine Mutter Teje ihrem Mann, seinem Vater, an Intelligenz und Tatkraft weit überlegen ist. Da sich diese Klugheit und Energie bei Teje aber auch noch mit Schönheit paart und der Ästhet Amenophis dafür besonders empfänglich ist, wird der notwendige Loslösungsprozeß von der Mutter unendlich erschwert.

Karl Abraham weist darauf hin, daß in Fällen wie diesem die Ablösung oft sogar völlig mißlingt, gelingt sie aber, so nur unvollkommen, und es wird die Neigung deutlich, sich wieder ähnlich ausschließlich an *eine* Person zu binden. »Die einmal erfolgte Übertragung der Libido«, sagt Abraham, »pflegt die endgültige, unwiderrufliche zu sein.«

Und das genau trifft auf Amenophis IV. zu. Wir wissen nicht, ob es sein persönlicher Wunsch war, die siebzehnjährige Witwe seines Vaters zu heiraten, oder ob Teje diese Verbindung bewußt förderte oder gar befahl. Wir wissen aber, daß *sie* in den ersten Jahren des jungen Pharaos die Regierungsgeschäfte führte, und wir wissen auch, daß Amenophis IV. Nofretete in den ersten Ehejahren mit Zuneigung förmlich überschüttete. Mag sein, daß die Tatsache, die eigene Stiefmutter zu heiraten und dem Vater auf diese Weise etwas »wegzunehmen«, ihm eine gewisse Genugtuung verschaffte; die eigentliche Abrechnung mit der übermächtigen Vaterfigur fand jedoch auf anderem Gebiet statt:

Die stärkste und alles bestimmende Tradition im alten Ägypten war die Religion. Amenophis bricht mit ihr und verleiht Aton, dem »neuen«, einzigen Gott eine Autorität, wie sie keiner der Götter vor ihm je besaß. Ebenso traditionsverhaftet war die Kunst. Der Pharao leitet eine künstlerische Revolution ein, der bisherige Idealismus wird zum Realismus, ja, zu einer Art Expressionismus.

Die Diagnose der Neurologen

Schon 1920 haben die französischen Neurologen Dr. M. Ameline und Dr. P. Quercy sich mit dem unproportionierten Körperbau Echnatons beschäftigt. Sie diagnostizierten aufgrund von Abbildungen des Pharaos eine sogenannte progressive Lipodystrophie, ein äußerst seltenes Krankheitsbild, das den Oberkörper mager erscheinen läßt, während der Unterkörper stark anschwillt, weil das Unterhautfett im Oberkörper völlig verschwindet, das Fettgewebe an Gesäß und Unterschenkeln jedoch wuchert.

Die Mehrzahl der Wissenschaftler bescheinigt Amenophis IV. sogar einen Wasserkopf (Hydrocephalus). An Hand von Obduktionsbefunden und Tierexperimenten sind Psychiater, Neurologen und Neurochirurgen allerdings zu einem differenzierteren Krankheitsbild des Wasserkopfes gekommen. Heute ist es möglich, die verschiedensten Formen von Hydrocephalus mit Hilfe einer komplizierten Hirnluftfüllung röntgenologisch zu untersuchen. Der Wasserkopf wird demnach nicht mehr als eine ganz bestimmte Krankheit betrachtet, sondern als Symptom bzw. auslösendes Moment für verschiedene Krankheitsbilder. Darüber hinaus haben Neurologen entdeckt, daß ein Wasserkopf sowohl ein Zeichen für Idiotie sein kann als auch für überdurchschnittliche Intelligenz. Ein weiterer Beweis dafür, wie klein der Schritt vom Genie zum Wahnsinn ist. Menschen mit hydrocephalem Schädelbau weisen nach Ansicht des Münsteraner Psychiaters und Neurologen Hans E. Kehrer in ihrem psychischen und sozialen Verhalten abnorme Züge auf. Außerdem sind sie vielfach von kleinem Körperbau, und ihre Lebenserwartung ist kurz. Alle diese Symptome *können* gemeinsam auftreten, genausogut kann jedoch das eine oder andere Symptom völlig fehlen. Andererseits sind im klinischen Erscheinungsbild meist auch nur *einzelne* Verhaltensweisen und Fähigkeiten gestört bzw. überbetont. Eine außerordentlich große emotionelle Erregbarkeit wird ebenfalls als typisches hydrocephales Symptom angesehen.

Erregbarkeit und Reizbarkeit haben ihre Ursache vielfach in sehr starken, schier unerträglichen Kopfschmerzen, die wiederum häufiges Erbrechen zur Folge haben. Wenn man die Kunstwerke des Amarna-Zeitalters einmal auf dem Hintergrund dieses Wissens betrachtet, so fälllt einem ein ganz bestimmtes Motiv auf, dem die Ägyptologen keine besondere Bedeutung beigemessen haben: Erstmals in der ägyptischen Kunstgeschichte werden zur Zeit Nofretetes Menschen dargestellt, die sich erbrechen, ein Phänomen, das danach wieder verschwindet. Hat die Brechkrankheit seines Herrschers das Volk so stark beschäftigt, daß es das Erbrechen sogar in der Kunst zeigte?

Nofretetes Ehemann war also von seinem sechzehnten Lebensjahr an krank und entwickelte sich allmählich zu einer bedauernswerten Erscheinung, die auf die Unterstützung und die geistige Tatkraft einer starken Persönlichkeit angewiesen war – Nofretete. »Außer den Störungen der Intelligenz«, so der Neurologe Kehrer, »sind beim Wasserkopf auch andere psychische Funktionen oft verändert. Bei dreiunddreißig unserer eigenen Kranken mit starken Ventrikelerweiterungen, die eingehender psychopathologisch untersucht wurden, traten Antriebsarmut, Stumpfheit, Apathie, depressionsartige Zustände, aber gelegentlich auch läppische Euphorie, anhaltende Bewegungsunruhe und Erethismus* hervor, hier ebenfalls ohne direkte Beziehung zwischen der Schwere der Symptome und dem Grad des Wasserkopfes.«

Die Erblichkeit des Wasserkopfes ist umstritten. Es gibt jedoch wissenschaftliche Beobachtungen, nach denen der Hydrocephalus geschlechtsgebunden vererbt wird. Möglicherweise hat Amenophis III., der mit zunehmendem Alter ein immer apathischeres Verhalten an den Tag legte, seinem Sohn diese Krankheit vererbt. Britische und französische Neurologen haben schon in den fünfziger Jahren festgestellt, daß das Auftreten des Wasserkopfes im Jugendalter auch mit sexuellen Störungen verbunden ist. Dabei wurden *harmonischer Infantilismus, Pubertas praecox* (Frühreife) und *Dystrophia adiposogenitalis* beobachtet. Bei Amenophis IV. handelt es sich zweifellos um eine Rück- und Mißbildung der Geschlechtsorgane. Eine in Kairo aufbewahrte Statue des vierten Amenophis zeigt den Pharao nackt, ohne männliches Geschlechtsorgan.

Man mag Amenophis IV. viele negative Eigenschaften zuschreiben, doch eines läßt sich nicht leugnen: Er war ein Pazifist. Nicht wie sein Vater Amenophis III. aus Faulheit, sondern aus Überzeugung. So schaffte er nicht nur die zu Zeiten seines Vaters noch durchaus üblichen Menschenopfer in Ägypten ab, sondern wahrscheinlich sogar die Todesstrafe; jedenfalls sind aus seiner Regierungszeit keine Hinrichtungen überliefert. Er haßte – auch hier anders als sein Vater – die Jagd, den Zeitvertreib der Vornehmen. Während zahlreiche Wandmalereien aus der Ära Amenophis' III. von Entenjagd und Fischzügen künden, nehmen sich die Tierszenen unter

* Zustand erhöhter Erregung.

Amenophis IV. weit friedlicher aus. Da springen die Fischlein munter im Wasser, und die Enten flattern schnatternd durchs Schilf. Doch als er bei den besten Künstlern seines Reiches diese Werke in Auftrag gab, war er noch nicht von seiner schweren Krankheit gezeichnet, die schon bald die ersten Probleme zwischen ihm und der schönen Nofretete aufwerfen sollte.

Die Traumstadt

Nicht nur, daß der berühmte Kopf der Nofretete hier gefunden wurde und Tut-ench-Amun hier seine Regierung antrat. Es zeugt schon von ungewöhnlicher Romantik eines Pharaos, wenn aus einer Laune heraus an einem bisher unbewohnten Ort eine Königsstadt gegründet, besiedelt und wieder zerstört wird, eine Stadt, die schon nach wenigen Jahren wieder der Wüste anheimfällt. Und diese Stadt war während ihrer kurzen Existenz die Hauptstadt einer Weltmacht.

John D. S. Pendlebury, Ägyptologe

Im Jahre 1957 *nach* Christus begannen 30 000 Techniker, Ingenieure und Arbeiter auf dem brasilianischen Urwald-Zentralplateau mit der Verwirklichung eines der kühnsten architektonischen Entwürfe der Gegenwart. Drei Jahre später, am 21. April 1960, wurde »Brasilia«, die Hauptstadt aus der Retorte, eingeweiht.

Im Jahre 1359 *vor* Christus begannen 100 000 Techniker, Ingenieure und Arbeiter in einem mittelägyptischen Wüstenabschnitt am Nil, zwischen Theben und Memphis, mit dem Bau einer Traumstadt. Knapp drei Jahre später, im Jahre 1357 v. Chr., wurde die schönste Stadt der Welt, »Achetaton«, die neue Hauptstadt Ägyptens, eingeweiht.

Im Jahre 1970 n. Chr. war Brasilia von allen Bewohnern verlassen, man wagte nicht einmal mehr, den Namen Brasilia zu erwähnen; kurze Zeit später war diese Stadt vergessen, der Urwald nahm wieder Besitz von seinem Territorium. So etwa sähe die Geschichte Brasilias aus, hätte es dasselbe Schicksal erlitten wie vor mehr als dreitausend Jahren Achetaton. Die Parallelen sind wirklich verblüffend. Hier wie da wurde innerhalb von drei Jahren eine künstliche Hauptstadt mit modernsten Prachtbauten für mehr als hunderttausend Menschen aus einem Boden gestampft, den bisher kaum ein Mensch betreten hatte. In Brasilien war es wuchernder Urwald, in Ägypten wandernde Wüste.

Technische Probleme

Achetaton ist die erste am Reißbrett geplante Stadt der Welt. Ursprünglich sollte sie nur das Gebiet zwischen Nil und östlichem Felsengebirge umfassen, doch noch während der ersten Bauarbeiten am Ostufer wurde das Westufer in die Planung miteinbezogen. Die Errichtung dieser Wüstenstadt war eine Meisterleistung altägyptischer Technologie, denn, abgesehen von dem Material, das die riesigen Alabasterbrüche im Nordosten von Amarna lieferten, mußten alle Baustoffe über Hunderte von Kilometern herbeigeschafft und an Ort und Stelle verarbeitet werden. Bevor also überhaupt mit den eigentlichen Bauarbeiten begonnen werden konnte, mußte man erst Fabriken und Werkstätten einrichten, Brunnen bohren und Abwässerkanäle graben.

Anders als sein Vater wählte Amenophis IV. für die Fundamente seiner Stadt nicht die luftgetrockneten Lehmziegel aus Nilschlamm, sondern fein behauene Quader, die zu Schiff aus oberägyptischen Steinbrüchen nilabwärts nach Amarna gebracht wurden. Allein dieser Tatsache ist es zu verdanken, daß die Fundamente der meisten Amarna-Bauten – im Gegensatz zum Malkata-Palast Amenophis' III. – bis heute erhalten und die Gebäude daher rekonstruierbar sind. Für die Hochbauten freilich wurden, wie seit Jahrhunderten üblich, Ziegel verwendet, deren Grundstoff luftgetrockneter Nilschlamm war. Alle diese Ziegel hatten in etwa dieselbe Größe – Länge: 33–37 Zentimeter, Breite: 15–16 Zentimeter, Höhe: 9–10 Zentimeter.

Die Schlammziegel-Bauweise schien nicht nur die preisgünstigste, sondern auch die zeitsparendste zu sein. Die Baustoff-Lieferungen konnten kurzfristig erfolgen, lange Transportwege gab es nicht, und die Verarbeitung war weniger aufwendig, weil sie schwere Transportschlitten und komplizierte Hebevorrichtungen überflüssig machte. Der einzige Nachteil dieses Materials lag in der unregelmäßigen Schrumpfung der Ziegel beim Trocknen.

Die Baumeister von Amarna entwickelten daher ein Hohlblock-System, das ausgesprochen modern anmutet: Sie legten beim Bauen in der ersten Reihe die Ziegel jeweils an der Längsseite aneinander. In der darüberliegenden Schicht wurden die Ziegel – jeweils drei nebeneinander – an den Schmalseiten aneinandergereiht. Zwischen diesen einzelnen Reihen blieb ein Hohlraum, in dem die Luft zirkulieren konnte. Auf diese Weise trockneten die Steine so gleichmäßig wie nur möglich. Zur statischen Stabilisierung wurden Holzbalken fachwerkartig in das Mauerwerk gezogen. Diese »leichte« Architektur entsprach ganz dem Charakter der neuen Hauptstadt, doch leider hielt sie den Witterungseinflüssen weit weniger stand als die monumentalen Steinbauten. Archäologen hatten und haben es in Achetaton daher besonders schwer.

Die ersten Ausgräber

Nach der spektakulären Entdeckung des Amarna-Archivs im Jahre 1887 begannen sich Archäologen aus aller Welt für die geheimnisvolle Wüstenstadt zu interessieren. Der erste, der systematische Ausgrabungen in diesem Gebiet betrieb, war im Jahre 1891 Sir Flinders Petrie. Ihm folgte Ludwig Borchardt, der von 1911 bis 1914 die bedeutendsten Funde aus der Amarna-Epoche machte*. Nach dem Ersten Weltkrieg erhielt die britische Egypt Exploration Society die Grabungskonzession für dieses Areal. In ihrem Auftrag schürften von 1921 bis 1922 und von 1926 bis 1937 so weltberühmte Ägyptologen wie Thomas Eric Peet und

* Siehe dazu das Kapitel »Der Fund«.

John Divitt Stringfellow Pendlebury, deren Entdeckungen Grundlagen und Voraussetzungen dafür schufen, daß sich heute immer mehr Wissenschaftler auf die Erforschung der Amarna-Zeit spezialisieren.

Am 22. Oktober 1912 trafen fünf Herren aus Berlin in der Gegend von Amarna ein: Professor Hermann Ranke, Professor Paul Timme, die beiden Regierungsbaumeister Hollander und Honroth sowie Regierungsbauführer Breith. Die fünf waren die Vorhut einer Expedition, die sich vorgenommen hatte, die letzten Geheimnisse der Traumstadt Nofretetes zu entschlüsseln.

Bei El-Hagg Quandil hatten die Archäologen auf den Ruinen eines alten Hauses aus der Amarna-Zeit ein Wohnhaus errichtet, das – entsprechend der Raumaufteilung des antiken Vorbildes – über vier komfortable Wohnräume, ein Küchengebäude und einen Zeichensaal verfügte. Paul Timme, der die Aufgabe hatte, die Westseite des Gebietes von Tell el-Amarna kartographisch zu erfassen – die Ostseite hatte er bereits 1911 kartographiert –, mußte noch bis zum 12. Dezember in El-Hagg Quandil ausharren; so lange ließ das Gepäck mit dem Arbeitsgerät und den Vorräten auf sich warten.

Am Westufer von Amarna

Am 12. Dezember, morgens um sieben Uhr, begann dann das Abenteuer. Und es war wirklich ein Abenteuer, dieser Ritt in die libysche Wüste, wie Timme schon bald merken sollte. Die Überfahrt mit Trägern und Gepäck verlief ohne Komplikationen, doch am anderen Nilufer war nichts zu sehen von den vier bestellten Kamelen. Timme bezog also Stellung im Bahnhofsgarten von Der Mawass und befahl seinen Trägern, nach der Karawane Ausschau zu halten.

Am Nachmittag hatte man endlich vier Kamele und einen Esel – als Reittier für Timme – beisammen. Die Karawane sollte den Professor bis zum Dorf Dalge bringen, doch unterwegs streikten die Träger plötzlich, sie wollten ihr Geld und verschwinden. Timme lehnte ab: »Ihr bekommt euer Geld erst, wenn ihr mich in Dalge abgesetzt habt.«

Das war nicht ungefährlich, die Ägypter hatten nämlich in jenen Jahren für Archäologen nicht sonderlich viel übrig. Vor einem dreiviertel Jahr, am 1. Februar 1912, war hier in derselben Gegend ein ausgezeichnet erhaltener Stuckfußboden, den der Engländer Flinders Petrie 1891 freigelegt hatte, von aufgebrachten Fellachen zertrümmert worden. Warum? Weil die Trinkgelder, die die Wächter der archäologischen Stätte von Reisenden bekamen, den armen Viehhirten ein Dorn im Auge waren. Aber was sollte Timme tun?

Er ließ alles für eine Übernachtung vorbereiten und hoffte, am nächsten Tag mehr Glück zu haben. Am nächsten Morgen – vor Kälte und Angst hatten die Träger kaum ein Auge zugetan – mußte Paul Timme den Weg nach Dalge dann doch allein zurücklegen. Die Kameltreiber weigerten sich nach wie vor weiterzugehen. In Dalge suchte Timme das Haus des Ortsvorstehers, des Omde, auf – ein würdiger Beduine, dem die Bauern noch die Hände küßten. Der Omde schickte Kamele, ließ das Gepäck holen und stellte dem Professor selbst einen Schimmel zur Verfügung.

In der größten Hitze des Nachmittags erreichte die Expedition endlich ihr Ziel. An einem der folgenden Abende notierte Timme in sein Tagebuch: »Der Zauber eines klaren Sternenhimmels wirkt hier, mitten in der Einsamkeit der Wüstenlandschaft, besonders bestrickend und hielt mich noch lange vor dem Zelt fest, bis die zunehmende Kälte mich in das Innere trieb. Hier erwärmte auch für die Folge die Petroleumlampe den Raum so völlig, daß ich stets in behaglicher Verfassung den Tag mit Lesen in Klunzingers *Bilder aus Oberägypten* und ähnlichem der Lage Angepaßtem beschließen konnte, nachdem die Abendmahlzeit genommen und das Wichtigste von der Tagesarbeit festgelegt war ...«

Gleich an einem der ersten Tage geriet der Forscher aus Berlin in eine ziemlich brenzlige Situation. Bei einem Erkundungsritt in der Nähe des Dorfes Derwa hatte er sich verspätet, und die Dämmerung brach schon herein. Plötzlich tauchten zwei finster aussehende Beduinen auf, jeder mit einem Gewehr in der Hand. Timme fragte nach dem Weg. Sie zeigten in irgendeine Richtung und verlangten dann Geld. Trotz aller Mühe gelang es Timme offensichtlich nicht, den beiden klarzumachen, daß er bei der Arbeit in der Wüste nie Geld mit sich herumtrage. Sie verfolgten den Deutschen kilometerweit, bis schließlich der eine über ihn herfiel, ihm das Tagebuch aus der rechten Jackentasche riß und mit seinem Kumpan so plötzlich, wie sie gekommen waren, wieder verschwand. Gewarnt durch diesen Vorfall schickte Timme einen Boten in das Hauptquartier der deutschen Expedition nach El-Hagg Quandil und forderte einen der bewaffneten Wächter an. »In der Folge, als der Wächter da war«, berichtet Timme, »kam nichts Wesentliches mehr vor. Nur, daß dieser mehr als zuviel seiner eigenen Furcht durch Schießen ins Blaue Beruhigung zu schaffen suchte, so daß ich ihm schließlich die Patronen stückweise zuteilen mußte.«

Timme zeichnete und kartographierte unermüdlich. Es war Dezember und irgendwann einmal war Weihnachten – er merkte es nicht. Am 27. Dezember brach er das Lager hier ab und schlug es westlich von Derwa auf. Und am 8. Januar 1913 wechselte er ein zweites Mal den Standort und ließ sich zwischen Derwa und Tuna el-Gebel nieder, wo des nachts die Schakale um die Zelte schlichen. Die wichtigsten Küchenvorräte, die Hühner, mußten bei Einbruch der Dämmerung eingefangen werden und die Nächte in Kisten verbringen.

Am 21. Januar war die kartographische Aufnahme der Westseite abgeschlossen und damit die Voraussetzung für weitere Ausgrabungen geschaffen.

Baustellenbesichtigung

Ich habe die Arbeit »vor Ort« einmal etwas ausführlicher geschildert, damit der Leser einen Eindruck erhält von den Schwierigkeiten, mit denen diese Männer Tag für Tag zu kämpfen hatten. Allzuleicht ist man geneigt, bei der nun folgenden Beschreibung von Achetaton zu vergessen, welche mühselige, jahrelange Arbeit hinter diesen Erkenntnissen steckt.

Am 13. Tag des 4. Peret im Jahre 6 fuhren Nofretete und Echnaton zum zweiten Mal auf dem goldenen Wagen von Malkata nach Achetaton, um zu sehen, welche Fortschritte die Stadt ihrer Träume machte. Das ganze Areal war noch eine einzige Baustelle, und so residierte man im Mattenzelt »der Aton ist zufrieden«. Die Einfallstraße nach Achetaton war offensichtlich bereits fertiggestellt, denn der Pharao betont ausdrücklich, daß er »den schönen Weg«, die spätere Königsstraße, einschlug, und er schwört bei dieser Gelegenheit den feierlichen Eid*:

> Die südliche Stele, die auf dem östlichen Berg von Achetaton ist, das ist die Stele von Achetaton, die ich stehenlassen werde an ihrer Stelle. Nicht werde ich sie nach Süden in alle Ewigkeit überschreiten. Eine südwestliche Stele wurde angelegt ihr gegenüber auf dem südlichen Berg von Achetaton genau gegenüber. Die mittlere Stele auf dem Ostberge von Achetaton, das ist die Stele von Achetaton, die ich an ihrer Stelle stehenlasse auf dem östlichen Berg von Achetaton. Nicht werde ich sie nach Osten in alle Ewigkeit überschreiten. Es wurde eine mittlere Stele angelegt, die auf dem westlichen Berg von Achetaton ihr genau gegenüber ist. Die nordöstliche Stele von Achetaton, die lasse ich an ihrer Stelle stehen und nicht überschreite ich sie stromab in alle Ewigkeit. Es wurde die nördliche Stele auf dem westlichen Berg von Achetaton ihr genau gegenüber angelegt.
>
> Achetaton liegt von der südlichen Stele bis zur nördlichen Stele in der Abmessung zwischen Stele und Stele auf dem Ostberg von Achetaton, was macht 6 Jtrw 1³/4 Ht und 4 Ellen. Ebenso von der südwestlichen Stele von Achetaton bis zur nordwestlichen auf dem Westberg von

* Text der ersten Grenzstele von Amarna.

> Achetaton, das macht 6 Jtwr, $1^3/_4$ Ht, 4 Ellen ebenfalls genau.* Der Inhalt (= Gebiet zwischen) dieser 4 Stelen vom Ost- zum Westberg ist das eigentliche Achetaton, das meinem Vater Re-Horachte, der jubelt im Horizont in seinem Namen Schu, welcher der Aton ist, gehört (der in alle Ewigkeit lebe), mit Bergen, Wüsten, Weidegelände, neuem Land, Hochland, frischem Land, mit Feldern, mit Wasser und mit Dörfern, mit dem Uferland, mit Menschen, mit Rindern, mit Bäumen und mit allen Dingen, die der Aton, mein Vater, in alle Ewigkeit wachsen lassen wird . . .

Mit Achetaton, der Stadt, die da vor den Augen Nofretetes und Echnatons gen Himmel wuchs, sollte ein Traum verwirklicht werden – der uralte Menschheitstraum von einer besseren, einer glücklicheren Welt. Achetaton sollte die Stadt der Sonne, der Liebe, der Kunst und der Freude sein. Wer hätte je gedacht, daß diese Stadt zu einem Ort der Finsternis, des Hasses, des Unglücks, der Zerstörung und des Schmerzes werden würde? Wenn Echnaton es nicht sah, so mag ihn seine jugendliche Naivität entschuldigen, aber merkte auch Nofretete nicht, was da in der nördlichen Vorstadt geschah?

An den breiten Straßen der Stadt bauten die Wohlhabenderen ihre Häuser, kunstvoll und prächtig, wie es dem »Horizont des Aton« (Achetaton) angemessen war. Bauschutt und Müll warfen sie auf die hinter ihren Häusern liegenden Grundstücke. Dann kamen weniger Begüterte, sie verbrannten den Müll und errichteten – teilweise mit dem vorhandenen Bauschutt – ihre Häuser in einer zweiten Flucht, während sie den dabei entstehenden Abfall auf den hinter *ihnen* liegenden Grundstücken abluden. Das war das Signal für die Mittellosen, die in Achetaton auf einen neuen Anfang hofften. Mit dem Abfall der weniger Begüterten bauten sich diese Ärmsten in dritter Reihe windige Hütten, die ersten Slums. Nofretete und Echnaton konnten sie nicht sehen, wenn sie auf ihrem goldenen Wagen durch Achetaton jagten – dort führte keine Straße vorbei.

* Siehe dazu Abb. auf S. 209.

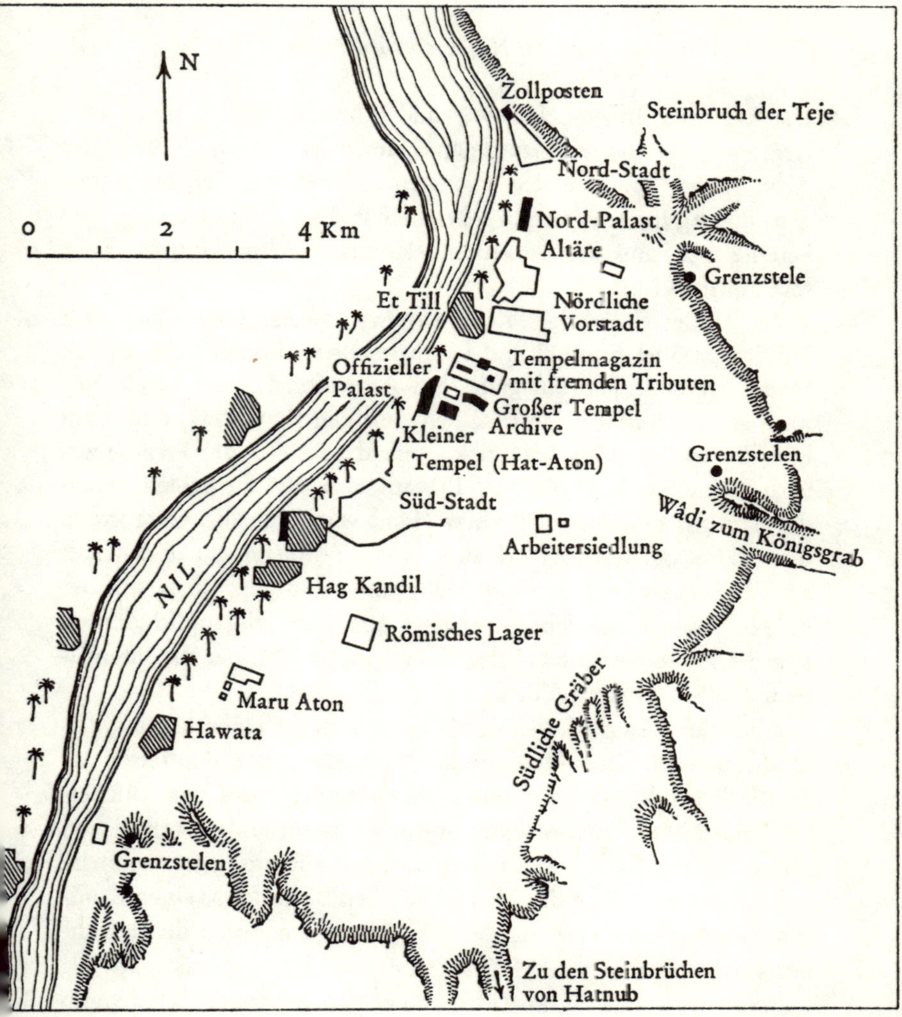

Achetaton, Nofretetes und Echnatons Traumstadt am Nil (die Schreibweise der Ortsnamen auf dieser Karte unterscheidet sich aufgrund einer anderen Transkription von der sonst im Buch gewählten).

Auf der Pracht-Avenue zu Nofretetes Residenz

Die Residenz, in der Nofretete und Echnaton vom 7. Jahr ihrer Regierung an lebten, trug den Namen Hat-Aton (»Burg des Aton«) und war eine der schönsten architektonischen Schöpfungen, die Ägypten je hervorgebracht hat. Der »Vorsteher der Arbeiten« Bek und die vielen unbekannten Helfer konnten stolz sein auf ihr Werk.

Die Hauptstraße, die »Königsstraße«, verlief von Süden nach Norden parallel zum Nil und berührte alle wichtigen Gebäude der Stadt. Am südlichen Ausgang von Achetaton lag der kleine Königspalast Maruaton mit seinen luftigen Pavillons und dem künstlichen See. Von Theben kommend passierte der Fremde zunächst eine Reihe vornehmer Privathäuser, die zu beiden Seiten der Königsstraße lagen. Rechter Hand war dann das erste große öffentliche Gebäude zu erkennen, das Tempelmagazin des sich anschließenden kleinen Aton-Heiligtums. Ihm gegenüber, auf der linken Straßenseite, aber von dort aus nicht zugänglich, erhob sich die große Säulenhalle des Königspalastes, in der die öffentlichen Audienzen stattfanden.

Ging der Besucher weiter, so kam er unter einer überdachten Hochbrücke hindurch – die direkte Verbindung von den rechts der Straße liegenden Privaträumen des Herrscherpaares zum offiziellen Palast. Und jeden Morgen, wenn Echnaton und Nofretete von ihren Privatgemächern in die Residenz hinübergingen, sammelte sich unter der Brücke das Volk, um einen Blick der schönen Königin zu erhaschen. »Fenster der Erscheinung« nannten die Bewohner von Achetaton jene Maueröffnung auf der Hochbrücke, in der man oft mehrmals täglich Nofretete erspähen konnte*. Und wenn das Volk nach ihr rief und sie zu sehen verlangte, dann trat sie ans Fenster, winkte, und die Leute jubelten ihr zu.

An der Südseite dieser Hochbrücke befand sich eine Auffahrtsrampe – der offizielle Zugang zu den Privaträumen des Königs, die etwas höher lagen als die anderen Gebäude. Über diese Ram-

* Siehe dazu auch die Abb. auf S. 136 und S. 188.

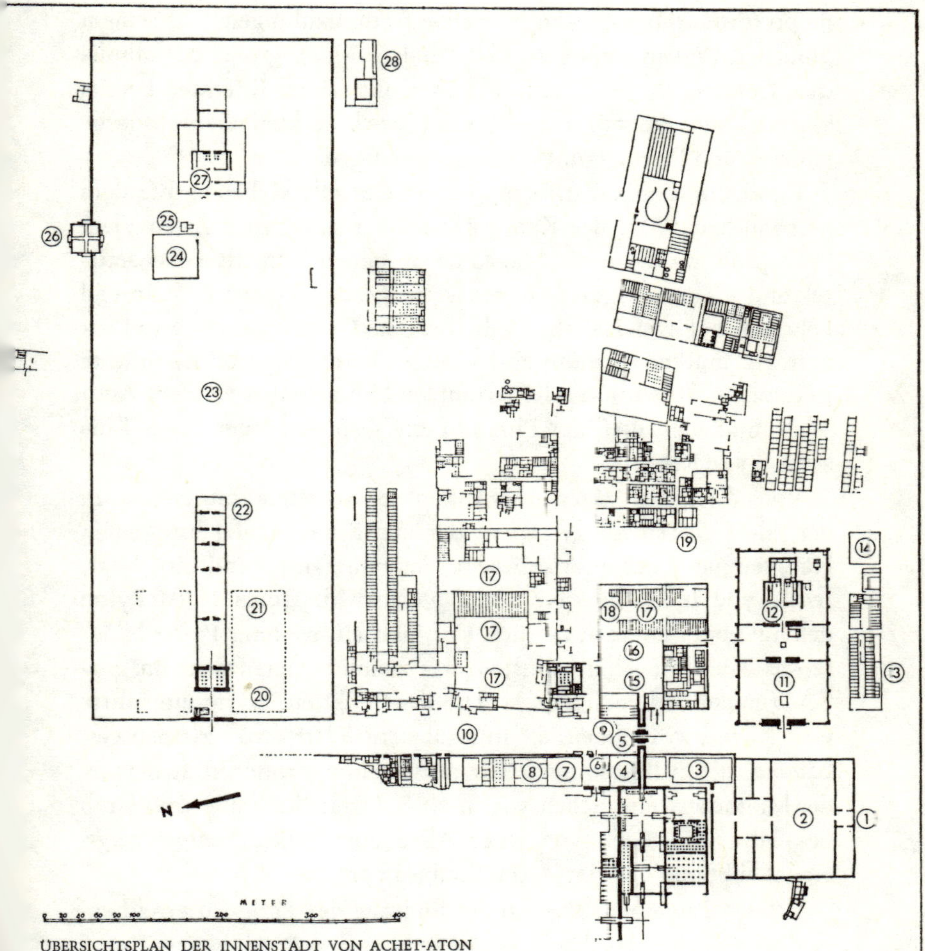

ÜBERSICHTSPLAN DER INNENSTADT VON ACHET-ATON

1 *Thronsaal*
2 *Große Säulenhalle*
3 *Magazine*
4 *Südlicher Harem*
5 *Erscheinungsfenster*
6 *Hof*
7 *Nördlicher Harem*
8 *Garten*
9 *Brücke*
10 *Königsstraße*
11 *Altar*
12 *Heiligtum*
13 *Tempelmagazine*
14 *See*
15 *Haus des Königs*
16 *Garten*
17 *Magazine*
18 *Teich*
19 *Archiv*
20 *Per-hai*
21 *Opfersteine*
22 *Gem-Aton*
23 *Großer Tempel*
24 *Schlachthof*
25 *Stele*
26 *Halle, in der Tribute entgegengenommen wurden*
27 *Heiligtum*
28 *Haus der Panehesi*

pe preschte Echnaton, von Nofretete festumschlungen, mit seinem goldenen Wagen empor in ein 70 mal 70 Meter großes parkähnliches Geviert, wo der Pferdevorsteher mit seinen Knechten bereits wartete, um die mit roten Federn geschmückten Gäule auszuschirren und Pferde und Wagen zu versorgen.

Rund um diesen Park gruppierten sich alle Gebäude, die dem persönlichen Wohl des Königspaares dienten. Den meisten Platz beanspruchten dabei die Magazine, in denen Vorräte, Lebensmittel und Gebrauchsgüter tonnenweise gestapelt waren. Während Lebensmittel wie Fleisch, Fisch, Brot und Obst meist getrocknet wurden, mußten Gemüse und weniger leicht verderbliche Früchte in dunklen, fensterlosen Kellerräumen kühlgehalten werden. Auch Wein und Bier, dem der Pharao gern zusprach, lagerten in Tausenden von Krügen.

Von ihren Privatgemächern konnte Nofretete ungesehen in den kleinen Tempel gelangen, der zur Königsstraße hin seinen Haupteingang hatte. An diesem Haupteingang stand ein Altar, rechts und links flankiert von Opfertischen. Durch einen Pylon gelangte man in einen zweiten Hof, und ein weiterer Pylon bildete das Tor zum Allerheiligsten, das ziemlich genau dem im großen Tempel nachgebildet war. Um das Sanktuarium herum führte eine Allee von Bäumen, die nur auf der Südseite von kleinen Gebäuden, deren Bestimmung wir nicht kennen, unterbrochen wurde. Möglicherweise haben wir in einer Darstellung aus dem Grab des Tutu, die einen von einer Allee umgebenen Tempel zeigt, eine Abbildung des Hat-Aton-Tempels vor uns.

Um die Privatgemächer an der Südseite des Parks zu erreichen, mußte man mehrere Vorhöfe überqueren. Ein Portikus aus Papyrussäulen führte in eine Halle mit 42 Säulen – die Wohnhalle des Königspaares. Hatte der Besucher diese Halle durchschritten, dann stand er bereits wieder in einem lichtdurchfluteten Hof, von dem aus die einzelnen Zimmer Nofretetes und Echnatons zu erreichen waren. Im Gegensatz zu vielen anderen Herrscherpaaren besaßen sie ein gemeinsames großes Schlafzimmer, das Seitentüren zu einem Ankleideraum, zu Bad und separater Toilette hatte. Die sechs Töchter Nofretetes schliefen in einem Pavillon mit sechs Bettnischen, der etwas abseits von den Privatgemächern lag, was zeigt, daß die Königin sich nicht selbst um die Erziehung ihrer Kinder kümmerte. Gelb, die Farbe des Aton, war die vorherrschende Farbe in all diesen Räumen. Doch wenn man an den prächtigen Malkata-Palast Amenophis' III. denkt, dann muß man sagen, daß der Palast des Königspaares zwar geschmackvoll, aber keineswegs luxuriös eingerichtet war. Wohl waren Wände und Böden bemalt mit Motiven aus der Welt der Schmetterlinge, der Fische und Wasservögel, auch funkelten die Kapitelle der Säulen in Gold und Glasfluß, doch die pompöse Monumentalität, die Amenophis der Prächtige bevorzugt hatte, fehlte in Achetaton. Man hatte den Eindruck, daß dem Erbauer dieses Palastes bei seinen Plänen so etwas wie eine Synthese von Natur und Architektur vorschwebte.

Die modernen Bewohner der Gegend von Tell el-Amarna merkten schon früh, daß an manchen Stellen das Land besonders fruchtbar war. Wir wissen heute, daß die Nilschlammziegel nach Jahrhunderten in wachstumsfördernden Stickstoffdünger (Sebach) zerfallen, und so kam es, daß sich der karge Wüstenboden Amarnas *dort* am fruchtbarsten erwies, wo einst der offizielle Teil des Königspalastes stand. Pflug- und Hackarbeiten auf diesem geschichtsträchtigen Boden lassen heute nicht mehr erkennen, wo der Zugang zu dieser über fünfhundert Meter langen Zimmerflucht lag. Rekonstruktionen siedeln den Palast jedoch im Norden hinter der Hochbrücke an.

Der große Aton-Tempel

Der große Aton-Tempel – 275 Meter breit und 800 Meter lang – von Achetaton lag genau im Mittelpunkt der Stadt, an der Königsstraße. Dieses Bauwerk sollte das schönste von Amarna werden, das »Haus meines Vaters Aton, das ich in Achetaton an diesem Platz errichten will«*, das Zentrum des neuen Glaubens. Die

* Text auf einer Grenzstele von Amarna.

über zwei Kilometer lange Umfassungsmauer, Temenos genannt, schloß den heiligen Bezirk ein, der nach dem Willen Nofretetes und Echnatons mehrere kultische Gebäude umfassen sollte.

Um zum Heiligtum des Aton-Tempels zu gelangen, mußte Nofretete eine Reihe von Vorhöfen und Pylonen durchschreiten. Alle Gebäude des Aton-Tempels waren ohne Dach: Nach Osten ausgerichtet wie die frühchristlichen Kirchen, sollte die Kultstätte Aton, der strahlenden Sonne, freien Zugang bieten. Nachdem sie das große Eingangstor hinter sich gelassen hatte, gelangte die Königin in eine riesige Säulenhalle, in den sogenannten Gem-Aton (»Aton ist gefunden worden«), eine durch Vorhöfe voneinander getrennte Folge von fünf Pylonen. Zu beiden Seiten des Gem-Aton lag je ein Festhaus, Per-hai (»Haus des Jubels«) genannt; steinerne Opfertische waren für das Volk bestimmt, das nicht bis zum Allerheiligsten vordringen durfte.

Vom Gem-Aton bis zum Aton-Heiligtum hatte Nofretete noch 325 Meter zurückzulegen, vorbei am Schlachthof, einer Halle, 50 mal 50 Meter im Quadrat, in der die Opfertiere getötet wurden. Das Heiligtum selbst war ebenfalls von einer Mauer umgeben. Nach dem Eingangs-Pylon führte eine Allee zu einer weiteren Umfassungsmauer, noch ein Pylon – und dann bot sich Nofretetes Augen ein prachtvolles Bild: Links und rechts der heiligen Straße waren Dutzende von kleinen Altären aufgestellt, bis hin zu einer gewaltigen Säulenhalle. Zwischen den monumentalen Papyrussäulen standen vier riesige Statuen des Pharaos. Die Säulenhalle grenzte an den letzten und größten Pylon des Aton-Tempels, den Zugang zum Vorhof des heiligen Bezirks, der für die Aton-Opfer des Pharaos bestimmt war, an denen auch Nofretete teilnahm. Nur hundert Meter nördlich des Heiligtums konnte man, eingebaut in die riesige Umfassungsmauer der Tempelanlage, jenen Pavillon sehen, in dem Nofretete und Echnaton alljährlich die Tribute der Fremdländer entgegennahmen: Eine Darstellung im Grab des Haushofmeisters Huja zeigt, wie der Pharao und Nofretete am 8. Tag des 2. Wintermonats im Jahre 12 in einer Sänfte vom Königspalast zu diesem Pavillon getragen werden, um die Steuern der Syrer und Nubier, die Tribute aus Ost und West und von den Inseln des Mittelmeers zu empfangen und diesen Ländern »den Atem des Lebens zu gewähren«.

Etwas weiter östlich lag die Oberpriester-Straße, wo sich eine vornehme Villa an die andere reihte – die Häuser der Reichen und der Beamten. Im südlichen Teil der Oberpriester-Straße hatten die Bauarbeiten von Achetaton begonnen. Hier hatten zuallererst die Politiker und die Diener Atons ihre Häuser gebaut: der Wesir Nacht, der General Ramose, der Scheunenvorsteher Pinhasi, der Marschall Ranefer, der Oberpriester Pa-wah. Hier waren auch Wohnhaus und Werkstätten des Oberbildhauers Thutmosie.

Je größer die Stadt wurde, um so mehr Menschen kamen nach Achetaton. Kaufleute, Handwerker und kleine Behördenangestellte ließen sich in der nördlichen Vorstadt nieder, und abgesehen von dem Haus des Hatiaj, des »Aufsehers der Arbeiten«, der sich einen standesgemäßen Prachtbau hinsetzte, begegnen wir dort nur bescheidenen Siedlungen. Noch heute fällt dem Besucher übrigens ein tiefer Graben auf, der von der nördlichen Vorstadt bis zum Ufer des Nils führt. Vielleicht ein Kanal als Transportweg für Weizen und Roggen, den die hier ansässigen Getreidehändler anlegten, um ihre Ware nicht über Land zu ihren Magazinen bringen zu müssen.

Das vergessene Weltwunder

Vom großen Aton-Tempel führte die alte Königsstraße weiter nach Norden – genau der heutigen Hauptstraße des Dorfes Et-Till folgend, an dessen Stelle man sich die antike nördliche Vorstadt zu denken hat. Nach wenigen hundert Metern freiem Gelände führt die Straße schließlich vorbei am Nördlichen Palast, dem Königinnen-Palast Nofretetes, und den großen Gebäuden der Nord-Stadt.

Hätte er nur ein wenig länger gestanden – dem Nördlichen Palast von Achetaton wäre ein würdiger Platz in der Reihe der Weltwunder beschieden gewesen. Was war der Palast von Knossos, was waren die hängenden Gärten der Semiramis gegen dieses architektonische Meisterwerk, das Kunst und Natur auf eine noch nie erreichte Weise zu verbinden wußte: Tiergehege und Wohnräume, Wasserbassins und Blumenrabatten – alles schien eine organische Einheit zu bilden.

Das Zentrum der exotischen Anlage bildete ein quadratischer See, von dem aus zwei Säulenhallen zu einem Thronsaal führten. Die Nordseite war dreigeteilt: An einen offenen Hof mit kleiner Opferanlage schlossen sich verschiedene Tiergehege an, daneben erstreckte sich ein von Kolonnaden gesäumter Park. Auch die gegenüberliegende Seite war dreifach gegliedert: Zwei Gebäudekomplexe dienten Dienern und Beamten als Unterkunft, der dritte, in der südöstlichen Ecke, gehörte zu den Privaträumen Nofretetes.

Eigentlich war der Nördliche Palast mit seinen Tierfreigehegen, Vogelhäusern und Fischteichen eher ein Zoologischer und Botanischer Garten als eine Residenz. Tier- und Pflanzendarstellungen zierten auch alle Wände, Böden und Decken der lichtdurchfluteten Gebäude – Natur und Kunst, eins ging ins andere über.

Den Endpunkt und nördlichsten Posten von Achetaton bildete schließlich das große Tor in jener wuchtigen Doppelmauer, hinter die sich Nofretete später in ihren eigenen Palast zurückziehen sollte. Dieser Palast erstreckte sich bis unmittelbar an den Nil. Das große »Haus der Wächter«, zum Fluß hin terrassenartig angelegt, diente wohl auch als Warenanlieferungsplatz. Allein schon die Größe der Häuser und Magazine in der Umgebung von Nofretetes Palast weist darauf hin, daß die Königin in ihrem Exil einen eigenen Hofstaat unterhielt.

Wenn es dem Pharao in den Mauern von Achetaton zu eng wurde, dann fuhr er ein paar Kilometer nilaufwärts in sein Lustschloß Maruaton, dessen Standort man sich gegenüber dem heutigen Dorf El-Hawata vorzustellen hat. Man betrat Maruaton durch einen großen Eingangspavillon und eine Säulenhalle und gelangte so in den Thronsaal, der allerdings eher den Charakter einer offenen Veranda hatte. Dahinter breitete sich ein künstlicher See – 100 Meter lang, 50 Meter breit. Ein reliefgeschmückter Anlegesteg aus Stein ragte in das kaum einen Meter tiefe Wasser, auf dem flache Nachen trieben. Eingerahmt wurde dieser See von einem Baumgürtel und Blumenbeeten, zwischen denen in zwangloser Folge geräumige Bungalows mit Schlaf-, Wohn- und Eßzimmern standen.

Die unvollendeten Begräbnisstätten

Die ersten Häuser von Achetaton waren kaum fertig, da begannen die Beamten des Pharaos bereits mit dem Bau ihrer Gräber. Die nur wenige Kilometer östlich vom Stadtzentrum gelegenen Felswände erschienen dafür besonders geeignet. Doch die meisten dieser Begräbnisstätten, deren Grundriß dem der thebanischen Gräber der 18. Dynastie entsprach, wurden nicht vollendet. Nicht eine einzige Mumie fand man in ihnen; die Totentexte und die szenischen Darstellungen aus der Geschichte dieser Stadt machen ihre eigentliche Bedeutung aus. Von den insgesamt 26 Gräbern, die von unterschiedlichem historischen Interesse sind, wurden einige bisher nicht einmal identifiziert:

Nr. 1 Grab des Haushofmeisters Huja
Nr. 2 Grab des Haremsvorstehers Meriere
Nr. 3 Grab des Wedelträgers zur Rechten des Königs Ahmosis
Nr. 4 Grab des Hohen Priesters des Aton Meriere
Nr. 5 Grab des Pentu
Nr. 6 Grab des Scheunenvorstehers Pinhasi
Nr. 7 Grab des Kellermeisters Parennefer
Nr. 8 Besitzer unbekannt
Nr. 9 Grab des Polizeichefs Mahu
Nr. 10 Grab des Schreibers Apy
Nr. 11 Grab des Haushofmeisters Amenophis' III.
Nr. 12 Grab des Kanzlers Nacht
Nr. 13 Grab des Gouverneurs von Achetaton Nefer-cheperu-hersecheper
Nr. 14 Grab des Kanzlers May
Nr. 15 Grab des Fahnenträgers Suti

Nr. 16 Besitzer unbekannt
Nr. 17 Besitzer unbekannt
Nr. 18 Besitzer unbekannt
Nr. 19 Grab des Schatzmeisters Sutan
Nr. 20 Besitzer unbekannt
Nr. 21 Besitzer unbekannt
Nr. 22 Besitzer unbekannt
Nr. 23 Grab des Schreibers Ani
Nr. 24 Grab des Truppenkommandeurs Paatenemhab
Nr. 25 Grab des »Gottesvaters« Eje

Das 26. Grab ist das Königsgrab von Amarna. Es liegt in einem Seitental des großen Wadi, das sich zwischen den nördlichen und südlichen Gräbern in östlicher Richtung erstreckt. Der Zugang ist nicht gekennzeichnet und schwer zu finden. Zwanzig Stufen führen hinab zu einem ersten Absatz, von dem aus ein Schräggang und eine zweite Steintreppe in die Tiefe führen zu der Sargkammer, die Nofretetes letzte Ruhestätte werden sollte. Ihre Mumie wurde jedoch, ebenso wie die von Echnaton, nie gefunden. Es gibt keinen Hinweis darauf, ob Nofretete und Echnaton in dieser Grabkammer überhaupt beigesetzt wurden.

Gesichert ist nur die Beerdigung der 1352 im Alter von neun oder zehn Jahren verstorbenen Prinzessin Maketaton, für die östlich der Hauptkammer eigene Totengemächer eingerichtet worden waren. An den Wänden von Maketatons letzter Ruhestätte sehen wir neben den üblichen Szenen der Aton-Verehrung auch das Begräbnis der Prinzessin dargestellt. John D. S. Pendlebury äußerte die Vermutung, daß die Arbeiten am Königsgrab von Amarna nach der Bestattung Maketatons aus Gründen der Pietät eingestellt wurden. Für Nofretete war jedoch bereits ein Sarkophag vorbereitet. Zahlreiche Fragmente eines Granitsarges lassen in der Rekonstruktion an den vier Ecken nicht, wie bisher üblich, ein Götterbild erkennen, sondern eine Darstellung der Königin.

Das Königsgrab und die Gräber der meisten Beamten wurden im Laufe von mehr als drei Jahrtausenden immer wieder von Grabräubern heimgesucht, und die meisten dieser kunstvollen Totenstätten befinden sich heute in einem erbärmlichen Zustand. Nicht nur alle Ausrüstungsgegenstände wurden geraubt, mit

Hammer und Meißel hat man sogar den Versuch gemacht, ganze Wände aus dem Fels zu sprengen, um die unersetzlichen Reliefs verkaufen zu können.

Wenn Wände reden

Dabei sind die Wandreliefs der Gräber eine wichtige Daten- und Faktenquelle für die Geschichtsforschung. Das nördlichste Grab (Nr. 1), das von Huja, dem Haushofmeister der Königin Teje, zeigt eine Szene aus dem 12. Jahr der Regierung Echnatons: Teje und ihre Tochter Baketaton besuchen Nofretete, die mit zweien ihrer Töchter abgebildet ist. Man trinkt Wein, was, wie vielen anderen Darstellungen zu entnehmen ist, nicht selten geschah. In einer anderen Szene sieht man Nofretete ein ganzes Hühnchen essen. Geflügel war offensichtlich ihre Lieblingsspeise. Historisch sehr aufschlußreich ist eine unvollendete Tintenskizze aus dem Grab Nr. 2, die zeigt, wie Semenchkare zusammen mit Meritaton den Erbauer dieses Grabes, den Haremsvorsteher Meriere, belohnt. Im Grab des Oberpriesters Meriere (Nr. 4) wurden Ansichten des Königspalastes und der Magazine entdeckt, die der britischen Egypt Exploration Society eine wertvolle Hilfe bei der Rekonstruktion dieser Gebäude waren.

Am besten erhalten ist das Grab des Polizeichefs Mahu (Nr. 9). Eine der Grabmalereien zeigt den Pharao, der auf seinem goldenen Wagen den Tempel verläßt, während sein beleibter alter Wesir neben dem Wagen herlaufen muß. An einer anderen Wand sehen wir eine Truppeninspektion des Pharaos und eine Vorführung von drei ausländischen Straftätern. Wir wissen nicht, wie alt der weise Schreiber Ani geworden ist, sein Grab in Amarna (Nr. 23) beweist jedoch, daß nicht alle alten Ägypter jung starben, wie immer wieder behauptet wird. Die Porträts in seinem Grab lassen den Kopf eines sehr alten Mannes erkennen, der immerhin schon unter Amenophis II., der zur Entstehungszeit des Bildes bereits fast ein halbes Jahrhundert tot war, das Amt des Schreibers versah.

Obwohl es unvollendet blieb, ist das Grab des »Gottesvaters« Eje in der Anlage das prächtigste und für die Forschung das interessanteste. Man betritt es durch eine gewaltige Säulenhalle mit drei Reihen von je vier Papyrussäulen. Das einzige Wandrelief, das fertiggestellt wurde, zeigt Eje mit seiner Frau Ti beim Empfang von Gold aus den Händen der – nackt dargestellten – königlichen Familie*. Sowohl die Anwesenheit von Ejes Frau als auch die Tatsache, daß das Herrscherpaar nicht bekleidet ist, kann als Indiz dafür gewertet werden, daß zwischen der Königsfamilie und Ejes Familie ein sehr persönliches Verhältnis bestand. Eje, der vom Königspaar mit Gold und Schmuck reich beschenkt wird, freut sich sichtlich und nimmt die Glückwünsche seiner Freunde entgegen.

Aufgeschreckt von dem Freudengeschrei schicken die Wächter vor Ejes Tür zwei Knirpse in das Haus. »Für wen wird so ein Zirkus gemacht, Junge?« fragt der eine Wächter. Und einer der Jungen antwortet: »Das alles findet für Eje, den ›Gottesvater‹, und Ti statt!« – »Los, geh und sieh nach, warum die so ein Freudengeheul anstimmen«, fordert ein zweiter Posten einen Burschen auf, »ich will wissen, wer es ist, los, renne und komm zurück!« Und der Junge schreit: »Mach ich, warte nur hier.« Schließlich ist noch ein Dritter neugierig: »Worüber freuen die sich so?« – »Steh auf und du wirst sehen, es ist ein schönes Geschenk, das der Pharao dem ›Gottesvater‹ Eje und Ti gemacht hat. Der Pharao hat ihnen Unmengen von Gold und vielerlei Reichtümer gewährt!« Eine ungewöhnlich lockere, beinahe komische Grabszene.

* Siehe Abb. S. 136.

Echnaton, Nofretete und ihre Tochter Meritaton beim Aton-Opfer. Kalkstein-Relief aus dem großen Palast von Amarna (Ägyptisches Museum, Kairo).

Der Mann im Hintergrund

Des Morgens, wenn Nofretete sich mit ihrem Mann am Fenster der Erscheinung dem Volk zeigte, bei den allgemeinen Audienzen in der großen Säulenhalle des Palastes, im Tempel, in den Magazinen, in den Pferdeställen – ein Mann schien allgegenwärtig zu sein: Eje, der »Gottesvater«. Er trug bei den Audienzen in der großen Säulenhalle, zu denen jeder zugelassen war, der dem Pharao etwas vortragen wollte, den hohen Federwedel. Ursprünglich nur dafür gedacht, dem Herrscher Kühlung zuzufächeln, entwickelte er sich im Laufe der Zeit mehr und mehr zu einem Machtsymbol. Der Wedelträger wurde durch seine ständige Anwesenheit bei offiziellen Auftritten des Pharaos zu einem mächtigen Mann.

Eje, »der Gelobte seines Herrn«, bekleidete aber neben dem Amt des »Wedelträgers zur Rechten des Königs« noch ein Dutzend weiterer Ämter, darunter so wichtige wie das des »Vorstehers aller Pferde des Königs«, wodurch er zugleich »Oberbefehlshaber der Reiterei« und »Oberverwalter der königlichen Viehbestände« wurde. Eje, der nach Ansicht Cyril Aldreds ein Bruder Tejes war, trug den Titel »Vater des Gottes« wie Juja, der Vater Tejes, der unter Amenophis III. eine ähnlich einflußreiche Stellung innehatte.

War dieser Eje tatsächlich ein Bruder Tejes, so ist seine Machtposition, die er während der Regierung von nicht weniger als drei Pharaonen (Amenophis III., Echnaton, Tut-ench-Aton*) immer mehr ausbaute, verständlich. Außerdem hatte der erfahrene Mann es zweimal mit halben Kindern – Echnaton und Tut-ench-Aton – zu tun. Als Oberster Beamter und Privatsekretär Echnatons war Eje die graue Eminenz am Hofe des Pharaos, und es ist nicht verwunderlich, daß zwischen ihm und Nofretete, die zunehmend an Macht und Einfluß gewann, im Laufe der Zeit Spannungen entstanden.

»Ich bin«, sagt Eje, »ein wahrhaft Rechtschaffener, frei von

* Tut-ench-Aton = Tut-ench-Amun.

Bosheit. Mein Name kommt zum Palast wegen der Nützlichkeit für den König und wegen des Hörens seiner Lehre, des Tuns seines Gesetzes, des Nichtveränderns der Worte und Nichtschädigens des Wesens.«* Es wäre möglich, daß es sich hierbei um eine Rechtfertigung Ejes wegen offenkundiger Reibereien mit der Königin handelt.

Es ist sicher kein Zufall, daß Eje zu Lebzeiten Nofretetes nicht erreichte, was ohne Zweifel sein geheimes Ziel war: Pharao von Ägypten zu werden. Nach Echnatons Tod stand er nahe davor, mußte aber zunächst dem von Nofretete favorisierten Tut-ench-Aton den Vortritt lassen. Erst nach dem unerwartet frühen Ableben des Achtzehnjährigen, wenige Jahre nach Nofretetes Tod, sah Eje seine Chance gekommen und eroberte den Pharaonenthron.

Der Hofstaat

Eje war den übrigen königlichen Beamten im Rang haushoch überlegen. Wenn ihm ein Höfling an Einfluß nahekam, dann war es Meriere, der den Titel trug: »Dämonenvorsteher, Schatzhausvorsteher, Vorsteher des königlichen Harems der großen königlichen Gemahlin Nefer-Neferu-Aton-Nofretete, die in alle Ewigkeit lebe, königlicher Schreiber Meriere, der Gerechtfertigte.« So jedenfalls steht es in seinem Grab in Amarna. Nicht genannt ist dabei sein Titel »Größter der Schauenden des Aton« – Oberpriester im Aton-Tempel. Meriere, dem Nofretetes ganze Zuneigung gehörte, starb am 8. Tag des 2. Peret im Jahre 12 der Regierung Echnatons, zu früh, als daß er der Königin in den kommenden schweren Jahren eine Stütze hätte sein können.

Erwähnt werden sollen auch die übrigen Hofbeamten, von denen jedoch keiner politischen Einfluß besaß: Pinhasi, seines Zeichens »Scheunenvorsteher des Aton«, »Rindervorsteher des Aton« und »erster Diener des Aton«, der in der Nähe des großen

* Rede Ejes. Text aus seinem Grab in Amarna.

Tempels eine feudale Residenz bewohnte; Parennefer, Hofkellermeister und Landeshandwerksmeister; Pentu, königlicher Leibarzt, Kammerherr und »königlicher Schreiber zu Häupten des Königs«; Dudu, Haushofmeister; Mahu, Herr über die Mazoi, die Wüstenpolizei, deren Kasernen am Stadtrand von Achetaton standen; General Ramose, der praktisch arbeitslos war. Nacht nahm das Amt des Wesirs wahr, konnte jedoch, obwohl Regierungschef, keineswegs eine eigenständige Politik betreiben. Wenn er heute überhaupt noch Erwähnung verdient, so deshalb, weil er das schönste Privathaus von Achetaton besaß. Noch weniger Fortune hatte Nachts Vorgänger May, der vom Pharao kurzerhand in die Wüste geschickt wurde. Nur der alte Any konnte sich durch zahlreiche von ihm angefertigte Dokumente einen Namen machen.

Alle diese Männer sind uns eigentlich nur durch ihre kunstvoll gestalteten Gräber ein Begriff, die sie sich in die Felswände des Tales von Tell el-Amarna haben schlagen lassen. Denn Politik war Nebensache am Hofe von Achetaton, Religion und Kunst hatten den Vorrang.

Bek, ein kleiner, rundlicher Mann, Sohn des Oberbildhauers Amenophis' III., Men, holte aus den Steinbrüchen von Assuan jene Quader, aus denen er die Monumentalfiguren des Königspaares schlug, die den nördlichen Zugang zum Palast flankierten. Die überragende Künstlerpersönlichkeit jener Epoche war jedoch der Oberbildhauer Thutmosis, der an der Oberpriester-Straße einen ganzen Gebäudekomplex mit Spezialwerkstätten für Steinhauer, Gipser und Modelleure unterhielt und dessen Wohn-, Schlaf- und Arbeitsräume 1912–13 von Ludwig Borchardt ausgegraben wurden. Alles war noch in so gutem Zustand, daß Borchardt einem Gipshaufen, den Thutmosis für spätere Arbeiten hatte anliefern lassen, Proben entnehmen konnte. Farben, Palette, Meißel, Bohrköpfe und sonstiges Werkzeug des Künstlers kann man heute im Museum in Berlin-Charlottenburg besichtigen.

Echnaton unterwies seine Oberbildhauer persönlich in der von ihm initiierten neuen Kunstrichtung. »Maat« heißt die Maxime dieser Kunst – »Wahrheit«. Vergessen sind Formalismus und Stilisierung, Realismus heißt das neue Gesetz. Walther Wolf schreibt dazu: »Daß der König sich plötzlich zu einem Bruch mit der Vergangenheit entschloß, zeigen am deutlichsten überlebensgroße, an Pfeiler gelehnte Statuen aus einem Heiligtum, das er dem Aton in Karnak errichtete. Während er nämlich ganz im Anfang seiner Regierung das übliche Königsbild übernahm, ging er nunmehr zu einer Darstellung von abschreckender Häßlichkeit über, die ihn mit schmalem Gesicht, aufgeworfenen Lippen, aufgetriebenem Bauch und prallen Oberschenkeln zeigt. Man fühlt, daß er den Stil seines Vaters als leere, glatte Schönheit ablehnte und danach strebte, den sich entladenden geistigen Spannungen starken Ausdruck zu verleihen.« Der langgezogene Schädel, das vorspringende Kinn waren Stilelemente, die selbst Darstellungen der schönen Nofretete beeinflußten, zumindest in den ersten Jahren von Echnatons Regierung. Die berühmte Nofretete-Büste, die zwischen den Regierungsjahren 8 und 10 entstanden sein mag, kann daher nur als ein künstlerischer Protest des Oberbildhauers Thutmosis oder einfach als ehrfürchtige Verbeugung vor der Schönheit dieser Frau verstanden werden.

Nofretete und die Kunst

Nofretetes Einfluß auf die Kunst von Amarna ist an einem bisher kaum beachteten Detail ablesbar: Jahrhundertelang hatten die ägyptischen Künstler Männerstatuen mit einem vorgestellten Bein modelliert – gleichsam als Ausdruck der Aktivität –, die Frauenstatuen dagegen stets mit parallel stehenden geschlossenen Beinen. Anders bei den Statuen aus der Amarna-Zeit: Echnaton steht da mit geschlossenen Beinen, Nofretete stellt stets ein Bein vor.

»Maat«, »Wahrheit« – zum ersten Mal in der ägyptischen Kunstgeschichte sieht man den Dargestellten ihr Alter an, zum ersten Mal werden Schmerz, Trauer und Freude im Kunstwerk ausgedrückt. Die strenge Achsengebundenheit verschwindet, und die streng symmetrische Staffelung nebeneinanderstehender Personen löst sich auf in einen nie gekannten Bewegungsreichtum. Es finden sogar erste Versuche statt, bei zweidimensionalen Wandmalereien die Perspektive anzuwenden.

»Revolutionär« sind auch die Motive der neuen Kunstrichtung: So menschlich, so privat hatte sich noch kein Sohn des Re seinen Untertanen gezeigt. Es muß zunächst schockierend gewirkt haben, wenn da, in kostbaren Stein gehauen, ein königlicher Kindergeburtstag zu bewundern war. Aber das Volk gewöhnte sich daran und identifizierte sich schließlich sogar mit diesen Darstellungen: Wo war der Unterschied zwischen dem eigenen Familienleben und dem des göttlichen Pharaos?

Wenn am frühen Morgen die Audienz stattfand, dann saß der Pharao auf seinem Thron und neben ihm die schöne Nofretete, auf deren Schoß die kleinen Prinzessinnen herumkrabbelten, wie ein von Flinders Petrie in Amarna ausgegrabenes Reliefbruchstück zeigt. Die Kalksteinstatue des »küssenden Königs«* aus der Werkstatt des Thutmosis, die Borchardt in der Grabungssaison 1912/13 im Haus P 48,2 barg und die Echnaton mit einer seiner Töchter auf dem Schoß zeigt, blieb leider unvollendet. Zärtlichkeit – ein Zentralbegriff der Amarna-Kunst: Echnaton streichelt Nofretete das Kinn; Nofretete legt dem Pharao einen Kragen, geflochten aus Blumen, um.

Breiten Raum nehmen auch Darstellungen von Mahlzeiten der königlichen Familie ein, wobei Trinkszenen nicht fehlen. Die Malereien und Reliefs in den Gräbern des Huja, des Leibarztes Penzu und des Palastvorstehers Ahmosis sind da gute Beispiele. Und immer wieder sieht man die königliche Familie bei Spaziergängen in den Parks und auf den Gartenterrassen (Grab des Parennefer) sowie bei Ausfahrten mit dem goldenen Wagen (Gräber des Mahu und des Ahmosis).

Zum ersten Mal erscheint die Gemahlin eines Pharaos auf dem Streitwagen, zum ersten Mal wird eine Frau gezeigt, die Feinde erschlägt. Diese Motive sind jedoch kaum als Ausdruck der neuen Kunstrichtung zu verstehen, sondern eher als Zeichen der außergewöhnlichen Stellung Nofretetes.

* Kairo JdE 44866.

Die Revolution in Gips

Weiche, fließende Linien sind das auffälligste Stilmerkmal der Amarna-Kunst, die etwa bis zum 8. Regierungsjahr Echnatons zu Übertreibungen und Verzerrungen neigt. Der den Figuren dieser Epoche oft eigene verschleierte Blick kommt durch das Fortlassen der unteren Augenlider zustande.

Neu ist auch die Verwendung verschiedenster Materialien bei *einem* Kunstwerk. Der in den Ruinen eines Palastes im Fayyum aufgefundene nur zehn Zentimeter hohe Kopf der Königin Teje* besteht aus Ebenholz, mit Stuckgips überzogen; außerdem wurden vergoldete Leinwand und Glasfluß verwendet. Die bekannte bunte Kalksteinbüste Nofretetes in Berlin ist über einem rohen Kalksteinkern mit Gips stuckiert, also keineswegs aus einem einzigen Material hergestellt.

1925 wurde die Nofretete-Büste bei den Arbeiten zu einer Kopie von dem Bildhauer Richard Jenner einer eingehenden Untersuchung unterzogen. Er berichtet über diese Arbeit:

»Beim Arbeiten vor dem Original stellte ich an den Bruchstellen zwei verschiedene Färbungen fest, die stellenweise, und nicht nur an den Bruchstellen, durch feine sichtbare Risse getrennt sind. Daraufhin untersuchte ich im Einverständnis mit der Verwaltung der Ägyptischen Abteilung und unter ihrer Aufsicht diese Brüche mit folgendem Ergebnis:

Bei den Bruchstellen am oberen Rande der Perücke halbrechts und halblinks hinten ist die Stuckschicht im Durchschnitt zwei Zentimeter stark und bildet einen seitlichen Mantel, der sich, wie die obengenannte Stelle an der Perücke, über dem linken Ohre zeigt, nach Gesicht, Hals und Ohren zu verjüngt und an diesen Partien hauptsächlich nur die nötige Grundierungsschicht der Bemalung bildet. Die genannte, über dem linken Ohr bloßgelegte Bruchstelle läßt noch Meißelhiebe erkennen, welche die Steinfläche zum besseren Haften des Stuckes aufrauhen sollten. Die sehr fein gezeichneten und ausgebildeten Ohren, die Dachfläche der

* Berlin-Charlottenburg Nr. 21834.

Perücke mit dem daraufliegenden Schlangenschwanz sowie der mitten über dem Stirnband befindliche Rest des Uräuszeichens sind Stein. An den Schnittflächen der Schultern lassen die ausgebrochenen Stellen rechtsseitig vorn und linksseitig hinten deutlich eine aufgetragene Schicht von durchschnittlich einem Zentimeter Stärke erkennen, die Brust, Schultern und Rücken bedeckt und nach dem Halse zu sich wieder verjüngt, wofür dessen gemeißelte Form spricht. Eine feine Rißlinie, wie sie an den Schnittflächen stellenweise die Berührung von Stuck und Stein begleitet, beweist aber, daß der scheinbare Steinkern von Schultern, Brust und Rücken wieder ausgehöhlt und mit Stuck gefüllt ist, und das ist durch die genaue Untersuchung bestätigt worden. Die seitlichen Hohlkehlen gehen jedoch nicht von Schulter zu Schulter unten durch, denn eine Dübellochbohrung bei der Befestigung der Büste auf dem Holzklotz, auf dem sie jetzt steht, erwies Stein. Untersuchungen an Gesicht und Hals waren nicht möglich, da dort außer feinen Rissen der Farbschicht keine Beschädigungen vorliegen, die einen Eingriff rechtfertigen könnten.

Neben der verschiedenen Härte von Stuck und Stein fiel mir auch ein Härteunterschied innerhalb des Gipses auf; er mag an gewissen Stellen, seinem jeweiligen Zweck entsprechend, mit gemahlenem gleichem Kalkstein versetzt sein.

Dem Bildhauer und Verfasser der Büste kam es zur Hauptsache auf die Feinheiten an, wie Gesicht, Ohren, Uräus und Hals (der steintechnisch als tragende Säule keineswegs geschwächt werden durfte), denn er hat gerade diese technisch schwierigsten Partien sauber in Stein gebildet und alles andere nebensächlicher behandelt. Dieser Zug ist für den hohen Grad plastischen Schaffens charakteristisch, und nur so sind dessen Produkte verständlich. Vielleicht auch sollte der verhältnismäßig starke nachmodellierte Stuckmantel der Perücke das Gewicht des Kopfes verringern und den recht schlanken Hals entlasten (Gewicht des Gipses 1000 kg/m^3, des Kalksteins 2500 kg/m^3) . . .«

Das Modellieren mit Gips wurde in Achetaton wiederentdeckt und zur neuen Kunstform erhoben. Bekanntlich hatte man, wie Funde an der Teti-Pyramide in Sakkara zeigen, schon während der 6. Dynastie Totenmasken hergestellt, in der Amarna-Zeit hingegen machte man auch von lebenden Personen Gipsabdrücke; Augen und Gesichtsfalten wurden dabei nachmodelliert. An dem Porträtkopf eines unbekannten alten Mannes* hat der Künstler, vermutlich Thutmosis, an den äußeren Augenwinkeln strahlenförmig auseinanderlaufende Fältchen eingekratzt. Eine Nachmodellierung dieser Stuckköpfe war schon deshalb notwendig, weil die Abdrücke ohne Eincremen des Gesichts vorgenommen wurden, so daß beim Abheben der Schicht zwangsläufig Ungenauigkeiten entstanden und wichtige Details zerstört wurden. Es bleibt ein Rätsel, warum man die Gesichter der Modelle nicht eingeölt hat; statt dessen wurde dünnes Leinen oder angefeuchteter Papyrus als Schutzschicht verwandt, jedenfalls lassen die eigentümlichen Fältelungen am Haaransatz und unter dem Kinn der Masken darauf schließen. Für den Bildhauer waren diese Stuckköpfe in erster Linie die notwendigen realistischen Modelle für spätere Darstellungen aus anderem Material.

Die vier Phasen der Amarna-Kunst

Obwohl die Epoche der Amarna-Kunst kaum zwei Jahrzehnte umfaßte, lassen sich vier Entwicklungsstufen nachweisen**:

1. Sehr kurze Übergangsphase vom traditionellen Stil zur Amarna-Kunst. Das abstrahierte Gottesbild ist bereits eingeführt, bei der Darstellung des Königs wird die bisherige Idealisierung aufgegeben zugunsten einer scheinbar naturalistischen Wiedergabe.

2. Extremer Amarna-Stil, etwa bis zur Mitte der Regierungszeit Echnatons. Er ist geprägt von dem völlig neuen Königsbildnis, das alle Darstellungen beherrscht. Es sollte frei von jeder Idealisierung sein und sich an der Realität orientieren. Dabei kam es zu Übertreibungen und Verzerrungen. Unsicherheiten und

* Berlin Nr. 21 228.
** Nach W. Helck / E. Otto, *Lexikon der Ägyptologie.*

Schwankungen lassen das Suchen nach einer verbindlichen Ausdrucksform erkennen.

3. In der Mitte der Regierungszeit des Königs setzte eine Milderung des extremen Stils ein, wobei die starken Verzerrungen und Übertreibungen, vor allem im Königsbildnis, abgebaut wurden. Eine Reihe von Werken gehört der Übergangszeit zwischen beiden Stilphasen an.

4. In den späteren Jahren der Amarna-Periode herrschte ein betont »weicher« Stil vor, der jedoch keineswegs politisch (angebliche Zugeständnisse des Königs an die Traditionalisten) zu erklären ist. Er scheint teilweise an den Stil der Vor-Amarna-Zeit anzuknüpfen, ohne aber dessen Unverbindlichkeit zu übernehmen; er behält vielmehr die wesentlichen Errungenschaften der Amarna-Kunst bei, so daß die Werke der reifen Amarna-Kunst trotz gewisser Idealisierungen deutliche Zeichen eines Naturalismus tragen.

Doch der neue Stil, den Echnaton und Nofretete kreierten, sollte mehr sein als eine bloß künstlerische Revolution, zweifellos sollte er auch ihren »neuen Weltbegriff veranschaulichen und als Mittel religiöser Propaganda eingesetzt werden«.*

Jahrtausende hatten die Ägypter eine Vielzahl von Göttern angebetet, jetzt sollte es nur noch einen Gott geben?!

* Nach W. Wolf, *Das alte Ägypten.*

Die Götter

Jedermann in Ägypten wußte, daß die Sonne ein lebendiges Etwas sei, das mit eigener Kraft und Absicht dort hinaufsteige und Schicksale erlebe wie ein Wesen der Erde. Den einen war die Sonne die leuchtende Scheibe, mit mächtigen Flügeln und einer Schlange, die Feuer spie gegen die Feinde des Lichtes; den anderen war sie ein wirklicher Vogel, der über den Himmel flog.

Günther Roeder, Ägyptologe

Beim alljährlichen Weiberfest zogen bildschöne nackte Frauen ekstatisch singend und tanzend hinter einem Priester zum Tempel, und jede hielt dabei einen riesigen Phallus in Händen. Der Phallus, Symbol der Fruchtbarkeit, des Lebens und der Auferstehung, war ein Attribut des Totengottes Osiris; aber kaum jemand wußte noch von diesem Zusammenhang.

Am Tag der Osiris-Totenklage wurde in Sais die lebensgroße Nachbildung einer liegenden Kuh mit einem Purpurmantel bekleidet und aus dem Heiligtum gezogen. Die Kuh war aus Holz, mit Goldplatten beschlagen und innen hohl. In ihr ruhten die Gebeine der Tochter des Mykerinos, des Erbauers der dritten Pyramide von Gizeh. Diese Kuh wurde vier Tage lang ausgestellt und anschließend siebenmal um den Tempel geschleift. Der Brauch war mythologischen Ursprungs: Hinter dem Symbol des kuhförmigen Sarges verbirgt sich die Himmelsgöttin Nut, die Mutter des Osiris. Doch wer verstand diese Riten*?

* Beide Kulthandlungen schildert der griechische Geschichtsschreiber Herodot.

Das Reich der Mythen

»Die geistige Welt der alten Ägypter ist uns Abendländern des 20. Jahrhunderts nicht ohne weiteres zugänglich. Magische und symbolische Vorstellungen laufen nebeneinander her und sind manches Mal unentwirrbar miteinander verschlungen«, schreibt der deutsche Ägyptologe Walther Wolf. Die ältesten Götter der Ägypter waren Götter der Angst und der Ehrfurcht: Der majestätische Ibis, der mit seinem Krummschnabel gefährliche Schlangen aufspießte, das furchterregende Krokodil, das weder Mensch noch Tier verschonte. Neben diese Tiergottheiten traten die Naturgottheiten – Personifizierungen von Sonne (»Re«), Erde (»Geb«) und Luft (»Schu«). Vor allem aber war es der Tod, der die Phantasie der Nilvölker beflügelte.

In Memphis verehrte man den falkenköpfigen Sokar, in Abydos den Schakal Anubis als Schutzgott der Toten. Jeder Gau, jeder Ort hatte seine Lokalgötter, die entweder miteinander rivalisierten oder zu einer »Mischgottheit« zusammenwuchsen: In Busiris, im Nildelta, ging die Sage vom alten Königsgott Anezti, der von seinem bösen Bruder Seth ermordet und zerstückelt, von seinem Sohn Horus jedoch gerächt worden war. Horus vermag den Thron zurückzugewinnen, aber lebendigmachen kann er seinen Vater auch nicht mehr. So muß Osiris (= Mischung aus chtonischem Fruchtbarkeitsgott Osiris und Königsgott Anezti) in Mumiengestalt den Thron des Totenreichs besteigen, während Horus die irdische Macht ausübt und so zum Vorgänger der Pharaonen wird.

Dieser Mythos gefiel den Ägyptern so sehr, daß sie Osiris im Laufe der Jahrhunderte in *ganz* Ägypten als Totengott akzeptierten. Sogar in der Totenstadt von Memphis, in Sakkara, wo einst Sokar geboren wurde, war Osiris anerkannt; die Gruft des Sokar-Heiligtums erklärte man zum Grab des Osiris. Damit aber auch dem Falkengott Genüge getan war, stellten die Einwohner von Memphis ihren Totengott zwar mit Mumienleib, jedoch mit Falkenkopf dar.

Isis, Osiris' Schwester und Frau, wurde abgebildet mit der Sonnenscheibe zwischen dem Kuhgehörn (ursprünglich Kennzeichen der Göttin Hathor) oder mit der Thron-Hieroglyphe auf dem Haupt. Sie galt als große Göttin und Mutter, die ihren Sohn Horus, aber auch alle irdischen Kinder vor Schlangen, Raubtieren und anderen Gefahren schützt. Während der Römerzeit war ihr Kult im ganzen Mittelmeerraum verbreitet.

Seth war gefürchtet. Er galt als Sinnbild der Kraft, als Krieger, der den Pharao lehrt, den Bogen zu spannen. Seine äußere Erscheinung ist noch seltsamer als die vieler anderer ägyptischer Götter – sie erinnert an ein Tier, das etwas von Okapi, Erdferkel, Warzenschwein, Giraffe und Springmaus an sich hat. Ein Eselskopf mit roten Augen krönt dieses Fabelwesen. Rot galt bei den alten Ägyptern, im Gegensatz zum segensreichen Grün, als Farbe des Bösen.

Osiris in der Unterwelt

Osiris saß dem Totengericht vor, dem jeder nach seinem Ableben Rede und Antwort stehen mußte. Da thronte er in einer riesigen Halle, flankiert von zweiundvierzig messerschwingenden Dämonen, die Namen trugen wie Flammenauge, Schattenfresser oder Blutfresser, und es war Sache der Delinquenten zu beweisen, daß er keine Schuld auf sich geladen hatte. Gelang es ihm nicht, sich zu rechtfertigen, so attackierten ihn – mal mehr, mal weniger – die Dämonen, bis der Neuankömmling in der Unterwelt, geläutert und »verjüngt« durch dieses »Fegefeuer«, zu einem »neugeborenen Kind« geworden war.

Tod und Auferstehung des Osiris wurden alljährlich mit viel Aufwand gefeiert. Der griechische Schriftsteller Plutarch (46–125 n. Chr.) berichtet über dieses Fest:

»Am 19. Athyr (31. Oktober) steigen sie des nachts zum Meere* hinab. Die Bekleider und Priester tragen den heiligen Korb,

* Plutarch bezeichnet den Nil als Meer.

worin sich das goldene Gefäß befindet. Sie nehmen von dem Trinkwasser und gießen hinein, und ein Geschrei der Anwesenden entsteht, Osiris sei gefunden. Dann vermischen sie fruchtbare Erde mit diesem Wasser, tun Gewürze und Spezereien vom Kostbarsten hinzu und formen daraus ein mondförmiges Bildchen, das sie ankleiden und schmücken.«

Osiris galt nämlich nicht nur als Gott des Todes, sondern auch weiter als Gott der Fruchtbarkeit, der er ja ursprünglich war. »Der vegetabilische Aspekt ist im Korn symbolisiert: das Hineintreten in die Erde (= Begräbnis), das Ruhen im Dunkel (Unterwelt) und das Keimen der neuen Saat (= Auferstehung). Verständlicherweise besteht zwischen dem lebensspendenden Wasser und dem Gott eine besondere Beziehung; der Nil wird als ›Ausfluß aus Osiris‹ bezeichnet.« So die Interpretation Manfred Lurkers.

Der Dritte im Götterbunde nach bzw. mit Sokar und Osiris ist Ptah, der »Bildner der Bildner«, der »Töpfer der Töpfer«. Kahlköpfig dargestellt oder mit einer runden Mumienhaube galt er als Schöpfergott von Memphis und der Welt. Und da dieser Ptah bereits mit Sokar vereinigt war, noch bevor es zu der Fusion mit Osiris kam, verehrte man in der alten Reichshauptstadt schließlich einen Super-Gott namens Ptah-Sokar-Osiris.

Die wohl sympathischste Erscheinung im ägyptischen Pantheon ist Hathor, die Göttin der Schönheit, der Freude, der Trunkenheit und der Liebe. Die ihr zu Ehren veranstalteten Feste im Tempel von Dendera (600 Kilometer südlich von Kairo) waren berühmt: Sieben Göttinnen, die sieben Hathoren, hatten nichts anderes zu tun, als die Herrin mit Musik und Tanz, dem Geklapper der Sistren, dem Rasseln ihrer Halsketten und dem Trommeln ihrer Handpauken zu erfreuen. »Erste der Kühe« nannte man Hathor in Oberägypten; dieser für unsere Ohren wenig schmeichelhaft klingende Titel rührt daher, daß die Göttin mal anthropomorph mit Kuhhörnern und Kuhohren, manchmal aber auch überhaupt als Kuh dargestellt wurde.

Herodot charakterisiert die Religiosität der Ägypter um 450 v. Chr. folgendermaßen:

»Sie sind überhaupt in allen Punkten frömmer als die übrigen

Ägyptische Götter und Göttinnen in Gräbern aus der Zeit des Neuen Reiches (v.l.n.r., obere Reihe: Ptah, Hathor, Thot, Osiris; untere Reihe: Isis, Anubis, Amun).

Menschen, von denen sie sich auch schon durch manche ihrer Sitten trennen. So durch die Beschneidung, die sie zuerst, und zwar aus Reinlichkeitsgründen, eingeführt haben; des weiteren durch ihre Abscheu vor Schweinen, die gewiß damit zusammenhängt, daß Seth als ein schwarzes Schwein den Horus verwundet hatte, und endlich und am meisten durch ihre Ehrfurcht vor den Kühen, die sie nie essen oder opfern würden, weil sie damit die kuhhörnige Isis beleidigen würden. Deshalb würde kein Ägypter und keine Ägypterin je einen Griechen küssen oder sein Messer, seinen Bratspieß oder seinen Kessel gebrauchen oder von dem

Fleisch eines sonst reinen Ochsen essen, das mit einem griechischen Messer geschnitten wäre . . . Sie sahen mit hochmütiger Beschränktheit auf die anderen Völker herab, die unrein waren und den Göttern nicht so nahe standen wie sie.«

Amun und der »Südliche Harem«

Während der 11. Dynastie gelang es schließlich *einem* Gott, allen anderen den Rang abzujagen: Amun (»der Verborgene«) wurde zum Reichsgott und Götterkönig erhoben. Seine Herkunft ist umstritten. Möglicherweise kommt er aus der heiligen Stadt On (Heliopolis = Sonnenstadt), wo man von alters her den Sonnengott Re, wie Amun widderköpfig dargestellt, verehrte. In On wurde dem Sonnengott aber auch unter den Namen Atum, Chepre und Re-Horachte geopfert. Re-Horachte, der Horus vom Horizont, war der große Gott mit dem Falkenkopf und der Sonnenscheibe. Zur Zeit der 12. Dynastie baute Amenemhet I. in On einen Sonnentempel, dessen Ruinen noch den griechischen Geschichtsschreiber Strabo (um 60 v. Chr.) beeindruckten. Dieser Tempel war vor allem berühmt für seine Priesterschule. Und an dieser Priesterschule hat Echnaton wahrscheinlich entscheidende religiöse Impulse erhalten.

Amun besitzt ursprünglich Menschengestalt und trägt Federkrone, Geißel, Zepter oder Krummschwert. Später tritt er auch als »der schöne Widder« auf oder als Nil-Gans.

Zu Beginn des Mittleren Reiches wird Amun im Tempel von Karnak, im Tempel von Luxor, der den Namen »Südlicher Harem« trägt, und in seinem Totentempel Medinet Habu verehrt. Zur Zeit des Neuen Reichs werden Amun weitere Kultstätten auf dem thebanischen Westufer in Der el-Bahari und zu ptolemäischer Zeit in Der el-Medinet errichtet.

Neben diesem mittelägyptischen Zentrum der Verehrung gab es im ganzen Land unzählige Amun-Kultstätten. Die Feste, die in seinem Namen gefeiert wurden, waren ebenso zahlreich wie aufwendig. Am 27. Tag des 1. Monats fand alljährlich das »Fest des Amun« statt. Doch die Thebaner feierten auch den »Auszug des Gottes nach dem Neumondfest«, das »Erheben des Himmels«, den »Eintritt in den Himmel«, Erntefeste, das Opetfest, das ihm geweihte Neujahrsfest, den Besuch des Gottes in Luxor und das Talfest im thebanischen Totental.

Entsprechend der Dreiheit von Osiris, Isis und Horus erhielt auch Amun Frau und Kind: die gütige geierköpfige Zauberin Mut (nicht zu verwechseln mit der Himmelsgöttin Nut), deren Tempel in Karnak an dem mondsichelförmigen Teich von Aschru lag, und den Sohn Chons, der ebenfalls in Karnak, westlich des Amenophis-II.-Tempels, eine Kultstätte hatte. Chons war von so zwiespältigem Charakter, daß die Priester sich schließlich gezwungen sahen, aus einem Gott zwei zu machen: Chons-in-Theben-Neferhotep, den anbetungswürdigen Tempelgott, und Chons-Ratgeber-in-Theben, den Zauberer, der die Dämonen des Wahnsinns und der Krankheit austrieb.

Da Amun auch als Vater des jeweils herrschenden »göttlichen« Pharaos galt, entstand natürlich ein immer engeres Verhältnis zwischen Priesterschaft und Königshaus. Ein politisch verhängnisvoller Schritt war es, als Amun – das heißt seine Priester – zur Zeit des Neuen Reichs anfing zu orakeln. Das führte so weit, daß das Amun-Orakel den Nachfolger auf dem Pharaonenthron bestimmte und damit die Weichen stellte für die Zukunft des ganzen Landes. Der Einfluß der Amun-Priester auf die Lokalpolitik war über das Amt des Wesirs, das meist der jeweilige Oberpriester innehatte, sowieso gewährleistet.

Die Klosterbrüder Amuns lebten abgeschirmt hinter den hohen Mauern ihrer Tempel, auf nichts bedacht, als den Ruhm ihres Gottes zu mehren, die Tradition des Reiches zu bewahren und ihr Wissen zu vergrößern. Diese hochgebildete Kaste pflegte das Erbe der Väter, legte Archive an und stellte Sittengesetze auf, die Maßstab für alle waren – nur nicht für sie selbst.

Fremde Einflüsse und Neuerungen der Sprache wurden von den erzkonservativen Priestern nicht nur verabscheut, sie bemühten sich sogar um einen möglichst altertümelnden Wortschatz und sprachen noch »ägyptisch« zu einer Zeit, als die Geschichte sie längst vergessen hatte und am Nil kein Mensch sie mehr verstand.

Fortschrittlich gaben sich die Priester nur, wenn es um ihren Vorteil ging. Sie fälschten Urkunden, um uralte Lehensansprüche geltend zu machen, Tribute zu kassieren oder Sklaven gestellt zu erhalten. Zu umfangreich und für Außenstehende unüberschaubar waren ihre jahrhundertealten Archive, um die Echtheit solcher Dokumente nachprüfen zu können. Erst Ägyptologen unseres Jahrhunderts gelang es, zahlreiche dieser Betrügereien aufzudecken*.

Der Gott der 19 Millionen Grad

Die neue Religion Echnatons und Nofretetes richtete sich nicht nur gegen die alten Götter, sondern vor allem auch gegen die Machenschaften der Priester. Auf frühen Denkmälern wird der vierte Amenophis als »Hoherpriester des Re-Horachte, der im Horizont jubelt« dargestellt, und bis zum Jahre 5 sieht man den jungen Pharao noch bei der Verehrung der klassischen Götter; man nennt ihn sogar »der, den Amun unter Unzähligen ausgewählt hat«! Eine »Revolution« war es nicht, die Häresie entwickelte sich nach und nach, aber es waren wirklich *neue* Wege, die beschritten wurden, wenn der junge Herrscher betete: »Verehrung des lebenden Re, des Horachte, der im Horizont jubelt, in seinem Namen ›Licht, das in Aton ist‹, der in Ewigkeit lebe«**. Hier wird auch deutlich, daß die Sonnen*energie* das Verehrungswürdige ist, jene 19 Millionen Grad im Innern des Zentralkörpers unseres Sonnensystems, und nicht das *Abbild* der glühenden Scheibe am Himmel.

Sonnenkulte wie den von Amarna gab es bereits in Asien. In Babylon verehrte man zum Beispiel den Sonnengott Schamasch,

* Siehe Kapitel »Die Quellen«.
** Anrede des Gottes aus dem Großen Aton-Hymnus.

und weit über die Grenzen seines Landes bekannt war der Sonnengott von Mitanni – Nofretetes Gott. Es besteht da wohl kein Zweifel, daß Nofretete – und vor ihr vielleicht schon ihre Landsmännin Teje – Echnatons religiöse Gefühle in eine ganz bestimmte Richtung lenkte.

Älteste Zeugnisse des Gottes Aton lassen sich bis in das Mittlere Reich zurückverfolgen, wobei das Wort Aton ursprünglich nicht einen Gott, sondern wirklich die am Himmel stehende »Sonne« bezeichnete. In einer Inschrift aus der Zeit der 12. Dynastie heißt es dann bereits: »Er kam hinauf zum Himmel und wurde vereinigt mit Aton, *dem Leib des Gottes*, der ihn geschaffen hatte.« Ahmose, der erste Pharao der 18. Dynastie, hinterließ eine Stele – man fand sie vor dem achten Pylon in Karnak –, auf der steht: »Er war Herrscher über alles, was Aton umfaßte«, und an anderer Stelle wird gesagt, der Pharao sehe aus »wie der scheinende Aton.« Im Grabe des Ineni in Theben heißt es von Amenophis I.: »Er war zum Himmel gegangen und vereinigte sich mit Aton.« Und auf einer Felsenstele aus der Zeit Thutmosis I. am dritten Nilkatarakt steht geschrieben: »Er (Thutmosis) erscheint als Herr der beiden Länder, zu herrschen über alles, was Aton umfaßte.« In zwei Gräbern aus der Zeit der Königin Hatschepsut, dem des Ahmose und dem des Sennofru, finden wir den Satz: ». . . er ging von dieser Welt, um Aton zu sehen . . .« Thutmosis III. gebraucht im 25. Jahr seiner Regierung auf einer Sinai-Stele die Anrede: »König der Könige, Herrscher der Herrscher, Aton aller Länder . . .« – »Du siehst den Aton bei seinem täglichen Lauf«, steht auf einer von Flinders Petrie in der Nähe von Lahun gefundenen Stele, die aus der Zeit Amenophis III. stammen dürfte. Die zahlreichen Aton-Dokumente aus der siebenunddreißigjährigen Regierungszeit Amenophis III. sind ein deutlicher Hinweis darauf, daß Aton bereits verehrt wurde, als Echnaton noch gar nicht geboren war.

Der britische Archäologe Professor T. E. Peet sieht – anders als die meisten Historiker – im Aton-Glauben Nofretetes und Echnatons allerdings keine idealistischen Züge; er meint vielmehr:

»Dies ist ein Thema, über das viel Unsinn geredet und geschrieben worden ist, in der Hauptsache, weil der Romantik und der Phantasie bei der Untersuchung zu viel Spielraum gelassen wurden. In der äußeren Erscheinungsform des Gottes gibt es bestimmt nichts, was dem so oft behaupteten Glauben den Anschein von Wahrscheinlichkeit verleihen könnte, Aton sei nicht die Sonnenscheibe im physikalischen Sinn, sondern ›die Kraft, die dahintersteht‹. Man kann im Gegenteil sagen, daß kein ägyptischer Gott jemals unter so rein realistischen Aspekten dargestellt wurde wie dieser, selbst den Naturgöttern hatte man einen menschlichen Körper gegeben. Das Wort Aton enthält an sich schon die gleiche Bedeutung, denn es war einfach das übliche Wort für die Sonnenscheibe im rein materiellen Sinn, und wenn es überhaupt irgendeine wirkliche Veränderung in Echnatons neuer Vorstellung vom Sonnengott gab, wie sie sich in Form und Namen zeigt, so ging sie in Richtung auf einen größeren Materialismus.«

Peets Thesen sind leicht zu widerlegen, wenn wir den großen Aton-Hymnus näher betrachten. Dieser Hymnus, als Wandinschrift im Felsengrab des Eje in Amarna aufgezeichnet, ist möglicherweise eine Dichtung Echnatons oder Nofretetes und gilt allgemein als das Glaubensbekenntnis jener Epoche. Das sonst übliche mythologische Beiwerk hat einer Sprache der zarten, lebensfrohen Bilder Platz gemacht. Und Aton, der das Küchlein in der Schale wachsen und alle Bäume und Pflanzen blühen läßt, das ist keineswegs die Sonnenscheibe im bloß materiellen Sinn, sondern tatsächlich »die Kraft, die dahintersteht«.

Der große Aton-Hymnus (im Grab des Ipi und in leicht variierter Form auch in anderen Amarna-Gräbern gibt es noch einen sogenannten *kleinen* Aton-Hymnus) wurde wohl bei feierlichen Anlässen vorgetragen.

*Der große Aton-Hymnus**

Dein Aufleuchten ist schön am Rande des Himmels,
Du lebender Aton, der zuerst lebte!
Wenn du dich erhebst am östlichen Rande des Himmels,
So erfüllst du jedes Land mit deiner Schönheit.
Denn du bist schön, groß und funkelnd, du bist hoch über der Erde:
Deine Strahlen umarmen die Länder, ja alles, was du gemacht hast.
Du bist Re, und du hast sie alle gefangengenommen;
Du fesselst sie durch deine Liebe.
Obwohl du fern bist, sind deine Strahlen doch auf Erden;
Obwohl du hoch droben bist, sind deine Fußstapfen der Tag!

Nacht

Wenn du untergehst am westlichen Rande des Himmels,
So liegt die Welt im Dunkel, als wäre sie tot.
Sie schlafen in ihren Kammern,
Ihre Häupter sind verhüllt,
Ihre Nasen sind verstopft, und keiner sieht den andern.
Gestohlen wird alle ihre Habe, die unter ihren Häuptern liegt,
Ohne daß sie es wissen.
Jeder Löwe kommt aus seiner Höhle,
Alle Schlangen stechen.
Dunkel herrscht, es schweigt die Welt;
Denn der sie schuf, ist am Himmelsrande zur Ruhe gegangen.

Der Tag und der Mensch

Hell ist die Erde,
Wenn du aufgehst am Himmelsrand,
Wenn du als Aton bei Tage scheinst.
Das Dunkel wird verbannt, wenn du deine Strahlen aussendest,
Die beiden Länder feiern täglich ein Fest,
Wachend und auf ihren Füßen stehend,
Denn du hast sie aufgerichtet.

* Nach James Henry Breasted.

Sie waschen sich und nehmen ihre Kleider;
Ihre Arme erheben sich in Anbetung, wenn du erscheinst.
Alle Menschen tun ihre Arbeit.

Der Tag und die Tiere und Pflanzen

Alles Vieh ist zufrieden mit seiner Weide,
Alle Bäume und Pflanzen blühen,
Die Vögel flattern über ihren Sümpfen,
Und ihre Flügel erheben sich in Anbetung zu dir.
Alle Schafe hüpfen auf ihren Füßen,
Alle Vögel, alles, was flattert –
Sie leben, wenn du über ihnen aufgegangen bist.

Der Tag und das Wasser

Die Schiffe fahren stromauf und stromab,
Jede Straße ist offen, weil du leuchtest.
Die Fische im Strom springen vor dir,
Und deine Strahlen sind mitten im großen Meer.

Die Erschaffung des Menschen

Du bist es, der den Knaben in den Frauen schafft,
Der Samen in den Männern gemacht hat;
Der dem Sohn Leben gibt im Leibe seiner Mutter,
Der ihn beruhigt, damit er nicht weine,
Du Amme im Mutterleibe.
Der Atem gibt, um alles zu beleben, was er gemacht hat!
Kommt er heraus aus dem Leibe,
. . . am Tage seiner Geburt,
So öffnest du seinen Mund zum Reden,
Du schaffst ihm, wessen er bedarf.

Erschaffung der Tiere

Das Küchlein piept schon in der Schale,
Du gibst ihm Atem darin, um es zu beleben.
Wenn du es vollkommen gemacht hast,
So daß es die Schale durchbrechen kann,
So kommt es heraus aus dem Ei,

Um zu piepen, so viel es kann;
Es läuft herum auf seinen Füßen,
Wenn es aus dem Ei herauskommt.

Die ganze Schöpfung

Wie mannigfaltig sind alle deine Werke,
Sie sind vor uns verborgen,
O du einziger Gott, dessen Macht kein anderer hat,
Du schufst die Erde nach deinem Begehren,
Während du allein warst:
Menschen, alles Vieh, groß und klein,
Alles, was auf der Erde ist,
Was einhergeht auf seinen Füßen;
Alles, was hoch droben ist, was mit seinen Flügeln fliegt.
Die Länder Syrien und Nubien
Und das Land Ägypten; du setzest jedermann auf seinen Platz
Und gibst ihnen, was sie bedürfen.
Ein jeder hat seinen Besitz,
Und ihre Tage sind gezählt.
Ihre Zungen reden mancherlei Sprache,
Auch ihre Gestalt und Farbe sind verschieden,
Ja, du unterschiedest die Menschen.

Bewässerung der Erde

Du schufst den Nil in der Unterwelt,
Du führtest ihn herauf nach deinem Belieben,
Um die Menschen am Leben zu erhalten,
Wie du sie dir gemacht hast,
Du, ihrer aller Herr!
Du Tagessonne, die Furcht jedes fernen Landes,
Du schaffst auch ihr Leben.
Du hast einen Nil an den Himmel gesetzt,
Damit er für sie herabfalle
Und Wellen schlage auf den Bergen wie das Meer
Und ihre Felder bewässere in ihren Städten.
Wie herrlich sind deine Pläne, du Herr der Ewigkeit!
Der Nil am Himmel ist für die Fremdländer

Und für das Wild der Wüste, das auf seinen Füßen geht;
Der (wirkliche) Nil aber quillt aus der Unterwelt hervor für Ägypten.
So ernähren deine Strahlen jeden Garten,
Wenn du dich erhebst, so leben sie und wachsen für dich.

Die Jahreszeiten

Du machtest die Jahreszeiten, um alle deine Werke zu schaffen.
Den Winter, um sie zu kühlen, und ebenso auch die Hitze (des Sommers).
Du hast den fernen Himmel gemacht, um an ihm aufzugehen,
Um alles zu schauen, was du gemacht hast,
Während du allein warst,
Erstrahlend in deiner Gestalt als lebender Aton,
Aufdämmernd, strahlend, dich entfernend und wiederkehrend.

Schönheit durch das Licht

Du hast Millionen von Gestalten gemacht aus dir allein.
In Städten, Dörfern und Ansiedlungen,
Auf der Landstraße oder am Fluß –
Alle Augen sehen dich vor sich,
Wenn du die Tagessonne über der Erde bist.

Aton und der König

Du bist in meinem Herzen,
Kein and'rer ist, der dich kennt,
Außer deinem Sohne Echnaton.
Du hast ihn eingeweiht in deine Pläne
Und in deine Kraft.
Die Welt ist in deiner Hand,
Wie du sie gemacht hast.
Wenn du aufgegangen bist, so leben sie (die Menschen),
Gehst du unter, so sterben sie.
Denn du selbst bist die Lebenszeit,
Und man lebt durch dich.
Alle Augen schauen auf deine Schönheit,
Bis du untergehst.

Alle Arbeit wird beiseite gelegt,
Wenn du im Westen untergehst.
Wenn du dich erhebst, so werden sie gemacht,
Zu wachsen für den König.
Seit du die Erde gründetest, hast du sie aufgerichtet,
Hast du sie aufgerichtet für deinen Sohn,
Der aus dir selbst hervorging,
Den König, der von der Wahrheit lebt.
Den Herrn der beiden Länder Nefer-cheperu-Re, Ua-en-Re,
Den Sohn des Re, der von der Wahrheit lebt,
Den Herrn der Kronen Echnaton, dessen Leben lang ist;
(Und für) die große königliche Gemahlin, die von ihm geliebte,
Die Herrin der beiden Länder Nefer-neferu-Aton.
Die lebt und blüht für immer und ewig.

Was das ägyptische Volk an der neuen Religion schockiert haben muß, ist die Vernachlässigung des Totenkultes, der dem Ägypter unendlich viel bedeutet hat. Die Felsengräber von Amarna sind weit weniger prächtig als die im westlichen Theben. Echnaton redet über die Anlage seines Königsgrabes ohne die bisher übliche Euphorie, er spricht nicht vom »zum Himmel fliegen«, sondern schlicht vom »begraben werden«. Im übrigen bewohnt der Tote aber auch in der Aton-Religion die Unterwelt, wie in alten Zeiten wird für den Ka nach dem Tod die Mundöffnung vollzogen, und Speisen und Grabbeigaben sollen ihm die lange Zeit im Jenseits versüßen. Aber das Totengericht, das bisher über die Aufnahme in die Unterwelt entschied, wird nicht mehr erwähnt. Wenn es ein Hindernis gab für die vorbehaltlose Anerkennung des neuen Glaubens und eine Ursache, die seinen Sturz einleitete, dann war es vor allem der in ägyptischen Augen unzureichende Totenkult.

Bemerkenswert erscheint auch die Liebe und Güte, mit der Aton – ohne Ansehen der Rasse – sogar den Syrern und Nubiern begegnet. Hier sind Parallelen zum 104. Psalm des Alten Testaments unübersehbar. Wir können heute mit Sicherheit sagen, daß die Poesie des Aton-Glaubens den 104. Psalm beeinflußt hat, daß also zwischen dem Aton-Glauben und dem mosaischen Glauben Zusammenhänge bestehen.

104. Psalm, Vers 20 bis 24:

»Wirkst du Finsternis, so ist es Nacht; in ihr regen sich alle Tiere des Waldes. Die jungen Löwen brüllen nach Fraß, indem sie von Gott ihre Nahrung verlangen. Wenn die Sonne aufgeht, ziehen sie sich zurück und lagern in ihrer Behausung. Der Mensch geht an sein Werk und an seine Arbeit bis zum Abend. Wie sind deiner Werke so viel, Jachwe! Du hast sie alle in Weisheit geschaffen; die Erde ist voll von deinen Geschöpfen ...«

104. Psalm, Vers 27 bis 30:

»Sie alle warten auf dich, daß du ihnen zu seiner Zeit ihre Speise gebest. Du gibst ihnen, sie lesen auf; du tust deine Hand auf, sie sättigen sich mit Gutem. Du verbirgst dein Antlitz, sie werden bestürzt; du ziehst ihren Odem ein, und sie werden wieder zu Erde. Du entsendest deinen Odem, sie werden geschaffen; und du erneust das Angesicht der Erde.«

Nofretete und der Monotheismus

Die monotheistische Religion der Amarna-Zeit hielt sich nicht viel länger als ein Jahrzehnt. Und weder vor ihrer Entstehung noch nach ihrem Zusammenbruch, der bereits unter Echnatons Nachfolger Tut-ench-Aton begann, lassen sich in der ägyptischen Geschichte Anzeichen für ähnliche Tendenzen erkennen. Die Hypothese, daß die aus Asien stammende Nofretete die Entstehung dieser monotheistischen Lehre wesentlich beeinflußt hat, ist kaum von der Hand zu weisen. Während die alten Ägypter jedoch längst wieder die alten Götter verehrten, bewahrte ein eigenwilliger Nomadenstamm den Glauben an den *einen* Gott: die Hebräer.

Die Hebräer lebten, bevor sie in dem gelobten Land Kanaan seßhaft wurden, mehrere Generationen lang in Ägypten. Die Geschichte der »ägyptischen Gefangenschaft« des auserwählten Volkes und die jahrelang vergeblichen Bemühungen seines Anführers Moses, beim Pharao freien Abzug für sein Volk zu erwirken, sind dem Leser wahrscheinlich hinlänglich aus der Bibel bekannt.

Wer war dieser Moses eigentlich?

Nach dem ägyptischen Priester und Historienschreiber Manetho lebte in Avaris, der Hauptstadt der Hyksos im Nildelta, eine Volksgruppe, die die ägyptische Vielgötterei ablehnte und von einem Priester aus Heliopolis (On) angeführt wurde, einem gewissen Moses. Tatsächlich ist im Alten Testament überliefert, daß Moses in der Stadt On »in allen Wissenschaften der Ägypter unterwiesen wurde«. Manethos tausend Jahre danach aufgezeichneter Bericht, der in Moses einen Priester sieht, ist insofern gar nicht abwegig, da nur die Priester »in allen Wissenschaften unterwiesen wurden«. Rätselhaft bleibt, wie ein Fremder in die geheiligten Tempelbezirke eindringen konnte.

Doch gibt es dafür eine ebenso interessante wie umstrittene Erklärung. Das Alte Testament berichtet in Moses 1,7–2,21 von dem Pharao, der aus Furcht vor Übervölkerung seines Landes durch die fruchtbaren Hebräer den Befehl gab: »Werfet alle Knäblein, die bei den Israeliten geboren werden, in den Nil!« Wörtlich heißt es dann weiter:

> Damals bekam ein Mutter aus dem Stamme Levi einen Sohn. Weil sie sah, daß er schön war, verbarg sie ihn drei Monate lang. Als sie ihn nicht länger verbergen konnte, legte sie ihn in ein Binsenkörbchen, das sie mit Harz und Pech bestrichen hatte, und setzte ihn im Schilf des Flusses aus. Die Schwester blieb von ferne stehen, um zu sehen, was geschehen werde. Da kam die Tochter des Königs an den Fluß, um zu baden. Sie erblickte das Körbchen im Schilfe, schickte ihre Magd hin und ließ es holen. Als sie es öffnete, sah sie darin ein weinendes Kind. Sie erbarmte sich seiner und sprach: »Das ist eines von den Knäblein der Hebräer.« Sogleich lief die Schwester des Knäbleins herzu und sprach: »Soll ich eine hebräische Mutter rufen, die es aufzieht?« Sie antwortete: »Geh hin!« Und das Mädchen rief seine Mutter. Die Königstochter sprach zu ihr: »Zieh mir das Knäblein auf! Ich werde dich dafür belohnen.« Die Mutter zog den Knaben auf. Als er größer war, brachte sie ihn zur Tochter des Königs. Diese nahm ihn an Kindes Statt an und sagte: »*Moses* soll er heißen; denn ich habe ihn aus dem Wasser gezogen.«

Kannte Moses Nofretete?

War es überhaupt möglich, daß die Israeliten in Kontakt kamen mit dem Aton-Glauben Echnatons und Nofretetes?

Laut Altem Testament lagen zwischen dem Auszug aus Ägypten, dem sogenannten Exodus, und Salomons Tempelbau in Jerusalem 480 Jahre. Den Tempelbau setzen die Historiker nach zuverlässigen Quellen um das Jahr 980 v. Chr. an. Demnach hätte der Exodus um das Jahr 1460 stattgefunden. Die Reformation von Amarna erfolgte jedoch erst über hundert Jahre später, so daß die Israeliten von Nofretete und der Aton-Religion nichts weiter wissen konnten. An einer anderen Stelle des Alten Testaments wird jedoch berichtet, daß die Juden vor ihrem Auszug in Ägypten Frondienste für die Städte Pithom und Raamses leisten mußten. Diese beiden Städte wurden unter der Regierung des Pharaos Ramses II. errichtet, der von 1290 bis 1224 regierte. Nach dieser Quelle hätten die Israeliten die ägyptische Reformation also miterlebt.

Robert Silverberg, der in seiner Echnaton-Biographie der Frage einer möglichen Beeinflussung des judaischen Glaubens durch die Aton-Religion breiten Raum gewidmet hat, weist darauf hin, daß Amenophis II., der Urgroßvater Echnatons, von einer Expedition nach Syrien und Kanaan mehrere tausend Gefangene vom Stamme der Apiru nach Ägypten brachte, die dort Sklavenarbeit zu verrichten hatten. In den Amarna-Briefen werden mehrfach plündernde Nomaden erwähnt, die Apiru oder Chabiri heißen und Städte in Syrien und Kanaan überfallen haben sollen. Nun verfügen die Bezeichnungen Apiru, Chabiri oder Hebräer allesamt über denselben Wortstamm, so daß wir annehmen dürfen, daß die Hebräer oder Israeliten ein Nomadenvolk waren, das sich in mehrere Stämme aufteilte. So wäre auch erklärlich, daß Hebräer 1460 v. Chr. gen Kanaan zogen, andererseits aber unter Ramses II. noch Sklavendienste leisten mußten: Es handelte sich einfach um verschiedene Hebräerstämme.

Wenn Moses wirklich gelebt hat, und die überwiegende Mehrheit der Historiker beantwortet diese Frage mit einem klaren Ja, dann sollten wir diesen Religionsstifter, Gesetzgeber und Volksführer einmal, ungeachtet der Überlieferung des Alten Testaments, genauer unter die Lupe nehmen. Denn das Alte Testament als *Glaubensbuch* ist das größte Hindernis für eine *historisch* exakte Klärung der Vorgänge um diese ungewöhnliche Persönlichkeit.

Über den Namen »Moses«, den der Religionsstifter angeblich von jener Prinzessin erhielt, die ihn einst aus dem Nil fischte (»... denn ich habe ihn aus dem Wasser gezogen ...«), ist viel gerätselt worden. Eine Bedeutung wie »der aus dem Wasser Gezogene« oder »der, den ich aus dem Wasser gezogen habe«, enthält der Name Moses nicht.

James Henry Breasted hat darauf hingewiesen, daß das Wort Moses im Altägyptischen »Kind« bedeutet und eine gar nicht so seltene Wortform darstellt – man denke nur an die Pharaonen-Namen Ramose oder Thutmosis. Nun bieten sich zwei Theorien an, wie Moses zu seinem Namen kam: Entweder er war von Geburt ein Ägypter und hieß Amen-mose oder Ah-mose, und die Israeliten, die diesen Namen nicht verstanden, übernahmen nur die Kurzform. Oder Moses war tatsächlich ein Findelkind, das von einer Mutter des Hebräerstammes ausgesetzt, von der bereits zitierten Prinzessin gefunden und an Kindes Statt angenommen und einfach »Kind« genannt wurde.

Es fällt schwer, einer der beiden Theorien den Vorzug zu geben. Sigmund Freud sieht in Moses einen Ägypter vornehmer Herkunft, der von der Legende zum Israeliten gemacht wurde, um den sozialen »Aufstieg«, der für einen Heldenmythos notwendig ist, zu betonen und die Bedeutung der historischen Persönlichkeit dieses Moses zu unterstreichen. Es gibt jedoch auch einen konkreten Hinweis auf die ägyptische Herkunft des Moses: das merkwürdige Ritual der Beschneidung, das kein asiatisches Volk, weder Babylonier noch Sumerer oder Semiten, kannte. Die Beschneidung war, wie wir von Mumien, aber auch von Wanddarstellungen dieses Vorgangs wissen, nur bei den Ägyptern üblich, und zwar aus hygienischen Gründen. Warum aber mag Moses diesen Brauch von den Ägyptern, die das hebräische Volk doch so haßten, übernommen haben?

Freud meint: »Wenn Moses den Juden nicht nur eine neue Religion, sondern auch das Gebot der Beschneidung gab, so war er kein Jude, sondern ein Ägypter, und dann war die mosaische Religion wahrscheinlich eine ägyptische, und zwar – wegen des Gegensatzes zur Volksreligion– die Religion des Aton, mit der die spätere jüdische Religion auch in einigen bemerkenswerten Punkten übereinstimmt.«

Es wäre schon möglich, daß Moses, glühender Anhänger der von asiatischem Gedankengut lebenden Universalreligion der Nofretete und, enttäuscht von der reaktionären Wiedereinsetzung der Vielgötterei, Ägypten verließ, um nur dem einen wahren Gott zu dienen.

Vergleichen wir die Lehren der Amarna-Religion mit dem Alten Testament, so sind Parallen nicht von der Hand zu weisen – allerdings gibt es auch ein paar wesentliche Unterschiede.

Fest steht, daß die ältesten Überlieferungen der Bibel, der sogenannte J-Text (nach Jachwe), aus der Zeit des Königs David stammen, als die Aton-Religion bereits seit dreieinhalb Jahrhunderten vergessen war. Fest steht auch, daß sich das Alte Testament in seiner heutigen Form aus insgesamt fünf Überlieferungen zusammensetzt – Moses zog also keineswegs mit dem neuen Glaubenskonzept unter dem Arm in das gelobte Land Kanaan –, und einige dieser Bibelquellen scheinen Anleihen bei der Aton-Religion gemacht zu haben. Allerdings unterscheidet sich der Gott Nofretetes vom Gott des Moses in einem Punkt auf fundamentale Weise: Der Gott Nofretetes ist der Gott der Liebe und der Harmonie, der Gott des Moses dagegen ist ein martialischer Gott, der das Schwert schwingt und Blitze schleudert. Zum Gott der Liebe und der Freude wird er erst viel später unter Isaias. Eines haben der Gott Nofretetes und der Gott des Moses aber von Anfang an gemein: Sie dulden »keine fremden Götter« neben sich und – sie sind beide abstrakte Gottheiten; nur Symbole verweisen auf ihre Identität.

Bei näherer Betrachtung der beiden Religionen wird deutlich, daß das Christentum keine Fortentwicklung des Aton-Glaubens ist, sondern eher eine Wiedergeburt. Der *eine* Gott von Amarna und der *eine* Gott der Israeliten besitzen zwar beide keine menschenähnliche Gestalt, der Gott Adams und Evas hatte aber immerhin so viel Körperlichkeit, daß er »durch die Kühle des Tages schreiten« konnte und Adam und Eva sich vor ihm versteckten. Der Gott der Nofretete war ein universaler Gott, der Gott des Moses nur der des auserwählten Volkes. Philister, Hethiter und Amoriter sollten ihre eigenen Götter behalten.

Bedeutende Historiker wie Eduard Meyer sehen die ursprüngliche Moses-Legende überhaupt ganz anders. Demnach habe der ägyptische Pharao einen Traum gehabt bzw. das Orakel habe ihm geweissagt, seine Tochter werde einen Sohn zur Welt bringen, und dieser Sohn sei eine Gefahr für Ägypten. Deshalb habe man das Knäblein nach der Geburt im Nil ausgesetzt, wo es von Israeliten entdeckt und großgezogen wurde. Leider gibt es auch für diese Hypothese keinen Beweis – genausowenig, wie für alle anderen. Aber es ist gar nicht so unwahrscheinlich, daß Moses Statthalter einer Grenzprovinz wurde, die später, lange nach dem Tode Echnatons und nach der Auflösung der Aton-Religion von dieser Katastrophe erfuhr und schließlich mit den letzten Getreuen Atons auswanderte. Daß eine solche Abspaltung eines ganzen Volksstammes ohne Reaktion der Regierung in Amarna oder Theben möglich war, darf als sicher gelten. Denn der letzte Pharao, der um die Mitte des 14. Jahrhunderts eine gezielte Außenpolitik betrieb, war Amenophis III. Und der erste, der sich dieses wichtigen politischen Ressorts wieder annahm, war der Soldaten-Pharao Haremhab.

Das Vorbild

So sitze ich in meinem Palast und denke an den, der mich geschaffen hat. Mein Herz gab mir ein, für ihn zwei Obelisken aus Elektron zu errichten ... mein Geist erregte sich bei der Vorstellung, was die Menschen wohl sagen werden, wenn sie nach vielen Jahren dieses Monument sehen und darüber sprechen, was ich getan habe ...

Pharao Hatschepsut,
auf dem Fundament eines Obelisken in Karnak

Gut hundert Jahre vor Nofretete besteigt zum ersten Mal in der ägyptischen Geschichte eine Frau den Pharaonenthron: Prinzessin Hatschepsut (1490–1468 v. Chr.), Tochter Thutmosis' I. und der Königin Ahmose und nach dem Tod ihrer Brüder Amenmosis und Wadjmosis die letzte ihrer Dynastie. Sie ist fünfzehn Jahre alt, als sie den zwölfjährigen Thutmosis II. heiratet, ihren Stiefbruder, Sohn Thutmosis' I. und einer Konkubine namens Mutnofret. Hatschepsut wird »große königliche Gemahlin«, als Thutmosis II. die Regierung übernimmt. Doch der junge Pharao verfügt weder über besondere körperliche noch über außergewöhnliche geistige Fähigkeiten, und es gibt keinen Zweifel, wie der wirkliche Pharao heißt: Hatschepsut. Das sind verblüffende Parallelen zum Schicksal der Nofretete, die auch im privaten Bereich der beiden Herrscherinnen festzustellen sind: Wie Nofretete bringt Hatschepsut nur Töchter zur Welt – Nofrure und Meritre-Hatschepsut –, während Thutmosis II. sich nicht nur als Vater einer weiteren Tochter, sondern vor allem als Erzeuger eines Sohnes rühmen konnte. Auch der hieß Thutmosis, und Hatschepsut ließ diesen illegitimen Sproß ihres Mannes und der Dienerin Iset ein Leben lang spüren, wie sehr sie ihn haßte.

»Hatschepsut regierte das Land nach ihrem Willen ...«

Am 1. Mai 1490 v. Chr. setzte der kränkelnde Thutmosis II. seinen Sohn als Mitregenten ein. Entsprechende Dokumente finden wir in der Säulenhalle zwischen dem vierten und fünften Pylon im Tempel von Karnak und in einer Doppelstatue, die die beiden Thutmosiden II. und III. darstellt und Vater und Sohn als »König von Ober- und Unterägypten« bzw. als »Herr, der die Riten vollzieht, der Sohn von Re« beschreibt. Gerade die letzte Formulierung ist typisch für eine Doppelregentschaft.

Hatschepsut erkennt Thutmosis III. zunächst als Herrscher der beiden Länder an: »... Er regierte auf dem Thron dessen, der ihn gezeugt hatte ...« Aber sie macht gleichzeitig ihren eigenen Machtanspruch geltend: »... Seine Schwester, die Gottesgemahlin Hatschepsut, regierte das Land nach ihrem Willen ...«

Das Datum des Regierungsantritts von Thutmosis III. und Hatschepsut ist eines der wenigen in der altägyptischen Geschichte, die sich genau rekonstruieren lassen. Aus der Zeit Thutmosis' III., der – einschließlich der Zeit als Schattenpharao neben Hatschepsut – mindestens dreiundfünfzig Jahre lang Pharao war, sind uns zwei Neumond-Daten überliefert, die 22 Monate auseinanderliegen: der 20. Tag des 1. Sommermonats im 23. Regierungsjahr und der 30. Tag des 2. Wintermonats im 24. Regierungsjahr. Für den Regierungsantritt von Hatschepsut und Thutmosis III. wurde bislang ein zeitlicher Grenzwert zwischen (frühestens) 1524 und (spätestens) 1457 zugrunde gelegt. Beide Jahreszahlen sind durch historische Dokumente belegt.

Untersuchungen der Mumie des Pharaos Thutmosis II. haben jedoch ergeben, daß dieser König nicht älter als dreißig Jahre geworden ist. Biographische Angaben lassen darüber hinaus den Schluß zu, daß der Vater von Hatschepsut nicht länger als zehn Jahre regiert hat, so daß sein Sohn Thutmosis II. zur Zeit seiner Thronbesteigung noch ein Kind gewesen sein muß. Damit kann der Grenzwert des Regierungsantritts auf 1504/1481 weiter eingeengt werden. Und im Laufe dieser dreiundzwanzig Jahre kommen laut astronomischer Berechnung nur zwei Daten in Frage: der

11. Mai 1468 für den ersten Neumond und der 20. Februar 1466 für den zweiten, das heißt, der Regierungantritt fiel auf den 4. Tag des 1. Sommermonats des Jahres 1490 v. Chr., das ist nach unserer Zeitrechnung der 1. Mai 1490.

Die Mumie der Pharaonin Hatschepsut wurde 1902 von Theodore M. Davis gefunden, der zusammen mit einem Archäologenteam im Tal der Könige nach Pharaonenmumien suchte. Einer dieser Archäologen war Howard Carter, der zu jener Zeit noch nicht so recht Fuß gefaßt hatte in der Ägyptologie und für jeden Auftrag – er mußte ja leben – dankbar war. Carter besaß das Know how, Davis das Geld, und schon im ersten Jahr ihrer Zusammenarbeit fanden sie die Gräber von Thutmosis IV. und Hatschepsut.

Anhand der Mumie und der wenigen erhaltenen Darstellungen dieser seltsamen Pharaonin können wir uns heute in etwa ein Bild von dieser Frau machen. Ihr Gesicht ist beinahe zierlich, nur die leicht gekrümmte Nase hat einen herben, männlichen Einschlag. Ihr Busen ist kaum entwickelt, ihre Figur ist schlank, beinahe feingliedrig, wie die einer Kreterin. Möglicherweise war Hatschepsut lesbisch. Denn mit Machtanspruch allein ist es kaum zu erklären, daß diese Frau in Männerkleidern herumlief, sich einen falschen Bart anklebte und sich nur noch als »Herr« der beiden Länder, als »er« anreden ließ. In dieser Hinsicht war sie sicher *kein* Vorbild für Nofretete.

Die Merkwürdigkeiten der Hatschepsut beginnen in ihrem zweiten Regierungsjahr. Darstellungen aus jener Zeit zeigen sie bereits als Mann *und* Frau; doch sie trägt noch immer die Bezeichnung »Gottesgemahlin« oder »Regentin des Nordens und des Südens«. In den folgenden fünf Jahren führt Hatschepsut nach außen hin eine Art Zwitterdasein, sie tritt als Mann auf, aber auch als Frau, sie läßt sich als »Königin« anreden, aber auch als »König«. Vom Oktober 1498 an ist aus der »Tochter von Re«, der »Sohn des Re« geworden, seine Majestät, der Herrscher der Throne der beiden Länder.

Mit dieser bisher nicht gekannten Geschlechtsumwandlung – zumindest nach außen hin – setzte Hatschepsut in zweifacher Hinsicht ein Signal. Zum einen war bewiesen, daß der ägyptische Machtanspruch keineswegs nur auf Männer übergehen mußte,

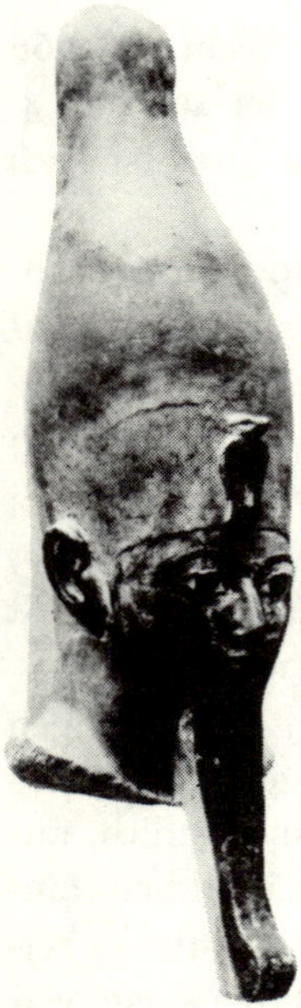

Kopf einer Kolossalstatue der Hatschepsut. Bemalter Kalkstein (Höhe mit Bart etwa 1,22 m), von einem der Osiris-Kolosse der Königin aus Der el-Bahari.

zum anderen wurden sexuelle Perversionen von nun an »hoffähig«: Während Amenophis III. in Frauenkleidern herumlief, übte seine »große königliche Gemahlin« Teje die Macht aus. Während Echnaton sich Semenchkare widmete, schickte Nofretete sich an, die Macht zurückzugewinnen.

Das Denkmal

Hatschepsut, die erste große Herrscherin der Weltgeschichte, baute ebenso monumental, prächtig und maßlos wie ihre männlichen Vorgänger – und ihre Nachfolgerin Nofretete, als sie den Aton-Tempel von Karnak errichten ließ. Während der eigentliche Pharao, Thutmosis III., als Gefangener im eigenen Palast zur Untätigkeit verdammt war, schickte Hatschepsut, »der Sohn des Horus«, eine Expedition in das ferne Wunderland Punt, das wir etwa an der Küste Somalias zu suchen haben. Von dort schaffte man in wochenlangen Fußmärschen seltene Bäume für die Tempelbezirke von Karnak und Der el-Bahari herbei.

Der el-Bahari wurde Hatschepsuts Meisterstück. In zehnjähriger Arbeit errichteten Handwerker, Ingenieure und Architekten aus allen Provinzen des Landes diesen in der Welt einmaligen Tempelbezirk. Die Namen der beiden Baumeister sind uns bekannt: Senenmut und Amenhotep. Sie schufen dieses Bauwerk an einem Platz, der seit undenklichen Zeiten der Göttin Hathor geweiht war. Das umliegende Felsengebirge wurde dabei in die Architektur mit einbezogen. Drei Terrassen erheben sich übereinander, deren Mauern, Stützpfeiler und Säulen nach oben hin immer zierlicher werden. Und oben, von der dritten Plattform aus, führt ein Gang zum Allerheiligsten, einem geheimen Ort für die Gottheit und ihren »Sohn« Hatschepsut – tief in den gewachsenen Felsen geschlagen.

Hier, vor dem Zugang zu diesen geheimnisvollen Kammern, entdeckte im Jahre 1828 Jean-François Champollion jenen bis dahin unbekannten Pharaonennamen »Amenenthe«. Wie wir wissen, wurden weder Nofretete noch Echnaton in einer Königsliste geführt, und auch Hatschepsut tauchte weder in der Königsliste Manethos auf noch in einer anderen historischen Überlieferung. Warum hatten die Historiker »Amenenthe« übersehen?

Schon Champollion war aufgefallen, daß an diesem Tempel die meisten Königskartuschen abgeschlagen oder verändert worden waren. Die neu eingesetzten Namen nannten Thutmosis I. und Thutmosis III. Als Champollion später die Texte übersetzte, stellte er fest, daß alle Pronomina nicht von »ihm«, sondern von »ihr« sprachen, und damit kam zum ersten Mal der Verdacht auf, daß es sich bei diesem »verlorengegangenen« Pharao um eine Frau handeln könnte. Eine Vermutung, die später von Richard Lepsius bestätigt wurde: In der Welt der Tempel und Gräber in und um Theben war ein Pharao, oder besser eine Pharaonin, vergessen worden, das heißt, sein Name wurde – wie später der Nofretes – von den nachfolgenden Generationen aus allen erreichbaren Inschriften getilgt, ein Pharao, der aufgrund seiner Leistungen jedoch ohne Zweifel zu den bedeutendsten des Neuen Reiches zu zählen ist.

Die beiden gewaltigen Obelisken, die Hatschepsut im Tempelbezirk von Karnak errichten ließ, sind die größten, die je von Menschenhand geschaffen wurden. An den Wänden ihres Grabtempels von Der el-Bahari wird der Transport der Monolithen aus den Steinbrüchen von Assuan – über zweihundert Kilometer nilabwärts – dargestellt. Und am Fuße des einen ist folgender Bericht der Königin verzeichnet:

»Was die zwei großen Obelisken betrifft, die ich als Majestät für meinen Vater Amun mit Elektron* verkleidet habe, damit mein Name dauerhaft und für immer bis ans Ende der Jahrhunderte in diesem Tempel weile, so bestehen sie aus einem einzigen Stein, aus purem, hartem Granit ... Ich habe Amun ein Zeugnis der Zuneigung gegeben, wie es sich für einen König gegenüber jedem Gott geziemt. Ich hatte zwar den Wunsch, sie ganz aus Elektron gießen zu lassen, aber dann habe ich schließlich nur die Oberfläche des Schaftes mit Elektron verkleidet.«

Die beiden Obelisken, »die bis zum Himmel reichten und über die beiden Länder leuchteten wie die Sonnenscheibe«, bedeuteten für diese Frau auf dem Pharaonenthron einen ungeheuren Prestigegewinn. Es scheint, daß auch Nofretete ähnliches im Sinn hatte, als sie ihren Nördlichen Palast und ihre eigenen überlebensgroßen Monumentaldarstellungen am Aton-Tempel schaffen ließ. Hatschepsut wurde allein durch ihre beiden Obelisken in der ganzen damaligen Welt bekannt. Als der Assyrerkönig Assurbanipal zur Zeit Tanut-Amuns Theben plünderte, da gab er den ausdrücklichen Befehl, »zwei Säulen aus reinem Elektron, jede 2500 Talente** schwer, die sich am Tempeleingang befinden«, in seinen Palast zu bringen.

Das Vorhaben wurde aufgegeben. Warum, wissen wir nicht. Vielleicht merkten die Assyrer bei Beginn der Demontage, daß die beiden dreißig Meter hohen Obelisken doch nicht aus purem Elektron waren, sondern »nur« mit Platten verkleidet. Hatschepsut hatte nach eigenen Angaben zwölf Scheffel Gold verbraucht: »... Hierfür habe ich alles feine Gold gegeben. Ich habe es mit

* Elektron-Legierung: 75 % Gold, 22 % Silber, 3 % Kupfer.

** Etwa 750 Tonnen.

Scheffeln gemessen wie den Weizen. Ich als Majestät habe jeden in den beiden vereinigten Ländern die Menge wissen lassen, damit der einfache Mann wie der Gebildete davon Kenntnis habe . . .«

Der Tod der Töchter

Wie Nofretete so verlor auch Hatschepsut eine ihrer beiden Töchter, noch bevor diese das Erwachsenenalter erreicht hatte. Nofrure, »die von Hathor Geliebte, das geheiligte Bild Amuns«, wurde von Hatschepsut im 2. Jahr ihrer Regierung zur legitimen Regentin ausgerufen und aller Wahrscheinlichkeit nach mit Thutmosis III. vermählt. Da man über das Leben Thutmosis' III. während der Regentschaft Hatschepsuts wenig weiß, ist auch diese Heirat nicht gesichert, es wird jedoch in zahlreichen Zeugnissen auf diese Verbindung hingewiesen. Da ist einmal der Nofrure zugedachte Titel »Gottesgemahlin«, also Frau des Pharaos, und zum anderen die Tatsache, daß Thutmosis III. nach Hatschepsuts Tod zu einem wahren Bilder- und Dokumentensturm aufrief, dabei jedoch den Namen und das Andenken Nofrures verschonte. Tatsache ist auch, daß Nofrure in noch jugendlichem Alter starb. Unter welchen Umständen, wissen wir nicht, auch ihre Begräbnisstätte blieb unbekannt. Thutmosis III. sah sich nach Nofrures Tod gezwungen, Hatschepsuts zweite Tochter zu ehelichen, um als illegitimer Sproß Thutmosis' II. den Thronanspruch nicht völlig zu verlieren.

Hatschepsuts zweite Tochter hieß ebenfalls Hatschepsut. Die Historiker bezeichnen sie als Hatschepsut II. oder Meritre-Hatschepsut. Die Hochzeit des um diese Zeit bereits mit mehreren anderen Frauen verheirateten Thutmosis III. mit der zweiten Tochter Hatschepsuts fand um das Jahr 17 der Regierung der Pharaonin statt. Im selben Jahr begann der Stern der Pharaonin zu sinken.

Der vom Thron verdrängte Thutmosis hatte offensichtlich Zeit genug gehabt, sich im Königspalast von Theben seine eigene Hausmacht zu schaffen, so daß sich Höflinge und Beamte, ähnlich wie später bei Nofretete und Echnaton, in zwei Lager spalteten. Am höchsten in der Gunst der Pharaonin stand Senenmut, der schon unter ihrem Vater als Haushofmeister gedient hatte und es vortrefflich verstand, sich unter Hatschepsut von einer Position zur anderen hochzuarbeiten, »bis zum Größten der Großen im ganzen Land«. Senenmut bekleidete schließlich insgesamt achtzig Posten, von denen ihm jeder einen besonderen Titel einbrachte. Er war nicht nur Minister für öffentliche Bauten, er war auch Architekt, Finanzminister, Oberaufseher der Tempel, Erzieher von Hatschepsuts Tochter Nofrure, wahrscheinlich sogar von Thutmosis III. Seine Stellung bei Hofe ist am ehesten jener vergleichbar, die zur Zeit Nofretetes der »Gottesvater« Eje innehatte.

Es entbehrt nicht einer gewissen Ironie der Geschichte, daß ausgerechnet jener Mann, der mehr als zwanzig Jahre lang zu schwach war, die Macht an sich zu reißen, nach dem Tod Hatschepsuts zu einem der tatkräftigsten und mächtigsten Pharaonen wurde. Fünfzehn Jahre lang hatte sich Thutmosis ihre Bevormundung gefallen lassen, dann begann er, die Macht Hatschepsuts systematisch zu untergraben. Wenn er zum Beispiel mit Billigung der Pharaonin Feldzüge gegen Nubien und Palästina unternahm, so brachte ihm das außer neuen Tributpflichtigen vor allem auch Anhänger im Heer ein, die er auf seine Seite ziehen konnte.

Das letzte Lebenszeichen von Hatschepsut, das wir kennen, stammt aus dem Jahre 17 ihrer Regierung. Kurz zuvor war Senenmut von der politischen Bühne abgetreten – ob freiwillig, aus Altersgründen, oder gezwungenermaßen, als Opfer des Intrigenspiels bei Hofe, wir wissen es nicht. Für Hatschepsut bedeutete das Verschwinden Senenmuts jedenfalls den Anfang vom Ende. Vom 22. Jahr ihrer »gemeinsamen« Regierung an finden wir nur noch Thutmosis III. als König genannt. Die Umstände von Hatschepsuts Tod werden wohl für immer ein Geheimnis bleiben; Beweise, daß Thutmosis für ihren Tod verantwortlich war, fehlen. Tatsache ist – und dafür gibt es Bilddokumente –, daß Hatschepsuts Leichnam mumifiziert und von Thutmosis III. den Vorschriften entsprechend bestattet wurde.

Eje (rechts) vollzieht als Pharao das Ritual der Mundöffnung an Tut-ench-Amun, der Nofretete nur um wenige Jahre überlebte. Tut-ench-Amun erscheint hier in der Gestalt des Totengottes Osiris (Darstellung aus dem Grab Tut-ench-Amuns in Theben-West).

Die Macht des Hasses

Was war das für ein Mann, dieser Thutmosis III.?

Auf einer Stele im Month-Tempel von Erment, wo der Pharao den »Herrn von Theben, Month« gleich viermal darum bittet, daß »ihm das ewige Leben gegeben werde«, heißt es unter dem Datum des Jahres 22, im 2. Monat der Winterjahreszeit (Peret), Tag 10 – das ist der 25. November:

> Das ist eine Zusammenstellung der Heldentaten, die dieser gute Gott als hervorragende Beispiele seiner Heldenhaftigkeit tat, der Fürst unter der ersten Generation, als etwas, das ihm der Herr der Götter, der Herr von Erment, verliehen hatte, indem er seine Siege groß werden ließ, damit man von seinen tapferen Taten noch in Millionen von Jahren, die kommen werden, sprechen solle, abgesehen von den Heldentaten, die Seine Majestät Tag und Nacht tut.
> Denn wenn man alle namentlich aufführen wollte, so wären sie zu zahlreich, um sie schriftlich niederzulegen. Schoß er nach der Scheibe, so splitterte jedes Holz wie Papyrus. Es weihte seine Majestät ein Beispiel davon in dem Amun-Tempel, nämlich eine Scheibe von bearbeitetem Kupfer von drei Finger Dicke, mit seinem Pfeil darin, nachdem er sie getroffen hatte, wobei er den Pfeil drei Handbreiten hinten hatte herauskommen lassen, um auch die Nachkommen wünschen zu lassen die Stärke seiner Arme in Tapferkeit und Kraft. Ich berichte von seinen Taten ohne Lüge und ohne Falschheit, denn alles geschah vor dem gesamten Heer, ohne daß dabei Prahlerei im Spiel war. Wenn er für kurze Zeit in einem fremden Land zur Jagd war, dann war die Zahl seiner Beute größer als die Beute des ganzen Heeres. Er tötete sieben Löwen mit Pfeilschüssen in einem einzigen Augenblick. Er brachte ein Rudel von zwölf Wildstieren in einer Stunde als Beute ein, das war noch vor dem Frühstück, wobei ihre Schwänze für seine Rückseite bestimmt waren*. Er erlegte 120 Elefanten in der Steppe von Nija, als er aus Nahrina zurückkam. Er hatte den Euphrat überschritten und hatte die Städte an seinen beiden Seiten zertreten, indem

* Bei rituellen Zeremonien trug der Pharao zum Zeichen der Stärke Stierschwänze, die hinten an seinem Gürtel befestigt waren.

> er sie mit Feuer für ewig zerstört hatte, wobei er eine Stele seiner Heldentaten auf seinem östlichen Ufer errichtete. Er erbeutete mit Pfeilschüssen ein Nashorn in der südlichen Wüste Nubiens, nachdem er nach Mjw in Nubien gefahren war, um in jedem Land den Aufrührer gegen sich zu suchen. Er hat dort ebenfalls seine Stele aufgerichtet, wie er es an den Grenzen dieses Landes getan hat. Beim Zug gegen das Land von Dhj hörte seine Majestät nicht auf, die Aufrührer, die sich in ihm befanden, zu töten, und Belohnungen zu geben denen, die seine Anhänger waren ...

Der deutsche Ägyptologe Wolfgang Helck ist der Ansicht, daß der Text dieser Stele kurz nach dem Tod der Hatschepsut, also zu Beginn der Alleinherrschaft Thutmosis' III. entstanden ist. Der Haß auf die Frau, die ihn länger als zwanzig Jahre zum machtlosen Mitregenten degradiert hatte, spornte Thutmosis III. wahrscheinlich zu Höchstleistungen an, um auf diese Weise sich sowie seiner Mit- und Nachwelt seine eigentliche Kraft zu beweisen. Hätte Echnaton in seinen letzten Lebensjahren Nofretete nicht so gehaßt und gedemütigt, nie wäre diese Frau noch zu so großen Leistungen fähig gewesen ...

Schon bald nach Hatschepsuts Tod begann Thutmosis III. mit der Demontage ihres Andenkens: »Ihre Statuen wurden zerschlagen, ihre Anhänger zur Bedeutungslosigkeit degradiert, Inschriften und Darstellungen, die die göttliche Legitimität der Königin dargestellt hatten, säuberlich ausgelöscht, ihre Namen in den Kartuschen getilgt, um durch die Namen Thutmosis' I., Thutmosis' II. oder Thutmosis' III. ersetzt zu werden.« Echnaton versuchte bereits zu Lebzeiten Nofretetes, ihr Andenken für alle Zeiten auszulöschen, indem er einen ganz ähnlichen Bildersturm gegen die einstmals Geliebte entfesselte wie Thutmosis III. gegen Hatschepsut.

Heute wissen wir, daß Thutmosis III. für Ägypten der rechte Mann zur rechten Zeit war. Die mächtigen Mitanni-Könige hatten es nämlich im Laufe der Jahre verstanden, die ägyptischen Vasallen auf ihre Seite zu ziehen. Thutmosis brauchte genau neunzehn Jahre und siebzehn Feldzüge, um wieder klare Verhältnisse zu schaffen. Aus den »beiden Ländern« am unteren und oberen Nil wurde ein Weltreich, dessen Herrscher den asiatischen

Groß- und Kleinfürsten Angst und Schrecken einflößte. Sogar die Fürsten von Mitanni, die thebanischen Erbfeinde, schickten freiwillig Tribute. Und Thutmosis III. war es auch, der die Voraussetzungen für die spätere Heiratspolitik zwischen Ägypten und Mitanni schuf.

Die Frage, ob Nofretete die rechte Frau zur rechten Zeit war, läßt sich wohl erst beantworten, wenn man das letzte Kapitel dieses Buches gelesen hat. Vielleicht wäre aber die Geschichte anders abgelaufen, hätte Nofretete in Hatschepsut nicht ein so mächtiges Vorbild gehabt.

Der Zwist

Es gibt keine andere Familie der Weltgeschichte, deren Bilder so herzzerreißend sind in ihrem Unglück.

John D. S. Pendlebury, Ägyptologe

Im Jahre 1907 entdeckte der Amerikaner Theodore M. Davis im Tal der Könige bei Theben ein verfallenes Grab, das seither im thebanischen Gräberkatalog die Nummer 55 trägt. Davis glaubte, daß dieses Grab die letzte Ruhestätte der Königinmutter Teje sei.

Sechs Archäologen – der Franzose George Daressy, die Engländer Reginald Engelbach, Sir Alan Gardiner und H. W. Fairman, der Deutsche Günther Roeder sowie der Schotte Cyril Aldred – hielten die Mumie nach eingehenden Untersuchungen für Teje, Echnaton, Nofretete, Semenchkare oder eine nicht bekannte Persönlichkeit. Die folgenden – gesicherten – Fakten ermöglichen uns jedoch heute eine genauere Identifizierung:

1. Bei der Mumie handelt es sich um einen Mann, der bei seinem Tod etwa zwanzig Jahre alt war (laut anatomischer Untersuchung).

2. Im Sarg wurde ein Goldblatt gefunden, das das Epitheton »Geliebt von Ua-en-Re« trägt (was sowohl auf Nofretete wie auch auf Semenchkare hindeuten kann).

3. Auf den Sargfragmenten befindet sich die Uräusschlange (das Zeichen königlicher Macht).

4. Die Mumie hielt die Königszepter in Händen (ein weiterer Hinweis auf die Stellung des Verstorbenen).

5. Im Grab wurden Siegel mit der Kartusche Tut-ench-Amuns gefunden (das Begräbnis muß also während seiner Regierungszeit stattgefunden haben).

Diese fünf Tatsachen treffen nur auf *eine* der genannten vier Personen zu: auf den rätselhaften Semenchkare. Semenchkare war bei seinem Tod noch keine zwanzig Jahre alt; Echnaton gab ihm Nofretetes Beinamen »Geliebt von Ua-en-Re« und ernannte ihn zum offiziellen Mitregenten. Er würde also zu Recht die Königszepter führen, und er könnte durchaus erst bestattet worden sein, als Tut-ench-Amun bereits seine und Echnatons Nachfolge angetreten hatte.

Unter den Schätzen des von Howard Carter 1923 entdeckten Tut-ench-Amun-Grabes befanden sich auch mehrere Gegenstände mit dem Namen dieses Semenchkare – kleine Eingeweide-Sarkophage, Bestattungsgeräte und Goldbänder, mit denen die Mumie verschnürt war. Hatte der »Gottesvater« Eje, der Tut-ench-Amuns Beisetzung besorgte, Semenchkares Grab ausgeraubt?

Semenchkare ist die wohl rätselhafteste Gestalt der ägyptischen Geschichte. Und *er* war es, der Nofretetes Schicksal besiegelte. Keine Frau hatte je gewagt, Nofretete Konkurrenz zu machen – ein Mann kam und nahm ihr den Gatten.

Am 21. November 1352 v. Chr. fand in Amarna ein großes Fest statt: In feierlichem Zeremoniell wurden vom Pharao und der Königin die Tribute der Vasallenvölker entgegengenommen. Dieses Datum gilt unter der Voraussetzung, daß Echnaton im Jahre 1364 v. Chr. den Thron bestieg, als gesichert. Es fällt, wie Inschriften im Grab des Haushofmeisters Huja und des Haremsvorstehers Meriere berichten, in die »Zeit der Saat« des 12. Regierungsjahres Echnatons und ist in mehr als einer Hinsicht von Bedeutung: Man sieht, daß das Vasallentum auch unter Echnatons Regierung durchaus funktionierte – obwohl sich dieser Pharao um Außenpolitik nicht weiter kümmerte –, und außerdem beweisen diese beiden Inschriften, daß die Lebensgemeinschaft Echnatons und Nofretetes im 12. Jahr der Regierung immer noch Bestand hatte – zumindest nach außen hin. Aber es war die letzte gemeinsame Darstellung der Königsfamilie. Von dem ominösen Semenchkare ist in diesem Jahr noch nicht die Rede.

Wo kam er her, dieser Mann?

Cyril Aldred hält Semenchkare und Tut-ench-Amun für Brüder. Er begründet seine These vor allem mit der verblüffenden Ähnlichkeit der Kopfform der beiden, außerdem bezeichnet Tut-ench-Amun Echnatons Vater Amenophis III. auf einem Granitlöwen, der im Britischen Museum in London aufbewahrt wird, als seinen »Vater«. Dieser »Beweis« ist allerdings problematisch, da der Begriff auch als »Ahne« übersetzt werden kann. Möglicherweise wollte Tut-ench-Amun mit der Ahnherrschaft des dritten Amenophis nur seine eigene niedere Herkunft verschleiern. Viel eher kann als Hinweis auf eine eventuelle Vaterschaft Amenophis' III. die Tatsache gewertet werden, daß im Grab Tut-ench-Amuns mehrere Gegenstände den Krönungsnamen Amenophis' III., »Neb-maat-Re«, tragen. Sollten Tut-ench-Amun und Semenchkare wirklich Brüder gewesen sein, dann war der von Nofretete so abgrundtief gehaßte Semenchkare sowohl ihr Stiefsohn wie ihr Schwager.

Die französische Ägyptologin Eléonore Bille-De Mot hält es jedoch für wahrscheinlicher, daß Semenchkare »die Frucht der blutschänderischen Vereinigung zwischen Amenophis III. und seiner eigenen Tochter Sat-Amun« ist. In diesem Falle wäre Nofretete wohl eine Art Tante von Semenchkare gewesen. Diese Theorie wird auch von Christiane Desroches-Noblecourt für diskutabel gehalten. Dennoch sind dies alles nur Vermutungen.

Das Rätselwesen Semenchkare

Tatsache ist, daß der Stern Nofretetes zu sinken begann, als Echnaton Semenchkare zu seinem Mitregenten ernannte. Für diese Doppelregentschaft gibt es zahlreiche Dokumente, so zum Beispiel eine 30 Zentimeter hohe Kalkstein-Stele aus Amarna. Sie wurde von Cha-em-maat, dem Kommandanten der königlichen Barke, gestiftet und zeigt unter den Strahlen der Aton-Scheibe zwei Pharaonen. Obwohl die Namenskartuschen der beiden Könige unvollendet blieben, kann man in der linken Figur Semenchkare mit der Krone Unterägyptens erkennen, der seinen Arm um

Stele 17 813. An diesen 30 Zentimeter hohen Täfelchen erhitzen sich die Gemüter der Ägyptologen. Ist die links abgebildete Person Nofretete oder vielleicht ihr Nebenbuhler Semenchkare?

die Schulter des anderen Pharaos gelegt hat. Dieser zweite Pharao ist, an der Doppelkrone und seinem charakteristischen Profil deutlich identifizierbar, Echnaton. Er streichelt seinem Mitregenten zärtlich übers Kinn.

Ausgehend von der kleinen, unvollendeten Amarna-Stele*, die – wie bisher angenommen – Echnaton zusammen mit Semenchkare in trautem Tête-à-tête beim Mahle zeigt, vertritt der in Kopenhagen lehrende britische Ägyptologe John R. Harris eine schockierende Theorie, die darin gipfelt, daß Semenchkare, den wir bisher als Mitregenten Echnatons betrachtet haben, niemand anderes war als – Nofretete.

Semenchkare, wer immer er gewesen sein mag, änderte seinen Namen nach dem Jahre 14 der Regierungszeit Echnatons von (Anch-cheperu-Re)** bzw. (Semenchkare Djeser-cheperu) in (Anch-cheperu, geliebt von Nefer-cheperu-Re) bzw. (Nefer-neferu-Aton, geliebt von Ua-en-Re). Wir begegnen aber auch den Versionen (Anch-cheperu, geliebt von Ua-en-Re), (Nefer-neferu-Aton, geliebt von Echnaton) oder (Anch-cheperu, geliebt von Nefer-cheperu-Re) bzw. (Nefer-neferu-Aton, geliebt von Ua-en-Re).

Sollte sich die aufsehenerregende Hypothese von Harris als richtig erweisen, so würde das nicht nur manches historische Faktum auf den Kopf stellen, Nofretete würde dadurch in ihrer historischen Bedeutung sogar noch mehr aufgewertet werden, bedeutete es doch, daß die schöne Königin als *regierende Pharaonin* mit ihrem Mann auf dem Thron saß.

Ludwig Borchardt beschreibt 1923 die genannte Stele als »Denkstein eines Offiziers, der König die Königin liebkosend«. Der britische Ägyptologe Percy Edward Newberry, der sich vor allem mit schwierigen Kopierarbeiten in den Königsgräbern einen Namen gemacht hat, erhob wenige Jahre später Einspruch gegen diese Bildunterschrift, weil er erkannt hatte, daß beide Figuren eine Königskrone, die blaue bzw. die Doppelkrone, trugen, wie sie nur einem Pharao zustand. Also, folgerte Newberry, könne es sich bei dieser Szene nur um Echnaton und Semenchkare handeln. Und bei dieser Zuschreibung ist es bisher geblieben.

John Harris gab sich mit diesem Ergebnis jedoch nicht zufrieden. Beim intensiven Studium des kleinen Täfelchens machte der Engländer einige Entdeckungen, für die er keine Erklärung fand.

* Berlin 17 813.
** Die Klammern stehen anstelle der Kartuschen.

Wir sehen auf der Stele insgesamt sieben Kartuschen, je ein Paar links und rechts der Aton-Scheibe und drei nebeneinander über dem fürstlich gedeckten Tisch. Weil das Täfelchen unvollendet blieb, was dafür spricht, daß es aus der späteren Amarna-Zeit stammt, sind alle Namenskartuschen leer geblieben. Nach Ansicht von John Harris lassen sich diese sieben Kartuschen nur folgendermaßen deuten: Die beiden Kartuschenpaare links und rechts der Aton-Scheibe können sich nicht auf die beiden Personen der Darstellung beziehen, weil sonst die drei unteren Kartuschen überflüssig wären, und so kommt er zu dem Schluß, daß sich die Kartuschenpaare links und rechts der Sonnenscheibe auf *Aton* beziehen. Zwei andere Stelen* liefern den Beweis dafür, daß es üblich war, Aton in vier Kartuschen mit allen Epitheta zu rühmen. Bleiben also drei Kartuschen übrig für die Namen der beiden dargestellten Personen.

Dem Pharao standen jeweils zwei Kartuschen zur Verfügung, der Königin eine**. Harris schließt daraus, daß die Figur neben Echnaton (kenntlich durch die Doppelkrone) *nicht* der Pharao Semenchkare sein kann. Und weil die von Echnaton zärtlich am Kinn gestreichelte Person auch noch einen deutlich sichtbaren Busen trägt, ist der britische Ägyptologe eben der Ansicht, daß es sich hierbei um Nofretete handelt.

Der Nacken verrät die Königin

Heinrich Schäfer hat in diesem Zusammenhang eine darstellerische Besonderheit entdeckt, die mit der neuen Kunstrichtung während der Amarna-Zeit zusammenzuhängen scheint: Männliche Herrscherpersönlichkeiten werden mit einem konvexen (nach außen gewölbten) Nacken dargestellt, weibliche mit einem konkaven (nach innen gewölbten), so daß die linke Figur auf der zitierten Berliner Stele nach der Nacken-Analyse eine *Frau* sein

* Kairo JE 44 865 und Berlin 14 145.

** Siehe Abb. S. 54.

müßte. Eine zweite unvollendete Stele*, »Die Königin dem König Wein einschenkend«, die später von Newberry als Echnaton-Semenchkare-Darstellung gedeutet wurde, erweist sich nach dieser Beobachtung *doch* als eine Echnaton-Nofretete-Szene, da der Nacken der rechten Person deutlich nach innen gewölbt ist.

Harris führt, wie gesagt, die verschiedenen Königskronen, die Nofretete trägt und die typisch *königliche* Attribute sind, welche einer Königs*gemahlin* nicht zustanden, als zusätzliches Argument an, daß es den *Mann* Semenchkare nie gegeben hat und daß Nefer-neferu-Aton-Nofretete im 12. Jahre Echnatons ihren Namen in Anch-cheperu-Nefer-neferu-Aton änderte. Und das hieße eben, daß Nofretete Mitregentin auf dem Königsthron war und damit ausersehen, als Pharao die Nachfolge Echnatons anzutreten.

Doch leider läßt diese gewiß interessante Hypothese zu viele Fragen offen. Zum Beispiel: Wer ist dieser nette junge Mann – und ein *Mann* ist es zweifellos –, der auf mehreren Kalksteinreliefs mit Nofretetes ältester Tochter Meritaton abgebildet ist? Und um wen handelt es sich bei der Mumie aus dem thebanischen Grab Nr. 55? Diese Mumie kann, und das darf – wie wir gehört haben – als ziemlich sicher gelten, nur Semenchkare sein; auf jeden Fall ist es die Mumie eines zwanzigjährigen *Mannes*. Wäre Nofretete zur Zeit Semenchkares gestorben, so wäre sie vierunddreißig Jahre alt geworden. Mir scheint es viel einleuchtender, daß Echnaton Semenchkare tatsächlich als seine *Gemahlin* betrachtet hat, und ihn deshalb auch mit weiblichen Attributen ausgestattet darstellen ließ. Ein Indiz ist die Armhaltung der Mumie des Semenchkare, die der einer weiblichen Königsmumie entsprach: linker Arm auf der Brust, rechter Arm am Körper ausgestreckt.

Nach dem 12. Regierungsjahr Echnatons, also noch vor dem dreißigsten Geburtstag der Königin, scheinen ihre glücklichen Jahre vorbei zu sein. Eine der letzten historisch fixierbaren Überlieferungen finden wir im Grab des Haushofmeisters Huja – die bereits erwähnte Darstellung Nofretetes mit Echnaton und ihren sechs Töchtern aus dem Jahre 12 der Regierungszeit des Amar-

* Berlin 20716.

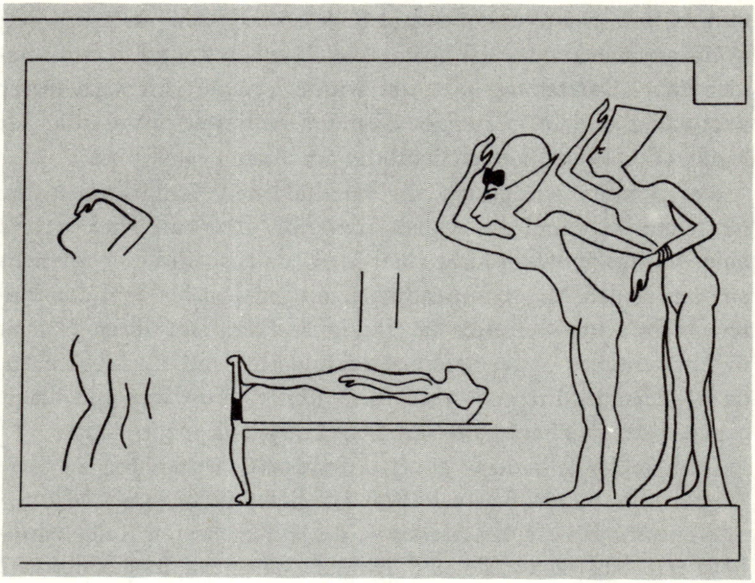

Echnaton und Nofretete trauern an der Leiche ihrer kleinen Tochter Maketaton.

na-Herrschers. Die zweitälteste Tochter Maketaton stirbt bald darauf, noch nicht einmal zehnjährig, und der Name Nofretete wird von vielen Reliefs und Bauwerken in Maruaton abgeschlagen oder auf Wandgemälden überpinselt und durch den Namen Meritatons ersetzt. Die Inschriften weisen des öfteren ausdrücklich darauf hin, daß es sich bei der Prinzessin um des Königs Tochter handelt. Daß Meritaton von ihrem Vater geheiratet wurde – wie einige Ägyptologen annehmen –, ist nirgends dokumentiert. Möglicherweise hat Echnaton aber seine älteste Tochter Meritaton seinem Mitregenten Semenchkare, mit dem er wahrscheinlich ein Liebesverhältnis unterhielt, zur Frau gegeben. J. D. S. Pendlebury entdeckte 1932 im nördlichen Amarna eine Darstellung, die Echnaton, Semenchkare und Meritaton gemeinsam zeigt und damit diese Vermutung unterstreicht.

Einige Wissenschaftler haben daraus und aus der Tatsache, daß die Namenskartuschen Nofretetes abgeschlagen wurden, den Schluß gezogen, daß die schöne Königin im Alter von dreißig

Jahren gestorben ist. Das stimmt nicht. Natürlich können wir keine Nofretete betreffenden Dokumente aus dieser Zeit finden, wenn ihr Andenken von Echnaton systematisch ausgelöscht wurde, doch gibt es ein indirektes Lebenszeichen von ihr aus der Zeit der gemeinsamen Regentschaft Echnatons und Semenchkares: Unmittelbar an das Stadttor, auf dem die Echnaton-Semenchkare-Meritaton-Darstellung entdeckt wurde, ließ Nofretete ihren Nördlichen Palast anbauen, und in diesem Palast, der *nach* der zitierten Darstellung entstanden sein muß, fand man Weinkrug-Stempel mit der Namenskartusche Nofretetes.

Der Baseler Ägyptologie-Professor Erik Hornung hat sich in seinen *Untersuchungen zur Chronologie und Geschichte des Neuen Reiches* mit der Frage beschäftigt, in welchem Jahr wir die Thronbesteigung Semenchkares und damit die Verdrängung Nofretetes anzusetzen haben. Hornung ging dabei auf sehr eigenwillige Weise vor, und zwar indem er alle in Amarna aufgefundenen Gefäßaufschriften chronologisch ordnete. Wie die Analyse der Gefäßaufschriften aus dem Malkata-Palast Amenophis' III. durch W. C. Hayes gezeigt hat, konnten dort die meisten Aufschriften in die Jahre 30, 34 und 37 der Regierung Amenophis' III. datiert werden. In diesen drei Jahren fand das erste, zweite und dritte Regierungsjubiläum, das Sedfest, Amenophis' III. statt, das stets mit ungeheurem Aufwand gefeiert wurde. Und dabei floß der Wein in Strömen. Die Wahrscheinlichkeit ist daher sehr groß, daß in *den* Jahren, aus denen die meisten Funde stammen, die wichtigsten Ereignisse stattfanden.

Hornung registrierte unter den insgesamt 492 veröffentlichten Gefäßaufschriften aus Amarna 54 Exemplare, die das Datum des 9. Regierungsjahres Echnatons tragen. Er schließt daraus, und diese Annahme wird durch andere Forschungen bestätigt, daß im 9. Jahr Echnatons die neue Reichshauptstadt Achetaton bereits fertiggestellt und Aton offiziell als neuer Reichsgott eingeführt war. Zwei weitere Höhepunkte während Echnatons Herrschaft deuten sich im 13. und 14. Regierungsjahr an; die Anzahl der aus den folgenden Jahren stammenden Gefäßaufschriften ist auffallend geringer.

Jahr	Stadt-zentrum	Maru-aton	nördl. Vorstadt	Ins-gesamt
1	38	–	5	43
2	22	–	3	25
3	9	–	–	9
4	7	–	–	7
5	20	–	–	20
6	18	4	1	23
7	28	2	1	31
8	19	3	4	26
9	38	11	5	54
10	31	12	5	48
11	22	4	3	29
12	27	3	7	37
13	25	–	5	30
14	37	–	7	44
15	13	1	2	16
16	21	1	3	25
17	17	2	6	25

Datierte Gefäßaufschriften in Amarna (nach Erik Hornung, Zur Chronologie und Geschichte des Neuen Reiches).

Versuchen wir nun zunächst festzustellen, wann Echnaton Semenchkare zu sich auf den Thron holte und Nofretete verstieß, und ob Semenchkare und Meritaton bereits verheiratet waren, als die Liebesbeziehung der beiden Pharaonen begann.

Nach der Gefäßaufschriften-Analyse Hornungs fanden in den Regierungsjahren 13 und 14 größere Festlichkeiten statt, wie sie bei einer Thronbesteigung oder Königshochzeit üblich waren. Hornung zählt für das Jahr 14 insgesamt 44 Gefäßaufschriften, für das Jahr 13 dagegen nur 30. Interessanterweise schreibt der ägyptische Priester Manetho Echnaton in den Königslisten eine zwölfjährige Regierungszeit zu. Erik Hornung sagt dazu:

»Wenn die Angabe richtig ist, meint sie die Alleinregierung

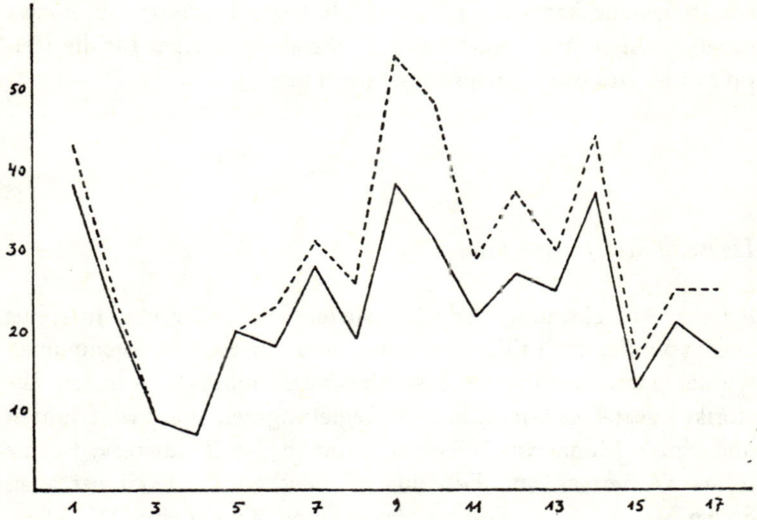

Die Höhepunkte der Amarna-Zeit im Spiegel datierter Gefäßaufschriften (gestrichelte Linie = Gesamtzahl der Funde einschließlich nördliche Vorstadt und Palast Maruaton; durchgehende Linie = Funde im Stadtzentrum). Absoluter Höhepunkt scheint das Jahr 9 der Regierung Echnatons zu sein, als alle Tempel und Paläste von Achetaton fertiggestellt und Anlaß für zahlreiche Feierlichkeiten waren.

des Königs und setzt damit die Erhebung des Mitregenten ins 13. Regierungsjahr Echnatons. Die Unstimmigkeit, daß die Zahl der Aufschriften für das 14. Jahr gegenüber der Zahl des 13. Jahres um rund 50 Prozent höher liegt, könnte sich leicht erklären, wenn Semenchkare im 13. Jahr zum Mitregenten erhoben, aber erst im folgenden Jahr mit Meritaton verheiratet worden ist. Daß sich Josephus* um ein Jahr irrt, scheint mir unwahrscheinlich, da er gleich drei Königen dieser Zeit eine Regierungsdauer von über zwölf Jahren zuweist, die allein für Echnaton paßt. So darf man mit großer Wahrscheinlichkeit annehmen, daß die Mitregent-

* Manethos Königslisten sind nicht im Original erhalten. Wir kennen sie nur durch ihre Erwähnung in Werken späterer Geschichtsschreiber. Josephus Flavius (37–100 n. Chr.) war ein jüdischer Geschichtsschreiber.

schaft Semenchkares im 13. Jahr Echnatons beginnt; die einzige mögliche Alternative wäre das 14. Jahr, das ich lieber für die Heirat mit Meritaton in Anspruch nehmen möchte.«

Liebte Nofretete eine Frau?

Bei der Aufzeichnung der Königslisten, die außer von Josephus auch von Sextus Julius Africanus und Eusebius vorgenommen wurde, erscheint mir eines besonders aufschlußreich: Alle drei Historiker gestehen Echnaton eine Regierungszeit von zwölf Jahren und einem Monat zu. Josephus nennt ihn »Akencheres«, Sextus Julius »Acherres« und Eusebius »Achencherses«. Doch bei allen dreien ist er – die *Tochter* des Königs Amenophis III. Diese merkwürdige »Geschlechtsumwandlung« wurde bisher von den Ägyptologen mit einem hilflosen Achselzucken abgetan, weil nicht sein kann, was nicht sein darf. Doch schon allein die Tatsache, daß eine solche Verwechslung einmalig ist im gesamten ägyptischen Königskatalog, sollte nachdenklich stimmen.

Wenn wir einmal annehmen, daß Echnaton keine Frau war, und ich glaube, dafür gibt es genügend Beweise in der diplomatischen Korrespondenz von Boghazköi und Amarna, dann dürften für diese späte Metamorphose des Pharaos vor allem jene zahlreichen Darstellungen verantwortlich sein, auf denen er eher einer Frau als einem Mann ähnelt. Möglicherweise entschloß sich Echnaton auch zu dem höchst ungewöhnlichen Schritt, einen ihm nahestehenden Verwandten zu sich auf den Pharaonenthron zu holen, weil er genau wußte, daß er infolge seiner Krankheit keinen Thronfolger mehr würde zeugen können.

Während die vierte, fünfte und sechste Tochter Nofretetes von den meisten Historikern ohnehin nicht als Kinder Echnatons angesehen werden, kann man auch bei der ältesten Tochter Meritaton Zweifel an seiner Vaterschaft hegen. Die Heirat des Mitregenten Semenchkare mit Nofretetes ältester Tochter Meritaton ließe sich einfach erklären, wenn Amenophis III. Meritatons Vater war. Meritaton wäre dann nämlich legitime Thronerbin und die Heirat ein Versuch gewesen, die Dynastie zu erhalten. Mir scheint es, abweichend von der Ansicht Hornungs, aber doch wahrscheinlicher, daß die Vermählung Semenchkares mit der Tochter Nofretetes *vor* der Thronbesteigung des Zweitpharaos stattfand, also im Jahr 13 der Regierung Echnatons, wobei weiterhin ungeklärt bleiben muß, ob die Ehe aus politisch-taktischen Gründen geschlossen wurde, oder weil der homosexuell veranlagte Echnaton Semenchkare gern in seiner Nähe haben wollte. Darstellungen aus dieser Zeit zeigen jedenfalls Semenchkare in trautem Tête-à-tête sowohl mit Meritaton als auch mit Echnaton.

Semenchkare war vielleicht bisexuell veranlagt. Daß er homosexuelle Beziehungen zu Echnaton unterhielt, steht wohl außer Zweifel angesichts der Darstellungen, die in den Staatlichen Museen in Berlin aufbewahrt werden und die zwei Männer in zärtlicher Pose zeigen. Der amerikanische Echnaton-Biograph Robert Silverberg hegt, ungeachtet aller Forschungsergebnisse, Zweifel an dem homosexuellen Verhältnis der beiden Pharaonen und stellt die Vermutung auf, daß es sich bei Echnaton und Semenchkare um Vater und Sohn gehandelt habe, wobei Nofretete allerdings nicht als Mutter in Frage käme. Semenchkare stamme entweder von einer unbekannten Nebenfrau aus dem »vererbten« Harem Amenophis' III. oder von irgendeiner Konkubine. Silverberg begegnet der Tatsache, daß sich unter den zahlreichen Echnaton-Darstellungen kein einziger Anhaltspunkt dafür findet, daß der König einen Sohn hatte, mit dem Hinweis, daß auch Echnaton in den Darstellungen und Inschriften seines Vaters Amenophis III. nie auftaucht. Töchter standen bei den Pharaonen der 18. Dynastie offensichtlich höher im Kurs als Söhne.

Waren Echnaton und Semenchkare wirklich Vater und Sohn, so erklären sich die oben erwähnten Bilder natürlich ganz anders. Auch wäre dann der Haß Nofretetes, selbst Mutter von sechs Töchtern, gegen diesen illegitimen Sproß ihres Mannes verständlich.

Zieht man das Alter der beiden Männer in Betracht, so liegt diese Theorie allerdings an der äußersten Grenze des Möglichen. Nehmen wir an, Echnaton habe Semenchkare im Alter von 14

Jahren gezeugt, dann wäre Semenchkare bei seiner Hochzeit mit Meritaton 13 und bei der Thronbesteigung ebenfalls 14 Jahre alt gewesen. Er hätte vier Jahre mit seinem Vater zusammen regiert und wäre bei seinem Tod, der im selben Jahr wie der des Echnaton, allerdings kurz davor, angenommen wird, genau 18 Jahre alt gewesen.

Ein liebevolles Vater-Sohn-Verhältnis zwischen Echnaton und Semenchkare kann jedoch aus einem ganz bestimmten Grund ausgeschlossen werden: Echnaton gab Semenchkare bei dessen Krönung außer dem Krönungsnamen Anch-cheperu-Re auch noch den Königinnennamen seiner Frau Nofretete: Nefer-neferu-Aton, »Schön ist die Schönheit des Aton«, und das zärtliche Epitheton »Geliebte des Ua-en-Re«. Merkwürdig ist, daß der Mitregent Semenchkare kein einziges Mal in der Amarna-Korrespondenz genannt wird. Vielleicht wurde er von den asiatischen Potentaten nicht für voll genommen?

Wenn auch diese Veränderung ihres Mannes Nofretete wohl kaum unberührt ließ, so sah die selbstbewußte Frau darin dennoch keinen Anlaß, sich still zurückzuziehen und hinter Haremsmauern zu verkümmern. Wer mag es ihr verdenken, daß sie, berühmt ob ihrer Schönheit, verehrt und bewundert, dem Drängen mancher Anbeter nachgab? Nofretete war zwar Königin, aber auch und nicht zuletzt eine Frau.

Mit Sicherheit dürfen wir annehmen, daß ihre sechs Töchter nicht denselben Vater haben. Cyril Aldred meint, daß Echnaton »trotz aller zur Schau getragenen Zuneigung zu Nofretetes Töchtern nirgendwo ausdrücklich behauptet, deren Vater zu sein«. Die ersten drei Töchter – Meritaton, Maketaton und Anchesenpaton – wurden 1362, 1361 und 1360, also im Abstand von je einem Jahr, geboren. Alle drei führen Aton im Namen. Die vierte Tochter, Nefer-neferu-Aton Tascheri, kommt erst *zwei* Jahre später zur Welt (auch sie führt noch Aton im Namen). Dann dauert es drei Jahre, bis Nefer-neferu-Re geboren wird (Aton mußte in ihrem Namen Re Platz machen), und nach abermals zwei Jahren Setepen-Re (auch ihr Name eine Huldigung an Re). Nofretete ist bei der Geburt ihres letzten Kindes etwa achtundzwanzig Jahre alt. Setepen-Re kommt im 11. Jahr der Regierung Echnatons zur

Welt, ein Jahr bevor die zweitälteste Tochter Maketaton stirbt und zwei Jahre bevor Echnaton Semenchkare zur »Geliebten von Ua-en-Re« macht.

Betrachten wir den Sarkophag der um das Jahr 1352 v. Chr. verstorbenen Maketaton – Bruchstücke davon wurden im Königsgrab von Amarna entdeckt –, so fällt auf, daß die königliche Familie bei den Trauerfeierlichkeiten mit nur drei Töchtern dargestellt ist: der verstorbenen zweitältesten Tochter Maketaton, der drittältesten Tochter Anchesenpaton und der ältesten, Meritaton. Diese Szene erscheint auf anderen Wandbildern etwas verändert: Zusammen mit der verstorbenen Maketaton tauchen da *drei* weitere Mädchen auf sowie ein Baby, das von der ältesten Tochter Meritaton gestillt wird. Der Franzose U. Bouriant war einer der ersten, der die Ansicht vertrat, daß es sich bei diesem Kind nicht um eine fünfte Tochter Nofretetes handelt, sondern um Maketatons Baby, und daß Maketaton im Wochenbett starb. Sie kann zu dieser Zeit nicht älter als zehn Jahre alt gewesen sein, doch eine so frühe Mutterschaft war damals keineswegs ungewöhnlich. Nofretete war demnach möglicherweise schon mit neunundzwanzig Jahren Großmutter.

Natürlich fragt sich der Historiker: Wo sind die anderen drei Töchter Nofretetes geblieben, Nefer-neferu-Aton, Nefer-neferu-Re und Setepen-Re, die im Todesjahr Maketatons etwa sechs, drei und ein Jahr alt gewesen sein dürften? Das Fehlen dieser drei Töchter auf den Familiendarstellungen des *Königsgrabes* könnte ein Hinweis darauf sein, daß Echnaton diese drei Töchter nicht als seine eigenen anerkannt hat. Denn in *anderen* Gräbern, wie dem des Huja oder des Meriere in Amarna, erscheinen *sechs* Töchter des Königs zusammen mit ihren Eltern, und auch diese Darstellungen können auf das Jahr 12 der Regierung Echnatons datiert werden.

Das Doppelleben der schönen Königin

Ein 1971 bekanntgewordener Tontafelfund aus Amarna gibt erstmals einen Hinweis darauf, daß Nofretete sich während der Eskapaden ihres Mannes nicht zu ehelicher Treue verpflichtet fühlte. Unweit der Stelle, an der die zeitlos schöne Büste der Amarna-Königin entdeckt wurde, gab der trockene Wüstenboden drei Tontafeln frei, auf denen ein illustrierter Gerichtssaalreport festgehalten ist. Ein Mann namens Umuhanko, Zeremonienmeister von Beruf und berühmt ob seines Wissens, hatte Nofretete zu einem Fest geladen. Eine Abbildung zeigt Nofretete auf einer Liege. Der Zeremonienmeister tritt auf die Königin zu und faßt sie, von Liebe entflammt, an beiden Oberarmen: »Und dann ging Umuhanko auf Nofretete zu und wollte ihr zu nahe treten ...«, heißt es in dem akkadischen Text.

Aber die Königin war wählerisch und der Zeremonienmeister offensichtlich nicht ihr Fall: Er wurde verurteilt, vor einen mit Steinen beladenen Karren gebunden und mit Peitschen in die Wüste getrieben. Zehn Tage hielt er durch, dann brach er tot zusammen.

Nach außen hin blieb Nofretete weiter die schöne Unnahbare. Ihr Doppelleben spielte sich hinter den hohen Mauern ihres Palastes im Norden von Amarna ab, wo sie – nur wenige Kilometer von ihrem Mann Echnaton und dessen Günstling Semenchkare entfernt – Hof hielt, bewacht von einer eigenen Polizeieskorte.

Einer, der sie nicht selten in diesem Palast besuchte, war der Oberbildhauer Thutmosis. Keine Königin des Neuen Reiches wurde so oft, so kunstvoll, so schön dargestellt wie Nofretete. Das kann man sagen, obwohl nur der geringste Teil der Nofretete-Darstellungen dem Haß ihres Gatten und der Zerstörungswut der Pharaonen Haremhab und Ramses II. entgangen ist. Gewiß fühlte sich die schöne Nofretete geschmeichelt, wenn der Hofbildhauer Thutmosis jeden Monat, den Aton werden ließ, mit Zeichenrohr oder Hammer, Meißel und Gips anrückte, um eine neue Skizze, eine neue Skulptur oder eine neue Modellbüste anzufertigen. Es gibt kein Dokument, das das Folgende beweisen würde, aber die Hypothese entbehrt nicht einer gewissen Grundlage: Thutmosis war hingerissen von der Schönheit seiner Königin, nicht nur als Künstler, sondern auch als Mann, sah er die verstoßene Pharaonenfrau doch öfter als jeder andere – er stellte sie nackt dar, er machte Abgüsse ihrer Kopf- und Halspartien. Man ist geneigt zu sagen: Wenn er sich dabei *nicht* in diese unglückliche, schöne Frau verliebte, dann war er kein Mann.

Und doch scheint auch Thutmosis abgewiesen bzw. fallengelassen worden zu sein. Das fehlende linke Auge der sonst so perfekt gearbeiteten Nofretete-Büste könnte als Ausdruck ohnmächtiger Rache eines Künstlers an der wankelmütigen Geliebten interpretiert werden.

War es ein einmaliges, spektakuläres Ereignis, das den Bruch zwischen Echnaton und Nofretete herbeiführte, oder entfremdeten König und Königin sich einander nach und nach? Wie wir aus zahlreichen Funden schließen können, trifft letzteres zu. Im Laufe dieser Entwicklung wurden sowohl die königliche Familie als auch der Hofstaat und die Beamten in zwei Lager gespalten: Es gab Anhänger der schönen Königin und Anhänger des kranken Pharaos. So finden wir im Nördlichen Palast, den Nofretete später allein bewohnte, einige Zeugnisse Echnatons, die Semenchkare und Meritaton erwähnen – keinen Hinweis jedoch auf Nofretete. Andererseits wurden im Nördlichen Palast Weinsiegel gefunden, die *nur* den Namen Nofretetes tragen, eine höchst erstaunliche Tatsache, da Weinsiegel-Daten ja stets das Regierungsjahr des *Pharaos* angaben. Aus der alleinigen Nennung von Nofretetes Namen können wir schließen, daß diese ihren Ehemann Echnaton nicht mehr als Herrscher anerkannte. Topf-, Krug- und Wandaufschriften im Nördlichen Palast sind nicht selten mit den Namen Tut-ench-Amuns und Anchesenpatons versehen. Dagegen gibt es kein einziges Dokument, das den Namen Nofretetes zusammen mit Semenchkare erwähnt.

So haben wir es also spätestens seit dem Jahr 1351 v. Chr. mit zwei Familienparteien zu tun: Auf der einen Seite Nofretete, auf der anderen Echnaton mit Semenchkare und Nofretetes ältester Tochter Meritaton. Die zweitälteste Tochter Maketaton wurde in dieses Intrigenspiel zwar auch hineingezogen, doch sie starb noch vor der endgültigen Trennung. Anchesenpaton, die drittälteste Tochter, war noch zu jung für eine Parteinahme, sie schlug sich erst später auf die Seite des Vaters. Über die Stellung der drei jüngeren Töchter – sie waren zwischen zwei und sieben Jahren alt – in diesem Familienzwist wissen wir praktisch nichts.

Das Tabu Nofretete

Nun, da der Konflikt offen ausgetragen wird, soll nichts mehr an Nofretete erinnern. Ihr Name darf nicht mehr öffentlich genannt werden. Wo er auf Wandmalereien und Reliefs auftaucht, wird er mit Farbe überpinselt, mit Gips zugespachtelt oder mit dem Hammer abgeschlagen. In ihre Kartuschen setzt man den Namen ihrer Tochter Meritaton.

Meritaton war zwar nicht »große königliche Gemahlin«, aber »Königin« – das wurde öffentlich bekanntgegeben und auch in diplomatischen Noten publik gemacht. Vom Jahr 14 der Regierung Echnatons an wird in den Dokumenten der Amarna-Korrespondenz nicht mehr von der »großen königlichen Gemahlin« gesprochen, sondern nur noch von der »Königin« – von Nofretetes Tochter Meritaton.

Fragmentarischen Inschriften, die im Königsgrab von Amarna, im Palastbezirk Maruaton und auf Palast-Bruchstücken in Hermopolis gefunden wurden, konnte man entnehmen, daß Echnaton neben Nofretete offensichtlich noch eine »Gemahlin und große Geliebte des Königs« hatte. Das wäre durchaus legitim gewesen und hätte – wenn wir an Teje und an den Harem Amenophis' III. denken – Nofretetes Einfluß keineswegs zu schmälern brauchen. Im Palastbezirk Maruaton fanden Ausgräber auch Topfaufschriften und Scherben mit dem rätselhaften Namen Kija.

Aber seltsamerweise taucht dieser Name nur im privaten Bereich des Herrscherpaares auf – nie auf Darstellungen in öffentlichen Bauten oder in anderen Gräbern. Das wurde von den Ägyptologen bisher kaum beachtet, obwohl es durchaus ungewöhnlich ist. Hinzu kommt, daß Kijas Name, wie der Nofretetes, von zahlreichen Denkmälern entfernt wurde – oft allerdings nur unvollständig. Am erstaunlichsten aber sind Opferszenen, die Kija neben dem Pharao, also in offizieller Funktion zeigen, in welcher nur die Königin, nicht aber eine Nebenfrau auftreten durfte. Hatte Nofretete etwa eine ernstzunehmende Rivalin?

Der Dortmunder Ägyptologe Dr. Rainer Hanke hat sich eingehend mit dieser Kija beschäftigt und eine erstaunliche Entdeckung gemacht. Die Zahl der in Amarna und Heliopolis gefundenen Reliefbruchstücke, auf denen der Kopf oder der Name Kijas in den der neuen First Lady Meritaton umgeändert wurde, ist bedeutend größer, als bisher angenommen.

Hanke registrierte drei Gruppen von Textänderungen:

1. Aus langen Texten wurden kurze Passagen, die auf den Besitzer eines Bauwerks Bezug nahmen, eliminiert.
2. Ganze Texte wurden zerstört und durch neue ersetzt.
3. In Texterläuterungen zu Darstellungen von Königstöchtern wurde der Name Meritaton durch Meritaton Tascherit oder Anchesenpaton Tascherit ersetzt.

Sollte ein Bildnis Kijas in das der Meritaton umgewandelt werden, so ließen die Bildhauer Kleidung, Figur und Gesichtszüge, wie sie waren – geändert wurden nur die Kopfform und die charakteristische Haartracht. Wie Nofretete trug Kija entweder eine hohe Zipfelperücke oder eine runde Löckchenperücke. Hanke meint dazu: »War im ursprünglichen Bild die runde Löckchenperücke dargestellt, so mußten neben der Glättung der Stirnpartie und der Verlängerung des geglätteten Hinterkopfes die Löckchen der ursprünglichen Perücke und die Halspartie mit Stuck überzogen werden, um dann darauf die andersartigen Locken des Prinzessinnen-Haarteils und dessen Zipfel modellieren zu können.«

Die wissenschaftliche Deutung dieser Prozedur wurde dadurch erschwert, daß der Reliefuntergrund für die Stuckarbeit aufgerauht werden mußte. Bei den Funden von Hermopolis hat das Grundwasser den später aufgetragenen Stucküberzug – bis auf eine Ausnahme – aufgeweicht und zerstört, so daß heute die ursprüngliche wie die spätere Darstellung gleichzeitig, aber nur andeutungsweise zu erkennen sind.

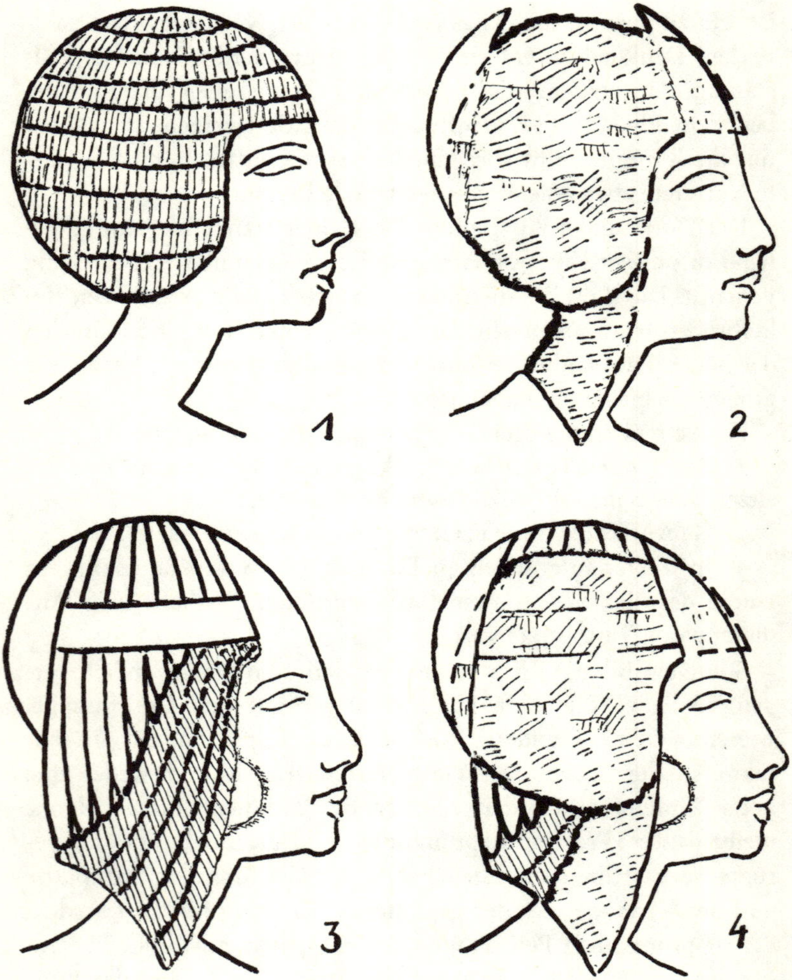

So ging die Demontage der Königin vor sich:
Kija alias Nofretete (1) wurde auf allen Reliefdarstellungen mit dem Meißel bearbeitet, um einen rauheren Untergrund für den Stuckauftrag zu erhalten (2). Mit Gips, der während der Amarnazeit besonders gern verwendet wurde, legten die von Echnaton beauftragten Künstler dann das für Prinzessin Meritaton typische Haarteil auf (3). So wurde Nofretete auf vielen Reliefs von ihrer eigenen Tochter Meritaton verdrängt. Heute präsentieren sich uns diese Manipulationen so: Der aufgetragene Stucküberzug ist aufgeweicht und zerstört, wir sehen die zwei Köpfe Nofretetes und Meritatons übereinander (4).

Die Nebenbuhlerin, die es nicht gab

Bei vielen der neu formulierten bzw. zerstörten Kartuschen bereitete es Schwierigkeiten, den vollen Namen Nofretetes (Nefer-neferu-Aton – Nofretete, »Schön ist die Schönheit des Aton, die Schöne, die da kommt«) in dem freigeschlagenen Raum unterzubringen. Rainer Hanke vermutete daher, daß an jenen zerstörten Textstellen nicht der Name Nofretetes, sondern der Kijas stand. Tatsächlich entdeckte er auf einigen in Hermopolis gefundenen Blöcken aus der Amarna-Zeit die Schriftreste »j« und »ij«. Ein weiterer Block nennt den Namen sogar ganz – »unendlich und ewig Kija«. Diese Ausdrucksweise ist stereotyp und kehrt mehrfach sogar voll erhalten wieder. Und dieser Name läßt sich überall dort, wo die Epitheta Nofretetes zuviel Platz erforderten, problemlos einsetzen.

Aufgrund dieser Indizien sowie der Tatsache, daß Kija, die angebliche Nebenfrau, genauso groß dargestellt wird, wie es einer »großen königlichen Gemahlin« gebührt – nämlich nur wenig kleiner als der Pharao –, kommt Hanke zu folgendem Schluß: Kija ist identisch mit Nofretete, da Kija nichts weiter ist als ein asiatischer Kosename – was gleichzeitig als ein weiterer Beweis dafür gewertet werden muß, daß Nofretete nicht ägyptischer, sondern asiatischer Abstammung ist. Die euphorische Formulierung »unendlich und ewig Kija« erinnert sehr an »die Schöne, die da kommt, sie lebe ewig«, an Nofretete. Daß der Mitanni-König Tuschratta in der Korrespondenz von Amarna seine Tochter nie so nennt, ist absolut kein Gegenbeweis. Es gibt eben Kosenamen, die zwischen Verliebten sehr wohl gebräuchlich sind, zwischen Vater und Tochter jedoch nicht.

Bemerkenswert ist, daß alle Inschriften und Abbildungen Kijas aus den allerersten Regierungsjahren Echnatons stammen, aus einer Zeit also, als der Pharao und Nofretete noch ein Herz und eine Seele waren. Möglicherweise löst »Kija« auch eines der Probleme um das rätselhafte Grab Nr. 55 in Theben und die darin aufgefundenen Sargfragmente, deren Namensinschriften offensichtlich geändert wurden. Ägyptologen wie H. W. Fairman und

Cyril Aldred sind der Ansicht, daß der Sarg für Nofretetes älteste Tochter Meritaton angefertigt worden sei, doch in diesem Fall hätte der Name ja nicht geändert werden müssen, und außerdem läßt sich der offizielle Name der Prinzessin – »Tochter des Königs, seines Leibes, die er liebt« – schon aus Platzgründen nicht einfügen. Zwar wurde Meritaton auch kurz »Königstochter« genannt, doch ist es höchst unwahrscheinlich, daß ihr offizieller Titel gerade auf ihrem Sarg nicht erwähnt wird. Rainer Hanke hat die Sargtexte aus dem thebanischen Grab Nr. 55 mit Titeln und Namen der Kija rekonstruiert und kam dabei zu dem Ergebnis, daß dies »unter den bisher bekanntgewordenen Rekonstruktionsvorschlägen die einzig mögliche Ergänzung« ist.

Das bedeutet: Echnaton ließ bereits in jungen Jahren für seine Frau Nofretete, die er zärtlich Kija nannte, einen Sarg anfertigen. Das war üblich. Der Bau eines Königsgrabes nahm viele Jahre in Anspruch, so daß der Pharao meist schon bei der Thronbesteigung sein Grab und das seiner Frau in Auftrag gab. So scheint es auch in diesem Fall gewesen zu sein. Echnaton ließ den Kosenamen seiner jungen Frau in den Sarkophag einmeißeln. Als es nach mehrjähriger Ehe schließlich zum Bruch zwischen den beiden kam, mag er den Sarg für seine Frau ganz vergessen haben. Erst als Echnatons Mitregent Semenchkare völlig unerwartet starb, erinnerte sich der Pharao wieder daran, und da es in den Wirren der ausgehenden Amarna-Zeit schwierig war, für Semenchkare so rasch einen standesgemäßen Sarkophag zu beschaffen, wurde eben dieser bereits vorhandene genommen, obwohl er ursprünglich für Nofretete gedacht war.

Ein Kurier nach Chatti

Es galt lange Zeit als Streitfrage unter den Historikern, wer zuerst gestorben ist: Echnaton oder Semenchkare. Der junge und gesunde Semenchkare starb völlig unerwartet. Es wäre daher möglich, daß ihn die Pest dahingerafft hat, die zu jener Zeit im

Vorderasiatischen Raum wütete und von Karawanen nach Ägypten eingeschleppt wurde.

Im Amarna-Archiv finden wir mehrere Hinweise auf die Pest. Der zyprische König klagt, daß »Nergal die Menschen getötet hat«, auch sein Sohn sei gestorben, und es gebe kaum noch Leute für die Arbeit in den Kupferbergwerken. Eine angeblich für Echnaton bestimmte babylonische Prinzessin stirbt an der Pest, noch bevor sie die Reise nach Amarna antreten kann. Und auch Byblos und Megiddo wurden von der Seuche heimgesucht.

Professor Erik Hornung kommt, was die Todesdaten von Echnaton und Semenchkare betrifft, mit Hilfe der Gefäßaufschriften-Analyse zu einer einleuchtenden Erklärung: Nachdem feststeht, daß Echnaton in seinem 17. Regierungsjahr starb und daß Semenchkare während Echnatons 13. oder 14. Regierungsjahr auf den Thron kam, wären zu Beginn der Alleinherrschaft Semenchkares, also in dessen 4. oder 5. Jahr, besonders viele Gefäßaufschriften zu erwarten gewesen. Das ist jedoch keineswegs der Fall. In Amarna wurden aber eine ganze Reihe Gefäßaufschriften mit der Datumsangabe Jahr 1 und Jahr 2 gefunden. Hornung schließt daraus, daß auf das Jahr 17 (Echnatons) das Jahr 1 (Tut-ench-Amuns) folgte, daß also Semenchkare *vor* Echnaton gestorben ist. Unterstützt wird diese Theorie durch einen Vorratskrug, dessen ursprüngliche Aufschrift »Honig Jahr 17« lautete und der wenig später mit der neuen Aufschrift »Jahr 1« vermutlich als Weinkrug Verwendung fand. Beide Aufschriften sind noch zu entziffern. Auch wenn bei diesem Fund die beiden Königsnamen fehlen, so können wir mit Sicherheit sagen, daß die genannten Regierungsjahre Echnaton bzw. Tut-ench-Amun zuzuschreiben sind, denn wie wir gehört haben, wurde Semenchkare im 14. oder 15. Jahr der Regierung Echnatons zum Mitregenten ernannt. Die Aufeinanderfolge der Jahre 17–1 schließt damit eine Alleinherrschaft Semenchkares nahezu aus, bedeutet sie doch, daß Semenchkare am Ende von Echnatons 17. Regierungsjahr nicht mehr am Leben war.

Nofretete dürfte über den frühen Tod Semenchkares nicht sehr traurig gewesen sein. Denn dieser Mann hatte ihr nicht nur den Gatten genommen, er war auch zu einer ernsten Gefahr für den

Aton-Glauben geworden, an dem ihr ganzes Herz hing. Semenchkare neigte mehr zum alten Götterglauben der Ägypter, und er verstand es zweifellos, den labilen Echnaton auf seine Seite zu ziehen. Auch mag der Pharao erkannt haben, wie schwer es war, das ägyptische Volk, das Jahrtausende lang seinen Lokalgöttern geopfert hatte, zu dem *einen* großen Gott zu bekehren. Außerdem hatte die korrupte Amun-Priesterschaft ihren Einfluß auf die Massen noch immer nicht verloren.

Semenchkare wollte nicht in Amarna bleiben. Er hatte vor, bei Übernahme der Alleinherrschaft wieder in die Reichshauptstadt Theben umzusiedeln. Wie wir aus einer Inschrift aus dem Grab Nr. 139 des Amun-Priesters Pawah erfahren, begann Semenchkare im 3. Jahr nach seiner Thronbesteigung in Theben mit dem Bau eines eigenen Totentempels, der jedoch nie vollendet und nie benutzt wurde.

Die bereits erwähnten Nofretete-Weinsiegel deuten die Möglichkeit an, daß die schöne Königin in den Wirren der späten Amarna-Zeit selbst als Pharaonin geherrscht hat, da ja, wie bereits erwähnt, die Datierung der Weinsiegel ausschließlich nach den Regierungsjahren der Regenten erfolgte.

Der Nördliche Palast, den Nofretete sich errichten ließ, zeigt nicht nur, daß die Königin und ihr Mann getrennt von Tisch und Bett lebten – Nofretete plante mit der Verlegung ihres Domizils offensichtlich einen Staatsstreich. Denn wäre es ihr nur um die Trennung von ihrem Mann gegangen, dann hätte sie ohne weiteres in eine Nebenresidenz, nach Theben oder nach Memphis, ausweichen können. Doch sie wollte in Achetaton, der neuen Hauptstadt, bleiben. Der amerikanische Ägyptologe Edward Fay Campbell, ein Schüler von Professor William Foxwell Albright, sagt über die Pläne Nofretetes:

»Möglicherweise konnte sie, ohne entdeckt zu werden, einen Kurier nach Chatti schicken. Aber wie sollte sie den hethitischen Abgesandten empfangen, ohne Verdacht zu erregen? Es muß daran erinnert werden, daß ein solcher Abgesandter den ganzen Winter über in Ägypten blieb und erst im Frühjahr zu seinem Herrn zurückkehrte. Wie konnte Nofretete den Gesandten überzeugen, daß zur Zeit alles dafür sprach, daß auf den Mann, der sie heiratete, der Thron wartete?«

Nofretete hatte wohl die Absicht, die Amarna-Politik der ersten Jahre fortzusetzen, und mit einem Mann als mächtigem Bundesgenossen an der Seite wären ihre Pläne wahrscheinlich leichter zu verwirklichen gewesen. Objektiv gesehen war ihre Chance jedoch gering. Wer garantierte dafür, daß der Gesandte auf ihrer Seite stand? Und wenn er einer der Ihren war – würde er Chatti mit der Botschaft erreichen? Vor allem aber: Wie würde der Hethiter-König Nofretetes Nachricht aufnehmen?

Da starb auch Echnaton. Auf einmal schienen alle Probleme gelöst, und Nofretete schöpfte wieder Hoffnung.

Das Ende

Du ließest mich Gnade finden vor dem König, alltäglich und unaufhörlich, und gabst mir ein schönes Begräbnis am Ende des Alters in der Bergwand von Achetaton, nachdem ich meine Lebenszeit schön zu Ende geführt hatte als Diener des guten Gottes. Er mochte sich hinbegeben, wohin er wollte, ich folgte ihm auf dem Fuße. Er hat mich erzogen, als ich noch ein Kind war, bis ich die Ehrwürdigkeit in Frieden und Freude erreichte, dem Herrscher dienend, so daß er immer froh war.

Wandinschrift im Grabe des Wedelträgers zur Rechten des Königs Ahmosis

Semenchkare hatte, wie wir aus Grabinschriften wissen, in Theben (!) mit dem Bau eines Amun-Tempels begonnen. Und wenn die Kosenamen, mit denen Echnaton Semenchkare bedachte, auch nur annähernd den Einfluß dokumentieren, den dieser auf den Pharao ausübte, so kann man sich vorstellen, daß die Tage Atons in Amarna gezählt waren.

Nofretete hatte die letzten vier Jahre vor Semenchkares Tod einsam und zurückgezogen verbracht. Die wenigsten im Reich wußten überhaupt, daß die schöne Königin, das Idol einer ganzen Generation, noch lebte. Eine offizielle Nachricht von ihrem Tod war zwar nie verbreitet worden, wenn man davon absieht, daß ihr Namenszug überall zerstört wurde, aber es gab auch keinen Hinweis darauf, daß sie noch lebte. Nur die wichtigsten Beamten und der Hofstaat kannten ihr Exil. Seit beinahe fünf Jahren war kein Denkmal mehr geschaffen worden, das ihr Bild oder auch nur ihren Namen trug. Im Gegenteil, die Demontage ihres Andenkens war keineswegs beendet. Immer noch wurden ihre Kartuschen abgeschlagen und durch die ihrer Tochter Meritaton ersetzt. Als Echnaton starb, war Nofretete vierunddreißig Jahre alt.

Und so plötzlich, wie sie von der politischen Bühne verschwunden war, so rasch wußte sie sich nun in dieser neuen Situation zurechtzufinden. Da war sie wieder, die intelligente, von Freund und Feind gleichermaßen bewunderte Frau, die schneller und klüger handelte, als die Männer in ihrer Umgebung dachten. Nofretete diktierte ihrem Schreiber eine Botschaft an Schuppiluliuma, den König der Hethiter, und der sich daraus entwickelnde Briefwechsel ist wohl einer der berühmtesten der Weltgeschichte.

Lange Zeit hielt man Anchesenpaton, Nofretetes dritte Tochter, die von ihrem Vater, oder wohl eher Stiefvater, Echnaton noch kurz vor seinem Tod aus unerfindlichen Gründen geheiratet worden war, für die Absenderin. Das ins Akkadische übertragene Dokument war nämlich nur mit »Dachamunzu« unterzeichnet – »die Königin«. Führende Ägyptologen wie der Amerikaner Donald B. Redford, die Experten in der Chronologie der 18. Dynastie sind, betrachten jedoch Nofretete als Absenderin. Denn als Anchesenpaton neun Jahre später ebenfalls zum zweiten Mal Witwe wurde – nach dem Tod Tut-ench-Atons –, besaß sie keineswegs genug Energie und Reife, um einen solchen Brief schreiben zu können.

Königin sucht König

Von dem Briefwechsel wissen wir überhaupt erst durch die Annalen des Hethiter-Königs Schuppiluliuma, die dessen Sohn Mursilis II. aufzeichnete und die im Tontafelarchiv von Boghazköi aufgefunden wurden. Hier der Wortlaut des ersten Briefes von Nofretete:

Mein Gatte ist tot, und ich habe keinen Sohn. Die Leute sagen, daß deine Söhne erwachsen sind. Wenn du mir einen deiner Söhne schickst, wird er mein Gatte werden, denn ich will keinen von meinen Untertanen nehmen, um ihn zu meinem Gatten zu machen.

Dachamunzu

Angesichts dieses Briefes erhebt sich die Frage: Warum wollte Nofretete ausgerechnet einen Prinzen aus Chatti heiraten? Grenzstreitigkeiten, vor allem im Gebiet der ägyptischen Nordprovinz Syrien, hatten ein ziemlich gespanntes Verhältnis zwischen den beiden Ländern hervorgerufen. Und da sollte die einst so stolze Nofretete um einen von den Söhnen des Feindes geworben haben, um einen, den sie zudem nicht einmal kannte?

Nofretete hatte dafür ihre Gründe. Noch nie zur Zeit der 18. Dynastie hatte das Weltreich Ägypten auf so tönernen Füßen gestanden; Reformation und Gegenreformation hatten das Nilland in zwei Lager gespalten. Die politische Unfähigkeit Echnatons und Semenchkares hatte selbst in den untersten Volksschichten Unmut hervorgerufen. Wären die Herrscher der übrigen Großreiche nicht ebenso zerstritten gewesen, hätten die zum Teil chaotischen Zustände in ihren eigenen Ländern nicht ihre ganze Kraft erfordert – es wäre nur ein einziger Feldzug, eine einzige Schlacht nötig gewesen (zu einer Schlacht wäre es vermutlich nicht einmal gekommen), und Ägypten hätte 1300 Jahre v. Chr. aufgehört zu existieren, die Weltgeschichte wäre anders verlaufen.

Aber es kam zu keiner Schlacht, es gab keinen Feldzug gegen Ägypten. Nofretete wußte nicht, ob die Zahl ihrer Anhänger im Volk noch groß war, sie wußte nur, daß der größere Teil des Heeres auf seiten ihres verstorbenen Mannes stand.

Für Nofretete ging es nicht um privates Glück – es galt, eine bestimmte Politik, eine bestimmte Religion zu retten, und so entschied sie sich zu einem für eine Frau zu jener Zeit höchst ungewöhnlichen Schritt: Sie warb um einen Mann. Wenn Schuppiluliuma ja sagte, dann, das wußte sie, hatte Ägypten nicht nur seine größte Krise überwunden, dann würde sich sogar eine neue Supermacht bilden, ein Universalreich, eine Weltherrschaft. Vor allem aber hoffte sie wohl, daß ein Pharao babylonischer Abstammung der beste Garant für den Fortbestand des Aton-Glaubens sein würde. Und eines war für sie auf jeden Fall sicher: Mit einem hethitischen Königssohn auf dem Pharaonenthron würde es zwischen Ägypten und Chatti zu keinem Krieg mehr kommen. Es war die Flucht nach vorn, die Nofretete antrat.

Warum aber rief Nofretete nicht ihren Vater Tuschratta oder einen Mitanni-Prinzen, einen ihrer Brüder, zu Hilfe?

In Mitanni sah es noch schlimmer aus als in den übrigen Reichen. Tuschrattas Söhne waren untereinander verfeindet, und einer von ihnen brachte schließlich den Vater um. Ihre leiblichen Brüder kannte Nofretete vermutlich gar nicht, da sie wohl erst zur Welt kamen, nachdem sie Mitanni verlassen hatte. Und da die Überlieferung auch von keinem einzigen Besuch Nofretetes in der alten Heimat berichtet, dürfen wir annehmen, daß sie die Beziehungen zu Mitanni praktisch abgebrochen hatte.

Aus Nofretetes Zeilen an Schuppiluliuma spricht einerseits die Angst, sie könnte ihre letzte Chance verspielen, andererseits sind aber auch Selbstbewußtsein und Stolz unüberhörbar, wenn sie betont, keinen von ihren Untertanen heiraten zu wollen.

Schuppiluliuma ist verwirrt

Nofretetes Botschaft löst bei König Schuppiluliuma von Chatti Verwirrung aus. Gerade hatten seine beiden Feldherrn Lupakkisch und Teschub-Zalmasch Ägypten eine ziemlich herbe Lektion erteilt und im Grenzgebiet, in Amqa (in der Gegend der heute türkischen Stadt Antakya), alles kurz und klein geschlagen und gefangengenommen, was Beine hatte und laufen konnte – Bewohner, Ochs und Esel, ja sogar das Federvieh. Da kam dieser Brief. Schuppiluliuma, der die Blitzaktion gestartet hatte, um die Kampfkraft der ägyptischen Armee jetzt, nach dem Tod des Pharaos, zu testen, hätte alles andere eher erwartet als diese Botschaft.

Natürlich war der Hethiter-König, wie alle übrigen Staatsoberhäupter der östlichen Welt, der Ansicht, Königin Nofretete sei längst tot. Seit Jahren hatte man nichts mehr von ihr gehört, und jetzt dieser Brief! Schuppiluliuma vermutete zunächst eine List. Sicher wollten die Ägypter einen seiner Söhne, den er als Ehemann Nofretetes in das Nilland schickte, gefangennehmen und umbringen. Eine billige Rache, die nicht einmal militärischen Aufwand erforderte. Diese Feiglinge.

Schuppiluliuma fühlte sich herausgefordert und berief die Großen seines Rates ein. »Seit den alten Zeiten ist eine ähnliche Sache niemals vor mich gekommen«, sagte er ratlos*. Zusammen mit den Weisen seines Reiches kam Schuppiluliuma zu dem Schluß, daß man einer List nur mit einer List begegnen könne, daß man sich jedoch keinesfalls Unsicherheit anmerken lassen dürfe. Vielleicht war diese eigentlich völlig unglaubliche Botschaft der Königin Nofretete doch ernst gemeint.

Deshalb schickte Schuppiluliuma seinen Kammerherrn Chattu-Zitisch auf den Weg nach Ägypten: »Gehe und bringe mir eine vertrauenswürdige Auskunft. Sie können versuchen, mich zu täuschen. Und wenn sie selbst einen Prinzen haben sollten, bringe mir darüber vertrauenswürdige Auskünfte.«

Chattu-Zitisch übernahm für seinen Herrn ein Himmelfahrtskommando. Er mußte darauf gefaßt sein, daß man ihn in Ägypten einen Kopf kürzer machen würde, wenn er die List entdeckte. Doch Chattu-Zitisch kam nach Amarna, erkannte die Notlage Nofretetes und gab sich als Abgesandter des Hethiter-Königs zu erkennen.

Das Mißtrauen Schuppiluliumas versetzte Nofretete in tiefe Verzweiflung. Die Zeit drängte, innerhalb von 90 Tagen mußte der neue Pharao gefunden sein, denn 90 Tage nach seinem Tod wurde der tote Pharao beerdigt, und sein Nachfolger hatte die rituelle Mundöffnung vorzunehmen.

90 Tage, das sind knapp dreizehn Wochen. Drei Wochen dauerte die Reise eines Kuriers von Chatti nach Amarna. Jetzt waren also schon sechs Wochen verstrichen, beinahe die Hälfte

* Nach den Annalen des Mursilis II.

der Frist, an der Situation hatte sich noch nichts geändert, und die Diadochen lauerten im Hintergrund. Vor allem in den Reihen des Militärs hatte Nofretete mächtige Feinde. Und da war auch noch dieser »Gottesvater« Eje, dessen Einfluß nicht unterschätzt werden durfte. Wie sollte sie das alles dem Hethiter-König im fernen Chatti klarmachen?

Nofretete blieben noch genau sieben Wochen Zeit. Wenn sie sofort wieder einen Boten losschickte, und wenn der unterwegs nicht überfallen wurde oder in ein Unwetter geriet, und wenn der Hethiter-König dann sofort einen Sohn losschickte, wenn, wenn . . .

Die Depesche

Es war der Mut der Verzweiflung, der Nofretete hieß, nicht aufzugeben. Ihr Plan *mußte* gelingen. Hastig diktierte sie eine Depesche an Schuppiluliuma:

> Warum sagst du, sie versuchen mich zu täuschen? Wenn ich einen Sohn hätte, würde ich dann an ein fremdes Land in einer für mich und mein Land erniedrigenden Weise geschrieben haben? Ihr glaubt mir nicht und sagt mir sogar solche Dinge! Der mein Gatte war, ist tot, und ich habe keinen Sohn. Soll ich vielleicht einen meiner Diener nehmen und ihn zu meinem Gatten machen? Ich habe auch an kein anderes Land geschrieben. Ich habe nur an euch geschrieben. Man sagt, du hast zahlreiche Söhne. Gib mir einen deiner Söhne, und er wird mein Gemahl sein und König im Lande Ägypten.
>
> Dachamunzu*

Auch in dieser Botschaft spüren wir zwischen den Zeilen das bittende Flehen dieser stolzen Frau, das in direkte Worte zu kleiden sie jedoch nicht bereit ist. Und wieder der für Nofretete unfaßbare Gedanke: »Soll ich vielleicht einen meiner Diener zu meinem Gatten und damit zum Pharao machen?«

* Nach den Annalen des Mursilis II.

Die Depesche wird von dem Gesandten Hanis übernommen. Er reitet, offensichtlich zusammen mit Chattu-Zitisch, gen Chatti. Nach Angaben Mursilis' II. treffen beide in Chatti ein, aber – König Schuppiluliuma ist nicht da. Der Hethiter-König war inzwischen nach Karkemisch gezogen. Karkemisch, am rechten Euphratufer in der Nähe der heutigen Stadt Dscherabis gelegen, war eine uralte Stadt, die schon im 3. Jahrtausend v. Chr. bestand und später vor allem durch die Schlacht bekannt wurde, in der Nebukadnezar 606 v. Chr. die Ägypter besiegte.

Schuppiluliuma hatte Karkemisch in acht Tagen genommen und seinen Sohn Sarrikusch zum König von Karkemisch ausgerufen. Dann kehrte er rasch nach Chatti zurück, weniger in Erwartung einer Rückantwort Nofretetes, als aus Furcht vor dem anatolischen Winter, denn es war mittlerweile Spätherbst geworden.

Nofretete blieben noch knapp vier Wochen Zeit, und man kann sich vorstellen, daß sie die Tage zählte. Nur gut, daß sie nicht wußte, was inzwischen in der Hauptstadt der Hethiter vor sich ging. Denn dort fand ein diplomatisches Wortgefecht statt, bei dem Majestät Schuppiluliuma Exzellenz Hanis ziemlich deutlich die Meinung sagte. Hanis, eingedenk seines Auftrages, steckte die verbalen Schläge, die der Hethiter austeilte, ein. Er durfte einfach nicht ohne einen Prinzen nach Amarna zurückkommen.

Neuere Rekonstruktionen von Fragment-Funden aus Schuppiluliumas Annalen schildern diese Gespräche sehr anschaulich. Während der ägyptische Gesandte Hanis auf Kohlen saß, gefiel sich der Hethiter-König in Beschimpfungen und Vorwürfen.

Schuppiluliuma: »Was mich betrifft, so war ich euch immer freundlich gesinnt, ihr aber wolltet mir plötzlich Böses. Ihr seid gekommen und habt den Fürsten von Kadesch angegriffen, den ich vom König des Hurritherlandes abgezogen habe. Als ich davon hörte, bekam ich Angst, und ich schickte meine eigenen Truppen und Wagen und ihre Lenker. Diese kamen und griffen eueren Herrschaftsbereich an, das Land Amqa. Und als sie Amqa angegriffen, das euer Land ist, wart ihr möglicherweise in Furcht; und deshalb bittet ihr mich um einen meiner Söhne. Er wird euer Feind werden, aber zum König werdet ihr ihn nicht machen.«

Hanis: »O mein Herrscher, es ist eine Schande für unser Land.

Wenn wir einen Thronerben hätten, würden wir dann in ein fremdes Land gegangen sein und um einen Herrscher für uns selbst angehalten haben? Naphuria, der unser Herrscher war, starb, einen Sohn hat er nicht. Die Frau unseres Herrschers ist allein. Wir suchen einen Sohn unseres Herrn Schuppiluliuma für die ägyptische Königskrone und für die Frau, unsere Herrin, wir brauchen ihn als Gemahl für sie. Wir haben unser Ansinnen an kein anderes Land gestellt, wir sind nur hierher gekommen. Und jetzt, o Herr, gib uns einen von deinen Söhnen!«

Es mag Hanis nicht wenig Überwindung gekostet haben, als Abgesandter der Weltmacht Ägypten mit dem Hethiter-König so unterwürfig zu sprechen, ja, ihn anzuflehen. Doch eingedenk der verzweifelten Lage seiner Königin biß er die Zähne zusammen und tat das politisch Notwendige.

Zermürbende Tage

Für Nofretete waren das wohl die schlimmsten Tage ihres Lebens. In diesen Wochen mußte die Entscheidung fallen, ob sie die Macht, die ihr so schmachvoll genommen worden war, wieder zurückgewinnen würde. Aber es stand noch mehr auf dem Spiel: Fand sie keinen Mann, dann war das Ende der 18. Dynastie, der glänzendsten in der Geschichte des ägyptischen Reiches, besiegelt und, für Nofretete eine mindestens ebenso furchtbare Vorstellung, auch das Ende der Aton-Religion. Vielleicht wollte Nofretete auch darum keinen Ägypter niederen Standes heiraten. Hätte sie einen Anhänger ihrer Religion gewählt, wäre es zum offenen Aufstand der wieder erstarkten Amun-Priesterschaft gekommen, hinter der große Teile des Militärs standen. Hätte sie einen amuntreuen Pharao genommen, dann würde dieser vielleicht seine formelle Macht *für* Amun und *gegen* Aton einsetzen. Ein ausländischer Prinz auf dem Pharaonenthron war der einzige Ausweg aus dieser verfahrenen Situation. Er würde, mit ihrer Unterstützung, eine gewisse unabhängige Autorität darstellen.

Aber König Schuppiluliuma und der ägyptische Gesandte Hanis verhandelten auf dem Burgberg Büyyükale von Chatti noch immer. Schuppiluliuma hatte sich inzwischen überzeugen lassen, daß Nofretete es ernst meinte. Nur eine Bedingung stellte der Hethiter-König noch: Der alte Vertrag der Ägypter mit den Bewohnern von Kurustamma sollte erneuert werden. Die Leute von Kurustamma waren Hethiter und einst von den Ägyptern überfallen und an den Nil verschleppt worden. Daraufhin hatten die Hethiter mit den Ägyptern einen Vertrag geschlossen, in dem festgehalten war, daß sich beide Völker in Zukunft in Ruhe lassen wollten.

Schuppiluliuma ließ sich die Vertragstafel vorlegen und den Text durch einen Zusatz neu bestätigen, den der ägyptische Gesandte gegenzeichnen mußte. Der Zusatz lautete: »Seit alten Zeiten waren Chatti und Ägypten einander freundlich gesinnt, jetzt kommt es in unserem Namen zu folgendem Beschluß: Chatti und Ägypten schwören sich ewige Freundschaft!«

Damit waren alle Voraussetzungen geschaffen: Schuppiluliuma wählte unter seinen Söhnen Zannanza aus, er sollte nach Ägypten reisen und Nofretete heiraten. Dann würde ein Hethiter Pharao sein.

Nofretete wußte von all dem nichts – und die noch verbleibende Frist war auf wenige Tage zusammengeschmolzen. Anchesenpaton, ihre dreizehnjährige Tochter, war in dieser Situation ihr einziger Trost und Halt. Mutter und Tochter diskutierten tagelang, nächtelang, erwogen sorgfältig alle Möglichkeiten und kamen dann zu dem Schluß, daß Nofretete doch wohl oder übel einen Ägypter zum Gemahl nehmen mußte, denn aus Chatti kam keine Nachricht. Vielleicht hatte der Hethiter-König den ägyptischen Gesandten umbringen lassen.

Das wäre der Anlaß für einen großen Krieg zwischen Ägyptern und Hethitern gewesen, darauf wartete Schuppiluliuma ja nur. Und Nofretete wußte genau, daß aus diesem Kampf nur die Hethiter als Sieger hervorgehen konnten. Es hätte das Ende Ägyptens bedeutet – und das durfte nicht geschehen, das mußte sie auf jeden Fall verhindern, wenn es sein mußte sogar unter Aufgabe der eigenen Persönlichkeit.

Ein Elfjähriger: Nofretetes einzige Hoffnung

Es gab da noch einen gewissen Tut-ench-Aton, einen netten Jungen von etwa elf Jahren, der im Nördlichen Palast von Amarna erzogen wurde, obwohl er kein Sohn Nofretetes war. Er war jedoch irgendwie mit ihr verwandt – seine Herkunft ist bis heute ungeklärt –, und ihn wollte Nofretete in ihrer tiefen Verzweiflung zum Pharao machen, um die Dynastie zu erhalten.

Noch wartete Nofretete auf den Hethiter-Prinzen. Noch war Hanis nicht zurück aus Chatti. Und solange er nicht zurück war, gab es noch einen Funken Hoffnung.

Aber Hanis kam nicht zurück. Wir wissen nichts über sein Schicksal. Bekannt ist nur, daß er aus Chatti abreiste mit der Freudenbotschaft für Nofretete: Prinz Zannanza kommt.

Doch Prinz Zannanza kam nie in Amarna an. Als er mit seiner Eskorte Syrien und damit ägyptisches Hoheitsgebiet erreichte, lauerten ihm »Männer und Pferde Ägyptens« auf. Zannanza wurde meuchlings ermordet. Wer die Mörder waren, blieb bis heute ein Rätsel. Es kann natürlich ein zufälliger Raubmord irgendeines Beduinenstammes gewesen sein, doch liegt die Vermutung nahe, daß der Mord des designierten Pharaos von den Amun-Priestern, den Generälen oder von »Gottesvater« Eje, der selbst auf den Thron spekulierte, eiskalt geplant war.

Wie Mursilis II. in seinen »Pestgebeten« schreibt, weinte sein Vater Schuppiluliuma, als er vom Tod seines Sohnes Zannanza hörte, und der Zorn übermannte ihn. Für ihn stand fest, daß diese Nofretete, die nicht nur wegen ihrer Schönheit, sondern auch wegen ihrer Klugheit berühmt war, ihn hereingelegt hatte. Er, Schuppiluliuma, König der Hethiter, war auf die List einer Frau hereingefallen. Das sollte nicht ungesühnt bleiben.

Die Nachricht vom Tod des Hethiter-Prinzen Zannanza verbreitete sich in Ägypten wie ein Lauffeuer. Gebannt blickten die Militärs und Beamten gen Norden in Erwartung eines Vergeltungsschlages. Zunächst aber geschah nichts, und so wurde der Ruf nach einem starken Pharao immer lauter. Nofretete aber hatte ein Kind zum König ausersehen.

Oben: Anchesenamun und Tut-ench-Amun. Darstellung auf einer Thronsessel-Rückenlehne aus der späten Amarna-Zeit (Ägyptisches Museum, Kairo).
Unten: Echnaton (links) und sein Mitregent Semenchkare. Kalksteinrelief aus Amarna (Ägyptisches Museum, Kairo).

Es gibt Ägyptologen, wie den Amerikaner Edward Fay Campbell, die die Frage aufwerfen, ob die fünfunddreißigjährige Nofretete nicht sogar die Absicht hatte, diesen elfjährigen Tut-ench-Aton zu heiraten. Tatsache ist, daß er seine Herrschaft in Achetaton antrat. Weinsiegel nennen das Jahr 1, 2 und 3. Seine Frau wurde jedoch nicht Nofretete, sondern ihre Tochter Anchesenpaton.

Ähnlich wie ihre Mutter war Anchesenpaton knapp zwei Jahre Nebenfrau eines schwerkranken Pharaos gewesen, bevor sie als große königliche Gemahlin den Thron bestieg. Mit dreizehn Jahren war Anchesenpaton zwar zwei Jahre älter als Tut-ench-Aton, aber die starke Hand, die den jugendlichen König leiten konnte, besaß sie nicht. Offensichtlich hatte Nofretete gehofft, die Rolle der Ratgeberin übernehmen zu können, und zunächst ging ihre Rechnung auch wohl auf. Aber schon bald mußte die Königin einsehen, daß es ein anderer war, der die Fäden zog: der alte »Gottesvater« Eje. Und hinter Eje, dem Oberbefehlshaber der Kavallerie, stand ein zweiter hoher Militär, ein junger Mann, der später noch zu Macht und Ansehen kommen sollte: der Oberbefehlshaber der Streitkräfte Ost Haremhab.

Der Kind-Pharao

Mit ihrer Allianz verfolgten die beiden wichtigsten Militärs in Ägypten ein ganz bestimmtes Ziel: Beseitigung des Aton-Glaubens und Wiederbelebung des traditionellen Amun-Kultes. Der elfjährige Pharao, ausgestattet mit den Insignien uneingeschränkter Macht, wurde hin- und hergerissen zwischen den Ratschlägen seiner Schwiegermutter Nofretete, die erbittert um die Erhaltung des Aton-Glaubens kämpfte, und den Propagandafeldzügen des alten Eje, der dem Amun Abbitte zu leisten predigte. Seine Frau Anchesenpaton, die er zärtlich liebte, nahm in dem Konflikt eine Art Mittelstellung ein. Tut-ench-Aton und Anchesenpaton lebten zu Beginn ihrer Regierungszeit im Südlichen Palast von Achetaton, während Nofretete noch immer ihren Palast an der nördlichen Stadtgrenze bewohnte.

Am 19. Tag des 4. Achet im Jahre 1346 verfaßte Tut-ench-Aton den Text einer hohen Quarzit-Stele, die heute im Ägyptischen Museum in Kairo gezeigt wird. Diese Inschrift, die eindeutig die geistige Handschrift Haremhabs trägt, zerstörte mit wenigen Sätzen alles, wofür sich Nofretete ein Leben lang eingesetzt hatte: den Glauben an den einen Gott Aton, der ihr mehr bedeutet hatte als alle Macht auf Erden.

Auf dem hohen Gedenkstein heißt es:

> Er (Tut-ench-Aton) festigte, was verfallen war unter den Denkmälern bis an die Grenzen der Ewigkeit. Er vertrieb das Sündige im ganzen Land, indem die Wahrheit auf ihrem Platz bleibt. Er läßt die Lüge ein Abscheu sein, indem das Land wie in seiner Urzeit ist. Es bestieg aber Seine Majestät den Thron als König, als die Tempel der Götter und Göttinnen von Elephantine bis zu den Marschen des Deltas im Begriffe waren, vergessen zu werden, und ihre Heiligtümer anfingen zu vergehen, indem sie Schutthügel wurden, mit Kraut bewachsen, und ihre Allerheiligsten waren, als seien sie nie gewesen, und ihre Gebäude ein Fußweg. So machte das Land eine Krankheit durch, und die Götter vernachlässigten dieses Land. Wenn man Soldaten nach Syrien schickte, um die Grenzen Ägyptens zu erweitern, so geschah kein irgendwie gearteter Erfolg durch sie. Wenn man einen Gott anflehte, um von ihm etwas zu erbitten, so kam er nicht her; und wenn man ebenso eine Göttin anging, so kam sie nicht her. Ihre Herzen waren schwach in ihnen und sie hörten auf zu schaffen.

Es scheint, daß der junge Tut-ench-Aton nicht lange in Achetaton residierte, zumindest betrachtete er Nofretetes Traumstadt nicht als Hauptresidenz, denn schon in einem Stelen-Text aus dem 1. Jahr wird berichtet, daß Seine Majestät zeitweise auch in der Gutsanlage Thutmosis' I. in Memphis, nahe bei den Pyramiden von Gizeh, lebte. Hier nahm Tut-ench-Aton den alten Amun-Kult wieder auf. Er ließ monumentale Götterbilder aus feinstem Gold der Fremdländer gießen und »vergrößerte alle Abgaben für die Tempel, verdoppelt, verdreifacht und vervierfacht an Silber, Gold, Lapislazuli, Türkis und allerlei Edelsteinen, königlichem

Leinen, weißem Leinen, buntem Leinen, Geschirr, Harz, Fett, Weihrauch, Räucherwerk, Myrrhen, ohne daß es eine Grenze für alle guten Dinge gab«.

Tut-ench-Aton ließ neue Nil-Barken aus libanesischem Zedernholz bauen, um Amun wieder ein würdiges Gefährt zu stellen, wie es zuletzt unter Amenophis III. Brauch war. Auch für Ptah, den Schöpfergott von Memphis, wurden wieder Skulpturen angefertigt. Die alten Tempelgüter, dereinst ertragreiche Einnahmequellen der Priester, erhielten neue Sklaven, die verwaisten Tempelschulen, aus denen sich der Priesternachwuchs rekrutierte, öffneten wieder ihre Tore für die Kinder der Vornehmen und Reichen.

Nofretete muß diese Entwicklung mit Wehmut und Trauer verfolgt haben. Achetatons Paläste und Tempel leerten sich, das Häuflein der Getreuen wurde immer kleiner. Als wären die Mauern dieser Stadt vom Aussatz befallen, machten sich in der Bevölkerung von Achetaton Angst und Ekel breit. Als schämten sich die Bewohner ob der Verblendung, in der sie zu Aton, dem einzigen Gott, gebetet hatten, zogen sie fort von der Stätte ihrer Schande. Tut-ench-Aton machte den Anfang: Mit seiner jungen Frau Anchesenpaton verließ er Achetaton überstürzt und für immer und überließ die Anlagen und Prachtbauten dieser einst schönsten Stadt der Welt dem Verfall. Das geschah zwischen dem 3. und 4. Jahr seiner Regierung, der Pharao war etwa vierzehn Jahre alt. Unter dem Druck seiner Ratgeber änderten er und seine Frau – wie einst Echnaton und Nofretete freiwillig – ihre Namen. Aton sollte möglichst schnell vergessen werden und Amun zu neuen Ehren gelangen, und so wurden aus Tut-ench-Aton und Anchesenpaton Tut-ench-Amun und Anchesenamun.

Das junge Herrscherpaar ging zurück nach Theben, und weil kein einziger Fund Kunde gibt von einem eigenen Palast des jungen Pharaos, wird angenommen, daß Tut-ench-Amun den ehemaligen Palast Amenophis' III. bezogen hat. Achetaton, Zauberwort für eine ganze Generation, sollte so rasch wie möglich vergessen werden.

Nur eine harrte aus: Nofretete. Die Königin war jetzt siebenunddreißig Jahre alt, noch immer schön, wenn auch gealtert.

Noch vor acht Jahren war sie die mächtigste Frau der Welt, jetzt eine Verbannte, eine Verachtete, eine Frau, von der man besser nicht sprach. Und wenn ihr Name doch genannt wurde, dann nur mit dem Beiwort »Ketzerin«. Wo waren all die Männer, die ihr einmal zu Füßen lagen? Was war aus ihrem riesigen Hofstaat geworden? Was aus ihren Reichtümern? Was, schließlich, wurde aus ihr selbst?

Die Geschichte vermag auf keine dieser Fragen eine definitive Antwort zu geben. Donald B. Redford und andere führende Ägyptologen sind der Ansicht, daß Nofretete, kurz nachdem Tut-ench-Amun Achetaton verlassen hatte, also um das Jahr 1344, gestorben ist. Krugaufschriften in Nofretetes Palast, die bis in das Jahr 3 der Regierung Tut-ench-Amuns reichen, lassen diesen Schluß zu. Nofretete starb einsam in einer Geisterstadt. Vielleicht hat eine furchtbare Pestepidemie alle Einwohner aus der Stadt getrieben, vielleicht war es aber auch nur die nackte Angst vor den Vertretern der Gegenreformation und den grausamen Militärs, die hinter Tut-ench-Amun standen. Nofretete jedenfalls hat ihre Traumstadt nicht mehr verlassen. Es war *ihre* Stadt, *ihr* Achetaton, *ihr* Horizont der Sonnenscheibe. Hier hatte sie die wenigen glücklichen Jahre ihres ereignisreichen Lebens verbracht, hier hatte sie gelacht, geliebt und gelitten – hier wollte sie sterben. Das Ägypten Tut-ench-Amuns, es war nicht *ihr* Ägypten. Das Volk, das wieder Amun, Ptah und Osiris huldigte, es war nicht *ihr* Volk. Das alles war eine neue alte Welt. Eine Welt des Scheins, der Unwahrheit und Korruption, nicht mehr Nofretetes Welt.

Das letzte Lächeln der schönen Königin

Das Ägyptische Museum in Kairo bewahrt eine Maske aus Gips auf, die in Amarna gefunden wurde und deren Identität bis heute nicht mit Sicherheit geklärt ist. Sie wird jedoch als Totenmaske Nofretetes angesehen. Die rechte Gesichtshälfte ist beschädigt, aber trotzdem sind die charakteristischen, zart betonten Backenknochen und die leicht geschwungene Stirn über den langen, schmalen Augenbrauen deutlich zu erkennen. Die Augen liegen tiefer, als wir es von vielen anderen Darstellungen kennen, die Lider sind geschlossen, die Augen wurden nicht nachmodelliert. Der Mund, weit weniger gespannt als bei der bekannten Büste, ist geschlossen, er scheint jedoch bereit für ein letztes Wort, das offenbar nicht mehr gesprochen wurde, und – dieser Mund lächelt. Ein leises, geheimes Lächeln, das man erst spürt, wenn man länger vor diesem gelösten Gesicht verharrt.

Wie ist die Existenz dieser Totenmaske zu erklären? Stand der schönen Königin vielleicht bis zuletzt ihr ganzer Hofstaat mitsamt den Künstlerwerkstätten zur Verfügung? Oder war hier derselbe Mann am Werk, den bereits das zeitlos schöne Gesicht der Lebenden so fasziniert hatte – der Oberbildhauer Thutmosis? Es besteht kaum ein Zweifel: Der Gipsabdruck trägt seine Handschrift. Weder vor noch nach Thutmosis hat ein Bildhauer eine derartige künstlerische Perfektion erreicht, weder vor noch nach Thutmosis war dieser Realismus, diese Eindringlichkeit der Darstellung gefragt, und weder vor noch nach Thutmosis war es denkbar, daß eine Königin auf dem Totenbett lächelte. Ein zartes, zurückhaltendes Lächeln, das nicht mehr berührt wurde von dem Haß und Streit, der Ägypten in den folgenden Jahren beherrschen sollte.

Der junge Tut-ench-Amun und seine schöne Frau Anchesenamun, sie waren nichts weiter als Marionetten an den Fäden des »Gesandten des Königs in allen Ländern«, des »Vertrauten der besonders Vertrauten des Königs«, des »wahren, vielgeliebten Schreibers des Königs«, des »Vizeregenten« Haremhab, der sich anschickte, in Ägypten eine Militärdiktatur zu errichten.

Tut-ench-Amun starb keines natürlichen Todes. Ronald Harrison entdeckte 1969, bei der letzten Röntgenuntersuchung der Mumie des bei seinem Tode etwa zwanzig Jahre alten Mannes, in der hinteren Schädeldecke des Pharaos ein Loch, »das vom Schlag einer Keule oder eines Schwertknaufs herrühren könnte«.

Doch nicht Haremhab bestieg – wie zu erwarten war – den Thron der beiden Länder, sondern der greise Eje. Eine List des hinterhältigen Haremhab? Wollte er so sein Mordmotiv verschleiern? Eje, alt und gebrechlich, übernahm das Pharaonenamt, jedenfalls faßte er die Regentschaft als ein *Amt* auf. Er verwaltete lediglich die Königswürde, und nicht *eine* nennenswerte historische Leistung ist aus der Zeit seiner vierjährigen Regentschaft bekannt. Zwei Zwillingskartuschen auf einem Ring mit den Namen Ejes und Anchesenamuns deuten an, daß der alte Eje die junge zweifache Witwe entweder geehelicht oder zur Mitregentin erhoben hat. Es ist das letzte Lebenszeichen der dritten Tochter Nofretetes, deren Schicksal dem ihrer Mutter so ähnlich war.

Stand Eje den Relikten des verblassenden Aton-Kultes gleichgültig oder zumindest nicht aggressiv gegenüber, so setzte unter der Herrschaft Haremhabs, der nach Ejes Tod auf Drängen der Amun-Priesterschaft hin den Thron bestieg, ein wahrer Bildersturm auf Denkmäler der jüngsten Vergangenheit ein. Haremhab handelte allerdings weniger aus Glaubenseifer denn aus Geltungsbedürfnis. Der Soldaten-Pharao von eigenen Gnaden ließ Kunstwerke seiner Vorgänger verschleppen, Aufschriften abschlagen und seinen eigenen Namen an deren Stelle setzen. Er machte dabei keinen Unterschied zwischen dem Ketzer Echnaton und dem Gegenreformator Tut-ench-Amun. Er baute in Karnak Nofretetes großen Tempel ebenso ab wie einen von Tut-ench-Amun erbauten und schuf daraus den großen zweiten Pylon. Er verwirklichte auch ein uraltes Projekt, die gewaltige Sphinx-Allee zwischen Luxor und Karnak. Und immer, wenn er Baumaterial brauchte, schickte er Arbeiterkolonnen auf Schiffen nilabwärts nach Achetaton, das verlassen dalag, verfallen, von den meisten vergessen.

Private Eskapaden leistete sich der aufrechte Soldat nicht. Verheiratet war Haremhab mit einer Schwester Nofretetes – Mutnedjemet, von der wir sonst wenig wissen. Keine Überlieferung beleuchtet das Verhältnis der beiden Schwestern, doch war Mutnedjemet sicher eine *jüngere* Schwester der Königin. Darstellungen im Palast von Achetaton zeigen sie des öfteren mit Nofretetes Töchtern oder mit zwei Zwerginnen.

Haremhab regierte beinahe dreißig Jahre, und er war alles andere als ein milder Herrscher. Sein Strafgesetzbuch, »um die Fälle von Unrecht in diesem Lande zu beseitigen«, richtet sich vor allem gegen das Unrecht, das dem Pharao angetan werden konnte. Steuerhinterziehung – ein tributpflichtiges Rinderfell zum Beispiel – wollte Haremhab »mit 100 Schlägen und fünf blutenden Wunden« geahndet wissen. Skrupellos plünderte der Soldatenpharao Gräber und machte auch nicht halt vor der letzten Ruhestätte seines Vorgängers Eje. Ein Rätsel blieb bis heute, warum er das mit Schätzen angefüllte Grab Tut-ench-Amuns unbehelligt ließ.

Wo Nofretete begraben lag, war Haremhab offenbar unbekannt. Nach dem heutigen Stand unseres Wissens ist Nofretete in keinem der bisher entdeckten Amarna-Gräber bestattet worden. Wir dürfen aber annehmen, daß eine so gläubige, so intelligente Frau wie die schöne Königin Vorsorge getroffen hat für ihr Leben im Jenseits. Und so tauchen natürlich immer wieder Vermutungen und Gerüchte im Zusammenhang mit der letzten Ruhestätte Nofretetes auf. In der Gegend von Amarna zum Beispiel erzählen die Fellachen, daß eines Nachts in den achtziger Jahren des vorigen Jahrhunderts ein Zug vermummter Gestalten im Fackelschein einen Sarkophag auf den Schultern wegtrug ...

Tatsache ist, daß wenig später in Kairo Schmuckstücke aus der 18. Dynastie und Ringe mit der Namenskartusche Nofretetes zum Kauf angeboten wurden. Sie werden heute in verschiedenen europäischen Museen aufbewahrt. Von Nofretetes Sarkophag und ihrer Mumie fehlt jede Spur.

Anhang

Chronologie der ägyptischen Geschichte*

ZEIT	POLITISCHE GESCHICHTE	RELIGIONS- UND KUNSTGESCHICHTE
Prähistorische Zeit 5./4. Jahrtausend	5000–4000 Jungsteinzeit 4000–3000 Kupfersteinzeit Gegenübertreten von oberägyptischem Nomadentum und unterägyptischem Bauerntum.	Totemistische Vorstellungen. Tier- und pflanzengestaltige Lokalgottheiten. Verehrung der Muttergöttin. Geometrische Ornamentik der Jungsteinzeit.
Frühzeit etwa 3000 bis 2650	Vormachtstellung der Städte Buto, Hierakonpolis und Abydos. Vorthinitische Könige: »Skorpion«, Narmer. 1.–2. Dynastie, Thinitenzeit, etwa 2850–2650 Könige der 1. Dynastie: Menes, »Schlange«	Anthropomorphisierung der Gottesgestalt. Personifizierung der Naturkräfte. König = Inkarnation des Weltgottes Horus. Erste Schriftsymbole auf Denkmälern von Hierakonpolis. Schminkpaletten (berühmt die des Narmer). Höhepunkt der Elfenbeinschnitzerei.
Altes Reich etwa 2650 bis 2189	3.–8. Dynastie. Hauptstadt Memphis 3. Dynastie: König Djoser 4. Dynastie um 2600–2480: Snofru, Cheops, Chephren, Mykerinos. 5. Dynastie um 2480–2350: Sahure, Unas. 6. Dynastie: Phiops II.	Theologische Systeme von Heliopolis (Sonnengott Re, Ortsgott Atum) und von Memphis (Ortsgott Ptah). König = Sohn des Re. Erbauung der Pyramiden ab der 3. Dynastie. Stufenpyramide des Djoser als erster großer Steinbau der Welt. Sphinx von Gizeh (4. Dynastie). Offene Sonnentempel (5. Dynastie). Reliefs im Grab des Ti.
Erste Zwischenzeit etwa 2189 bis 2040	9.–10. Dynastie. Herakleopolitenzeit. Zerfall des Reiches in die Machtgebiete von Herakleopolis und Theben.	Lehre vom Ba. Sich anbahnende Entwicklung, daß jeder Verstorbene zum Osiris wird. Abydos = Hauptort der Osirisverehrung. Gedanke des Totengerichts. Ältere Sargtexte. Verfall bzw. Stagnierung der Plastik.

* Nach Eberhard Otto, *Ägypten, der Weg des Pharaonenreiches,* Stuttgart 4. Auflage 1966 (gestützt auf E. Drioton / J. Vandier, *L'Egypte,* Paris 4. Auflage 1962).

ZEIT	POLITISCHE GESCHICHTE	RELIGIONS- UND KUNSTGESCHICHTE
Mittleres Reich etwa 2040 bis 1658	11. bis frühe 14. Dynastie: 11. Dynastie: Königsnamen Mentuhotep. Hauptstadt wird Theben. 12. Dynastie (um 1991 bis 1786): Residenz beim Fajjum. Königsnamen Amenemhet und Sesostris. 13. Dynastie: Königsnamen Sebekhotep.	Aufkommen des Amun-Kultes in Theben. Jüngere Sargtexte. Zu Heliopolis ältester erhaltener Obelisk. Gaufürstengräber von Beni Hasan. Erstes Vorkommen der sogenannten Würfelhocker und der Hathorsäule. Totentempel Amenemhets III. (bekannt als »Labyrinth«)
Zweite Zwischenzeit etwa 1658 bis 1552	15.–16. Dynastie: Fremdherrschaft der Hyksos; Residenz Auaris. In Theben einheimische 17. Dynastie.	Eindringen syrischer Götter; Baal wird Seth gleichgesetzt (Reichsgott unter den Hyksos). Letzte Königsgräber in Pyramidenform (17. Dynastie).
Neues Reich	18.–20. Dynastie. 18. Dynastie (1552–1306) Könige Amenophis I., Thutmosis I., Königin Hatschepsut, Thutmosis III. (unterwirft große Teile Syriens), Amenophis III., Amenophis IV. = Echnaton Nofretete (Residenz: Amarna), Tut-ench-Amun.	Amun wird Reichsgott. Unter Nofretete und Echnaton an den Monotheismus grenzender Aton-Glaube. Das Totenbuch gehört zur Grabausstattung. Ausbau des Amun-Tempels in Theben. Totentempel der Hatschepsut zu Der el-Bahri. Memnonskolosse = Sitzstatuen Amenophis' III. Gräber des Nacht und Ramose. Naturalistische Kunst der Amarna-Zeit.
1552 bis 1070	19. Dynastie (1306–1186) Sethos I. Ramses II. (Ausgleich mit den Hethitern. Neue Residenz: Ramses-Stadt). 20. Dynastie (1186–1070) Könige Ramses III. (letzte große Machtentfaltung) bis Ramses XI.	Totentempel Sethos' I. zu Abydos. Felsentempel zu Abu Simbel. Bau des »großen Tempels« von Medinet Habu (von Ramses III. begonnen).

ZEIT	POLITISCHE GESCHICHTE	RELIGIONS- UND KUNSTGESCHICHTE
Übergang zur Spätzeit 1070 bis 663	21.–25. Dynastie. 21. Dynastie residiert in Tanis. In Oberägypten der »Gottesstaat des Amun«. 22. Dynastie (950–730) durch libysche Söldnerführer in Bubastis gegründet. 23. Dynastie und in Sais die 24. Dynastie (ebenfalls Libyer). 25. Dynastie äthiopischer (nubischer) Fremdherrscher 671 Assyrer erobern Ägypten.	Die bisher als Offenbarungsträger heilig gehaltenen Tiere werden nun selbst Verehrungsobjekte, besonders Stier, Krokodil und Katze (zunehmende Bedeutung der Göttin Bastet). Häufige Darstellung von Figuren, die einen Naos tragen. Äußerst realistisch gestaltete Statuen unter der 25. Dynastie.
Spätzeit 663 bis 332	26.–30. Dynastie. 26. Dynastie (663–525) Könige Psametich I. und Necho residieren in Sais. 27. Dynastie = Fremdherrschaft der Perser. 28.–30. Dynastie mit den letzten einheimischen Fürsten im Delta. König Nektanebos I.	Die Theologisierung der Religion führt zu einer volkstümlichen Gegenströmung, getragen von magischen Vorstellungen und Praktiken. Sogenanntes Serapeum (= Anlage für die Apis-Gräber) des Psametich I. zu Sakkara.
Griechische Zeit 332 bis 30 v. Chr.	332 Eroberung Ägyptens durch Alexander d. Gr. Dynastie der Ptolemäer mit der Hauptstadt Alexandria.	Ptolemaios I. prägt das Bild des hellenistisch-ägyptischen Mischgottes Serapis. Ausbreitung des Isis-Kultes über Ägypten hinaus. Chnum-Tempel in Esne. Horus-Tempel in Edfu. Hathor-Tempel in Dendera. Doppeltempel für Suchos und Haroeris in Kom Ombo.

Das Neue Reich*

	sicher		*wahrscheinlich*	
Ahmose	1559/45	–1534/24	Frühj. 1552–	Sommer 1527
Amenophis I.	1534/24	–1514/04	Sommer 1527–	22. 3. 1506
Thutmosis I.	1514/04	–1501/1491	23. 3. 1506–	Sept. 1412
Thutmosis II.	1501/1491	–1490	Dez. 1494–	6. 6. 1402
Hatschepsut	1. 5. 1490	–1469/68	1. 5. 1490–	Dez. 1494
Thutmosis III.		1. 5. 1490–14. 3. 1436		30. 4. 1490
Amenophis II.	16. 11. 1438	–1412/11	16. 11. 1438–	30. 1. 1468
Thutmosis IV.	1412/11	–1405/02	Sept. 1412–	
Amenophis III. **	1405/02	–1367/63	7. 6. 1402–	Aug. 1364
Amenophis IV. = Echnaton **	1368/63	–1351/45	Aug. 1364–	Febr. 1347
Semenchkare **			Anfang 1351–	Ende 1348
Tut-ench-Amun **	1351/45	–1342/36	Febr. 1347–	Anf. 1338
Eje	1342/36	–1337/31	Anf. 1338–	1334
Haremhab	1337/31	–1307/01	1334–	Ende 1306
Ramses I.	1307/01	–1306/00	Ende 1306–	Anf. 1304
Sethos I.	1306/00	–1290	Anf. 1304–	2. 6. 1290
Ramses II.	Juni/Nov. 1290	–Sommer 1224	3. 6. 1290–	12. 7. 1224
Merenptah	Sommer 1224	–1211/04	13. 7. 1224–	Jan. 1204
Amenmesse	1211/04	–1206/1199	Jan. 1204–	Dez. 1200
Sethos II.	1206/1199	–1200/1193	Dez. 1200–	Okt. 1194
Siptah	1200/1193	–1192/85	Okt. 1194–	Anf. 1188
Tausret			Okt. 1194–	1186
Sethnacht	1192/85	–1190/83	1186–	6. 3. 1184
Ramses III.	1190/83	–1159/52	7. 3. 1184–	16. 4. 1153
Ramses IV.	1159/52	–1152/45	17. 4. 1153–	Jan. 1146
Ramses V.	1152/45	–1147/40	Jan. 1146–	Okt. 1142
Ramses VI.	1147/40	–1140/33	Okt. 1142–	Frühj. 1135
Ramses VII.	1140/33	–1133/26	Frühj. 1135–	1129
Ramses VIII.	1133/26	–1130/23	1129–	Juni 1127
Ramses IX.	1130/23	–1112/05	Juni 1127–	Sommer 1109
Ramses X.	1112/05	–1103/1096	Sommer 1109–	Mai 1099
Ramses XI.	1103/1096	–1073/66	Mai 1099–	1070
Smendes	1073/66	–1047/40	1070–1044	
Neferkare				
Psusennes I.	1047/40	– 988/81	1044– 990	
Amenemope			993– 984	
(Osochor)	988/81	– 982/75	984– 978	
Siamun	982/75	– 963/56	978– 960	
Psusennes II.	963/56	– 948/41	960– 945	

* Nach Erik Hornung.

** Eingerahmt sind die Pharaonen, während deren Regierungszeit Nofretete lebte.

Herihor	1080–1060
Pianch	ca. 1060–1040
Pinudjem I.	ca. 1040–1025
Masaharta	ca. 1025–1017
Mencheper(re)	1017– 991
Smendes	991– 987
Pinudjem II.	987– 970
Psusennes	970– 950

Nofretetes Familienverhältnisse

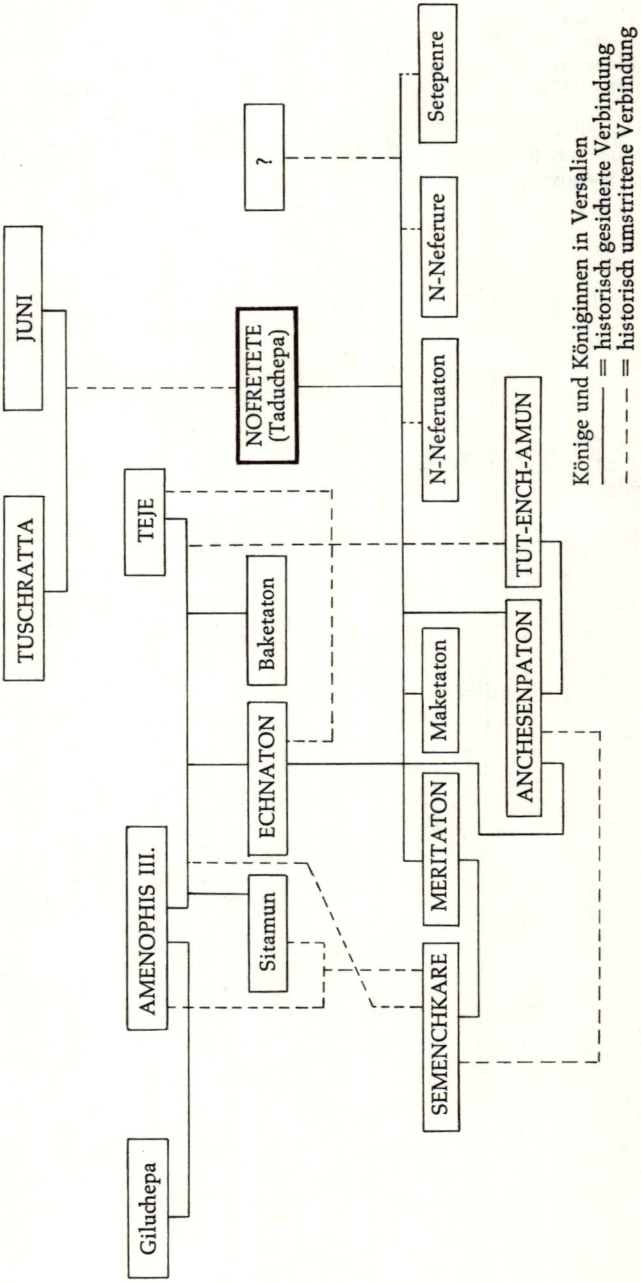

Zeittafel Nofretete

Nofretete (gesprochen: Nafteta), »Die Schöne, die da kommt«, mitannischer Geburtsname: Taduchepa. Königinnenname: Nefer-Neferu-Aton, »Schön ist die Schönheit des Aton«. Vater: König Tuschratta, Mutter: Königin Juni.

Alter	Reg.-Jahr		Jahr	
1–14	–	Amen. III.	1381/1367	Kindheit und Jugend am Hofe Tuschrattas in Mitanni.
15	36		1366	Nofretete (Taduchepa) heiratet Amenophis III.
16	37		1365	Als Nebenfrau am Hofe Amenophis' III. in Malkata (Theben).
17	38		1364	Nach Amenophis' Tod Witwe.
18	1	Echnaton	1363	Heirat mit Amenophis IV., Aufenthalt in Malkata.
19	2		1362	Geburt der 1. Tochter Meritaton.
20	3		1361	Geburt der 2. Tochter Maketaton.
21	4		1360	Geburt der 3. Tochter Anchesenpaton, Beschluß der Gründung von Achetaton.
22	5		1359	
23	6		1358	13. Tag, 4. Peret: Baustellenbesichtigung, Umzug, Geburt der 4. Tochter Neferneferuaton Tascherit.
24	7		1357	Nofretete und Echnaton leben bereits in Achetaton, später: offizielle Einweihung.
25	8		1356	Vermutlich Entstehung der Nofretete-Büste.
26	9		1355	Alle Tempel und Paläste von Achetaton sind fertiggestellt, Geburt der 5. Tochter Neferneferure.
27	10		1354	
28	11		1353	Geburt der 6. Tochter Setepenre.
29	12		1352	21. November: Tributempfang im Aton-Tempel; letzte Darstellung zusammen mit Echnaton und den 6 Töchtern, Maketaton stirbt.
30	13		1351	Nofretetes Stern im Sinken, Heirat Meritaton – Semenchkare, Semenchkare »Liebling Echnatons«.
31	1/14	Semenchkare	1350	Aberkennung des Titels »große königliche Gemahlin«, Meritaton wird First Lady, Semenchkare Mitregent.
32	2/15		1349	Zerwürfnis mit Echnaton endgültig, Semenchkare erhält Nofretetes Beinamen Nefer-Neferu-Aton, Nofretete im Nördlichen Palast.
33	3/16		1348	Die Tochter Anchesenpaton (12) heiratet ihren Vater Echnaton.
34	4/17		1347	Semenchkare stirbt, kurz darauf stirbt Echnaton, Brief Nofretetes an Schuppiluliuma.
35	1	Tut-ench-Amun	1346	Tut-ench-Amun heiratet die verwitwete Nofretete-Tochter Anchesenpaton, Regierung in Achetaton.
36	2		1345	Nofretete lebt vergessen im Nördlichen Palast von Achetaton, die Stadt wird verlassen.
37	3		1344	Tut-ench-Amun verläßt Achetaton, Nofretete stirbt (nach Redford).

Zeittafel Amenophis III.

Amenophis III. (gesprochen: Amanhatpa), Thronname Neb-Maat-Re, »Der Herr der Maat ist Re«, keilschriftlich: Nimmuria oder Nibmuaria, Vater: Thutmosis IV., Mutter: Mutemwija.

Alter	Reg.-Jahr	Jahr	
8	1	1401	Regierungsantritt 7. 6. 1402.
9	2	1400	Mutter Mutemwija führt die Regierungsgeschäfte.
10	3	1399	Hochzeit mit Teje.
11	4	1398	
12	5	1397	Nubienfeldzug.
13	6	1396	
14	7	1395	
15	8	1394	
16	9	1393	
17	10	1392	Giluchepa, Tochter des Mitanni-Fürsten Sutarna, wird Nebenfrau Amenophis' III.
18	11	1391	
19	12	1390	
20	13	1389	
21	14	1388	
22	15	1387	
23	16	1386	
24	17	1385	Thronbesteigung Tuschrattas, des Vaters Taduchepas (Nofretetes).
25	18	1384	
26	19	1383	
27	20	1382	
28	21	1381	Geburt der Taduchepa (Nofretete).
29	22	1380	
30	23	1379	
31	24	1378	
32	25	1377	
33	26	1376	Geburt des Sohnes Amenophis IV.
34	27	1375	
35	28	1374	
36	29	1373	Amenophis III. heiratet seine Tochter Sitamun.
37	30	1372	Sedfest, 30jähriges Regierungsjubiläum, vermutlich Geburt Semenchkares.
38	31	1371	
39	32	1370	
40	33	1369	Geburt der Tochter Baketaton.
41	34	1368	Wiederholung des Sedfestes.
42	35	1367	
43	36	1366	Amenophis III. ist schwerkrank, Tuschratta schickt Ischtar-Statue, Heirat mit Taduchepa (Nofretete).
44	37	1364	Zweite Wiederholung des Sedfestes.
45	38	1364	Amenophis III. stirbt in Theben.

Zeittafel Amenophis IV.

Amenophis IV. (gesprochen: Amanhatpa), Thronname Nefer-Cheperu-Re, »Vollendet an Verkörperungen ist Re«, im 5. Regierungsjahr Änderung des Geburtsnamens Amenophis in Echnaton (gesprochen: Achanjati), »Dem Aton wohlgefällig«, keilschriftlich: Naphuria, Vater: Amenophis III., Mutter: Teje.

Alter	Reg.-Jahr	Jahr	
1–11	–	1376/ 1365	Priesterschule Hermopolis, Studienaufenthalte im Ausland.
12	–	1364	August 1364 Regierungsantritt in Malkata.
13	1	1363	Heirat mit Nofretete, Mutter Teje führt die Regierungsgeschäfte.
14	2	1362	Geburt der 1. Tochter Meritaton.
15	3	1361	Geburt der 2. Tochter Maketaton.
16	4	1360	Geburt der 3. Tochter Anchesenpaton, Putsch der Amun-Priester (?), Gründungsbeschluß von Achetaton.
17	5	1359	Namensänderung in Echnaton (Tag 19, 3. Peret, letzte Amenophis-Erwähnung), Anomalien treten auf.
18	6	1358	Elf neue Grenzstelen in Achetaton, drei auf dem Westufer, Geburt von Nofretetes 4. Kind, Umzug nach Achetaton.
19	7	1357	
20	8	1356	
21	9	1355	Achetaton ist vollendet, Geburt von Nofretetes 5. Kind.
22	10	1354	
23	11	1353	Geburt von Nofretetes 6. Kind.
24	12	1352	Tag 8, 2. Peret: Tributempfang zusammen mit Nofretete, Teje zu Besuch in Achetaton, Tod Maketatons.
25	13	1351	Heirat Meritaton–Semenchkare, Liaison mit Semenchkare.
26	14	1350	Meritaton wird First Lady, Nofretete muß abtreten.
27	15	1349	
28	16	1348	Echnaton heiratet seine 3. Tochter Anchesenpaton.
29	17	1347	Tod Semenchkares, kurz darauf (vermutlich im Februar) Tod Echnatons.

Der ägyptische Kalender

Im alten Ägypten gibt es nur drei Jahreszeiten: Achet (die Zeit der Überschwemmung), Peret (die Zeit der Saat) und Schemu (die Zeit der Ernte). Achet entspricht unserem Herbst und dauert etwa vom 15. Juni bis zum 15. Oktober. Peret ist der ägyptische Winter – vom 15. Oktober bis zum 15. Februar –, und Schemu die Sommerzeit, die zwischen dem 15. Februar und dem 15. Juni anzusetzen ist. Jede der drei Jahreszeiten umfaßt vier Monate, die im einzelnen folgende Bezeichnungen tragen:

	Achet Zeit der Überschwemmung 15. Juni–15. Oktober (Herbst)	*Peret* Zeit der Saat 15. Oktober–15. Februar (Winter)	*Schemu* Zeit der Ernte 15. Februar–15. Juni (Sommer)
1	Thot 15. Juni–15. Juli	Tybi 15. Okt.–15. Nov.	Pachons 15. Febr.–15. März
2	Paophi 15. Juli–15. Aug.	Mechir 15. Nov.–15. Dez.	Payni 15. März–15. April
3	Athyr 15. Aug.–15. Sept.	Phamenat 15. Dez.–15. Jan.	Epiphi 15. April–15. Mai
4	Choiak 15. Sept.–15. Okt.	Pharmuti 15. Jan. – 15. Febr.	Mesore 15. Mai–15. Juni

Hethitische Herrscher zur Zeit Nofretetes

König	*sicher*	*wahrscheinlich*
Schuppiluliuma	1380/69 –1341/30	(1370–1336)
Arnuwanda II.		(1336–1335)
Mursilis II.	1341/28 –1319/1290	(1335–um 1300)
Muwatallis	1319/1290–1286/79	(um 1300–1285)
Urhi-Tesub	1286/79 –1279/72	(1285–1278)
Hattusilis III.	1279/72 –1256/43	(1278–um 1250)
Tudhalija IV.	1256/43 –1224/10	(um 1250–1220)

Babylonische Herrscher zur Zeit Nofretetes

König	*sicher*	*wahrscheinlich*
Kadaschmancharbe I.	} 1402/1375–1397/70	(ca. 1395–1385)
Kurigalzu I.		
Kadaschman-Enlil I.	1397/70 –1375/64	(ca. 1385–1370)
Burnaburiasch II.	1375/64 –1350/37	(1370–1343)
Karakindasch	} 1350/37 –1344/35	(1343–1341)
Nazibugasch		(1341–1340)
Kurigalzu II.	1344/35 –1322/13	(1340–1318)

Mitannische Herrscher zur Zeit Nofretetes

König	*sicher*
Schutarna	1411/1463–1395/1382
Tuschratta	1395/1382–1342/1333

Die Rundplastiken von Nofretete, Teje und Prinzessinnen der Amarna-Zeit

Nach Dr. Maya Müller.

Diese Zusammenstellung umfaßt nur Objekte, die durch eine publizierte Abbildung und/oder die Inventarnummer eines Museums identifizierbar sind.

Berlin, DDR, Ägyptisches Museum 14 113.

Kopf einer Prinzessin (auch als junger Beamter bezeichnet). Aus dem Kunsthandel, Kairo, 1898. Kalkstein, Farbspuren. Höhe 13,5 cm.
Kopf mit Ansatz des Rückenpfeilers erhalten; Nase und Ohren etwas bestoßen; Unterlippe und Kinn mit Gips ausgeflickt; sonst gut erhalten.

Berlin, DDR, Ägyptisches Museum 21 220.

Kopf einer Königin. Amarna, Werkstatt des Thutmosis, 1912/13. Quarzit, bemalt. Höhe: 22,4 cm.
Zapfen am Hals und auf dem Kopf; oberer Zapfen vorne beschädigt und mit Gips ergänzt; sonst sehr gut erhalten.

Berlin, DDR, Ägyptisches Museum 21 223.

Kopf einer Prinzessin. Amarna, Werkstatt des Thutmosis, 1912/13. Quarzit, Farbspuren. Höhe: 21,4 cm.
Augen und Brauen ausgehöhlt für Einlagen; Ohren, Brauen und Nasenspitze leicht bestoßen; sonst sehr gut erhalten.

Berlin, DDR, Ägyptisches Museum 21 263.

Statuette einer Königin, wohl Nofretete. Amarna, Werkstatt des Thutmosis, 1912/13. Kalkstein, Farbspuren. Höhe: 40 cm.
Uräus und Partie der Fußgelenke fehlen; mehrfach gebrochen; Sockel, Füße, Arme und Rückenpfeiler stark beschädigt; einige bestoßene Stellen.

Berlin, DDR, Ägyptisches Museum 21 352.

Kopf einer Königin. Amarna, Werkstatt des Thutmosis, 1912/13. Kalkstein, mit dem Pinsel aufgetragene Korrekturangaben. Höhe: 30 cm.
Ohren beschädigt; stellenweise etwas bestoßen; sonst gut erhalten.

Berlin, DDR, Ägyptisches Museum 21 358.

Kopf einer Königin. Amarna, Werkstatt des Thutmosis, 1912/13. Granit. Höhe: 25 cm.
Unvollendet; Zapfen auf dem Kopf; Nasenspitze fehlt; stellenweise leicht berieben; sonst gut erhalten.

Berlin, DDR, Ägyptisches Museum 21 364.

Kopf einer Prinzessin. Amarna. Quarzit. Höhe: 14 cm.
Augen und Brauen ausgehöhlt für Einlagen; Gesicht und Ohren stark beschädigt; Hinterkopf gut erhalten.

Berlin, DDR, Ägyptisches Museum 21 690.

Torso einer Prinzessin mit Opfertafel. Amarna. Quarzit. Höhe: 22 cm.
Füße und Kopf fehlen; Figur zweimal gebrochen; stellenweise leicht berieben; sonst gut erhalten.

Berlin, (West-), Staatliche Museen Preußischer Kulturbesitz, Ägyptisches Museum 17 951.

Statuette einer Prinzessin. Aus dem Kunsthandel. Alabaster. Höhe: 10 cm.
Figur am Hals gebrochen; linker Arm und Unterschenkel/Füße fehlen; stellenweise leicht berieben; sonst gut erhalten.

Berlin, (West-), Staatliche Museen Preußischer Kulturbesitz, Ägyptisches Museum 21 245.

Kopf einer Königin. Amarna, Werkstatt des Thutmosis, 1912/13. Quarzit, bemalt. Höhe: 11 cm.
Kopf ohne Ohren; auf dem Kopf Zapfen für die Krone; Oberfläche ganz leicht verwittert; sonst sehr gut erhalten.

Berlin, (West-), Staatliche Museen Preußischer Kulturbesitz, Ägyptisches Museum 21 300.

Büste einer Königin mit blauer Krone, wohl Nofretete. Amarna, Werkstatt des Thutmosis, 1912/13. Kalkstein, Auge Bergkristall mit Farbschicht, bemalt über Stuckgrundierung. Höhe: 50 cm.
Ohren, Uräus, Unterkante der Büste und Oberkante der Krone beschädigt; linke Augeneinlage fehlt; sonst sehr gut erhalten.

Berlin, (West-), Staatliche Museen Preußischer Kulturbesitz, Ägyptisches Museum 21 834.

Kopf einer Königin, sog. Kopf der Teje. Aus dem Kunsthandel, angeblich aus dem Palast von Medinet Ghurab, Fajjum. Ebenholz, Augen Glas und Elfenbein, Braue schwarze Paste, am Kopfputz Spuren von Blattvergoldung; Perücke wohl Leinwand, mit Harz, Lehm und Wachs verstärkt, ursprünglich mit einem Netz aus blauen Glasperlen überzogen; Ohrring Gold und Lapislazuli. Höhe: 9,5 cm.
Gesicht vollständig und gut erhalten; wenige Kratzer; Perücke stellenweise beschädigt; Überzug fehlt.

Essen, Folkwangmuseum P 100.

Kopf einer Königin mit blauer Krone. Aus dem Kunsthandel. Kalkstein. Höhe: 31 cm.
Unvollendet; Uräus, rechte Seite der Krone, rechtes Ohr, Nase, Mund und Kinn sehr stark beschädigt; einige kleinere Beschädigungen.

Kairo, Ägyptisches Museum JdE 34 546 (seit 1900).

Kopf einer Königin mit blauer Frauenkrone, wohl Nofretete. Angeblich aus Dalaga (bei Bawit). Kalkstein. Höhe: 16 cm.
Gesicht und Krone allseits stark bestoßen; Gesichtszüge fast ausgelöscht.

Kairo, Ägyptisches Museum JdE 44 869.

Kopf einer Prinzessin. Amarna, Werkstatt des Thutmosis, 1912/13. Quarzit. Höhe: 21 cm.
Sehr gut erhalten.

Kairo, Ägyptisches Museum JdE 44 870.

Kopf einer Prinzessin. Amarna, Werkstatt des Thutmosis, 1912/13. Quarzit, Augen und Brauen schwarz nachgezogen. Höhe: 19 cm.
Hals am Ansatz gebrochen und antik geflickt; sehr gut erhalten.

Kairo, Ägyptisches Museum JdE 44 871.

Kopf einer Prinzessin. Amarna, Werkstatt des Thutmosis, 1912/13. Quarzit, Augen und Brauen schwarz nachgezogen. Höhe: 14 cm.
Unvollendet; Kopf mit Ansatz des Halses und des Rückenpfeilers erhalten; Nasenspitze berieben; sonst gut erhalten.

Kairo, Ägyptisches Museum JdE 44 873.

Statuette einer Prinzessin. Amarna, Werkstatt des Thutmosis, 1912/13. Quarzit. Höhe: 22 cm.
Beine von oberhalb der Knie an und rechter Arm fehlen; Oberfläche am Gesicht und an einigen anderen Stellen berieben; sonst gut erhalten.

Kairo, Ägyptisches Museum JdE 45 547.

Kopf einer Königin (auch als Semenchkare bezeichnet). Memphis, 1915. Quarzit. Höhe: 18 cm.
Auf dem Kopf Zapfen; Augen und Brauen ausgehöhlt für Einlagen; Nase und Ohren beschädigt; Ränder der Brauen etwas bestoßen; sonst sehr gut erhalten.

Kairo, Ägyptisches Museum JdE 59 286.

Kopf einer Königin, wohl Nofretete. Amarna, Privathäuser im Süden der Stadt, 1932/33. Quarzit, Hauptlinien mit Tusche nachgezogen. Höhe: 33 cm.
Unvollendet; der Kopf besitzt keine Ohren; oben Zapfen für die Befestigung des Kopfputzes; sehr gut erhalten.

Kairo, Ägyptisches Museum JdE 64 965.

Torso einer Prinzessin. Amarna. Quarzit. Höhe: 15 cm.
Erhalten nur Oberkörper und rechter Oberarm; Arm gebrochen.

Kairo, Ägyptisches Museum.

Kopf einer Prinzessin. Amarna, Haus U 37,1, 1926/27. Quarzit. Höhe: 7 cm. Sehr gut erhalten.

Kansas City, W. R. Nelson Gallery of Art, Atkins Museum of Fine Arts, Mo. 47–13.

Statuette einer Prinzessin mit Seitenlocke. Aus dem Kunsthandel. Kalkstein. Höhe: 39,6 cm.
Vollständiges Standbild; Nase fehlt; am Hals und an den Knien gebrochen; Ausflickung oberhalb der Knöchel; Oberfläche vielerorts etwas bestoßen und berieben.

Kopenhagen, Ny Carlsberg Glyptothek Ae. I. N. 1663.

Kopf einer Prinzessin. Aus dem Kunsthandel, vor 1910. Quarzit. Höhe: 15 cm. Augen und Brauen ausgehöhlt für Einlagen; Kinn beschädigt; Nasenspitze, Ohren, Lider und Brauen etwas bestoßen.

London, British Museum 935.

Statuette der Nofretete mit Opfertafel (zugehörig zu Oxford 1924.162). Amarna, Haus L 50, 12, 1924. Sandstein, bemalt. Höhe: 70 cm.
Kopf, rechter Unterarm, Hände, Opfertafel und Füße fehlen; stellenweise etwas bestoßen.

London, University College UC 002.

Torso einer Prinzessin. Amarna, 1891/92. Quarzit. Höhe: 15,3 cm.
Erhalten nur Torso und Oberschenkel; Schultern und Arme fehlen; Oberfläche gut erhalten; wahrscheinlich schloß auf beiden Seiten eine weitere Figur an.

London, University College UC 010.

Kopf einer Königin. Amarna. Sandstein. Höhe: 6,5 cm.
Unvollendet; auf dem Kopf Zapfen; Oberfläche ziemlich stark verwittert.

Moskau, Puschkin Museum der Schönen Künste 4959.

Kopf einer Königin (eines Königs?). Herkunft unbekannt. Feldspat. Höhe: 8,5 cm.
Kopf mit Zapfen für die Krone; über der rechten Braue fehlt ein Teil von Stirn und Zapfen; Einlagen der Augen und Brauen fehlen; Nase abgebrochen; Lippen und Kinn etwas berieben.

München, Privatbesitz.

Bruchstück einer Statuette einer Prinzessin. Aus dem Kunsthandel. Quarzit. Höhe: 20 cm.
Unvollendet; ganze linke Seite noch im Stein; nur Kopf und Büste erhalten; rechter Arm und Hinterkopf stark beschädigt.

München, Privatbesitz.

Nofretete (?). Aus dem Kunsthandel. Kalkstein. Höhe: ca. 10 cm.
Scheint nicht vollendet gewesen zu sein; Kopf über der Stirn abgeflacht; linke Seite bis zur Mitte des Auges abgewittert; Oberfläche stark verwittert.

New York, Brooklyn Museum 16.46.

Torso der Prinzessin Maketaton. Aus dem Kunsthandel, Achmim, 1890. Quarzit. Höhe: 30,2 cm.
Nur Büste mit Schultern und linker Teil der Hüfte erhalten.
Inschrift: Rest der Namenskartusche der Maketaton auf dem Rückenpfeiler.

New York, Brooklyn Museum 34. 6042.

Kopf einer Königin. Amarna, Großer Aton-Tempel, 1933/34. Quarzit. Höhe: 22 cm.
Augen und Brauen ausgehöhlt; Nase fehlt; größter Teil des Gesichtes sehr stark bestoßen.

New York, Brooklyn Museum 35. 2006.

Kopf einer Prinzessin, von einer Zweiergruppe. Amarna, Weben-Aton, 1934/35. Granit. Höhe: 26 cm.
Unvollendet; Nase, Mund und Kinn stark beschädigt; Oberfläche verwittert. Rest der Inschrift auf dem Ansatz des Rückenpfeilers.

Boston, Museum of Fine Arts 39.57.

Torso einer Prinzessin. Amarna, Großer Palast. Granit. Höhe: 15 cm.
Erhalten sind Torso und Oberschenkel; Arme und Schultern fehlen.

New York, Metropolitan Museum 11.150.26.

Kopf einer Königin (auch als Semenchkare bezeichnet). Aus dem Kunsthandel, Kairo, 1910, angeblich aus Amarna. Quarzit. Höhe: 13,8 cm.
Augen und Brauen ausgehöhlt; auf dem Kopf Zapfen; Nase, Ohren und linke Braue beschädigt; stellenweise etwas bestoßen.

New York, Metropolitan Museum 21.9.4.

Oberkörperfragment der Nofretete. Amarna, Großer Aton-Tempel, 1891/92. Kalkstein. Höhe: 28,3 cm.
Nur Büste und Oberarme erhalten; Brust und linke Schulter stark beschädigt; stellenweise bestoßen.
Inschrift: Mehrere Kartuschenpaare auf Körper und Rückenpfeiler.

New York, Metropolitan Museum 31.114.1.

Kopf mit kurzer Perücke (Prinzessin?). Amarna, Haus T 68, 1930. Kalkstein, bemalt. Höhe: 3,5 cm.
Am Hals Ansatz des Rückenpfeilers; Nasenspitze und Kinn leicht beschädigt; Farbe berieben.

Paris, Louvre E. 11 678.

Kopf einer Prinzessin. Aus dem Kunsthandel, 1924. Grüner Feldspat. Höhe: 11 cm.
Rechtes Ohr leicht beschädigt; Kratzer auf der rechten Wange; sonst sehr gut erhalten.

Paris, Louvre E. 14 715.

Büste einer Prinzessin mit kurzer Perücke und Seitensträhne. Aus dem Kunsthandel, 1923. Kalkstein, bemalt. Höhe: 15,3 cm.
Nasenspitze beschädigt; Oberfläche stellenweise etwas berieben; sonst sehr gut erhalten.

Paris, Louvre E. 25 409.

Statuette einer Königin oder Prinzessin mit Plisseegewand. Aus dem Kunsthandel. Quarzit. Höhe: 29,5 cm.
Beine von den Knien an, rechter Arm, linke Hand und Kopf fehlen; linker Arm gebrochen; sonst sehr gut erhalten.

Philadelphia, University Museum E 14 349.

Statuette einer Königin oder Prinzessin. Aus dem Kunsthandel. Kalkstein. Höhe: 31 cm.
Kopf und Füße fehlen; linker Arm beschädigt; Bruchstellen; stellenweise bestoßen, an der Bruchstelle der linken Körperseite könnte eine weitere Figur angeschlossen haben.

San Diego, Museum of Man.

Torso der Meritaton. Amarna, Großer Palast. Quarzit. Höhe: 23 cm.
Arme und rechte Schulter fehlen.
Inschrift auf dem Rückenpfeiler.

Warschau, Nationalmuseum 149 824.

Kopf einer Prinzessin. Aus dem Kunsthandel, 1966. Sandstein, Farbspuren. Höhe: ca. 16 cm.
Rechter Gesichtsteil abgesprungen; Oberfläche meist etwas verwittert; mehr oder weniger stark berieben sind: Mund, Nase, Wangen, Ohren, Scheitel.

Weert (Niederlande), Sammlung H. E. Smeets.

Kopf einer Prinzessin. Amarna, Grenzstele. Nummulithischer Kalkstein. Höhe: 20,3 cm.
Nase und großer Teil der Wange ergänzt; Oberfläche überall stark verwittert.

Quellennachweis

DER COMPUTER

Bratton, F. Gladstone, *A History of Egyptian Archaeology*, London 1967.
Erman, Adolf, *Die Religion der Ägypter*, Berlin/Leipzig 1934.
Grapow, Hermann, *Die Begründung der Orientalischen Kommission von 1912*, Berlin 1950.
Redford, Donald B., »A Report on the Work of the Akhenaten Temple Project of the University Museum«, in: *JARCE* X, University of Pennsylvania 1973.
–, »Studies on Akhenaten at Thebes«, in: *JARCE* X, University of Pennsylvania 1973.
Roeder, Günther, *Urkunden zur Religion des alten Ägypten*, Jena 1915.
Sethe, Kurt, *Urgeschichte und älteste Religion der Ägypter*, Leipzig 1930.
Smith, Ray Winfield, »Computer Helps Scholars Re-create an Egyptian Temple«, in: *National Geographic Magazine*, Nov. 1970.
Wilson, John Albert, *Signs & Wonders upon Pharaoh. A History of American Egyptology*, Chicago 1964.

DIE SCHÖNE

Aldred, Cyril, *Echnaton. Gott und Pharao Ägyptens*, Berg. Gladbach 1968.
Bille-De Mot, Eléonore, *Die Revolution des Pharao Echnaton*, Brüssel/München 1965.
Desroches-Noblecourt, Christiane, *Vie, mort et survie d'un pharaon*, Paris 1963.
Giles, Frederick John, *Ikhnaton – Legend and History*, London 1970.
Knudtzon, J. A., *Die El-Amarna-Tafeln*, Leipzig 1907/15.
Mercer, Samuel A. B., *The Tell El-Amarna Tablets*, Toronto 1939.
Pendlebury, John D. S., *Tell El-Amarna*, London 1935.
Weigall, Arthur, *Echnaton, König von Ägypten und seine Zeit*, Basel 1923.

DER FUND

Borchardt, Ludwig, *Portraits der Königin Nofretete*, Leipzig 1923.

–, *Die bunte Büste*, Berlin 1923.
–, *Allerhand Kleinigkeiten*, Leipzig 1933.
Junker, Hermann, *Die gesellschaftliche Stellung der ägyptischen Künstler im Alten Reich*, Wien 1959.
Schäfer, Heinrich, *Das Bildnis im alten Ägypten*, Leipzig 1921.

DIE QUELLEN

Bittel, Kurt, *Bogazköy-Hattuša*, Berlin 1972.
Budge, Wallis, *By Nile and Tigris*, London 1920.
Güterbock, Hans Gustav, *Chattische Texte*, Berlin 1935.

–, *Hethitische Geschichtsschreibung*, Istanbul 1937.
–, *Keilschrifttexte aus Boghazköi*, Berlin 1960.
Mercer, Samuel A. B., *The Tell El-Amarna-Tablets*, Toronto 1939.
Riemschneider, Margarete, *Die Welt der Hethiter*, Stuttgart 1954.
Roeder, Günther, *Ägypter und Hethiter*, Leipzig 1919.
Winckler, Hugo, *Nach Boghazköi*, Leipzig 1913.

DER PHARAO

Aldred, Cyril, *Echnaton. Gott und Pharao Ägyptens*, Berg. Gladbach 1968.
Bille-De Mot, Eléonore, *Die Revolution des Pharao Echnaton*, Brüssel/München 1965.
Grapow, Hermann, *Wie die alten Ägypter sich anredeten, wie sie sich grüßten und sprachen*, Berlin 1960.
Harris, James E./Weeks, Kent R., *X-Raying the Pharaos*, New York 1972.
Helck, Wolfgang, *Die Beziehungen Ägyptens zu Vorderasien im 3. und 2. Jahrtausend vor Christus*, Wiesbaden 1962.
–, *Historische Inschriften Amenophis' III.*, Berlin 1957.
–, *Inschriften von Zeitgenossen Amenophis' III.*, Berlin 1958.
–, *Inschriften der Könige von Amenophis III. bis Haremheb*, Berlin 1958.
–, *Urkunden des ägyptischen Altertums. Urkunden der 18. Dynastie*, Berlin 1961.
Knudtzon, J. A., *Die El-Amarna-Tafeln*, Leipzig 1915.
Scharff, Alexander/Moortgat, Anton, *Ägypten und Vorderasien im Altertum*, München 1962.

DIE WELTSTADT

Blackman, Aylward, *Das Hunderttorige Theben*, Leipzig 1926.
Breasted, Charles, *Vom Tal der Könige zu den Toren Babylons*, Stuttgart 1950.
Carter, Howard, *Five Years Explorations at Thebes 1907–1911*, London 1912.
Davies, Norman de Garis, *The Tomb of Two Sculptors at Thebes*, New York 1925.
Montet, Pierre, *So lebten die Ägypter vor 3000 Jahren*, Stuttgart 1960.
Pridrik, Alexander, *Wer war Mutemwija? Untersuchungen zur Geschichte der 18. Dynastie*, Dorpat 1932.
Riefstahl, Elizabeth, *Thebes in the Time of Amunhotep III.*, Oklahoma 1964.
Roeder, Günther, *Aus dem Leben vornehmer Ägypter*, Leipzig 1912.
Steindorff, Georg, *Ägypten vor Tut-ench-Amun*, Leipzig 1927.
– u. Wolf, Walther, *Die thebanische Gräberwelt*, Glückstadt 1936.

DIE WITWE

Breasted, Charles, *Vom Tal der Könige zu den Toren Babylons*, Stuttgart 1950.
Campbell, Edward Fay, *The Chronology of the Amarna Letters*, Baltimore 1964.
Dawson, Warren R., *Mumification in Egypt*, London 1929.
Erman, Adolf, *Ägypten und ägyptisches Leben im Altertum*, Tübingen 1923.
–, *Die Literatur der Ägypter*, Leipzig 1923.
Grapow, Hermann, *Todtenbuch*, Leipzig 1915.

Helck, Wolfgang, *Zur Chronologie des Neuen Reiches*, Wiesbaden 1964.
Knudtzon, J. A., *Die El-Amarna-Tafeln*, Brief 28, Leipzig 1915.
Mariette, Auguste, *Papyrus de Boulaq Nr. 3, Pl VI.*
Maspero, Gaston, *Mémoire sur Quelques Papyrus du Louvre*, Paris 1883.
Settgast, Jürgen, *Bestattungsdarstellungen Ägyptens*, Glückstadt 1963.
Steindorff, Georg/Wolf, Walther, *Die thebanische Gräberwelt*, Glückstadt 1936.
Velikovsky, Immanuel, *Ödipus und Echnaton*, Zürich 1966.
Voss, Johann Heinrich (Übersetzer), *Homer/Odyssee*, Stuttgart u. Augsburg 1860.
Weigall, Arthur, *Echnaton, König von Ägypten, und seine Zeit*, Basel 1923.

DER NACHFOLGER

Abraham, Karl, *Psychoanalytische Studien*, Frankfurt 1971.
Ameline, Dr. M./Querzy, Dr. P., »Le Pharaon Amenophis' IV. sa Mentalité Fut-il Atteint de Lipodystrophie Progressive?«, in: *Revue Neurologique* 1920.
Giles, Frederick John, *Ikhnaton – Legend and History*, London 1970.
Griffith, F. L., *Hieratic Papyri from Kahun and Gurob*, London 1898.
Heidrich, Richard, *Planimetrische Hydrocephalus-Studien*, Halle 1955.
Helck, Wolfgang, *Urkunden der 18. Dynastie*, Berlin 1961.
Hornung, Erik, *Untersuchungen zur Chronologie und Geschichte des Neuen Reiches*, Wiesbaden 1964.
Kehrer, Hans E., *Der Hydrocephalus internus und externus*, Basel/New York 1955.
Knudtzon, J. A., *Die El-Amarna-Tafeln*, 1. Teil, Leipzig 1909.
Löhr, Beatrix, *Zur Jati (Aton)-Verehrung in Memphis*, München 1971.
Schäfer, Heinrich, *Amarna in Religion und Kunst*, Berlin 1931.
Silverberg, Robert, *Akhnaten, the Rebel Pharaoh*, Philadelphia/New York 1964.
Velikovsky, Immanuel, *Ödipus und Echnaton*, Zürich 1966.

DIE TRAUMSTADT

Frankfort, H., *The Mural Painting of El-Amarneh*, London 1929.
Helck, Wolfgang/Otto, Eberhard, *Lexikon der Ägyptologie*, Band 1, Wiesbaden 1973.
Knudtzon, J. A., *Die El-Amarna-Tafeln*, Leipzig 1907/15.
Pendlebury, John D. S., *Tell El-Amarna*, London 1935.
Roeder, Günther, *Urkunden zur Religion des alten Ägypten*, Jena 1915.
Samson, Julia, *Amarna, City of Akhenaten and Nefertiti*, London 1972.
Schäfer, Heinrich, *Amarna in Religion und Kunst*, Leipzig 1931.
Timme, Paul, *Tell El Amarna vor der deutschen Ausgrabung im Jahre 1911*, Leipzig 1917.
Wolf, Walther, *Das alte Ägypten*, München 1971.
Woolley, Charles Leonard, *The City of Akhenaten*, London 1923.

DIE GÖTTER

Breasted, James Henry, *History of Egypt*, London 1906.
Erman, Adolf, *Die ägyptische Religion*, Leipzig 1913.
Freud, Sigmund, *Der Mann Moses*, Frankfurt/M. 1970.
Helck, Wolfgang/Otto, Eberhard, *Lexikon der Ägyptologie*, Band 1, Wiesbaden 1973.
Kees, Hermann, *Der Götterglaube im alten Ägypten*, Berlin 1956.
Lurker, Manfred, *Götter und Symbole der alten Ägypter*, Bern/München/Wien 1974.
Margulies, Heinrich, *Der Pharao Josefs*, Herrenalb 1963.
Peet, Thomas E., *Akhenaten, Ty, Nefertete and Mutnezemt*, Liverpool 1923.
–, *Egypt and The Old Testament*, Liverpool 1922.
Scharff, Alexander, *Ägyptische Sonnenlieder*, Berlin 1922.
Sellin, Ernst, *Mose und seine Bedeutung für die Israelitisch-Jüdische Religionsgeschichte*, Leipzig 1922.
Sethe, Kurt, *Amun und die acht Urgötter von Hermopolis*, Berlin 1929.
Silverberg, Robert, *Akhnaten, The Rebel Pharao*, Philadelphia/New York 1964.
Vandenberg, Philipp, *Der Fluch der Pharaonen*, Bern/München/Wien 1973.
Wiedemann, Alfred, *Der Tierkult der Alten Ägypter*, Leipzig 1912.

DAS VORBILD

Breasted, Charles, *Vom Tal der Könige zu den Toren Babylons*, Stuttgart 1950.
Fischer Weltgeschichte Band 3, *Die Altorientalischen Reiche II*, Frankfurt/M. 1974.
Helck, Wolfgang, *Urkunden der 18. Dynastie*, Berlin 1961.
Ratié, Suzanne, *Hatschepsut, Die Frau auf dem Thron der Pharaonen*, Wiesbaden 1974.
Steindorff, Georg/Wolf, Walther, *Die thebanische Gräberwelt*, Glückstadt 1936.
Weigall, Arthur, *A History of the Pharaohs*, 2 Bde., London 1925.

DER ZWIST

Borchardt, Ludwig, *Portraits der Königin Nofretete*, Berlin 1923.
Campbell, Edward Fay, *The Chronology of the Amarna-Letters*, Baltimore 1964.
Hanke, Rainer, *Änderungen von Bildern und Inschriften während der Amarna-Zeit* in *Studien zur altägyptischen Kultur*, Band 2, München 1975.
Harris, James E./Weeks, Kent R., *X-Raying the Pharaohs*, New York 1972.
Helck, Wolfgang, *Die Beziehung Ägyptens zu Vorderasien im 3. und 2. Jahrtausend vor Christus*, Wiesbaden 1962.
Hornung, Erik, *Untersuchungen zur Chronologie und Geschichte des Neuen Reiches*, Wiesbaden 1964.
Kühne, Cord, *Die Chronologie der Internationalen Korrespondenz von El-Amarna*, Neukirchen 1973.
Redford, Donald B., *History and Chronology of the Eighteenth Dynasty of Egypt: Seven Studies*, Toronto 1967.
Schäfer, Heinrich, *Amarna in Religion und Kunst*, Berlin 1931.

DAS ENDE

Carter, Howard, *Tut-ench-Amun – ein ägyptisches Königsgrab*, Leipzig 1927.
Cavainac, E., *Les Annales de Subbiluliuma*, Straßburg 1931.
Desroches-Noblecourt, Christiane, *Tut-ench-Amun. Leben und Tod eines Pharao*, Frankfurt/Berlin 1963/1971.
Götze, A., »Die Pestgebete des Mursilis«, in: *Kleinasiatische Forschungen*, Weimar 1929.
Güterbock, Hans Gustav, »The Deeds of Suppiluliuma as Told by his Son Mursilis II.«, in: *Journal of Cuneiform Studies* X, New Haven 1956.
Helck, Wolfgang, *Urkunden der 18. Dynastie*, Berlin 1961.
Hornung, Erik, *Untersuchungen zur Chronologie und Geschichte des Neuen Reiches*, Wiesbaden 1964.
Maspero, Gaston, *The Thombs of Harmhabi and Touatankhamanou*, London 1912.
Redford, Donald B., *History and Chronology of the Eighteenth Dynasty of Egypt: Seven Studies*, Toronto 1967.

Ebenfalls berücksichtigt wurden folgende Titel:

Aldred, Cyril, *Egypt to the End of the Old Kingdom*, London 1965.
Arnold, Dieter, *Wandrelief und Raumfunktion in ägyptischen Tempeln des Neuen Reiches*, Berlin 1962.
Beckerath, J. v., *Abriß der Geschichte des alten Ägypten*, München 1971.
Bindel Ernst, *Ägyptische Pyramiden*, Stuttgart 1957.
Cottrell, Leonard, *The Lost Pharaohs*, London 1951.
Dawson, Warren R., *Who was Who in Egyptology*, London 1951.
Erman, Adolf, *Die Hieroglyphen*, Berlin 1912.
–, *Die Literatur der Aegypter*, Leipzig 1923.
Gardiner, Sir Alan, *Geschichte des alten Ägypten*, Stuttgart 1965.
Grapow, Hermann, *Ägyptisches Handwörterbuch*, Berlin 1921.
–, *Die Erforschung der Altägyptischen Kultur im Rahmen der Akademie*, Berlin 1954.
Helck, Wolfgang, *Ägyptologie an Deutschen Universitäten*, Wiesbaden 1969.
–, *Untersuchungen zu Manetho und den Ägyptischen Königslisten*, Berlin 1956.
Hornung, Erik, *Einführung in die Ägyptologie*, Darmstadt 1967.
Keller, Werner, *Und die Bibel hat doch recht*, Düsseldorf 1956.
Koenigswaldt, Hans, *Lebendige Vergangenheit. Ruhmestaten großer Archäologen*, München 1973.
Lauer, J. P., *Le Probleme des Pyramides*, Paris 1948.
Morenz, Siegfried, *Ägypten und das Berliner Ägyptische Museum*, Berlin 1953.
Petrie, Sir W. M. Flinders, *A History of Egypt*, London 1922.
–, *Ten Years' Digging in Egypt. 1881–1891*, London 1892.
–, *Methods and Aims in Archaeology*, London 1904.
Roeder, Günther, *Praktische Einführung in die Hieroglyphen und die ägyptische Sprache*, München 1926.
–, *Altägyptische Erzählungen und Märchen*, Jena 1927.
Schott, Siegfried, *Bemerkungen zum ägyptischen Pyramidenkult*, Kairo 1950.
Sethe, Kurt, *Urkunden der 18. Dynastie*, Leipzig 1927.
–, *Urkunden des Alten Reiches*, Leipzig 1932.

Steindorff, Georg, *Die ägyptischen Gaue und ihre politische Entwicklung,* Leipzig 1909.
–, *Die Blütezeit des Pharaonenreiches,* Leipzig 1926.
Weigall, Arthur, *A History of Events in Egypt from 1798 to 1914,* Edinburgh 1915.
Wells, Evelyn, *Nefertiti,* London 1964.
Wilson, John Albert, *Thousands of Years. An Archeologist's Search for Ancient Egypt,* New York 1972.
Zehren, Erich, *Zur Geschichte der Archäologie,* München 1961.

Bildquellennachweis

Tafel III, VII, VIII: Hirmer Verlag, München.
Tafel I, II (Nofretete), V: Staatsbibliothek Preußischer Kulturbesitz, Bildarchiv.

Personen- und Sachregister

Die kursiv gesetzten Ziffern verweisen auf entsprechende Abbildungen im Text.

Abd er-Rassoul 161 f.
Abraham, Karl 195 f.
Abu-Bakr, Abdel Moneim 13
Achetaton → Tell-el-Amarna
Ägypten 27
Ahmose 101, 169, 186
Akkadisch 69, 106
Albright, William Foxwell 288
Aldred, Cyril 34, 105, 221, 265 f., 278, 286
Amarna → Tell-el-Amarna
Amarna-Korrespondenz 29, 35, 67 ff., 71 ff., 102 ff., 140 f., 145, 203, 276, 282, 287
Amarna-Kunst 226 ff.
Ameline, M. 196
Amenemhet I. 50
Amenemhet, Wesir 50
Amenhotep 257
Amenophis II. 34, 81, 83, 92 f., 160, 248
Amenophis III. 32, 34 f., 45, 69, 72 f., 80 f., *80*, 83, 85 ff., *86*, 91, 94 ff., 102 ff., 139 ff., 150 f., 175 f., 251, 256, 267, 273
Amenophis IV. → Echnaton
Amenophis-Hapu, Wesir 88 ff.
Amqa 294
Amun 34, 127, 139, *184*, 236 ff., 258, 304
Amun-Priester 119, 122, 126 f., 185, 237 f., 298
Amun-Re 96 ff., 125 f., 153, 182, 184 f.
Amun-Tempel 9, 17, 62, 119
Anchesenpaton 166, 168 f., 179, 278, 281 f., 292, 301 ff.
Anchzeichen 169, 183
Ani 130, 180, 219
Antef 50 f.
Apopi 101
Artassumara 106
Arzawa 58 ff., 81 f.
Assurbanipal 258
Aton 30, 33, 87, 118, 169, 182, 189 ff., 238 ff.
Aton-Glaube 21, 119, 182 ff., 245 ff., 294
Aton-Hymnus, der große 240 ff.
Aton-Tempel 10, 14 ff., 213 ff.
Atum 90, 98
Auta 43
Aziru 84

Ba 147
Babylonien 102 ff.
Balbilla, Julia 95
Barken des Sonnengottes Amun 121 f., *121*, 125
Bastet 153
Bek 43, 210, 223
Beketaton 166 ff., 171, 219
Beni Amran 26
Bildhauerwerkstätten 41 ff.
Bille-De Mot, Eléonore 36 f., 267
Boghazköi 58 ff., 292
Borchardt, Ludwig 39 ff., 51 ff., 203, 223, 269
Bouriant, U. 279
Breasted, James Henry 163 f., 241, 249
Brugsch, Heinrich 76
Budge, Wallis 69 f.
Burnaburiasch 170, 176 f., 180 f.

Campbell, Edward Fay 288, 301
Capart, Jean 36
Carter, Howard 161 f., 266
Chabiri 84, 248
Champollion, Jean-François 73, 257
Chatti (Hethiter) 59 ff., 74, 81 f., 107, 292 ff.
Chattusil II. 62 ff., 83
Chattu-Zitisch 295 f.
Cheriuf 80, 86
Chevrier, Henri 17 f.
Chnum 76
Chons 127, 237
Computerforschung 9 ff., 77

Daressy, George 265
Davis, Theodore M. 265
Delmege, James 13
Der el-Bahari 257 f.
Desroches-Noblecourt, Christiane 36, 267
Diodorus 160
Djarucha, Palast von 119
Djed *80*
Djoser 48, 76

Echnaton (Amenophis IV.) 11, 17, 20 f., 30 ff., *33*, 46 f., *54*, 69, 72, 85, 105, 119, *136*, 140 ff., 164 ff., *165*, *167*, 172 ff., *186*, 195 ff., 265 ff., *268*, 272, 276 ff.
Eje 34 ff., 84, *136*, 176 f., 180, 220 ff., 296, 300 ff.
El-Amarna → Tell-el-Amarna
El-Hagg Quandil 26, 67, 204 ff.
Engelbach, Reginald 265
Erman, Adolf 23, 74, 76
Et-Till 26, 29, 67
Eusebius 276

Fairman, H. W. 265, 285
»Fenster der Erscheinung« 210, *211*
Festefeiern in Theben 129 f.
Flavius Josephus 275 f.
Frauen im alten Ägypten 123 f.
Freud, Sigmund 195, 249 f.

Gardiner, Sir Alan Henderson 265
Garis Davies, Nina de 30
Garis Davies, Norman de 30, 165, 167, 169, 186
»Gerichtssaalreport« 47, 280
Giluchepa 99, 106, 108
Götter Ägyptens 231 ff., *235*
Gold 48, 99 ff., 107 f., 114 f.
Golenischeff, Wladimir Semjonowitsch 69, 76
Grabstätten Amarnas 217 ff.
Grapow, Hermann 9
Grébaut, Eugène 69

Hadrian 94
Hahn, Georg 60
Hammamat 50
Hanis 297 ff.
Hanke, Rainer 283, 286
Haremhab 17, 19 ff., 32, 120, 251, 305 ff.
Harris, James E. 79, 84, 153
Harris, John 269 ff.
Harrison, Ronald 305
Hat-Aton 210, *211*
Hathor 156, 232, 234, 257
Hathoren 128, 234
Hatschepsut 40, 143, 239, 253 ff., *256*
Hay, Robert 26
Hayes, W. C. 144 f., 175, 273
Helck, Wolfgang 262
Heliopolis 31, 90, 96, 193, 236, 247
Hermopolis 89, 282 ff.
Herodot 153, 231, 234 ff.
Hethiter → Chatti
Hieroglyphen 12, 73
Homer 111, 170
Hornung, Erik 273 ff., 287
Horus 154 ff., 232, 235, 237
Huja 165 ff., 219, 266, 271, 279
Humboldt, Alexander von 26
Hunger-Stele 76
Hyksos 17, 100 f.

Ipi 240
Ischtar von Ninive 108 f., 139
Isis 232 f., 235, 237
Iskander, Zaki 153
Israeliten 248 ff.

Jenseitsvorstellungen der alten Ägypter 149
Juja 35, 84 f., 88, 118, 140, 221

Ka 147, 159, 245
Kadaschmancharbe 102 ff.
Kadesch, Schlacht bei 62
Kamose 101
Karkemisch 297
Karnak 9, 14, 17 ff., 43, 89, 126
Kehrer, Hans E. 197 f.
Keilschrift 60 ff., *61*
Kija 283 ff., *284*
Knudtzon, J. A. 72, 102
Königslisten 31, 275
Künstler im alten Ägypten 43, 47 ff.
Kurigalzu von Babylon 99, 177

Lacau, Pierre 53 f.
Lepsius, Richard 28 f., 50, 73 f., 76, 257
Lipodystrophie, progressive 196
Loret, Victor 161 f.
Lurker, Manfred 234
Luxor 9, 13, 67, 126 f.

Maat 181, 223 ff.
Macridi-Bey, Theodore 57 ff.
Mahu 219
Maketaton 166, 169, 179, 218, 272, 278 f., 281
Malkata, Palast von 94, 115, 147, 175, 177 f., 213, 273
Mane 107 f.
Manetho von Sebennytos 29, 247, 275
Mariette, Auguste 31
Maruaton 210, 272, 275, 282
Maspero, Gaston Camille Charles 29
Medinet Habu 236
Memnonskolosse 94 ff.
Memphis 31, 33, 192 f.
Mentuhotep Neb-tawi-Re 50
Mercer, Samuel A. B. 68
Merenptah 117
Meriere 33, 219, 222, 266, 279
Meritaton 166, 169, 179, 191 f., 219, 271 ff., 282 ff., *284*, 292
Meritre-Hatschepsut 253, 259
Meyer, Eduard 251
Min 50
Mitanni 35 ff., 58 ff., 81 ff., 99, 105 ff., 122, 172 f., 294
Mohammed Ali, Pascha 28
Month 51, 92, 261
Moses 31, 246 ff.
Mukhtar, Gamal 13
Mumien-Röntgenologie 79 ff.
Mumien-Sezierung 147 ff.
Mumifizierung 152 ff.
Mundöffnung 154, 159, 245
Mursilis II. 292 ff.
Mut 117, 122, 127, *184*, 185, 237
Mutemwija 83, 99
Mutnedjemet 306
Mykerinos 231

Naturgottheiten 232
Nebt-hotpet 156
Nectanebo I. 14
Nefer-neferu-Aton Tascheri 166, 278 f.
Nefer-neferu-Re 278 f.
Newberry, Percy Edward 269
Nimes, Charles F. 13
Nördlicher Palast 215 ff., 288
Nofretete 28 ff., *33*, *54*, 67, 71 f., 81, 128, 133 ff., *136*, 146 f., *165*, *167*, 172 ff., *186*, 265 ff., *268*, 272, 282 ff., *284*, 291 ff.
– und die Amarna-Kunst 224 ff.
– und der Aton-Glaube 182 ff., 246 ff.
– und der Aton-Tempel 20 ff.
–, Büste der *44*, 45 ff., 226 f., 281
– und der Computer 11, 15 ff., *16*
– und Echnaton 175 ff., 193 f.
– und Eje 135 ff.
– und die Männer 280 ff.
– und Mitanni 35 ff., 81, 99, 107 ff.
Nofrure 253, 259 f.
Nut 92, 231, 237

Ödipus 170 f.
Okasha, Sarwat 13, 36
On → Heliopolis
Opetfest 120 ff.
Osiris 231 ff.
Osochor 160

Papyrus Kairo 153 ff.
Papyrus Louvre 5158 183
Peet, Thomas Eric 203, 239 f.
Pendlebury, John D. S. 188, 201, 204, 218, 265, 272
Petrie, Sir Flinders 29 ff., 35, 71, 117, 203, 225, 239
Plutarch 233 f.
Porträtbüsten, Funktion der 39 f.
Ptah 156, 193, 234, 304
Ptahmose, Wesir 120

Quercy, P. 196

Ramses II. 21, 62 ff., 143, 248
Ramses III. 124
Ramses VI. 160
Ramose, Wesir 181, 184

Ranke, Hermann 39 ff., 51, 204
Re 87, 147, 155
Redford, Donald B. 11, 19 f., 292, 304
Re-Horachte 43, 97, 156, 190, 236, 238
Rib-Addi 140 f.
Ricke, Herbert 13
Roeder, Günther 231, 265

Sachmet 156, 193
Sayce, Archibald Henry 74 f.
Schäfer, Heinrich 183, 270
Schu 98
Schuppiluliuma 145, 292 ff.
Schutarna 83, 106, 108
Sedfest 11, 273
Sehel, Insel 76
Sem 159
Semenchkare 72, 192, 219, 265 ff., *268*, 286 ff.
Senenmut 257
Senwosret I. 143
Setepen-Re 278 f.
Seth 232 f., 235
Sethos I. 143, 151
Severus 95
Sextus Julius Africanus 276
Shoucri, Asmahan 15
Shoukry, Anwar 10
Silverberg, Robert 248, 277
Simon, James 52
Skarabäen, (Gedenk-) 87 f., *87*, 91, 106, 117 f.
Smith, Ray Winfield 9 ff.
Smith, William Stevenson 9 f.
Sobk von Schedet 155
Sokar 232, 234
Sokar-Osiris 96
Sphinx von Gizeh 92
Steindorff, Georg 150 f.
Strabo 160 f.
Strauß, Otto 60
»Südlicher Harem« 120 ff., 236 ff.
Suti und Hor 118

Taduchepa → Nofretete (und Mitanni)
Tal der Könige 148 ff., 160
Tefnut 98
Teje 32, 35 f., 43, 45, 80, 84 ff., *86*, 94, 96, 99, 105 f., 112 ff., 122 ff., 146 f., 158 f., 164 ff., 181, 189 f., 195 ff., 219, 221, 226, 265
Tiergottheiten 232
Tell el-Amarna (El-Amarna, Amarna, Achetaton) 16, 29, 33 ff., 46, 58 ff., 185, *188*, 189 ff., 201 ff., *209*, 288, 301 ff.
Theben 31, 33, 35, 62, 101, 112 ff., *116*, 132, 153, 170 f., 258, 288, 291, 303
Thot 89, 132, 156
Thutmosis I. 83, 119, 151 f., 160, 239, 253
Thutmosis II. 83, 143, 253 ff.
Thutmosis III. 40, 81, 119, 143, 150, 254 ff.
Thutmosis IV. 83, 99
Thutmosis, Oberbildhauer 42 ff., 215, 280 f., 305
Ti 36, *136*, 180, 220
Timme, Paul 204 ff.
Totenkult 159 f., 245
Tuchi 106 f.
Tudhalija III. 83
Tuja 35, 84, 88, 140
Tuschratta 35 f., 73, 81, 99, 105 ff., 140 ff., 176 ff., 285, 294
Tut-ench-Amun 72, 84, 120, 160 f., 221, 265 ff., 281, 300 ff.
Tut-ench-Aton → Tut-ench-Amun

Umuhanko 280

Velikovsky, Immanuel 166

Wasserkopf (Hydrocephalus) 197 f.
Weeks, Kent R. 79, 84, 153
Weigall, Arthur 175
Wilbour, Charles Edwin 75 ff.
Wilkinson, Sir John Gardner 26
Wilson, John A. 13
Winckler, Hugo 57 ff.
Wirtschaft in Theben 131
Wohnkultur in Theben 132 f.
Wolf, Walther 150 f., 223 f., 232

Zannanza 300
Zia-Bey 58